쿰란 문서와 유대교

한국성서학연구소는
종교개혁의 신학 전통을 이어받아
다양한 성서해석 때문에 갈등을 겪는 한국교회를
하나님의 말씀 위에 바로 세우기 위하여 일하고 있습니다.
한국교회가 안고 있는 현실 문제에 대한 성서적이고
올바른 신학적 해석을 제시함으로써 이 땅의 문화가
그리스도의 이름 아래 세워질 때까지
이 일을 계속해 나가겠습니다.

쿰란 문서와 유대교

개정3판 1쇄 발행 2025년 10월 25일
지은이 김창선
펴낸이 홍인종
펴낸곳 도서출판 한국성서학
등록 제2022-000036호 (1991.12.21.)
주소 서울 광진구 광장로5길 25(광장동), 2층
전화 02-6398-3927
이메일 bibleforum@bibleforum.org
홈페이지 http://www.bibleforum.org
총판 비전북(전화 031-907-3927 / 팩스 031-905-3927)
인쇄·제본 성광인쇄

값 25,000원
ISBN 979-11-91619-27-0 93230
ⓒ 김창선 2025

* 잘못된 책은 바꿔 드립니다.
* 이 책의 저작권은 저자와 도서출판 한국성서학에 있습니다. 신저작권법에 의하여 한국 내에서 보호받는 저작물이므로 무단 전재와 무단 복제를 금합니다.

개정 3판

쿰란 문서와 유대교

문헌으로 본 유대학 입문

김창선 지음

한국성서학연구소

제1판 머리말
...

　우리에게는 얼마 전까지도 고작해야 "탈무드"라는 표제 하에 유대전통의 우화나 격언 등을 산발적으로 엮은 소책자 수준의 서적만 소개되어 있을 뿐이고, 고대 유대교와 랍비 유대교를 막론하고 "유대학" Judaistik 연구를 위한 연구서가 거의 없는 실정이었다. 최근 들어서 유대학에 관심이 점차 생기게 되면서 반갑게도 유대학과 관련된 몇몇 연구서들이 출판되기 시작하고 있으나 이 연구서들은 주로 특정 주제를 다룬 번역서로서 우리의 관심과는 어느 정도 거리가 있을 뿐만 아니라 광범위한 유대학을 이해하기 위한 입문서의 역할을 감당하기에는 여전히 불충분하다고 생각된다. 이러한 현실을 고려하여 유대학에 관한 기초적인 입문서를 집필하기로 결심하게 되었다. 그런데 막연히 유대학이라는 말이 정확히 무엇을 가리키는지 분명하지 않다. 이 말은 엄청나게 넓은 영역을 다 포함하고 있기 때문이다. 다시 말하면 유대인들의 종교와 삶은 밀접하게 얽혀 있는 까닭에 이들의 종교는 이들의 삶의 표현인 역사·문화·예술 전체와 직접적으로 관련되기 때문이다. 우리의 주된 관심은 이 넓은 영역의 정신적 기반을 이루고 있는 그들이 남긴 중요한 종교문서에 한정하고자 한다.

　신학을 전공한 사람이 왜 유대학에 관한 책을 집필하려 하는지 의문을 가질 수도 있다. 이에 대한 대답은 크게 두 가지 측면에서 할 수 있다. 우선 종교사적인 측면에서 살펴볼 때, 유대학에 대한 이해가 왜 필요한지 알 수 있다. 유대학 연구의 필요성은 나사렛 예수를 비롯하여 그의 열두 제자가 모두 유대인이었을 뿐만 아니라 사도 바울을 필두로 한 신약성서 기자들의 대다수가 역시 유대인 출신이라는 숨길 수 없는 역사적 사실과 관련되어 있다. 이러한 사실만을 보더라도 예수와 초기 그리스도교는 당시 유대교와 역사적으로 긴밀히 연결되어 있었음을 쉽게 짐작할 수 있다. 오늘날 그리스도교 신학자 가운데 초기 그리스도교가 유대교라는 모태에서 형성되었다는 사실을 더 이상 부인하는 사람은 아무도 없다. 결국 예수와 초기 그리스도교를 역사적으로 이해하려 할 때, 당시 유대교에 대한 이해가 반드시 동반되어야만 한다는 것이다. 그렇지 않고서는 당시 유대교와 예수 사이에 혹은 당시 유대교와 초기 그리스도교 사이에 놓인, 신약성서에서 찾아볼 수 있는 여러 긴장 관계를 제대로 이해할 수 없기 때문이다.

또한 신학적인 차원에서도 유대학 연구의 필요성을 찾을 수 있다. 곧 유대교에 대한 이해는 그리스도교의 본질을 이해하는 데 밀접하게 연관되어 있기 때문이다. 그리스도교는 역사적 인물 유대인 예수를 떠나서는 그 존재의 기반이 사라진다고 말할 수 있는 까닭에 예수를 올바로 이해하기 위해서는 당시 유대인의 삶과 문화를 이해하는 것이 필수적이다. 이러한 전제가 결핍될 때, 예수를 오직 본인의 입맛에만 맞게 해석하게 되는 오류를 범하기가 십상이다. 이런 까닭에 서구 신학계는 이미 오래전부터 유대학 연구를 본격적으로 수행해 왔고(예컨대, 독일의 유서 깊은 신학대

학들은 유대교를 전문적으로 연구하는 유대학 연구소를 설치하여 이의 연구에 깊은 관심을 보이고 있다), 1947년 쿰란 동굴에서 엄청난 양의 고대 유대 문서들이 발견된 이래로 초기 그리스도교의 모태가 되는 고대 유대교에 대한 연구가 한층 더 열기를 띠고 있다. 같은 이유에서 필자도 독일 튀빙엔 대학에서 석사학위논문으로 쿰란 분야를 다루었다.

그러나 우리의 상황은 다르다. 유대학 연구의 학문적 필요성이 이처럼 중요함에도 유대학에 대한 전문 연구서는 말할 필요도 없고 간단한 입문서조차도 없다는 사실을 바라볼 때, 바로 우리 신학계의 학문적 빈곤함이 여실히 드러난다. 이와 같은 우리의 상황을 고려하면서 그간 학계에 발표한 논문들과 독일 유학 중 관심을 가졌던 몇몇 주제를 중심으로 본서를 정리하게 되었다. 어느 분야를 막론하고 일정 분야를 연구할 때 가장 중요한 작업은 그와 관련된 기초 자료를 얼마나 잘 이해하느냐에 달려 있다. 그렇지 않은 경우 그 작업의 객관성 내지는 학문성이 의심을 받게 마련이다. 이러한 생각에서 우선 유대학을 이해하는 네 중요한 기초 문서 자료 Quelle를 중심으로 정리하게 되었다.

이 책에서 다루는 문서들은 고대 유대교를 이해함에 있어서나 또한 당시 유대교의 압도적인 영향 아래에 있었던 초기 그리스도교의 탄생 배경을 이해하는 데 지금까지 우리가 갖고 있는 가장 귀중한 문서자료라고 감히 말할 수 있다. 이는 특히 이 책의 제1부에 제시된 "쿰란 문서"=사해사본에 해당되는 말이다. 쿰란 문서에 대한 연구는 요즘 신약학을 연구하는 사람들이면 반드시 거쳐야 할 주요 연구 분야로 각광을 받고 있다. 쿰란 문서가 신약성서를 이해하는 데 여러모로 도움을 주고 있음이 점차 밝혀지고 있기 때문이다.[1] 따라서 "쿰란 문서 개관"을 필두로 중요한 쿰란주제를 다루었다(쿰란 공동체 이해, 의의 교사, 성령 이해, 종말론적인 성서 해석, 메시아 이해, 정경 문제 등).

또한 이 책의 제2부에서는, 쿰란 분야를 제외한 유대학의 중요 연구 분야를 다루었다. 먼저 다루는 "유대 묵시문학"은, 구약시대와 신약시대 사이의 교량 역할을 하는 이른바 "신구약 중간시대" intertestamental period를 이해하는 데 아주 중요한 개념이라 할 수 있다. 이어서 다루는 유대 문서들은 오늘날까지도 지속되고 있는 유대 전통을 이해하기 위한 초석이라고 할 수 있다. 특히 미쉬나와 탈무드를 중심으로 하는 "랍비 문서"에 대한 이해는 이른바 '정통 유대교' 혹은 '랍비 유대교'에 접근하기 위해 반드시 거쳐야 할 관문인 것이다. 계속하여 이 책의 뒷부분에는 "랍비성서와 유

---

[1] 이와 관련하여 한국신약학회 학회지「신약논단」8/3-4 (2001), 159-185에 실린 필자의 논문 "신약학을 위한 쿰란 연구의 중요성"을 참조하라. 또한 필자의 저서『21세기 신약성서 신학』(서울: 예영커뮤니케이션, 2004) 제16장에서도 같은 글을 찾을 수 있다.

대인들의 성서해석" 그리고 "유대 신비주의와 카발라"에 대한 장으로 할 애했는데, 이것 역시 유대교 자체에 관심이 있는 사람들을 위한 것이다. 따라서 이 책은 유대교 이해를 위한 입문서 역할도 겸한다.

 여기에서 다루고 있는 쿰란 분야를 비롯하여 유대학에 대한 각각의 주제는 실상 더욱 상세한 관심을 요하는 것들이나, 각 주제를 개괄적으로 소개한다는 취지에서 비교적 간단히 서술하려고 애썼다. 내용은 간략하지만, 최근 학문적 성과를 최대한 반영하여 본서를 14장으로 구성하였다. 유대교의 발전사를 어느 정도 염두에 두고 이 책의 순서를 꾸몄으나, 각 장은 다른 장들과 연결 없이도 이해할 수 있도록 계획하였으므로 순서에 상관없이 독자의 관심에 따라 읽어도 좋다. 각 장을 독립적으로 서술하다 보니, 이해를 돕기 위해 일부 내용이 중복될 수밖에 없었다. 후학들을 고려하여 이 책의 마지막 부분에 나오는 부록에는 "유대학 연구에 필요한 문헌 소개"를 달았다. 이 책을 통하여 쿰란 분야와 유대학에 대한 학문적 관심이 조금이라도 커 갈 수 있기를 바라며, 또한 예수 및 그리스도교의 배경이 된 유대교에 대한 이해를 높임으로써 궁극적으로 신학에 대한 이해의 폭과 깊이가 자라기를 바라는 마음이다.

 이 책이 나오기까지 여러 스승의 가르침이 있었다. 쿰란 연구의 중요성을 일깨워 주신 세 분의 쿰란 전문가이신 괴팅엔 대학의 슈테게만[H. Stegeman]

교수님, 튀빙엔 대학의 예레미아스 G. Jeremias 교수님과 리히텐베르거 H. Lichtenberger 교수님, 또한 유대학 분야로 인도해 주신 쉬라이너 St. Schreiner 교수님께 깊은 존경과 감사의 마음을 표한다. 끝으로, 전문학술서 출판을 꺼리는 우리 출판업계의 척박한 토양에도 불구하고 유대학에 관한 서적을 출판하기로 결정한 한국성서학연구소를 섬기는 모든 분께 진심으로 감사드린다.

Gloria in excelsis Deo!

2002년 저자 김창선

개정증보판 머리말

...

이 책의 초판이 나온 지 몇 해가 지나면서 그동안 절판 상태에 있었다. 이 책을 기다린 독자들의 인내에 부응하기 위해 초판의 내용을 보완한 개정판 작업을 하였다. 본문에 담긴 오자나 부적당한 표현을 바로 잡았으며, 특히 쿰란 문서를 개관하는 제1장은 학계의 새로운 연구 성과를 반영하여 많은 부분을 보완하였다. 그 밖에도 초판에 없는 내용을 첨가하였다

제1장 끝 부분에 "쿰란 거주지에 대한 고고학적 보도"; 제1부 끝에 "쿰란에센파와 묵시문학".

2007년 2월 연구실에서

개정3판 머리말

...

이번에 출간되는 개정3판은 이전 판의 내용을 전면적으로 다시 검토하는 가운데 수많은 수정 보완 작업을 통해 본문 내용을 업데이트했다. 원고 전체를 다시 검토하면서 이전 판에 담긴 여러 애매한 표현을 더 분명하게 고쳤으며, 필요한 경우가 아니라면 히브리어를 종종 생략하기도 했다. 게다가 그동안 출간된 해당 분야의 중요한 문헌들도 일부 첨가하였다. 특히 제7장을 새롭게 추가했으며 "4Q246과 4Q521을 둘러싼 메시아 논쟁", 또한 제14장은 예전 판의 표제 "랍비 문서 이해" 대신 "랍비 유대교 이해"라는 표제로 바꾸면서 상당 부분 새로운 내용으로 대체했다.

2025년 9월 4일

목차

머리말 _ 4

제1부 _ 쿰란 연구의 중심 주제   19

제1장 쿰란 문서 개관   21
I. 키르벳 쿰란과 사본의 발견 / 21
II. 히브리어 성서 사본(구약성서 사본) / 26
III. 외경(Apocrypha) 및 위경(Pseudepigrapha) / 31
IV. 주요 쿰란 문서 / 33

    1. 쿰란에서 처음으로 발견된 전승물 / 35
- 성전 두루마리(11QTemple) / 35 • 창세기 외경(1QGenAp) / 37
- 안식일 제사 노래(4QShirShabb) / 39 • 전쟁문서(1QM) / 40

    2. 쿰란에센파의 창작물 / 42
- 요나단에게 보내는 교사의 편지(4QMMT) / 42 • 호다욧(1QH) / 45
- 공동체 규율서(1QS) / 49 • 다메섹 문서(CD) / 55
- 주제에 따른 미드라쉬 / 57 • 예언서 주석서 / 60
- 보설: 쿰란 거주지에 대한 고고학적 보도 / 63

제2장 고대 유대교의 맥락에서 본 쿰란 공동체 이해   78
I. 쿰란 문서 발견의 중요성 / 78
II. 에센파에 대한 고대 문서의 기록 / 80
III. 쿰란 공동체와 에센파 사이의 관계 / 82
IV. 쿰란 공동체와 에센파 사이의 동질성 / 84

1. 공동식사 / 85

                2. 제의적 성격을 띤 정결 목욕 / 86

                3. 공동체 내의 계층구조 / 87

                4. 공동체의 새 가입자와 관련하여 / 88

                5. 공동소유 / 88

   V. 쿰란 문서를 통해 본 고대 유대교의 다원성 / 89

   VI. 쿰란에센파 기원의 역사적 배경 / 92

   VII. 쿰란에센파의 자기 이해 / 98

   VIII. 후기 / 100

제3장 절대적인 성서해석가 "義의 교사"의 자의식   102

   I. 서론 / 102

   II. '의의 교사'라는 칭호의 뜻 / 103

   III. 의의 교사 – 요나단과 대립된 대제사장? / 105

   IV. 의의 교사의 자의식 / 111

                1. 진리의 공동체인 에센파 설립자 / 112

                2. 계시의 중개자이며 성서해석의 전권을 가진 자 / 114

                3. 의의 교사를 통한 선과 악의 분리 / 116

   V. 결론 / 118

제4장 호다욧(1QH)에 나타난 성령 이해   120

   I. 서론 / 120

   II. 호다욧에 나타난 하나님의 영에 대한 칭호 / 125

                1. 당신의 성령 / 125

                2. 깨침의 영/당신의 자비의 영 / 125

                3. 내게 베풀어주신 영 / 125

   III. 호다욧에 나타난 종말론적 성령강림에 대한 고찰 / 126

1. 본문 번역 : 1QH VII,6-25 / 126
   2. 문맥 이해 / 128
   3. 문맥 내에서 본 성령강림에 대한 이해 / 129
   4. 성령강림은 의의 교사에게만 해당되는가? / 131
   5. 성령강림의 종말론적 성격 / 132
   6. 공동체 내에 존재하는 성령의 현재성 / 138
IV. 결론 / 140

제5장 쿰란 공동체의 종말론적 성서해석   142

I. 서론 / 142
II. 1QS VIII,4-16 / 143
   1. 1QS VIII,4-8 / 144
   2. 1QS VIII,13-16 / 147
III. 1QpHab VII,1-VIII,3 / 150
   1. 하박국 2장 1-4절의 문맥 이해 / 151
   2. 1QpHab에 인용된 하박국 2장 1-4절 이해 / 152
IV. 결론 / 155

제6장 쿰란 문서와 메시아   157

I. 서론 / 157
II. 전형적인 유대적 메시아 표상: PsSal 17 / 158
III. 메시아 표상의 발전 단계 / 160
   1. 제1단계(B.C. 2세기 중엽까지) / 161
   2. 제2단계(B.C. 112년까지) / 165
   3. 제3단계(B.C. 100년 이후) / 170
IV. 결론 / 174

제7장 4Q246과 4Q521을 둘러싼 메시아 논쟁   177

  I. 서론 / 177

  II. 본론 / 179

      1. 4Q246과 "하나님의 아들" / 179

      2. 4Q521과 "그의 기름부음을 받은 자(들)" / 186

  III. 결론 / 192

제8장 쿰란 문서에 나타난 공의·정의   194

  I. 서론 / 194

  II. 쿰란 공동체의 공의·정의 / 195

      1. 1QS 11:9-15 번역 / 195

      2. 본문 분석 / 196

      3. 쿰란 공동체 사고의 특징 / 198

  III. 결론 / 205

제9장 쿰란사본의 발견과 정경 문제   208

  I. 쿰란에서 발견된 구약성서 사본의 중요성 / 208

  II. 정경에 관한 기본 이해 / 209

      1. 정의 / 209

      2. 정경의 세 부분에 대한 언급 / 210

  III. 쿰란 공동체의 정경 이해 / 214

      1. 모세의 율법 / 214

      2. 토라와 예언자/모세와 예언자 / 215

      3. 모세, 예언자, 다윗(4QMMT) / 216

  IV. 성전두루마리−쿰란 공동체의 새로운 토라? / 217

  V. 정경 경계의 미확정 / 218

  VI. 쿰란 본문과 마소라 본문 사이의 관계 / 219

제10장 쿰란에센파와 묵시문학 　221
　I. 들어가면서　/ 221
　II. 묵시문학으로 논의되는 쿰란 발견물에 대한 평가　/ 223
　　　　1. 희년서　/ 224
　　　　2. 에녹서　/ 226
　　　　3. 거인서　/ 227
　　　　4. 새 예루살렘　/ 228
　　　　5. 안식일 제사 노래　/ 229
　　　　6. 멜기세덱 미드라쉬　/ 229
　　　　7. 창세기 외경　/ 230
　　　　8. 4QMyst　/ 231
　　　　9. 4QAmr^{a-f}　/ 231
　III. 쿰란에센파의 성격 규명 – 묵시론적 운동인가?　/ 232
　　　　1. 묵시문학과 종말론의 특징　/ 233
　　　　2. 쿰란에센파는 어떤 성격의 종파였나　/ 235
　IV. 나가면서　/ 238

제2부 유대학의 중심 주제　241

제11장 유대 묵시문학　243
　I. 묵시문학에 대한 정의　/ 243
　　　　1. 묵시문학에 대한 일반적인 이해　/ 243
　　　　2. 묵시문학을 둘러싼 초기의 연구 분위기　/ 244
　　　　3. 학문적 정의의 시도　/ 246
　II. 묵시문학의 기원을 둘러싼 논란　/ 252
　　　　1. 전승사적인 관점에서 볼 때　/ 252
　　　　2. 문화·사회사적인 관점에서 볼 때　/ 255

III. 중요한 유대묵시록 개관 / 256
    1. 에티오피아어 에녹서(1En) / 256
    2. 다니엘서(Dan) / 262
    3. 시리아어 바룩서(syrBar) / 264
    4. 제4에스라서(4Esr) / 266
    5. 모세 승천서(Assumtio Mosis) / 269
    6. 희년서(The Book of Jubilees) / 271
IV. 묵시문학 연구의 필요성 / 272

제12장 요세푸스와 필로   274
I. 요세푸스(Josephus) / 274
    1. 생애 / 274
    2. 교육 / 275
    3. 활동 / 275
    4. 작품 / 277
    5. 요세푸스의 전승 / 284
    6. 문헌 소개 / 286
    • 보설: 『아피온 반박문』과 요세푸스의 유대교 변증론 / 286
II. 필로(Philo of Alexandria) / 289
    1. 생애 / 289
    2. 저서 / 290
    3. 사상 / 297
    • 보설: 알레고리적 성서해석이란 무엇인가? / 299
    4. 문헌 소개 / 304

제13장 요세푸스를 통해서 본 바리새파·사두개파·젤롯당   305
I. 유대인의 세 철학파 / 306

II. 바리새파 / 307

        1. 역사와 관련한 요세푸스의 보도 / 307

        2. 바리새파의 가르침 / 309

III. 사두개파 / 313

IV. 젤롯당 / 315

제14장 랍비 유대교 이해   318

I. 랍비 유대교 시대에 대한 역사적 개관 / 318

        1. 팔레스타인 랍비 유대교의 역사 / 318

        2. 바벨론 랍비 유대교의 역사 / 322

        3. 랍비 유대교 시대의 4단계 / 324

II. 이중(二重)의 토라 / 326

        1. 기록된 토라(The Written Tora) / 326

        2. 구전 토라(The Oral Tora) / 327

III. 세 가지 구전 토라 / 328

        1. 할라카(Halakha) / 329

        2. 하가다(Haggada) / 329

        3. 미드라쉬(Midrash) / 331

IV. 주요 랍비 문서 개관 / 333

        1. 미쉬나(Mishinah)란 무엇인가 / 334

        2. 탈무드란 무엇인가 / 349

        3. 토세프타와 미드라쉬란 무엇인가 / 371

제15장 랍비성서와 유대인들의 성서해석   381

I. 랍비성서란 무엇인가 / 382

II. 고전적 유대 성서 주석이 태동하게 된 시대사적 배경 / 385

        1. 이슬람의 도전 / 385

2. 카라임의 도전 / 387

         3. 성서 비판의 시작 / 388

  III. 대표적인 유대 성서 주석가 / 389

         1. 싸아디아 가온 - 언어학적 성서 주석의 창시자 / 389

         2. 라쉬 - 가장 유명한 유대주석가 / 391

         3. 이븐 에스라 - 중세 성서해석의 왕관 / 393

제16장 유대 신비주의와 카발라   396

  I. 카발라에 대한 정의 / 396

  II. 유대 신비주의의 기원 / 398

  III. 메르카바 신비주의와 헤칼로트 문서 / 399

  IV. 조하르(Zohar) / 399

  V. 카발라의 가르침 / 400

         1. 신론 / 401

         2. 창조론 / 402

         3. 악의 문제 / 402

         4. 인간론 / 402

  VI. 하시딤 운동 / 403

부록 I _ 마이모니데스의 13개 신조 / 405
부록 II _ 쿰란 및 유대교 연구에 필요한 문헌 소개 / 408

제1부

쿰란 연구의 중심 주제

제1장 쿰란 문서 개관
제2장 고대 유대교의 맥락에서 본 쿰란 공동체 이해
제3장 절대적인 성서해석가 "義의 교사"의 자의식
제4장 호다욧(1QH)에 나타난 성령 이해
제5장 쿰란 공동체의 종말론적 성서해석
제6장 쿰란 문서와 메시아
제7장 4Q246과 4Q521을 둘러싼 메시아 논쟁
제8장 쿰란 문서에 나타난 공의·정의
제9장 쿰란사본의 발견과 정경 문제
제10장 쿰란에센파와 묵시문학

제1장

쿰란 문서 개관

...

I. 키르벳 쿰란과 사본의 발견

사해의 서쪽 해안가 절벽 근처에서 1947년 봄에 베두인 타아미레Ta'amireh 출신의 한 목자 Mohammed ed-Dhib 가 양들을 지키고 있었는데, 암벽 사이로 한 양이 달아나자 그 양을 찾기 위해 암벽을 타고 올라가다가 전에 보지 못한 동굴을 발견했다. 동굴 속으로 돌 하나를 장난 삼아 던지자, 마치 뭔가 깨지는 소리가 들려와 겁을 먹고 달아났다. 이틀 후에 다른 이들과 함께 다시 그곳을 찾아 동굴 안을 샅샅이 뒤지기 시작하여 여러 개의 깨진 도자기 조각들과 더불어 비교적 커다란 항아리들을 발견하게 된다. 기대와 달리 대체로 빈 항아리였으나, 유독 두 개의 항아리 속에는 무명천에 감긴 검은빛의 사본이 들어 있었다. 이것이 사해사본의 최초 발견이었다.

그림 1 ▮ 깨진 조각들을 다시 맞춘 사해사본 항아리

이 목자가 속한 베두인 무리의 한 사람이 얼마 후 베들레헴에서 그리스도인 구두 수선공 칸도Kando

라 불리는 시리아 중개인 본명: Khalil Iskander Schahin 에게 발견된 필사본들을 팔고자 했다. 아마도 그 발견된 고대 사본 가죽으로 값싼 샌들이나 뭔가 유용한 것을 만들어 낼 수 있으리라 생각한 모양이다. 칸도는 사본에 기록된 글씨를 판독할 수 없어서, 예루살렘에 있는 성 마가 수도원의 최고 책임자로 막 임명된 시리아 사람 대주교 마르 아타나시우스 Mar Athanasius Jeschua Samuel, 1909-1995 에게 사본들을 가져가 보여준 다음, 그 가운데 4개의 필사본을 대주교에게 판매한다. 그런데 대주교 역시 구입한 필사본의 진위를 평가할 수 없어서 그것을 예루살렘에 있는 여러 전문가에게 보여주었으나, 아무도 그 진가를 발견하지 못했다. 그 당시까지 양피지에 기록된 고대 히브리어 텍스트가 발견된 사례가 없었기 때문이다.

그림 2 ▮ 쿰란 동굴

한편 발견된 필사본에 관한 정보가 히브리 대학의 고고학자이자 고문서 전문가로 유명한 수케닉 Eleazar Lipa Sukenik, 1889-1953 교수에게도 전해진다. 당시 그는 안식 학기로 외국에 머물고 있었다. 한 아르메니아 사람 중개인이 1947년 11월 24일에 야파 대문 Jaffa Gate 옆 철조망 담장 사이로 유대인 학자 수케닉 교수와 접촉하여 필사본 한 조각을 보여준다. 수케닉은 고문서 최고 전문가답게 그 문서 조각이 고대의 진품임을 즉시 알아차린다.

그로부터 5일 후에 국제연합 UN, 1945년 10월 24일 설립 의 총회에서 팔레스타인을 아랍국가와 유대국가로 양분하는 투표가 있을 예정이었다. 바로 그 날에 수케닉은 아랍 버스를 타고 과감히 베들레헴으로 들어가서 히브리대학을 위해 중개상 살라히로부터 2개의 필사본을 구입한다. 그것이 훗날 빛과 어둠 사이에 벌어지는 전쟁 이야기를 담은 <전쟁문서> 1QM 와 쿰란 공동체의 찬송시편을 담은 <호다욧> 1QHodayot 이라 불리는 문서였다. 그날 저녁 UN의 투표와 더불어 팔레스타인에 내전이 발발한다. 그 와중에도 수케닉은 살라히가 갖고 있던 세 번째 두루마리 필사본인 <이사야서 두루마리> 1QIsaiah[b] 도 구입한다.

그 당시 팔레스타인은 이스라엘 국가 설립 문제로 소요가 많았는데, 그 틈을 이용해 대주교 마르 아타나시우스는 위험 지역에 있던 자기 소유의 사본들을 불법적인 경로로 미국으로 빼돌린다. 비싼 값으로 팔기 위해 애쓰다가 1954년에 4개의 문서를 100만 달러에 팔고자 했으나, 결국 25만 달러에 판매한다.

발견된 고문서의 가치가 널리 알려지자 베두인들은 그 일대를 다시 뒤지기 시작했고, 1952년 2월에 같은 지역에서 동굴 2를 발견한다. 당시 예루살렘에 자리 잡은 도미니크 수도회의 프랑스 연구소 에꼴 비블리끄 École Biblique 에 소속된 고고학자인 롤랑 드 보 Roland de Vaux 신부가 이끄는 발굴단은 1952년에 또다시 동굴 3과 동굴 5를 발견하고, 1955년에 또 다른 4개의 동굴 동굴 7, 8, 9, 10 을 연달아 발견한다.

당시 고고학자들은 알지 못했으나, 동굴 4는 베두인들에 의해 1952년 여름에 이미 발견되었다. 제4동굴은 가장 많은 문서를 담고 있던 동굴로 밝혀진다. 두루마리 사본들을 동굴로 급히 숨기던 조치가 중단되면서 쿰란 공동체의 도서관에 남아 있던 모든 자료가 여기에서 발견된다. 예컨대 영수증, 글자 연습용 자료, 아직 글자를 적지 않은 가죽 등 다양한 품목과 필사본이 모두 566점이나 이곳에서 발견되었다.

또다시 타미르 사람들이 2개의 동굴을 발견함으로써 1952년에 동굴 6; 1956년에 동굴 11 쿰란 지역 일대의 문서 발견은 1956년으로 끝난다. 1956년에 11번째 동굴이 발견된 이래, 여러 필사본과 수많은 조각이 확인되었으나, 실제 거기에 얼마나 많은 사본들이 있었는지 정확히 알 수 없었다. 그런데 그 일대에서 유래한 상당히 잘 보존된 어떤 사본이 한 개인의 수중에 있다는 소문이 계속 돌았다. 이 사본이 무엇이었는지는 1967년에 가서야 비로소 밝혀진다.

1967년에 이스라엘과 아랍국가들 사이에 이른바 '6일 전쟁'이 터졌고, 그로 인해 서요르단 지역이 이스라엘의 수중에 떨어진다. 그 결과 여러 고문서 사진들과 단편들을 소장하고 있던 록펠러 박물관 Rockefeller Museum 뿐만 아니라 중개상 칸도의 매장도 그 지역 안에 포함된다. 수케닉의 아들이기도 한 야딘 Yigael Yadin 장군은 군사작전을 통해 칸도가 숨겨둔 필사본을 강제로 압류한다. 훗날 그에 대한 일부 보상이 이루어졌는데, 그때 압류한 사본이 다름 아닌 <성전 두루마리> 11QTemple 라 불리는 것으로 그때까지 발견된 쿰란사본 가운데 가장 긴 사본이었다. 장군에서 다시 학자로 돌아온 야딘은 1977년에 성전 두루마리 필사본을 출판한다. 대략 이러한 과정을 거쳐 1947-1956년 사이에 모두 11개의 동굴 안에서 엄청난 양의 귀중한 고대 사본들이 발견되었다.

키르벳 쿰란 Khirbet Qumran 지역의 고고학적인 조사를 수행한 롤랑 드 보 신부는 1952년에 고대 거주지를 발굴하다가 시커먼 화염에 그을린 두터운 층과 더불어 로마인들이 사용하던 상당수의 화살촉을 발견한다. 이로써 이 거주지에 살았던 마지막 유대인들이 당시 로마군의 공격에 대항하여 싸웠다는 사실이 밝혀진다. 그런데 거기서 사람의 유골은 발견되지 않은 것으로 보아, 점령되어 불에 타기 직전에 모두 거주지를 버리고 달아났다고 짐작된다. 로마군은 이 파괴된 거주지를 다시 축조하여 군대 방위초소로 사용한다.

훗날 이 거주지는 로마의 지배에 반대하여 바르 코크바 Bar Kokhba 를 중심으로 일어난 유대인의 제2차 봉기 때 A.D. 132-135 반군의 지휘소로도 사용되었는데, 이는 여기에서 출토된 주화를 통해 확인된다. 발굴 조사는 쿰란으로부터 남쪽으로 2-3킬로미터 떨어진 엔 페쉬카 En Feshkha 지역으로 확대되었고, 1958년에 엔 페쉬카의 구조물에 대한 조사를 통하여 이것이 쿰란 거주민들이 사용하던 농업 및 산업 시설임이 드러났다. 그러나 엔 페쉬카에서 문서는 발견되지 않았다.

사람들이 쿰란 문서란 말을 흔히 사용하고 있으나, 실상 이 용어는 정확한 표현이 아니고 또 오해의 소지도 담고 있다. 사해의 북서쪽에 위치한 쿰란에서 발견된 문서들이 모두 쿰란 공동체의 산물이 아니기 때문이다. 이는 발견된 전체 문서 중 상당한 부분이 히브리어 성서 =구약성서 사본이라는 점에서도 명확하게 확인된다.[1] 그렇다고 구약성서 이외의 모든 문서는 쿰란 공동체의 작품이냐 하면, 이것도 사실과 다르다. 상당수의 작품은 쿰란 공동체가 직접 지어낸 작품들이 아니고 전통적으로 내려온 전승물에 불과하기 때문이다.

이러한 관점에서, 쿰란에서 발견된 문서를 다음의 세 부류로 나눌 수 있다. 1. 구약성서 사본, 2. 외경 및 위경, 3. 좁은 의미에서 본 쿰란 문서. 셋째 부류는 다시 두 범주, 즉 쿰란에서 처음으로 발견된 전승물과 쿰란

---

[1] 11개의 쿰란 동굴에서 베두인과 고고학자들은 심하게 훼손된 상태의 약 1,000점에 달하는 사본 및 파편들을 발견하였다. 이들은 주로 히브리어와 아람어로 기록되었고, 극히 일부분은 그리스어 및 나바테아어로도 기록되었다. 고문서학적으로 볼 때, 기원전 3-1세기의 산물로 간주된다. 이에 대해 A. Lange and H. Lichtenberger, "Qumran", *Theologische Realenzyklopädie* 28 (1997), 45; A. Lange, "Qumran", *RGG*[4] (2003), 1884를 보라.

공동체 자체의 창작물로 나눌 수 있다. 이 세 부류 가운데 우리의 주된 관심을 셋째 부류에 두고, 나머지 부류에 대해서는 제한된 범위 내에서 간략히 설명하고자 한다.

II. 히브리어 성서 사본(구약성서 사본)

발견된 사본 가운데 200여 개는 구약성서 필사본이다. 구약성서가 단편으로나마 거의 모두 쿰란에서 발견된 셈이다. 대다수의 사본은 히브리어로 기록되었다. 반더캄 J. C. VanderKam 에 따르면 지금까지 발견된 구약성서 사본의 수는 다음과 같다.2)

창세기	15	이사야	21	예레미야애가	4
출애굽기	17	예레미야	6	전도서	3
레위기	13	에스겔	6	에스더	0
민수기	8	열두 소예언서	8	다니엘	8
신명기	29	시편	36	에스라	1
여호수아	2	잠언	2	느헤미야	0
사사기	3	욥기	4	역대상·하	1
사무엘상·하	4	아가	4	총 202개	
열왕기상·하	3	룻기	4		

이 발견은 참으로 놀라운 사건이 아닐 수 없다. 히브리어 성서는 그리스도교 이전 시대의 산물임에도 불구하고, 쿰란사본이 발견되기까지 기원전 시대에서 유래한 구약성서 사본은 전무했기 때문이다. 현재 우리가 사용하는 <히브리어 성서> Biblia Hebraica 는 중세에 만들어진 사본에 의존한 것이기에 그 본문의 신뢰성에는 의문이 제기되곤 했다. 이에 비해 쿰란에

---

2) J. C. VanderKam, *The Dead Sea Scrolls Today* (Grand Rapids-MI, 1994), 30 이하.

서 발견된 가장 오래된 사본 4QSam^b; 4QJer^a 은 기원전 3세기 중엽까지 올라갈 수 있다. 나머지 모든 성서사본들도 쿰란거주지가 로마군에 의해 파괴된 해인 기원후 68년 이전에 기록되었음이 분명하다. 이는 히브리어 성서의 토대가 된 중세 사본들보다 무려 800-1,000년 앞서 기록되었음을 의미한다.[3] 그럼에도 불구하고 쿰란에서 발견된 성서 본문과 우리가 사용하고 있는 마소라 본문 Masoretic Text[4] 사이의 차이는 전체적으로 미미하다. 따라서 쿰란사본을 통하여 우리가 알고 있던 성서 본문은 대략 2,000년 전에도 존재했음을 확인할 수 있게 되었다.

이와 관련하여 기원전 2세기 중엽 이후에 완성된 것으로 추정되는 그리스어 성서 번역본인 이른바 <칠십인역> = LXX, Septuaginta 과 4세기 말경 교부 히에로니무스 = 제롬 에 의해 번역되기 시작한 라틴어 역본인 <불가타> Vulgata 에 포함된 구약성서 외경인 유딧서, 마카베오 상·하서, (솔로몬의) 지혜서 등은 쿰란에서 전혀 발견되지 않았다는 점도 흥미롭다. 기원전 3세기 중엽부터 이집트 알렉산드리아에서 생성되기 시작한 칠십인역을 현재의 마소라 본문과 비교하면, 본문과 단어 이해에서 차이가 나타나며, 그간 이런 차이는 주로 번역자의 문제로 여겨졌다. 그런데 쿰란에서 발견된 성서 사본이 경우에 따라 칠십인역과 동일함이 드러났다.[5] 따라서 칠십인역과 마소라 본문 사이의 차이는 근본적으로 팔레스타인에 존재했던 다양한 본문 전통의 차이에서 비롯되었다고 결론지을 수 있다.

---

[3] 현재 남아 있는 가장 오래된 코덱스: 기원후 895년에 예언서를 필사한 '카이로 코덱스'(Codex Cairensis), 916년에 후기예언서를 필사한 '페터스부르크 코덱스'(Petersburg Codex), 925년경에 마무리된 '알레포 코덱스'(Codex Aleppo), 1008년에 필사한 '레닌그라드 사본'(Codex Leningradensis).
[4] '마소라 본문'이란, 자음으로만 전해 내려온 히브리 성서의 정확한 발음과 기록을 보존하기 위해 6-9세기에 유대인 학자들이 자음 본문에 모음 기호와 강세를 더해 만든 본문을 가리킨다.
[5] 예컨대, 출 1:5의 경우, 야곱과 더불어 애굽으로 간 그의 후손 숫자에 대해 마소라 본문은 "70"이라고 말하나, 칠십인역 본문과 쿰란 본문(4QEx^a)은 동일하게 "75"라고 말한다. 또한 예레미야서의 경우, 칠십인역 본문이 마소라 본문보다 1/8 정도 짧은데, 이는 필사자의 실수에서 비롯된 것이 아님이 쿰란사본의 발견으로 밝혀졌다. 즉, 칠십인역 본문과 동일하게 짧은 본문이 쿰란에서 (4QJer^b) 발견되었기 때문이다.

그 밖에도 쿰란의 성서 사본은 히브리어 연구를 비롯하여 구약성서 본문 역사에 관한 연구뿐만 아니라 히브리어 성서를 아람어로 번역한 <타르굼> Targum 연구에도 커다란 공헌을 하고 있다. 잘 보존된 예언서 사본 1QIsa^{a}를 마소라 본문과 비교해 보면, 천 년이라는 긴 시간적 간격에도 불구하고 대체로 일치함이 밝혀졌다.6) 이로써 유대 학자들이 성서 본문을 신중하게 보존하고 전수해 왔다는 사실을 알 수 있다.

그림 3 ▮ 쿰란에서 발견된 이사야 사본 두루마리(1948)

쿰란에서 유래한 성서 사본들을 발견된 동굴의 번호에 따라 구체적으로 나열하면 다음과 같다.7)

---

6) 약간의 필사 오류와 독법의 차이를 확인할 수 있다(예컨대, 사 2:3과 관련하여 마소라 본문의 "여호와의 산에"가 쿰란 본문에는 없다. 또는 사 6:3과 관련하여 마소라 본문은 "거룩하다"를 세 번 반복하고 있으나, 쿰란 본문은 단지 두 번 반복할 뿐이다).
7) E. Zenger, et al., *Einleitung in das Alte Testament* (Stuttgart-Berlin-Köln, ³1998), 49 이하.

- 제1동굴 15개 : 1Q1 ^{1QGen} ; 1Q2 ^{1QEx} ; 1Q3 ^{1QpalaeoLev} ; 1Q4 $^{1QDtn^a}$; 1Q5 $^{1QDtn^b}$; 1Q6 ^{1QJudg} ; 1Q7 ^{1QSam} ; 1QJes^a ; 1Q8 $^{1QJes^b}$; 1Q9 ^{1QEz} ; 1Q10 $^{1QPs^a}$; 1Q11 $^{1QPs^b}$; 1Q12 $^{1QPs^c}$; 1Q71 $^{1QDan^a}$; 1Q72 $^{1QDan^b}$

- 제2동굴 19개 : 2Q1 ^{2QGen} ; 2Q2 $^{2QEx^a}$; 2Q3 $^{2QEx^b}$; 2Q4 $^{2QEx^c}$; 2Q5 ^{2QpalaeoLev} ; 2Q6 $^{2QNum^a}$; 2Q7 $^{2QNum^b}$; 2Q8 $^{2QNum^c}$; 2Q9 $^{2QNum^d>2Q7}$; 2Q10 $^{2QDtn^a}$; 2Q11 $^{2QDtn^b}$; 2Q12 $^{2QDtn^c}$; 2Q13 ^{2QJer} ; 2Q14 ^{2QPs} ; 2Q15 ^{2QIjob} ; 2Q16 $^{2QRut^a}$; 2Q17 $^{2QRut^b}$; 2Q18 ^{2QSir} ; 2Q23 $^{2QBar?}$

- 제3동굴 3개 : 3Q1 ^{3QEz} ; 3Q2 ^{3QPs} ; 3Q3 ^{3QLam}

- 제4동굴 139개 : 4Q1 $^{4QGen-Ex^a}$; 4Q2 $^{4QGen^b}$; 4Q3 $^{4QGen^c}$; 4Q4 $^{4QGen^d}$; 4Q5 $^{4QGen^e}$; 4Q6 $^{4QGen^f}$; 4Q7 $^{4QGen^g}$; 4Q8 $^{4QGen^h}$; 4Q9 $^{4QGen^j}$; 4Q10 $^{4QGen^k}$; 4Q11 $^{4QpalaeoGen-Ex^l}$; 4Q12 $^{4QGen^m}$; 4Q13 $^{4QEx^b}$; 4Q14 $^{4QEx^c}$; 4Q15 $^{4QEx^d}$; 4Q16 $^{4QEx^e}$; 4Q17 $^{4QEx-Lev^f}$; 4Q18 $^{4QEx^g}$; 4Q19 $^{4QEx^h}$; 4Q20 $^{4QEx^j}$; 4Q21 $^{4QEx^k}$; 4Q22 $^{4QpalaeoEx^m}$; 4Q23 $^{4QLev-Num^a}$; 4Q24 $^{4QLev^b}$; 4Q25 $^{4QLev^c}$; 4Q26 $^{4QLev^d}$; 4Q26a $^{4QLev^e}$; 4Q26b $^{4QLev^g}$; 4Q27 $^{4QNum^b}$; 4Q28 $^{4QDtn^a}$; 4Q29 $^{4QDtn^b}$; 4Q30 $^{4QDtn^c}$; 4Q31 $^{4QDtn^d}$; 4Q32 $^{4QDtn^e}$; 4Q33 $^{4QDtn^f}$; 4Q34 $^{4QDtn^g}$; 4Q35 $^{4QDtn^h}$; 4Q36 $^{4QDtn^i}$; 4Q37 $^{4QDtn^j}$; 4Q38 $^{4QDtn^k}$; 4Q39 $^{4QDtn^l}$; 4Q40 $^{4QDtn^m}$; 4Q41 $^{4QDtn^n}$; 4Q42 $^{4QDtn^o}$; 4Q43 $^{4QDtn^p}$; 4Q44 $^{4QDtn^q}$; 4Q45 $^{4QpalaeoDtn^r}$; 4Q46 $^{4QpalaeoDtn^s}$; 4Q47 $^{4QJos^a}$; 4Q48 $^{4QJos^b}$; 4Q49 $^{4QJudg^a}$; 4Q50 $^{4QJudg^b}$; 4Q51 $^{4QSam^a}$; 4Q52 $^{4QSam^b}$; 4Q53 $^{4QSam^c}$; 4Q54 $^{4QReg^a}$; 4Q55 $^{4QJes^a}$; 4Q56 $^{4QJes^b}$; 4Q57 $^{4QJes^c}$; 4Q58 $^{4QJes^d}$; 4Q59 $^{4QJes^e}$; 4Q60 $^{4QJes^f}$; 4Q61 $^{4QJes^g}$; 4Q62 $^{4QJes^h}$; 4Q63 $^{4QJes^i}$; 4Q64 $^{4QJes^k}$; 4Q65 $^{4QJes^l}$; 4Q66 $^{4QJes^m}$; 4Q67 $^{4QJes^n}$; 4Q68 $^{4QJes^o}$; 4Q69 $^{4QpapJes^p}$; 4Q69a $^{4QJes^q}$; 4Q69b $^{4QJes^r}$; 4Q70 $^{4QJer^a}$; 4Q71 $^{4QJer^b}$; 4Q71a $^{4QJer^d}$; 4Q71b $^{4QJer^e}$; 4Q72 $^{4QJer^c}$; 4Q73 $^{4QEz^a}$; 4Q74 $^{4QEz^b}$; 4Q75 $^{4QEz^c}$; 4Q76 $^{4QXII^a}$; 4Q77 $^{4QXII^b}$; 4Q78 $^{4QXII^c}$; 4Q79 $^{4QXII^d}$; 4Q80 $^{4QXII^e}$; 4Q81 $^{4QXII^f}$; 4Q82 $^{4QXII^g}$; 4Q83 $^{4QPs^a}$; 4Q84 $^{4QPs^b}$; 4Q85 $^{4QPs^c}$; 4Q86 $^{4QPs^d}$; 4Q87 $^{4QPs^e}$; 4Q88 $^{4QPs^f}$; 4Q89 $^{4QPs^g}$; 4Q90 $^{4QPs^h}$; 4Q91 $^{4QPs^j}$;

4Q92 [4QPs^k]; 4Q93 [4QPs^l]; 4Q94 [4QPs^m]; 4Q95 [4QPs^n]; 4Q96 [4QPs^o]; 4Q97 [4QPs^p]; 4Q98 [4QPs^q]; 4Q98a [4QPs^r]; 4Q98b [4QPs^s]; 4Q98c [4QPs^t]; 4Q98d [4QPs^u]; 4Q99 [4QIjob^a]; 4Q100 [4QIjob^b]; 4Q101 [4Qpalaeo Ijob^c]; 4Q102 [4Q Prov^a]; 4Q103 [4QProv^b]; 4Q104 [4QRut^a]; 4Q105 [4QRut^b]; 4Q106 [4QCant^a]; 4Q107 [4QCant^b]; 4Q108 [4QCant^c]; 4Q109 [4QQoh^a]; 4Q110 [4QQoh^b]; 4Q111 [4QLam]; 4Q112 [4QDan^a]; 4Q113 [4QDan^b]; 4Q114 [4QDan^c]; 4Q115 [4QDan^d]; 4Q116 [4QDan^e]; 4Q117 [4QEsr^a]; 4Q118 [4QChr]; 4Q119 [4QLXXLev^a]; 4Q120 [4QpapLxxLev^b]; 4Q121 [4Q-LXXNum]; 4Q122 [4QLXXDtn]; 4Q196 [4QpapTob ar^a]; 4Q197 [4QpapTob ar^b]; 4Q198 [4QpapTob ar^c]; 4Q199 [4QpapTob ar^d]; 4Q200 [4QTob?hebr.]; 4Q550 [4Q PrEster^{a-e}?]; 4Q551 [4QDanSuz]

- 제5동굴 7개 : 5Q1 [5QDtn]; 5Q2 [5QReg]; 5Q3 [5QJes]; 5Q4 [5QAm]; 5Q5 [5QPs 119]; 5Q6 [5QLam^a]; 5Q7 [5QLam^b]

- 제6동굴 7개 : 6Q1 [6QpalaeoGen]; 6Q2 [6QpalaeoLev]; 6Q3 [6QDtn]; 6Q4 [6QReg]; 6Q5 [6QpapPs?]; 6Q6 [6QCant]; 6Q7 [7QpapDan]

- 제7동굴 2개 : 7Q1 [7QLxxEx]; 7Q2 [7QEpJer]

- 제8동굴 2개 : 8Q1 [8QGen]; 8Q2 [8QPs]

- 제11동굴 10개 : 11Q1 [11QpalaeoLev]; 11Q2 [11QLev^b]; 11Q3 [11QDtn]; 11Q4 [11QEz]; 11Q5 [11QPs^a]; 11Q6 [11QPs^b]; 11Q7 [11QPs^c]; 11Q8 [11Q Ps^d]; 11Q9 [11QPs^e]; 11Q10 [11QtgIjob]

여기에 나타나듯이, 발견된 성서 사본의 숫자는 비록 엄청나다고 할 수 있지만 상당수의 사본은 아쉽게도 극히 단편적인 본문만을 담고 있다. 심지어 한두 절만을 담은 사본 조각도 있다. 이와 대조적으로 길이가 7-8 미터에 이르는 잘 보존된 긴 두루마리 사본도 발견되었다 [1QIsa^a; 11QpalaeoLev [palaeo=고대 히브리어체로 기록]; 11QPs^a].

III. 외경(Apocrypha) 및 위경(Pseudepigrapha)

구약성서 외경 중 기원전 2세기 중엽 이전에 기록된 것으로 추정되는 토비트서와 시락서만 쿰란 동굴에서 발견되었다. 이제까지 <토비트서> Tobit 는 그리스어 번역본만 전해지고 있었는데 쿰란에서 셈어로 기록된 사본이 처음으로 발견된 것이다. 즉, 아람어 혹은 히브리어로 기록된 것으로 보이는 단편이 4개 발견되었다 4Q196-200. 이로써 이 문서의 생성 연대가 늦어도 기원전 3세기로 소급될 수 있게 되었다.

기원전 190년경에 기록된 <시락서> Sirac=Ecclesiasticus=집회서의 히브리어 본문은 이미 알려져 있었다. 이집트 카이로의 카라이트 유대인 회당에서 20세기 초에 중세의 사본이 발견되었기 때문이다. 지금까지는 이 히브리어 시락서 본문과 불가타 사이의 차이와, 다른 한편 칠십인역과 불가타 사이의 본문 차이를 의아하게 여겼는데, 쿰란 동굴에서 발견된 본문이 중세의 복사본과 거의 같다는 사실이 확인되었다. 쿰란 제2동굴에서 한 작은 단편 2Q18 이 발견되었으며, 또한 제11동굴에서도 시편 사본 11QPsa에 담긴 시락서 51장이 발견되었다.

게다가 쿰란에서 두 종류의 묵시문학 위경도 발견되었다. 이 두 위경의 사본이 상당수 발견된 것으로 보아, 쿰란 사람들이 이 문서를 특히 중요하게 여겼던 것으로 짐작된다. 첫째는 히브리어로 기록된 <희년서> Jubilees 이다. 이 작품은 창세기에 나오는 이야기를 새롭게 서술하고 있는데 "Rewritten Bible", 천지창조에서 시작하여 이스라엘 백성이 시내산에 도달하고 모세가 하나님의 말씀을 받기 위해 시내산에 오르는 시점 출 19-20장까지의 내용을 묘사한다. 서로 다른 16개의 희년서 사본이 발견되었다. 이 문서의 생성 연대는 확실하지 않으나, 대략 기원전 3-2세기경으로 추정된다. 쿰란 사람들이 이 문서를 중요하게 여긴 이유는 1년을 364일로 계산하는 태양력 때문으로 보인다. 당시 음력을 사용하던 다른 유대인들과 달리 쿰란 사람들은 이 태양력 전통에 따라서 여러 예식을 지켰다.

또 하나 발견된 위경은 아람어로 기록된 <에녹서> Enoch=Henoch 이다.8) 그동안 에녹서는 에티오피아어를 사용하는 콥틱교회의 정경으로만 알려져 왔다. 따라서 전체 108장으로 이루어진 에티오피아어로 기록된 번역본만이 전해지고 있을 뿐이었다. 이 에티오피아어 에녹서는 5개의 서로 다른 묵시록의 종합체이다.

1. 제1-36장: 천사 에녹서 The Book of Watchers 혹은 Das angelologische Henoch-Buch
2. 제37-71장: 비유 에녹서 The Similitudes or Parables of Enoch 혹은 Das Buch der Bilderreden
3. 제72-82장: 천문학 에녹서 The Astronomical Book 혹은 Das astronomische Henoch-Buch
4. 제83-90장: 꿈 에녹서 The Book of Dreams 혹은 Das Buch der Traumgesichte
5. 제91-108장: 권면 에녹서 The Epistle of Enoch 혹은 Das paränetische Henoch-Buch

이 5개의 작품 중 <비유 에녹서>만을 제외하고는 나머지 네 작품의 사본들이 모두 쿰란에서 발견되었다.9) 이 가운데 <천문학 에녹서>를 담고 있는 문서가 가장 오래된 사본으로 추정된다. 이 사본은 아마도 기원전 200년경에 기록된 것으로 보인다. 이렇게 볼 때 기원전 165/164년에 기록된 구약의 유일한 묵시문학서인 다니엘서보다 그 생성 시기가 더 앞선 묵시문학이 있었음을 알 수 있다. 그 밖에도 5개의 사본이 발견된 <천사 에녹서> 가운데 한 사본은 기원전 2세기 초반에 완성되었다고 추정하고 있다.

그런데 특히 비유 에녹서의 생성 연대를 두고 학자들 사이에 논란이 많다. 이 문서의 생성 연대가 특히 신약학자들의 관심을 끄는 이유는 그

---

8) 에녹서에 대해서는 본서 제10장을 참조하라.
9) 쿰란에서 발견된 몇몇 에녹서 사본은 흥미롭게도 다른 구조를 갖고 있다. 즉, <비유 에녹서> 자리에 이른바 거인서(10QGiants [The Book of Giants])라 불리는 문서가 나온다. 이 문서는 천사의 아들인 거인들에 대해 묘사한다. 이 작품은 마니(Mani)에 의해 새롭게 기록되어 그의 경전에 포함된다(3세기).

문서 내에 하나님의 전권을 대신하는 "인자" Son of Man 라는 표현이 나타나고 있기 때문이다. 예수의 인자 어록들이 이 에녹서에 영향을 준 것인지, 아니면 이 에녹서의 인자 개념으로부터 예수의 인자 개념을 이해해야 하는지 아직 서로 간의 관계 규명이 불명확한 상태이다. 5개의 에녹서 가운데 유독 비유 에녹서만이 쿰란에서 발견되지 않은 사실을 근거로 그 생성 연대를 기원후 1세기경으로 잡는 입장이 있는 반면에 기원전 1세기 말경에서 기원후 1세기 사이에 생성된 것으로 추정하기도 한다.[10]

희년서와 에녹서 외에도 구약성서의 위경에 속하는 <열두 족장의 유언서> Testaments of the Twelve Patriarchs 와 관련된 사본이 발견되었다. 다시 말해 이 문서 자체의 사본이 발견된 것은 아니나, 이 문서의 저자가 사용한 것으로 보이는 자료가 쿰란사본 가운데 발견되었다: 나프탈리의 유언 4Q215, 유다의 유언 3Q7; 4Q484, 538, 요셉의 유언 4Q539, 레위의 유언 4Q213-214; 1Q21?.

IV. 주요 쿰란 문서

현재 구약성서 사본을 제외한 대다수의 쿰란 문서가 현대어 번역을 포함하여 출간되어 있다.

• 영어 번역 :

* *Discoveries in the Judaean Desert*, 40 Vols., New York: Oxford University Press, 1955-2009. (약자 DJD로 부르는 이 시리즈는 공인본에 해당한다.)

* F. G. Martinez, *The Dead Sea Scrolls Translated: The Qumran Texts in English*, Leiden-New York-Cologne: Brill, 1994. (1992년 스페인 마드리드에서 출판된 "Textos de Qumran"의 영역이다.)

---

10) S. Uhlig, *Das äthiopische Henochbuch* (Gütersloh, 1984), 494; G. Boccaccini, ed., Enoch and the Messiah Son of Man (Grand Rapids, 2007), 15-16.

* F. G. Martinez and E. J. C. Tigchelaar, eds., *The Dead Sea Scrolls Study Edition*, 2 Vols., Leiden-New York-Köln: Brill, 1997-1998. (여기에는 영역과 더불어 히브리어/아람어 본문이 함께 나온다.)

* D. W. Parry and E. Tov, eds., *The Dead Sea Scrolls Reader*, 6 Vols., Leiden: Brill, 2004-2005. (장르별로 구분한 영역, 히브리어/아람어 본문이 제시된다.)

* G. Vermes, *Complete Dead Sea Scrolls in English*, New York: Penguin Press, 1997(Revised Edition, 2004).

* M. Wise, M. Abegg, Jr., and E. Cook, *The Dead Sea Scrolls: A New Translation*, San Francisco: HarperCollins, 1996. 1996.

• 독일어 번역 :

* E. Lohse, ed., *Die Texte aus Qumran: Hebräisch und Deutsch*, Darmstadt: WBG, 1981; A. Steudel, ed., *Die Texte aus Qumran II: Hebräisch/Aramäisch und Deutsch*, Darmstadt: WBG, 2001. (로제와 슈토이델의 텍스트는 독일어 번역 외에도 출간된 쿰란 텍스트 가운데 유일하게 모음 철자가 포함되어 있어서 원전 읽기에 도움을 얻을 수 있다.)

* J. Maier, *Die Qumran-Essener: Die Texte vom Toten Meer*, 2 Vols., München: Ernst Reinhardt, 1995. (유대학 전문가의 독일어 번역이다.)

• 우리말 번역:

강성열 역, 『사해문서』 4권, 파주: 나남, 2008 (위에 언급한 F. 마르티네즈/E. 티그셸라아르의 텍스트를 번역한 것이다.)

위의 번역서 가운데 마르티네즈/티그셸라아르 F. G. Martinez/E. J. C. Tigchelaar 와 마이어 J. Maier 의 책이 특별히 추천할 만하다. 우리가 다루게 될 작품들의 번역문은 위의 책들 가운데에서 손쉽게 찾을 수 있다.[11] 각 작품의 원문에 대해서는 적절한 지점에서 언급하고자 한다.

쿰란 문서들은 보통 **약자로 표기**하는데, 이 약자 표기는 다음과 같은 구조로 되어 있다. Q는 '쿰란' Qumran 을 가리키는 말이다. Q 앞에 나오는 '아라비아 숫자'는 발굴한 11개의 쿰란 동굴 가운데 하나를 나타낸다. Q 바로 다음에 나오는 표시는 해당 동굴에서 발견된 특정 문서를 나타내고 있다. 이 특정 문서는 영어 약자로 표기하거나 숫자 발견된 두루마리 번호 로 나타내기도 한다. 한 작품이 여러 개 발견되었을 때, 작품명 오른쪽 상단에 위첨자 a, b, c … 로 나타낸다 예: $2QEx^a=2QExodus^a=2Q2; \ 2QEx^b=22QExodus^b=2Q3; \ 1QIsa^b=1Q8$.

1. 쿰란에서 처음으로 발견된 전승물

쿰란 동굴에서 발견된 문서 중 400여 개의 사본이 이 동아리에 속한다. 이 문서들은 에센파 사람들의 작품이 아니라 그들이 앞선 시대에서 전해 받은 전승물로서 원래의 생성 시기를 대략 에센파 설립 시기인 기원전 2세기 중엽 이전으로 잡고 있다. 이들 가운데 중요한 작품들만 소개하면 다음과 같다.

가. 성전두루마리($11QTemple^{a-b}$=11Q19-20)

히브리어로 기록된 이 작품의 생성 연대를 두고 학자들 사이에 논쟁이 많다. 대략 기원전 400년경으로 추정하는 사람이 있는가 하면 H. Stegemann, 어떤 이는 기원전 150년경으로 어림잡기도 한다 M. O. Wise; J. A. Fitzmyer. 이미 명칭에서 알 수 있듯이, 이 작품은 이스라엘 신앙의 핵심인 예루살렘 성전과 관련된 문서이다. 모세와 다윗, 솔로몬, 예언자 에스겔을 통해 모세

---

11) 그 밖에 *La Bible: écrits intertestamentaires* (Paris, 1987)에 나오는 쿰란 문서 불어 역(4-460쪽)도 참조하라.

오경에 기록된 하나님의 다양한 계시를 보충하거나 강화하는 내용을 담고 있다. 아마도 이 작품을 지은 저자는 이를 모세오경에 덧붙는 여섯 번째의 토라^{Tora} 서라고 이해한 것 같다.12) 여기에서 하나님이 직접 1인칭으로 말씀하기에, 이 문서는 이스라엘을 향한 하나님의 직접 계시로 자신을 이해한다.

이 문서는 열한 번째 쿰란 동굴에서 2개의 본문이 발견되었다 11QTemple^a, 11QTemple^b.13) 놀라운 구성을 갖추고 있는 이 작품은 성역과 정결함의 정도에 따라 완벽한 중앙집중식으로 구성되어 있다. 다시 말하자면, 성지 외곽 지역에서 시작하여 성시, 성전을 거쳐 가장 성결된 장소인 지성소에 이르기까지 여러 성역에 대한 다양한 규정을 담고 있다. 이를 통해 여러 성역이 서로 엄격하게 구분되어 있음을 알 수 있다. 1년을 364일로 셈하는 가운데 축제 희생제물을 위한 세부 달력도 담겨 있다 11Q19 XIII-XXIX. 그 외에도 이 작품의 뒷부분에는 왕, 예언과 점성술, 가족법, 근친상간법 등 여러 일반적인 규정도 나온다.

슈테게만이 이 문서를 에센파 이전 시대의 산물로 보는 데 반해,14) 야

---

12) H. Stegemann, "'Das Land' in der Tempelrolle und in anderen Texten aus den Qumranfunden", G. Strecker, ed., *Das Land Israel in Biblischer Zeit* (Göttingen, 1983), 162; idem, *Die Essener, Qumran, Johannes der Täufer und Jesus* (Freiburg-Basel-Wien, ⁴1994), 137. J. A. Fitzmyer는 CD V, 2-5에서 언급하는 봉인된 율법서와 성전두루마리를 동일시하면서 이를 공동체의 두 번째 토라로 파악하려 한다. J. A. Fitzmyer, *Qumran: Die Antwort. 101 Fragen zu den Schriften vom Toten Meer* (Stuttgart, 1993), 71. M. O. Wise의 견해에 따르면, 이 작품의 의도는 신 12-26장의 내용을 대치함에 있다. M. O. Wise, *A Critical Study of the Temple Scroll from Qumran Cave 11*, Studies in Ancient Oriental Civilization 49 (Chicago, 1990), 200 이하.

13) E. Qimron은 최근 발표한 한 단편을 성전두루마리의 세 번째 사본에서 나온 것으로 추정한다 (11QTemple^c).

14) 슈테게만은 다음과 같은 근거를 제시한다: 이 문서가 에센파 텍스트에 전혀 인용되지 않았고, <다메섹문서>(일생에 단 한 번만의 결혼을 허용)와 이 문서(왕비 사후 왕의 새로운 결혼을 허용) 사이에 나타나는 할라카 규정이 다르고, 또한 에센파가 성전이 더럽혀졌다고 간주하여 희생제물을 기도로 대치한 것과 달리, 이 문서에는 성전이 중심 역할을 하고 실제적인 희생제물을 요구하는 것처럼 보인다는 이유에서다. H. Stegemann, "The Origins of the Temple Scroll", J. A. Emerton, ed., *Congress Volume: Jerusalem 1986*, VTS 40 (Leiden, 1988), 238-241.

딘 Y. Yadin 은 요한 휘르카노스 1세 Johannes Hyrkanos I, B.C. 134-104 시대에 기록된 에센파 작품으로 평가한다. 66개의 단 Column 이 상당 부분 보존되었다 11QTemple³. 사본 본래의 길이는 9미터 정도로 추정되지만, 시작 부분이 소실되어 약 8미터가 보존되었다. 발견된 사해사본 가운데 가장 긴 사본이다.

그림 4 ▌ 11QTemple의 일부

* 이 작품의 히브리어 본문 : Y. Yadin, *The Temple Scroll* (3 vols. with a supplement), Jerusalem: Israel Exploration Society, 1983(특히 vol. 2에 본문과 해석이 들어 있다); E. Qimron, *The Temple Scroll: A Critical Edition with Extensive Reconstruction* (bibliography by F. G. Martinez), Beer Sheva-Jerusalem: Ben Gurion University of the Negev-Israel Exploration Society, 1996.

* 연구 문헌 : J. Maier, *Die Tempelrolle vom Toten Meer und das "Neue Jerusalem"*, UTB 829, München: Reinhardt, ³1997; idem, *The Temple Scroll*, Sheffield: JSOT Press, 1985; G. J. Brooke, ed., *Temple Scroll Studies*, Sheffield: JSOT Press, 1989; M. O. Wise, *A Critical Study of the Temple Scroll from Qumran Cave 11*, Studies in Ancient Oriental Civilization 49, Chicago: The Oriental Institute of the University of Chicago, 1990.

나. 창세기 외경(Genesis Apocryphon: 1QGenAp = 1Q20)

첫 번째 쿰란 동굴에서 아람어로 기록된 사본은 단 하나만 발견되었는데, 본문이 상당 부분 파손되었다. 판독하기 쉽지 않은 단지 몇 개의 단이 보존되었을 뿐이다. 이 작품은 구약성서 창세기의 내용을 더욱 화려하게 꾸미고 있다. 창세기 5:28에서 15:4까지의 내용에 살을 붙여 확대하여 새롭게 이야기하고 있다. 장르로 볼 때, 이러한 유형의 작품을 유사 성서 문학 para-biblical Literature 이라고 부른다. 바이어 K. Beyerx 에 따르면, 에녹서와 희년서를 자료로 이용한 것으로 보인다.15)

많은 부분이 소실되었고 단지 몇 단만 그 뜻을 판독해 낼 수 있을 뿐이다. Col. VI-VII에서 라멕이 노아의 탄생에 대해 보도하고 있다. 특히 아브라함의 아내인 사라의 아름다움을 자세히 그리고 있음이 이색적이다(Col. XX). Col. XXI-XXII는 아브라함에 대한 이야기를 담고 있다. 본래 이 작품은 적어도 아브라함의 이야기가 끝나는 창세기 25장까지를 포함하고 있었으리라고 짐작된다.16)

이 작품의 저자가 희년서를 언급하고 있다는 점에서, 이 작품의 생성 연대를 에센파 시대로 보기도 한다. 그러나 본문 가운데서 에센파와 관련한 어떤 특징도 찾아볼 수 없기 때문에, 이 작품의 생성 연대를 그보다 앞서 대략 기원전 3세기로 H. Stegemann 추측하는 것이 더욱 타당해 보인다. 내용에서 미루어 볼 때, 독자들의 신앙심을 북돋우는 것이 이 작품의 의도라고 생각된다.

* 이 작품의 아람어 본문 : K. Beyer, *Die aramäischen Texte vom Toten Meer*, vol. 1, Göttingen: Vandenhoeck & Ruprecht, 1984, 165-186 (vol. 2, Göttingen, 1994, 68-70); J. C. Greenfield and E. Qimron, "The Genesis Apocryphon Col. XII", T. Muraoka, ed., *Studies in Qumran Aramaic*, Louvain, Abr-Nahrain Suppl. 3, Leuven: Peeters, 1992, 70-77.

---

15) 바이어(K. Beyer)는 4Q538도 <창세기 외경>(GenAp) 사본으로 간주한다.
16) H. Stegemann, *Die Essener, Qumran, Johannes der Täufer und Jesus*, 140.

*연구 문헌 : J. Fitzmyer, *The Genesis Apocryphon of Qumran Cave I: A Commentary*, Rome: Pontifical Biblical Institute, ²1971; R. T. White, *The Qumran Genesis Apocryphon: A Review*, Sheffield: Sheffield Academic Press, 1988.

다. 안식일 제사 노래(Angelic Liturgy/Songs of the Sabbath Sacrifice: 4QShirShabb^{a-f}=4Q400-405)

에센파 사람들은 히브리어로 기록된 이 작품을 특별히 중요하게 여긴 것 같다. 모두 10개의 사본이 발견되었기 때문이다. 그러나 유감스럽게도 본문이 상당히 훼손되었다. 제4쿰란 동굴에서 8개의 사본이 발견되었고, 제11쿰란 동굴 11Q17과 기원후 74년에 파괴된 '마사다' 요새에서도 각각 하나의 사본 MasShirShabb이 발견되었다. 마사다에서 발견된 사본은 쿰란 사람들의 소장물이 아니라, 쿰란이 아닌 다른 곳에서 거주하던 에센파 사람들의 소유물이었다는 사실을 보여준다. 해당 사본은 고문서학적으로 볼 때, 기원전 1세기나 기원후 1세기 전반에 기록된 것으로 보인다. 그러나 사용된 언어나 문체를 고려할 때, 원래의 작품은 에센파에서 유래한 것으로 보기 어렵고, 대략 기원전 3세기경에 기록된 것으로 추정된다.[17]

이 작품은 일종의 천상적 예배 순서를 담고 있다. 에센파 공동체가 제사장을 우두머리로 한 조직이었음을 고려하면, 안식일 제식을 내용으로 담고 있는 이 작품을 특히 중요하게 여겼을 것으로 짐작할 수 있다. 1년을 4단계로 나눌 때 매 단계가 13개의 안식일로 구성되는데, 매 안식일을 어떻게 지켜야 할 것인지에 대하여 상세히 기록하고 있다. 천사들이 안식일 예배 때 부르게 될 13편의 시로 작품이 구성되어 있고, 매 일곱 번째

---

17) 이 문서의 최초 편집본(editio princeps)을 출간한 C. A. Newsom은 처음에는 이를 에센파의 산물로 여겼으나, 나중에 입장을 바꿔 에센파 이전의 산물로 이해한다. C. A. Newsom, "'Sectually Explicit' Literature from Qumran", W. H. Propp, B. Halpern, and D. N. Freedman, eds., *The Hebrew Bible and its Interpreters* (Winona Lake, 1990), 167-187. 에센파 특유의 언어 사용이 없고, 에센파 텍스트가 기피하는 '엘로힘'이란 칭호를 하나님뿐만 아니라 천사에게도 사용하고, 유독 이곳에서만 '하나님의 통치'라는 개념이 중심 모티브로 사용되고 있다는 점 등을 이유로 제시한다.

안식일이 매번 서술의 종점이 된다. 안식일 제식을 집행할 때, 하늘의 천사 제사장들과 함께 지상의 제사장들도 참여하고 있다. 예언자적이고 구약의 시편을 본뜬 서술로 미루어 볼 때, 이 작품은 예루살렘 성전 제식에서 기원한다고 짐작할 수 있다.

* 이 작품의 히브리어 본문 : C. Newsom, *Songs of the Sabbath Sacrifice: A Critical Edition*, Harvard Semitic Studies 27, Atlanta: Scholars Press, 1985; J. H. Charlesworth and C. A. Newsom, eds., *Angelic Liturgy: Songs of the Sabbath Sacrifice*, The Princeton Theological Seminary Dead Sea Scrolls Project 4B, Tübingen-Louisville: Mohr Siebeck-Westminster John Knox Press, 1999.

* 연구 문헌 : A. M. Schwemer, "Gott als König und seine Königsherrschaft in den Sabbatliedern aus Qumran", M. Hengel and A. M. Schwemer, eds., *Königsherrschaft Gottes und himmlischer Kult im Judentum*, Urchristentum und in der hellenistischen Welt, Tübingen: Mohr Siebeck, 1991, 45-118; J. Maier, "Shîrê 'Ôlat hash-Shabbat: Some Observations on their Calendaric Implications and on their Style", J. T. Barrera and L. V. Montaner, eds., *The Madrid Qumran Congress*, vol. 2, Leiden: Brill, 1992, 543-560.

라. 전쟁문서(War Scroll/Kriegsregel: 1QM)

이 작품은 빛과 어두움의 세력 사이에 벌어질 종말 전쟁에 대한 여러 규정을 담고 있다. 그래서 이 문서는 히브리어 '밀하마' Milchama=전쟁 의 첫소리를 따서 "M"이라 표기된다. 에센파 사람들이 이 작품을 특히 중시했음은, 지금까지 10개 이상의 사본이 발견되었다는 사실에서 분명히 드러난다. 그중 기원전 1세기 말에 필사된 한 사본은 제1쿰란 동굴에서 발견되었으며, 두루마리의 마지막 부분을 제외하면 대부분 잘 보존된 상태였다 1QM[+1Q33]. 그 밖에도 제4쿰란 동굴에서 6개의 단편이 발견되었다 4QM^{a-f}

=4Q491-496 .

이 작품은 본래 에센파 이전 시대의 산물이었으나, 에센파가 전승하는 과정에서 새롭게 다듬은 작품으로 간주된다.18) 다시 말해, 이 작품은 처음부터 하나의 완성된 작품으로 존재했던 것이 아니라 전승 중에 복잡한 교정과 첨가의 과정을 겪었다. <전쟁문서>의 골격을 이루는 초기 형태는 기원전 2세기 초, 헬레니즘 문화가 물밀듯 밀려오면서 전통 유대교가 심각한 위기에 처했을 시기 B.C. 172 이후, 즉 기원전 164년에 다니엘서가 완성되기 직전에 형성된 것으로 보인다 H. Stegemann. 초기 형태의 편집 과정은 그 이후에 D. S. Ben Ezra, B.C. 164-150 이루어졌을 것이다.

<전쟁문서>의 주제는 작품 도입부에 잘 나타나 있다: "마스킬을 위하여, 전쟁규정, 빛의 자식이 어두움의 자식의 운명에 대항하며, 벨리알의 무리와 에돔과 모압 그리고 암몬족과 아말렉족 또한 블레셋의 무리에 대항하며, 아수르의 키팀의 무리에 대항하며, 이들과 한통속으로서 이들을 돕는 악마들에게 대항하는 싸움의 시작이다" 1QM I,1 이하.

전쟁 수행에 필요한 여러 조치, 예컨대 무장·군대배치·전투계획·제사장들과 레위 사람들의 기도문 등이 자세히 서술되어 있으므로 <전쟁문서>는 일종의 전쟁 수행 지침서라 할 수 있다. 종말 전쟁은 제사장들의 지휘에 따라 움직이게 되는데, 이것은 마치 여호수아 6장에 나타나는 여리고성 공략의 모습에 견주어 볼 수 있다. 전투는 제사장들의 나팔 소리와 레위 사람들의 호적號笛 소리에 맞추어 전개된다 1QM II,15-III,11에 나타나는 다양한 나팔 규정을 참조하라. 이런 의미에서 <전쟁문서>가 묘사하는 전쟁은 실제 전투 행위라기보다 오히려 제의 행위에 가깝다. 종말 전쟁을 수행하는 데에 있어 다윗 가문의 메시아가 등장하지 않고 전쟁 수행의 최고 역할을 대제사장이 담당하는 것이 특이하다.

---

18) 슈테게만은 사해사본 가운데 그와 같은 사실이 명백히 드러나는 유일한 문서라고 말한다. H. Stegemann, *Die Essener, Qumran, Johannes der Täufer und Jesus*, 145.

* 이 작품의 히브리어 본문 : E. L. Sukenik, *The Dead Sea Scrolls of the Hebrew University*, Jerusalem, 1955; E. Lohse, ed., *Die Texte aus Qumran: Hebräisch und Deutsch*, Darmstadt: WBG, 1981, 177-225.

* 연구 문헌 : P. R. Davies, *1QM, The War Scroll from Qumran: Its Structure and History*, Rome: Pontifical Biblical Institute, 1977; Y. Yadin, *The Scroll of the War of the Sons of Light against the Sons of Darkness*, Oxford: Oxford University Press, 1962.

2. 쿰란에센파의 창작물

쿰란에서 발견된 문서 중 40여 개의 작품만이 이 범주에 속한다. 많은 경우 보잘것없는 단편으로만 남아 있는 것이 유감이다. 그럼에도 현재까지 보존된 문서는 에센파의 역사적 단면은 물론, 그 조직 구조와 신앙 세계에 관한 귀중한 정보를 우리에게 전해 준다. 특히 이 범주에 속하는 작품들이 한결같이 당대의 통용어인 아람어나 그리스어가 아니고 히브리어로 기록되었다는 사실은, 에센파가 자신들의 종교 전통을 수호하는 데 있어 남다른 의식을 지니고 있었음을 보여준다.

가. 요나단에게 보내는 교사의 편지(The Halakhic Letter: 4QMMT^{a-f} = 4Q394-399)

일종의 할라카=유대종교법과 관련된 모든 사항들적인 성격을 띠고 있는 이 편지문은 제4쿰란 동굴에서 발견되었다. 모두 6개의 사본이 상당히 훼손된 상태로 발견되었는데, 가운데 가장 오래된 사본은 기원전 2세기 말경에 기록된 것으로 추정된다. 이 작품은 통상 4QMMT라고 불린다. 이는 편지문 가운데, 토라의 규정을 요약하여 Miqtzat Ma'ase ha-Tora ="토라의 몇몇 실천사항" 라고 부르는 데서 유래한 약어이다. 즉 이 세 단어의 앞머리 철자를 따서 만들어진 것이다.

슈테게만은 작품의 성격에 따라 "요나단에게 보내는 교사의 편지"라는 제목으로 부른다. 이 제목에서 나타나고 있듯이, 이 작품은 쿰란에센파의 설립자이며 최고 지도자인 이른바 "의의 교사" Teacher of Righteousness 가 당시 유대의 최고 정치 실세인 마카비 가문의 '요나단' B.C. 161-143 에게 보내는 편지이므로,[19] 그 작성 시기를 에센파 설립 시기인 기원전 150년경으로 볼 수 있다. 따라서 이 작품은 에센파 설립 시기의 역사적 정황을 우리에게 알려 주는 귀중한 자료라고 할 수 있다.

이 작품의 처음 3분의 1은 소실되어 전해지지 않으며, 아마도 편지의 수신자와 발신자를 언급하고 인사말 등을 담고 있었을 것으로 추정된다. 나머지 보존된 부분은 크게 세 부분으로 구성되어 있다. 첫째, 364일 태양력을 기준으로 한 안식일 표가 등장하는데, 이는 요나단이 도입한 354일 기준의 태음력 사용이 잘못되었음을 밝히려는 의도로 보인다. 이어서 다양한 할라카=종교법과 관련된 사항를 담고 있는 둘째 부분은 요나단이 도입한 여러 그릇된 토라 규정에 대하여 언급하고 있다. 마지막 셋째 부분은 수신자를 향한 권면의 내용을 담고 있다.

슈테게만은 이 편지의 의도를 두 가지로 요약한다. 의의 교사의 첫째 의도는 당시 막강한 정치 세력인 요나단과 그 예하 부대를 자신이 세운 에센파와 연합하여 일종의 전체 이스라엘 연합체 구성을 희망하는 것이며, 둘째 의도는 요나단이 범한 잘못된 행위, 즉 최고 정치가로서 동시에 예루살렘 성전의 대제사장직을 강탈한 행위와 관련하여 이 대제사장직을 포기하고 앞으로는 오로지 본연의 정치적 역할에만 전념하기를 권면하는 것이다.[20]

---

19) 베르거(K. Berger)는 이를 입증할 수 없다고 주장한다. K. Berger, *Qumran: Funde-Texte-Geschichte* (Stuttgart, 1998), 57. 혹자는 이 작품 가운데 발신인 1인칭 복수 주어가 나타나고 있는 것과 관련하여, 이 작품의 저자를 의의 교사로만 볼 것이 아니라, 그를 둘러싼 제사장 그룹으로 보고자 한다. E. Qimron and J. Strugnell, *Qumran Cave 4. V: Miqsat Ma'ase Ha-Torah*, Discoveries in the Judaean Desert X (Oxford, 1994), 116 이하.

20) H. Stegemann, *Die Essener, Qumran, Johannes der Täufer und Jesus*, 148 이하.

위에 언급한 의도는 주로 이 작품의 뒷부분에서 볼 수 있다. 이해를 돕기 위해 이 편지문의 뒷부분인 4Q398 Frag. 14 Col. II를 번역하면 다음과 같다.

"은혜를 입은 자 다윗을 생각해 보시오. 그도 역시 수많은 고난에서 구원을 받았으며 또한 용서함을 입었습니다. 그러하기에 우리도 당신께 토라의 몇몇 실천 사항을 적어 보냅니다. 이것이 당신과 당신의 백성을 위한 좋은 일이라고 생각합니다. 우리가 보건대, 당신은 지혜와 '토라' 지식을 소유하고 있다고 생각합니다. 이 모든 것을 그분(=하나님) 앞에서 조명하여, 그분이 당신의 결정을 바르게 내리도록 하여, 사악한 생각과 벨리알의 획책을 멀리하시오. 그리하여 종말의 시대에 우리의 말 가운데 무엇인가 타당하다는 사실을 알고 기쁨을 누릴 뿐만 아니라, 동시에 당신이 의롭다 함을 입을 것입니다. 그 이유는 당신이 당신의 안녕과 이스라엘을 위해 그분 앞에서 법과 선을 행하기 때문입니다."

요나단의 대제사장직 포기를 요구하는 의의 교사의 입장은 당시 유대교 전통에서 볼 때 매우 타당한 요구였다. 그 이유는 대제사장직은 다윗도 차지할 수 없었던 자리로서 오로지 '사독' 가문만이 맡을 수 있는 직책이었기 때문이다 삼하 8:17; 15:24-29; 왕상 2:35. 의의 교사는 바로 이 가문 출신으로서 대제사장직을 맡았던 자인 반면에, 마카비 가문의 요나단은 평범한 제사장 가문 출신이므로 대제사장직을 차지해서는 안 되었음에도 불구하고 강제로 그 자리를 점유했던 것이었다. 의의 교사의 이 편지로 인하여 요나단은 틀림없이 분노에 빠졌던 것 같다. 이러한 추측은 다른 쿰란 문서, 곧 4QpPs^a 1-10 =4Q171 을 미루어 보건대 확실하다. 이 본문은 구약 시편 37:32-33의 내용에 대한 에센파의 해석을 담고 있는데,[21] 이 시편 구절을 인용하면서 다음과 같이 기록하고 있다.

---

21) 이와 같은 성경해석방법을 페셔 방법(Pesher-Method)이라 한다. 여기에 대해서는 제5장 "쿰란 공동체의 종말론적인 성서 해석"을 참조하라.

"한 사악한 자가 그 의인을 정탐하며 그를 죽이려 들고 있다(시 37:32). 그러나 야훼께서 그를 그 자의 폭력에 두지 아니하시고, 그를 심판하려 들 때 그를 정죄하도록 놓아두지 아니하신다(시 37:33). 이 말의 해석은 저 사악한 제사장과 관련되어 있으니, 이 자가 그 의인을 정탐하고, 이어서 그를 죽이려 들고 있다. […] 그리고 그가(=의인) 그 자에게 보낸 토라. 그러나 하나님께서 그를 내버려두지 아니하시며, 그가 재판을 받을 때에도 그를 정죄하도록 놓아두지 아니하신다. 그리고 하나님께서 그자를 심판하기 위해 이방인 폭력자의 손아귀에 버리심으로써 그 자의 죄과를 지불하도록 하신다" 1Q171 IV,7-9 .

여기에서 사악한 자로 지칭된 인물은 다름 아닌 앞서 언급한 요나단이고, '의인'은 곧 의의 교사를 가리킨다. 이렇게 볼 때, 이 본문에서 요나단이 의의 교사의 암살을 기도했다는 사실을 알 수 있다. 결국 의의 교사가 에센파와 요나단 세력을 통일하여 전체 이스라엘 연합체를 구축하려던 계획은 무산되고 만 것이다.

* 이 작품의 히브리어 본문: E. Qimron and J. Strugnell, *Qumran Cave 4. V: Miqṣat Ma'aśe Ha-Torah*, Discoveries in the Judaean Desert X (Oxford: Clarendon Press, 1994.

위에서 언급한 작품 요나단에게 보내는 교사의 편지 4QMMT 에서 우리가 당시 에센파와 관련된 역사적 상황을 어느 정도 살펴볼 수 있었다면, 이어서 다룰 작품인 호다욧 1QH 에서는 에센파 사람들이 가졌던 내적 신앙 세계를 살펴볼 수 있다.

나. 호다욧(Hodayot/Thanksgiving Hymns/Hymnenrolle: 1QH)

몇몇 쿰란 동굴에서 찬송시가 담긴 사본들이 다수 발견되었다. 모두 8개의 사본이 발견되었는데, 그중 제1쿰란 동굴에서 나온 사본 1QHª 이 대체로 잘 보존된 상태였다. 이 사본은 원래 약 4.5미터 길이의 두루마리로,

상하단이 많이 손상되어 있었지만, 제4쿰란 동굴에서 발견된 동일한 내용을 담은 작은 문서 조각들⁴ᵠᴴ을 바탕으로 상당 부분 복원할 수 있었다.

그림 5 ▎1QHodayot

이 복원 작업은 주로 독일 괴팅엔대학교의 쿰란 전문가 하르트뭇 슈테게만 교수의 노력에 기인한다. 그의 견해에 따르면, 이 사본은 원래 28개의 단^{Column}에 대략 35편 정도의 찬양시를 담고 있었으며 기원전 1세기 말경에 필사된 것으로 보인다.²²⁾ 이 작품에 들어 있는 적지 않은 시들이 "주여! 당신을 찬미합니다" 혹은 "찬양받으소서, 주여!"로 시작하고 있기에, 이 작품을 "호다욧"^{Hodayot=찬송시들}이라 부르게 되었다.

이 작품은 두 부분으로 나눌 수 있다. 전반부는 대체로 에센파 설립자인 의의 교사가 직접 지은 시이고, 후반부는 공동체 구성원들이 '교사의 시'를 본받아 지은 '공동체의 시'로 구성되어 있다.²³⁾ 교사의 시에서 의의

---

22) H. Stegemann, *Die Essener, Qumran, Johannes der Täufer und Jesus*, 151. 벤 에즈라는 30편 정도가 담겼을 것으로 추정한다. D. S. Ben Ezra, *Qumran: Die Texte vom Toten Meer und das antike Judentum* (Tübingen, 2016), 249.

교사는 자신의 여러 체험을 시적으로 승화시켜 서술하면서 고난에 처해 있던 자신을 구원해 주신 하나님께 감사와 찬미를 돌리고 있다. 동시에 여기서 의의 교사는 자신을 여전히 합법적인 대제사장으로 이해하고 있음을 엿볼 수 있다. 이 시들은 대략 기원전 2세기 후반에 작성된 것으로 추정된다.

호다욧은 구약성서 시편을 연상시킨다. 피츠마이어에 따르면, 구약성서 간접인용이 약 673회 등장한다고 한다.24) 이 호다욧에서 우리는 에센파 사람들이 가졌던 깊은 영성을 느끼게 된다. 특히 인간론·신론·종말론·성령론에 대한 그들의 이해를 풍부하게 보여주고 있으며, 이러한 점에서 호다욧은 에센파 사람들의 내적 종교 생활을 이해하는 데 가장 중요한 문서라고 말할 수 있다.

수케닉은 이 작품을 당시 발견된 상태에 근거하여 최초 편집본 editio princeps 을 1954년에 출간했는데,25) 사본에서 떨어져 나간 조각들을 잘못 배열하는 실수를 범했다. 1960년에 슈테게만은 수케닉과 다른 순서로 재편집했는데,26) 그의 편집 방식은 학계의 인정을 받았다.27) 따라서 지금은 일반적으로 슈테게만과 슐러 E. Schuller 에 의해 DJD-Edition Discoveries in the Judaean Desert 에 제시된 순서를 따른다. 마르티네즈 F. G. Martinez 와 마이어 J. Maier 의 번역본도 슈테게만의 편집 순서를 따르고 있다. 따라서 호다욧 1QH 본문을 가지고 작업하는 사람은 수케닉의 배열을 따르는지, 아니면 슈테게만과 슐러의 순서를 따르는지를 분명히 밝힐 필요가 있다.

---

23) 이 같은 분류는 필자의 은사인 게르트 예레미야스(G. Jeremias)의 공헌에 주로 기인한다. 그의 저서 *Der Lehrer der Gerechtigkeit* (Göttingen, 1963)를 참조하라.
24) J. A. Fitzmyer, *Qumran: Die Antwort*, 65.
25) E. L. Sukenik, *The Dead Sea Scrolls of the Hebrew University*, Jerusalem, 1954, 35-58.
26) 이것은 슈테게만이 하이델베르크 대학에 제출한 박사학위 논문이다: H. Stegemann, "Rekonstruktion der Hodayot", Diss. Heidelberg, 1960. H. Stegemann/E. Schuller에 의해 수정 복원된 본문은 DJD에서 확인할 수 있다.
27) 슈테게만과 별도로, 푸에쉬(É. Puech)도 유사한 결론에 도달했다. É. Puech, "Quelques aspects de la restauration du Rouleau des Hymnes(1QH)", *JJS* 39 (1988), 38-55.

슈테게만은 세 명의 필사자가 1QH^a 작업에 관여한 것으로 추정한다:
- 필사자 A: 1QH^a [I-III] IV,1-XIX,25; Fragm. A 1-15 [ed. Sukenik XIII-XVII; I,1-XI,22; Fragm. 10-44]
- 필사자 B: 1QH^a XIX,25-29 [ed. Sukenik XI,22-26]
- 필사자 C: 1QH^a XIX,27-XXVII; Fragm. C 1-11 [ed. Sukenik XI,27-XII,36; XVIII; Fragm. 1-9, 45-66]

1QH^a 사용의 혼란을 줄이기 위해 수케닉과 슈테게만/슐러에 나오는 평행 본문을 나란히 제시하면 대략 다음과 같다.[28]

Sukenik	Stegemann/Schuller	차이
IXII	IX-XX	plus 8
XIII-XVI	V-VIII	minus 8
XVII	IV	
XVIII	XXIII / XXI	
XIX	XXIV / XXII	

* 이 작품의 히브리어 본문: F. G. Martinez and E. J. C. Tigchelaar, eds., *The Dead Sea Scrolls Study Edition*, 2 vols., Leiden-New York-Köln: Brill, 1997-1998 [비교 : E. Lohse, ed., *Die Texte aus Qumran: Hebräisch und Deutsch*, Darmstadt: WBG, 1981, 109-175.].

* 연구 문헌 : G. Morawe, *Aufbau und Abgrenzung der Loblieder von Qumran*, Berlin: Evangelische Verlagsanstalt, 1960; M. Delcor, *Les Hymnes de Qumran*, Paris: Letouzey et Ané, 1962; S. Holm-Nielsen, *Hodayot: Psalm from Qumran*, Aarhus: Universitetsforlaget, 1960; G. Jeremias, *Der Lehrer der Gerechtigkeit*, Göttingen: Vandenhoeck & Ruprecht, 1963; B. Kittel, *The Hymns of Qumran*, Chico: Scholars

---

28) 아래 표는 D. S. Ben Ezra, *Qumran*, 249에서 가져왔다.

Press, 1981; M. Mansoor, *The Thanksgiving Hymns*, Leiden: Brill, 1961; B. Nitzan, *Qumran Prayer and Religious Poetry*, Leiden: Brill, 1993.

다. 공동체 규율서(Serekh ha-Yachad/Rule of the Community/Gemeinschaftsregel: 1QS)

고문서학적 관점에서 기원전 100년경에 완성된 하나의 사본이 제1쿰란 동굴에서 발견되었다 1QS. 이 두루마리 사본의 크기는 길이가 1.86미터이고, 높이는 24.1센티미터에 달한다. 동일한 본문의 내용을 담은 10개의 단편이 제4쿰란 동굴에서도 나왔으며 4Q255-264, 또한 제5쿰란 동굴에서도 적어도 하나의 단편 조각이 발견되었다 5Q11=5QS. 제1쿰란 동굴에서 나온 사본은 총 20개의 단으로 구성되어 있는데, 그중 뒷부분은 완전히 소실되었고 앞부분의 13개 단만이 거의 완벽한 상태로 전해진다. 각 단은 26-27행으로 이루어져 있다.

이 사본의 본문 앞머리에 '세레크 하-야하드' Serekh ha-Yachad=공동체의 규율 라는 개념이 제시되어 있어, 그 첫 글자를 따 전체 문서를 가리켜 1QS로 표시하고 보통 "공동체 규율서"라 부른다. 일종의 공동체 헌장의 성격을 띤 이 문서는 에센파 조직을 이해하는 데 가장 핵심이 되는 문서라고 말할 수 있다. 10여 개의 필사본이 발견된 것으로 미루어 쿰란 공동체가 이 문서를 중요하게 여겼다는 사실을 알 수 있다.

그런데 1QS 사본은 본시 문학적으로 통일된 하나의 작품이 아니라, 서로 다른 여러 개의 작품들을 하나로 모아 놓은 것이다.[29] 2016년에 출간된 저서에서 벤 에즈라 Ben Ezra 는 아래와 같이 6개의 독립된 문서들의 조합으로 소개한다.[30]

---

[29] 해당 본문의 첫머리에 나름대로의 제목이 나타나고 있는 사실에서, 이들 본문이 본래 독립된 본문들이었다는 사실을 알 수 있다. 예컨대, 1QS I,1; III,13-15; V,1-3; XII,1-3(= 1QSa I,1-3); XIV,1 이하(= 1QSb 1 이하).

[30] D. S. Ben Ezra, *Qumran*, 243 이하.

- 1QS I,1-15: 공동체의 이상을 소개하는 부분으로 표제가 나온다.
- 1QS I,16-III,12: 해마다 거행되는 공동체 가입 의식 I,16-II,18 및 언약 갱신 의식 II,19-25 과 관련된 양식들을 담고 있다.
- 1QS III,13-IV,26: 두 영에 관한 가르침(이원론에 대한 신학논설).
- 1QS V,1-VI,23: 야하드 공동체 회원들을 위한 질서 제4쿰란 동굴에서 나온 일부 사본들은 이 단락에서 시작된다. 공동체 헌장, 가입 맹세, 일상의 삶에서 서로 지켜야 할 기본 규칙, 회합에서 착석하는 순서와 공동 식사 규정 및 신참자를 위한 예외 규정.
- 1QS VI,24-VII,25: 무리 안에서의 태도에 따른 형벌 규정 예컨대, 이웃에게 이유 없이 불평하는 자는 6개월 동안 벌을 받는대[VII,8]. 이 단락은 다메섹 문서 CD 마지막 부분과 평행하는 본문이다.
- 1QS VIII,1-IX,25: 공동체 회합을 위한 일반 규칙 및 성화의 이상. '마스킬' maskil, 지도자을 위한 일반 규칙.
- 1QS IX,26-XI,22: 마지막 찬송 1QS에 나오는 찬송과 유사함.

그러나 독일 쿰란학계의 대표적 권위자인 슈테게만은 다섯 작품이 조합된 것으로 여기면서 다음과 같이 세분하여 불렀다.[31]

- 1QS I,1-III,12: 공동체 규칙 Die Gemeinschaftsordnung
- 1QS III,13-IV,26: 이중영설 二重靈說, Die Zwei-Geister-Lehre
  1QS V,1-XI,22: 훈련지침 Die Disziplinarordnung
- 1QSa =1QS XII-XIII: 에센파의 처음 규칙 Die älteste Gemeindeordnung der Essener

---

31) H. Stegemann, *Die Essener, Qumran, Johannes der Täufer und Jesus*, 152-164. 슈테게만의 분류를 따르는 A. Lange는 이들 문서들의 명칭을 부분적으로 다르게 부르고 있다: 1QS I,1-III,12 언약축제를 위한 리터지(Liturgie zum Bundesfest); 1QS V,1-IX,26 공동체 규칙(Gemeinderegel); 1QSa 종말의 이스라엘 모임을 위한 규칙(Regel für die Versammlung Israels am Ende der Tage). A. Lange and H. Lichtenberger, "Qumran," *TRE* 28 (1997), 54-59.

· 1QS =1QS XIV-XX: 축도 규칙 Die Segensordnung

* 이들 작품의 히브리어 본문:

J. H. Charlesworth, ed., *The Dead Sea Scrolls: Hebrew, Aramaic, and Greek Texts with English Translations*, vol. 1: *Rule of the Community and Related Documents*, Tübingen-Louisville: Mohr Siebeck-Westminster John Knox Press, 1994; E. Lohse, ed., *Die Texte aus Qumran: Hebräisch und Deutsch*, Darmstadt: WBG, 1981, 1-61.

* 1QS의 우리말 번역:

『공동체 규칙서, 회중 규칙서, 축복 규칙서』, 송창현 역, 한님성서연구소, 2022.

필자는 슈테게만의 구분을 따라 1QS를 다섯 작품으로 나누어 간략히 설명하고자 한다.

① 공동체 규칙(1QS I,1-III,12)

이 작품은 1QS의 서두에 위치한다. 그 이유는, 이 규율서의 도입부 1QS I,1-15 에 에센파 공동체의 목적과 의도가 잘 드러나 있기 때문에, 서론으로 가장 적합하다고 판단되었기 때문으로 추정된다. 이 작품은 다음과 같은 말로 시작한다.

[1] … 공동체의 규[율서]. [2] [온 마음과 온 혼을 다하여] 하나님을 찾고 그분이 보시기에 선한 것과 바른 행실을 할 것. 마치 [3] 그분이 모세와 그의 모든 종, 예언자들에게 명하셨듯이. 또한 [4] 그분이 선택하신 모든 것을 사랑할 것이며 그분이 버리신 모든 것을 미워할 것이고, 모든 사악한 것을 멀리하나 [5] 모든 선한 사업에는 매달릴 것이며, 신실함과 정의와 공의를 그 땅에서 행할 것. [6] 그러나 더 이상 죄진 마음의 완악함과 불법의 눈 가운데에서 방황하지 말고, [7] 온갖 종류의 악을 행하지 말 것. 또한 하나님의 율법을 지키고자 애쓰는 모든 사람을 [8] 자비의 계약공동체 안으로 인도하여 하나님의 공동체 내에서 하나가 되어 그 앞에서 온전히 [9] 그들을

위해 예비한 시간에 계시된 모든 것에 따라서 거닐 것. 그리고 모든 빛의 자녀들을 ¹⁰ 하나님의 이 공동체 내에서 자신의 운명에 따라서 사랑할 것. 또한 모든 어두움의 자녀들을 하나님의 보복 내의 죄 짐에 따라서 증오할 것. ¹¹ 그리고 그분의 진리를 원하는 모든 사람은 그들의 모든 지식과 힘과 ¹² 소유물을 하나님의 공동체 안으로 가져와서 그들의 지식을 하나님의 율법의 진리를 통하여 정결하게 하며 그들의 힘을 ¹³ 그분의 길의 온전함을 따라서 또한 그들의 모든 소유물을 그분의 공의의 모임에 따라서 사용할 것. ¹⁴ 모든 하나님의 말씀 중 어느 하나도 그들의 시간 동안에 어기지 말 것. 그들의 모든 기념일과 관련하여 그들의 시간을 앞으로도 뒤로도 밀지 말 것. ¹⁵ 그리하여 그분의 진리의 율법에서 벗어나 좌우로 치우쳐 가지 말 것이다.

이 도입부에 이어, 공동체에 새로 입회하는 신참자 가입과 예식 순서가 제시된다. 또한 각 공동체 구성원의 직위를 세 신분에 따라서, 즉 제사장·레위 지파·평범한 이스라엘 사람으로 구분되는 신분에 따라서 다시금 정하게 된다. 이러한 행사는 해마다 열리는 '언약 갱신 축제'annual renewal of the covenant 32) 때에 개최된다.

② 이중영설(1QS III,13-IV,26)

앞서 다룬 <공동체 규칙> 1QS I,1-III,12 의 뒤를 이어서 일종의 교훈서라 할 수 있는 부분이 나오고 있다. 이 부분을 흔히 이중영설=두 가지 영에 관한 가르침이라고 부르고 있다. 다른 쿰란 동굴에서 발견된 공동체 규율서 내에 이 부분이 들어 있지 않으므로, 우리는 이 문서가 본래 앞의 텍스트, 즉 "공동체 규율"과 관련이 없었다는 것을 알 수 있다. 이 부분은 상당히 흥미로운 가르침을 담고 있다. 즉, 하나님께서 세상을 창조하실 때 처음부터 그것을 빛과 어둠이라는 두 영역으로 나누셨으며, 인간을 포함한 모든 피조물이 그 영향 아래에 있다는 것이다. 이와 같은 사상이 본문 전반에 걸쳐

---

32) 이 축제는 해마다 셋째 달에 열린다. 이는 유대교의 샤부옷(*Shabu'ot*, 칠칠절/초막절) 축제와 동일한 것으로 그리스도교의 오순절에 비교할 수 있는 절기이다. 하나님의 시내산 계시(출 19-20장)를 기억하여 행하는 명절이다.

뚜렷하게 나타난다.

> "모든 빛의 자녀가 온 인류의 기원과 관련하여, 그들의 온갖 영들에 대하여, 그들의 세대 가운데서 이루어지는 행위에 걸맞은 그들의 특징에 대하여, 또한 평화의 시기에 그들이 행하는 불평의 도래에 관하여 가르침과 교훈을 받게 될 교사를 위하여, 하나님으로부터 온갖 존재와 사건이 유래한다. 그것들이 존재하기에 앞서 그분께서 그들의 모든 계획을 수립하셨다. 그리하여 그들이 규정된 대로 존재하게 될 때, 그분의 영광스러운 계획에 맞추어 자신들의 사업을 수행하게 되며 어떠한 변경도 일어나지 않는다. 그분의 손아귀에 모든 규정이 들어있으며, 그분은 그들이 무슨 일을 하던 그들을 걱정하신다. 그분은 인간으로 하여금 이 땅을 지배하게 창조하셨고 두 영을 규정하여 그에게 나누어 주셨으니, 예정된 날에 심판하러 오실 때까지 그 안에서 거닐게 된다. 이것은 바로 진리의 영과 악마의 영을 두고 하는 말이다. 빛의 샘에는 진리의 근원이 있으나 어두움의 샘으로부터는 악마의 근원이 유래한다" 1QS III,13-19.

이처럼 온 세상을 완벽한 이분법적인 도식에 따라 파악하고 있는 이러한 사상은 종교사적으로 볼 때 고대 이란의 영향을 받았다고 볼 수 있다.

③ 훈련지침(1QS V,1-XI,22)

이어지는 부분은 에센파의 조직과 관련된 여러 규정을 모은 것이다. 이 규정들은 앞선 전승에서 물려받은 것으로부터 시작해 훗날 발전된 다양한 규정들을 포함한다. 그 내용으로는 공동체 가입 시 행하는 서약을 비롯하여 비에센파 사람들과 접촉하는 것을 금하는 규정, 공동체 가입자를 대상으로 하는 시험, 잘못을 범했을 때 서로 간에 행하는 권면과 예배, 식사 혹은 회합 때 지켜야 할 규정, 이 규정들을 어겼을 때 받게 될 처벌조항 등을 담고 있다. 이 문서 본래의 마지막 부분은 사제 가문의 예루살렘 성전 주간 봉사에 관한 규칙을 담고 있었는데,[33] 일상 기도 시간에 관한 규정과 기도예배를 위한 모범 찬송으로 대체되었다 1QS IX,26-XI,22. 다

---

[33] 이와 같은 사실은 4Q에서 발견된 더 이른 시기의 사본(4QSe)을 통해 드러난다.

만 이 문서에 나오는 여러 규정이 에센파 규율의 골자를 형성하고 있는 것 같지는 않다. 그 골자는 다음에 다룰 문서에서 찾아볼 수 있다.

④ 에센파의 처음 규칙(1QSa=1Q28a)

영어로 흔히 "The Rule of the Congregation"이라 부르는 이 작품은 에센파 초기에 만들어진 규칙서로서, 1QS의 중간 부분인 12-13번째 단에 들어 있다. 이 작품은 공동체 설립자인 의의 교사가 생존해 있던 시기를 반영하는 문서로서, 그의 생각을 담고 있다고 여겨진다.

이 작품을 더 정확히 이해하기 위해 한 가지 유의할 점이 있다. 이 작품의 처음에 "다음은 종말에 있을 전체 이스라엘 공동체를 위한 규정이다"라는 문장이 나온다. 여기에 언급되는 '종말'이라는 단어를 흔히 미래와 관련하여 이해하고 있는데, 이는 정확한 해석이 아니다. 에센파 사람들은 자신들의 현재를 예언자들이 예고했던 바로 그 종말 시대로 인식하고 있었기 때문이다. 이는 전통적으로 볼 때 종말에나 체험할 수 있는 성령 체험을 에센파 사람들이 현재에 하고 있음을 통해서도 알 수 있다.[34] 또한 이 인용문을 통해 우리는 에센파 사람들이 자신들을 전체 이스라엘의 대표자로 이해하고 있었음을 확인할 수 있다.

이 작품에는 아이들과 여성들을 포함한 신참자들에 대한 규정, 공동체 구성원들의 연령에 따른 토라 교육 규정, 그리고 연령별로 구분한 다양한 책임 규정이 나온다 예를 들면, 결혼을 하려면 적어도 20살이 되어야 한다든지, 재판이나 행정에 관한 집행을 맡으려면 적어도 30살이 되어야 한다. 이어서 사독 가문의 제사장과 레위 사람들이 맡게 될 여러 가지 기능직에 대한 규정, 공동체 회합 전 사흘간 정결을 유지해야 한다는 규정, 최고회의 구성원에 대한 자격 규정, 특정 회합에 참여할 수 없는 사람들에 대한 제한 규정 등이 나온다.

이 작품 끝부분에서 1QSa II,11-22 매우 흥미로운 내용을 접하게 된다. 이는

---

34) 이에 관해 이 책의 제4장을 참조하라.

메시아의 도래와 관련된 규정으로, 메시아가 평범한 제사장보다도 어느 모로 보나 낮은 서열에 있다는 것이다.11-14절 참조 그 이유는, 메시아가 다윗의 후손으로 유다 지파 출신이지만, 제사장은 유다 지파보다 윗 서열에 있는 레위 지파 출신이기 때문이다.

이 <에센파의 처음 규칙>1QSa은 이 공동체에 대한 핵심 규칙을 담고 있음에도 불구하고 더 이상의 사본이 발견되지 않은 것으로 미루어 보아 지속적으로 사용되지는 않은 것 같다. 슈테게만의 견해에 따르면, 기원전 100년경에 더 포괄적인 내용을 담은 문서, 이른바 <다메섹 문서>CD가 완성되었는데, 이 문서가 <에센파의 처음 규칙>을 대체했기 때문일 수 있다. 이 다메섹 문서에 대해서는 뒤에서 다시 언급하기로 한다.

⑤ 축도 규칙(1QSb = 1Q28b)

이 작품은 바로 앞에서 다룬 1QSa와 마찬가지로 에센파 초기, 의의 교사가 생존해 있던 시기에 그의 영향 아래에 작성된 것으로 보인다. 이 작품은 영어로 *The Rule of Blessings*라고 부른다. 앞서 언급한 공동체 규율서1QS의 14-20번째 단에 위치하고 있으며, 기도 예배 중 사용되었던 다양한 축도문을 담고 있다. 본문이 많이 파손된 상태로 발견되었기 때문에 대략적인 윤곽만 확인할 수 있다.

이 작품은 4개의 축도문 양식을 담고 있다. 첫째는 이스라엘의 모든 경건한 자에 대한 축도문이고, 둘째는 대제사장에 대한 축도문, 셋째는 사독 가문 출신의 제사장에 대한 축도문이며, 마지막 넷째는 메시아에 대한 축도문이다.

라. 다메섹 문서(Cairo Damascus Document/Damaskusschrift: CD = 4Q 266[4QDª])

이 작품 역시 앞서 언급했던 <공동체 규율서>1QS와 마찬가지로 여러 규정을 담고 있다. 일반적으로 이 작품은 약어 "CD"로 지칭되는데, 이는 두 단어의 첫 글자를 딴 것이다. 이 작품 내의 여러 곳에 다메섹 지역에서의 새 계약^{참조 CD VI,19; VIII,21; XIX,34; XX,12}이라는 표현이 나온다. 이 "다메섹"^{Damascus}에서 약자 D를 따왔다. 이 문서는 솔로몬 쉐히터^{Solomon Schechter}가 이미 1896년 이집트 카이로 시에 위치하고 있는 카라임^{Karites 35)} 종파 소유인 한 회당의 게니차^{Geniza 36)}에서 발견하여 1910년에 출판하였다.³⁷⁾ 또 하나의 약자 C는 "카이로"^{Cairo}의 C에서 유래한 것이다.

세 개의 서로 다른 쿰란 동굴에서 모두 10개의 단편 본문이 발견되었다^{4Q266-273; 5Q12; 6Q15}. 쉐히터가 출판한 본문은 전체의 절반에 해당되는 본문을 담고 있는데, 이 문서 역시 쿰란 동굴^{3Q?}에서 유래한 것으로 간주된다. 본래 이 문서가 어떤 경로로 카라임 종파의 손에 들어갔는지 확실하지 않지만, 쉐히터는 중세 유대교 분파의 회당에서 그것을 찾아낸 셈이다.

<다메섹 문서>는 비교적 방대한 내용을 포함한다. 이는 에센파가 간직해 온 여러 종류의 규정들을 모은 문서이기 때문이다. 다시 말하면, 에센파와 관련된 이제까지의 모든 법적인 규정들의 종합체라 할 수 있다. 전반부 ^{CD I,1-VIII,21[+CD XIX,1-XX,34]}가 주로 빛의 자녀들에게 주는 권면의 내용이라면, 후반부에는 여러 가지 법적 규정들이 나온다^{예컨대, 특정 장애가 있는 자를 사제직이나 토라 읽기에서 배제하는 규정; 이스라엘의 거주지 질서 및 쿰란 공동체 거주 질서; 형벌 규정 등}.

이 작품은 의의 교사가 사망한 직후에 작성된 것으로 보이며, 그 시기는 대체로 기원전 100년경으로 추정된다. 이는 본문 중에 의의 교사가 죽은 뒤 약 40년이 지났음을 언급하는 구절^{CD XX,15 // CD B XX,13-15}에서 알 수 있다.

---

35) 이들은 당시 랍비 유대교(Rabbinic Judaism)에 반대하는 사람들로서, 이들의 움직임을 영어로 "Karaite Judaism"이라 부른다. 이는 전통적인 유대 할라카와 탈무드-랍비적 율법을 포함한 정통 유대교에 반대하여 오직 성서의 권위만을 인정하는 운동이었다.
36) 이는 낡아서 더 이상 사용할 수 없는 값진 문서들을 모아두는 일종의 창고를 말한다.
37) S. Schechter, *Documents of Jewish Sectaries: vol. I. Fragments of a Zadokite Work* (Cambridge, 1910).

* 이 작품의 히브리어 본문은 쉐히터가 출판한 본문 이외에도 다음의 책에서 찾아볼 수 있다: B. Z. Wacholder and M. G. Abegg, *A Preliminary Edition of the Unpublished Dead Sea Scrolls: The Hebrew and Aramaic Texts from Cave Four*, Fascicle One, Washington: Biblical Archaeology Society, 1991, 1-59.

마. 주제에 따른 미드라쉬(Thematic Midrashim)[38]

에센파 사람들은 성서 연구에 힘써 다수의 성서 주석서를 집필하였다. 여기서 소개하는 문서들 역시 성서해석의 범주에 속한다. 이들의 공통점은 본문을 구절별로 주석하지 않고 주제별로 해석한다는 점이다. 이러한 종류에 속하는 작품은 아마도 기원전 2세기 말부터 집필되기 시작한 것으로 추정된다.[39] 쿰란에서 단편적이나마 3개의 작품이 발견되었다. 비록 사본들이 조각나고 심하게 훼손되어 본문 복원이 쉽지 않지만, 전문가들의 노력으로 부분적인 내용을 파악할 수 있게 되었다.

① **종말론 미드라쉬**(Eschatological Midrash)

이 작품을 담은 기원전 1세기 후반에 기록된 3개의 사본이 제4쿰란 동굴에서 발견되었다. 이 작품의 처음 여섯 단 Column 을 단편적으로 전하고 있는 사본을 4Q174 MidrEschat[a =Florilegium] 라고 표시하고 있다. 이어서 나오는 5개의 단을 담고 있는 사본을 4Q177 MidrEschat[b =Catena A] 로 표시한다. 또한 4Q178로 표시되고 있는 하나의 작은 단편 사본이 있다. 이 작품의 본문을 재구성하고 해석한 슈토이델[A. Steudel]은 4Q178이 원래 작품의 결론부에서 유래했을 것으로 추측한다.[40]

---

38) Midrash란 말은 '다라쉬'(דרשׁ=구하다, 묻다)란 동사에서 파생된 명사형으로 연구, 공부를 뜻한다. 특히 성서 주석을 의미하는 말이다.

39) H. Stegemann, *Die Essener, Qumran, Johannes der Täufer und Jesus*, 167.

이 작품의 서두에는 신명기 33:6-25에 나오는 이스라엘의 12지파에 대한 모세의 축복이 주석과 함께 제시된다. 이어서 사무엘하 7:10-11이 인용되는데, 여기에서 에센 공동체는 성전으로 비유된다. 곧 하나님께서 지상의 모든 악으로부터 보호하시는 성전으로 이해되는 것이다. 계속하여 사무엘하 7:11-14의 인용문이 나타나고 있다. 여기에서는 대제사장을 뜻하는 '토라를 가르치는 자'[4Q174 III,11]와 더불어 종말의 때에 시온에 나타날 메시아에 대한 언급이 나온다.

이후 본문에는 시편 인용이 나오며[시편 1:1a; 2:1-2; 5:3-4], 이에 대한 주석이 이어진다. 이 시편 주석에는 '종말에 있을 이스라엘의 선택자'[4Q174 III,19]와 동일한 에센파 사람들이 그들의 대적자들을 모두 물리칠 것이라는 내용이 담겨 있다.

* 이 작품의 히브리어 본문 및 그에 대한 해설을 앞서 언급한 아네테 슈토이델의 저서에서 찾아볼 수 있다. A. Steudel, *Der Midrasch zur Eschatologie aus der Qumrangemeinde (4QMidrEschat^{a-b})*, Studies on the Texts of the Desert of Judah 13, Leiden-New York-Köln: Brill, 1994.

② 멜기세덱 미드라쉬(Melchsedek-Midrash: 11QMelch=11Q13)

제11번 쿰란 동굴에서 모두 13개의 단편이 발견되었다. 본문들이 상당히 파손되었기 때문에 전체 작품의 내용은 알 수 없고, 단지 두 번째 단만 내용 파악이 가능하다. 이 작품에서 '멜기세덱'이라는 이름이 여러 차례 등장하기 때문에, 이 작품은 일반적으로 <멜기세덱 미드라쉬>라고 불린다.

---

40) A. Steudel, *Der Midrasch zur Eschatologie aus der Qumrangemeinde(4Q MidrEschat^{a-b})*, Studies on the Texts of the Desert of Judah 13 (Leiden-New York-Köln, 1994), 155.

멜기세덱은 구약성경의 창세기 14:17-20과 시편 110:4뿐만 아니라, 신약의 히브리서에 나타나는 대제사장의 이름이다. 11QMelch에 나오는 멜기세덱은 하늘에서 내려온 구원자적 존재로 묘사된다. 그는 죄를 용서하는 제사장의 직능뿐 아니라 11QMelch II,6, 종말 심판을 행사하는 왕으로서의 심판자 권한도 갖고 있다 11QMelch II,9.3.

또한 둘째 단의 서두에는 종말과 관련하여 "면죄의 해" year of jubilee 가 언급된다. 에센파는 전체 세계사를 10개의 시대로 구분하고, 각 시대가 490년간 지속된다고 생각하였다 =490-year-period, 에티오피아어 에녹서 91-93을 참조하라. 다시 말해, 전체 세계사는 총 4,900년 간 지속된다고 이해한 것이다. 이들은 이 '면죄의 해'를 마지막 열 번째 시대의 첫 49년과 동일시하였다.

* 이 작품의 히브리어 본문 : F. G. Martinez and E. J. C. Tigchelaar, eds., *The Dead Sea Scrolls Study Edition*, vol. 2, Leiden-New York-Köln: Brill, 1997-1998, 1206-1208; É. Puech, "Notes sur le manuscrit de 11Q Melkîsédek", *Revue de Qumran* 12:48 (1987), 483-513.

* 연구 문헌 : A. S. van der Woude, "Melchisedek als himmlische Erlösergestalt in den neugefundenen eschatologischen Misraschim aus Qumran Höhle XI", *OTS* 14 (1965), 354-373; F. L. Horton, *The Melchizedek Tradition*, Cambridge: Cambridge University Press, 1976.

③ 창세기 미드라쉬(Genesis-Midrash: 4Q252)

제4쿰란 동굴에서는 단 하나의 사본이 발견되었다. 이 사본의 단편 조각들은 창세기의 내용을 인용하고 주석하고 있다. 이 사본의 마지막 부분으로 추정되는 네 단의 상단부만 남고 나머지는 소실되었다. 두 번째 단에 남아 있는 본문은 창세기 36:12에서 유래한 인용문으로 시작한다. 노아의 홍수 부분은 자세히 주석하였으나, 성서의 긴 부분을 차지하는 아브라함과 이삭과 야곱의 이야기는 간략하게 다루고 있고, 야곱이 아들들을 축복하는 창세기 49장의 내용으로 마무리된다. 알레그로 J. M. Allegro 는 남아 있는 세 번째 단을 따라 이 작품을 가리켜 Patriarchal Blessings로 불렀고 1956년, 아이젠만과 와이즈 R. Eisenman/M. Wise 는 "창세기 플로릴레기움" A Genesis-Florilegium 이라 명명했다.41) 그러나 발견된 단편만으로는 이 작품의 정확한 성격을 규명하기 어렵다.

* 이 작품의 히브리어 본문 : B. Z. Wacholder and M. Abegg, *A Preliminary Edition of the Unpublished Dead Sea Scrolls: The Hebrew and Aramaic Texts from Cave Four, Fascicle Two*, Washington: Biblical Archaeology Society, 1992, 212-215; 또한 F. G. Martinez and E. J. C. Tigchelaar, eds., *The Dead Sea Scrolls Study Edition*, vol. 1, Leiden-New York-Köln: Brill, 1997-1998, 501 이하.

바. 예언서 주석서(Pesharim)

여기에서 말하는 예언서는 말할 것도 없이 구약성경의 예언서를 가리킨다. 앞서 언급했듯이, 에센파는 성서 연구에 특히 많은 노력을 기울였다. 이처럼 에센파가 성서 연구에 매진한 것은 에센파의 설립자며 지도자인 의의 교사의 성서 이해와 밀접하게 연관되어 있다. 의의 교사는 성서에 기록된 모든 예언이 그것을 기록한 예언자들의 시대에 적용되는 것이 아니라, 자기의 시대 곧 에센파 공동체의 시대에 적용된다고 믿었다. 다시 말하면, 에센파가 현존하고 있는 시기를 구약의 예언자들이 예고한 종말의 시대로 이해했던 것이다.

---

41) R. Eisenman and M. Wise, *The Dead Sea Scrolls Uncovered* (Rockport-MA, 1992)에 이 작품의 전체 본문이 제시되어 있는데, 이는 성급하게 조합된 것으로서 학적으로 신뢰할 수 없다.

이처럼 성서의 예언을 현재에 적용하는 것은 의의 교사 이전 시대에서는 그 어디서도 찾아볼 수 없는 독특한 것이었다. 세례 요한을 거쳐 예수와 초기 그리스도교에 와서야 비로소 그와 같은 성서 이해가 나타난다. 이렇게 볼 때 의의 교사가 이와 같은 성서 이해의 시조라 할 수 있다.

그림 6 ▮ 1947년에 발견된 페셔 필사본(1QHab)

이러한 성서 이해를 우리는 에센파 사람들이 의의 교사의 사상을 받아들여 기록한 여러 성서 주석서에서 더욱 확실히 찾아볼 수 있다. 그런데 이러한 성서 주석이 하나의 문학적인 방법을 형성하게 되었고, 이를 가리켜 흔히 "페셔 방법" Pesher-Method 이라 부른다. '페셔'라는 말은 '해석' 혹은 '주석'을 뜻한다. 그리하여 페셔 방법에 따라서 주석한 작품들을 '페샤림' Pesharim=주석서, 코멘타 이라 부른다. 이렇게 부르는 이유는 에센파 사람들이 구약성서 본문을 연속적으로 인용하면서 각각의 구절에 대한 주석을 할 때마다 "페셔" pesher 라는 표현으로 시작했기 때문이다.42)

에센파 공동체는 이 페셔 방법에 따라서 주석한 작품들을 8개나 남겼다. 이들 작품을 다음과 같은 약자로 표시하고 있다.

· 이사야서 주석 : 3QpIsa(=3Q4), 4QpIsa^{a-c}(=4Q161-165)

---

42) פשר(1QpHab II,1) / פשר הדבר על(1QpHab IV,1) / פשרו אשר(1QpHab I,12) / פשרו על
פשר הדבר(1QpHab V,3). 이와 같은 방식으로 주석이 시작된다. 페셔 주석 방법에 대한 더 자세한 내용은 이 책의 제5장("쿰란 공동체의 종말론적인 성서해석")을 참조하라.

제1장 _ 쿰란 문서 개관 61

- 호세아서 주석 : 4QpHos$^{a\text{-}b}$(=4Q166-167)
- 미가서 주석 : 1QpMic(=1Q14), 4QpMic(?)(=4Q168)
- 나훔서 주석 : 4QpNah(=4Q169)
- 하박국서 주석 : 1QpHab
- 스바냐서 주석 : 1QpZeph(=1Q15), 4QpZeph(=4Q170)
- 말라기서 주석 : 5QpMal(?)(=5Q10)
- 시편 주석 : 4QpPs^a(=4Q171), 1QpPs(=1Q16), 4QpPs^b(=4Q173)

그러나 여기에 언급한 그 어떤 문서도 온전히 보존되지 못하고 단지 단편으로만 발견된 것이 상당히 유감스러운 일이다. 이 문서들의 집필 시기는 대체로 기원전 100-30년경으로 추정된다. 여기에서는 단지 두 작품만 간단히 소개하고자 한다.

가장 오래된 예언서 주석서는 기원전 100년경 작성된 <이사야 주석서> $^{4QpIsa^c+4QpIsa^e}$ 이다. 이 작품은 일종의 변증문적인 성격을 띠고 있다. 기원전 150년경 '전체 이스라엘을 대표한다'는 기치 아래 에센 공동체가 등장했으나, 여전히 대다수 이스라엘인들은 이 공동체에 속하지 않았고, 특히 바리새파, 사두개파, 그리고 정치적 권력층과는 대립 관계에 있었다. <이사야 주석서>는 이사야 예언자가 이미 이 상황을 예언했음을 입증하려는 의도로 작성되었다.

가장 나중에 기록된 예언서 주석서는 기원전 50년경 완성된 <하박국 주석서> ^{1QpHab} 이다. 이 작품은 예언자들이 예고한 종말의 완성이 도래하지 않고 지연되자, 이를 설명하기 위하여 작성된 것으로 보인다. 이 주석은 종말 지연 문제에 대해 두 가지 해석을 제시한다. 우선, 하나님의 신비는 놀랍다는 것이다 $^{1QpHab\ II,8}$. 둘째, 대적자들의 죄가 누적되어 종말 심판 때 하나님의 자비를 전혀 기대할 수 없게 하려는 하나님의 뜻이라는 것이다 $^{1QpHab\ II,15\text{-}16}$.

이러한 주석을 통하여, 우리는 에센파가 종말 시기의 도래를 곧 '(종말)시대의 완성' $^{1QpHab\ VII,2}$ 으로 이해하며 그 실현을 간절히 열망했음을 알 수 있다. 이 <하박국 주석서>는 또한 의의 교사와 그가 세운 에센파 공동체와 관련된 당시 역사적 상황을 알려 주는 중요한 작품이기도 하다.

* 4QpIsa의 히브리어 본문은 다음의 책에서 찾아볼 수 있다 : F. G. Martinez/E. J. C. Tigchelaar, eds., *The Dead Sea Scrolls Study Edition*, Vol. 1, Leiden-New York-Köln : Brill, 1997, pp. 312-328.

* 또한 1QpHab의 히브리어 본문은 Eduard Lohse, ed., *Die Texte aus Qumran. Hebräisch und Deutsch*, Darmstadt, 1981, pp. 227-243에서 쉽게 찾아볼 수 있다.

● 보설 Excursus : 쿰란 거주지에 대한 고고학적 보도

I. 키르벳 쿰란(Khirbet Qumran)

키르벳 쿰란은 '뿌연 먼지의 폐허'라는 뜻의 아랍 명칭이다. 사해 북서쪽 끝에 위치하며, 여리고에서 남쪽으로 약 12km, 엔게디에서 북쪽으로 약 32km 떨어져 있다. 사해 수면보다 약 50m 높은 지대에 자리한 황량한 폐허를 가리킨다. 1952년 예루살렘의 도미닉 수도원 연구소 에꼴 비블리끄 Ecole Biblique의 연구소장 롤랑 드 보 Roland de Vaux 신부가 키르벳 쿰란 지역을 본격적으로 발굴하기 시작했고, 쿰란 거주지 발굴에 관한 보고를 남겼다: *Archaeology and the Dead Sea Scrolls*. The Sweich Lectures 1959. Revised edition in an English translation, London: Oxford University Press, 1973. 이 저서는 쿰란과 엔 페쉬카 지역에 관한 대표적인 고고학 저술로 평가된다.

1. 건물 잔해

건물 잔해를 발굴한 롤랑 드 보 신부는 크게 2단계의 사용 시대를 구분

했다. 첫째 시대는 기원전 8-7세기의 도시 흔적이다. 그는 이것이 여호수아 15장 62절에 나오는 소금 성읍일 가능성이 있다고 추정했다. 그 후 수백 년의 공백을 지나, 둘째 시기의 흔적이 나타나는데, 이를 쿰란 사람들의 거주 흔적으로 보았다. 드 보는 이 둘째 시기를 다시 두 개의 서로 다른 거주 시대로 세분했다.

그림 7 ▮ 키르벳 쿰란의 쿰란에센파 유적지

가. 쿰란 거주 시대 I

이 시대는 또다시 두 개의 층으로 나눌 수 있다.

* **첫째 쿰란 거주 시대**[Ia] : 이 시대의 흔적은 후대의 건축과 파괴로 말미암아 남아 있는 것이 거의 없다. 동전 등의 발굴물을 고려하여 드 보는 이 시대를 기원전 140년 직전에 시작되었으나 오래 지속되지 못했다고 추정한다.

* **둘째 쿰란 거주 시대**[Ib] : 드 보는 Ia시대의 시작이 하스몬 왕가가 통치하며 요한네스 휘르카노스[B.C. 134-104]이 대제사장으로 있던 시기라고 본다. 이 시기에 건축물이 서쪽과 남쪽으로 확장되었고, 수로가 만들어져 산악 지방에서 유입된 물을 건축물 안으로 끌어들였다. 이러한 시설 확충으로

인해 상당한 인원이 거주할 수 있게 되었다. 이 시대가 끝날 무렵 건축물에 화재와 지진의 흔적을 찾을 수 있다. 특히 북쪽이나 북서쪽에 잿더미의 흔적이 남아 있다.

나. 쿰란 거주 시대 II

드 보에 따르면, 이 시대는 지진으로 인해 사람들이 거주지를 떠난 뒤 헤롯 대왕이 죽은 해인 기원전 4년까지 아무도 살지 않았다. 헤롯이 죽던 해에 쿰란 거주지가 다시 세워져 기원후 68년까지 존속했을 것으로 추정된다. 이와 같은 추정은 66-70년 사이 유대인 봉기 때 주조된 동전 83개가 쿰란에서 발견된 사실을 통해 뒷받침된다. 그 동전 가운데 대다수는 유대인 봉기 둘째 해에 주조된 것이고, 그중 5개만 셋째 해에 만들어졌다. 당시 유대인의 봉기를 진압하던 로마 군인들이 사용하던 화살촉이 발견됨으로써 로마군의 공격이 있었던 사실을 알 수 있다. 거주지 안에서 사람의 뼈가 발견되지 않은 것으로 미루어 로마군의 공격을 받던 쿰란 사람들은 끝까지 항전하지 않고 거주지를 포기한 채 탈출한 것으로 보인다.

다. 쿰란 거주 시대 III

* **로마군의 초소** : 기원후 68년 로마군의 공격을 받아 화염에 휩싸이게 된 후 로마군은 이 거주지를 다시 복원하여 68년에서 대략 100년 사이에 변방 초소로 사용한 것으로 보인다. 기원후 약 90년까지 주조된 동전들이 발견되었다. 이곳은 와디 쿰란 상부를 지나 유대 광야로 뻗어 있는 지역을 널리 조망할 수 있기 때문에 군대 초소로 적합하다.

* **바르 코크바** Bar Kokhba **군대의 요새** : 두 번째 유대인의 봉기인 이른바 '바르 코크바 봉기' 때 132-135년 유대 저항군이 이곳에 다시 거주하였다. 당시 주조된 동전 7개가 발견됨으로써 이를 확인할 수 있다. 당시 유대인은 이 지역을 가리켜 메차드 하시딘 Mezad Chasidin 이라고 불렀다. 이는 '경건한

자들의 요새' 혹은 '에센파의 요새'를 뜻한다. 바르 코크바 부대원들의 서신교환 과정에서 사용된 한 편지가 엔게디 En Gedi 로부터 북쪽으로 12km 떨어진 곳에 자리한 와디 무라바아트 Wadi Murabbaat 에서 파피루스 형태 Papyrus 45 로 발견되었는데, 여기에 그와 같은 명칭이 나온다. 한 유대 저항가가 기록한 이 편지는 다음과 같은 내용을 담고 있다:

"나의 집에서 … 곡식이 떨어질 때까지 … 그들은 더 이상 견딜 수 없기 때문입니다. 그들은 그들의 아버지에게 갈 것입니다. 나 자신도 메차드 하시딘 =쿰란 으로 가 … 머물고자 합니다. 그들 중 대다수는 (로마의) 보복 조치로 칼부림을 당해 살해되었습니다. 나의 형제 A … 말고는 아무도 살아남지 못했습니다" DJD II 163f.

2. 드 보의 결론

쿰란 거주지를 발굴한 뒤, 드 보는 이곳이 단순한 거주지가 아니라 상당한 규모의 회합 장소와 식당을 갖춘 공동체의 중심지였다고 결론지었다. 그는 사람들이 아마도 주변 임시 거처나 동굴에서 생활하다가 필요할 때 이곳에 모였을 것으로 보았다. 드 보는 성서를 필사하던 곳으로 추정되는 이층 건물의 흔적을 발견했으며, 가구 조각과 두 개의 잉크 단지도 그 안에서 발견되었다. 이곳이 바로 인근 동굴에서 발견된 사해 사본을 제작하던 장소였던 것이다.

3. 쿰란 거주지 시설물에 대한 새로운 설명

1952년부터 쿰란 거주지가 발굴되면서 거주지의 기둥과 여러 건물 잔해가 드러났다. 그리 규모가 큰 것은 아니나 당시의 상황을 고려하면 상당한 규모라고 말할 수 있다. 여행자가 이 거주지의 북쪽에 나 있는 중앙 입구로 들어서면 거주지 전체 면적은 가로로 대략 75m에 달하며 세로로는 50m에 달하는 규모의 건축 공간을 접하게 된다. 쿰란 거주지에 대한 아래의 설명은 필자의 은사이기도 한 독일의 대표적인 쿰란 전문가로 통하는 하르트무트 슈테게만 Hartmut Stegemann 교수의 저서 *Die Essener, Qumran, Johannes der Täufer und Jesus*, Freiburg/Basel/Wien: Herder, ¹1993에 따른 것이다.

가. 주 건축물

쿰란 거주지의 핵심은 이층으로 된 네모난 건물로 가로, 세로의 크기가 약 15m에 달한다. 아래층은 단단한 담으로 되어 있으나, 이층은 나무판자로 지어졌다. 북쪽 중앙 입구로 들어서면 왼편 옛 전망대 바로 뒤에 주 건물이 위치한다. 북서쪽에 난 주 건물 입구로 들어가면 긴 회랑이 나타나며, 회랑 오른쪽에는 이층으로 올라가는 계단이 있다. 이 계단은 전망대 상부로 이어지는 다리와 연결되어 있고, 전망대 아래에는 비상시를 대비한 저장 창고가 마련되어 있다. 이층 동쪽에는 길이 14m, 폭이 4.5m에 달하는 밝은 공간이 있는데, 이곳은 가죽 사본과 파피루스 두루마리를 기록하는 작업실이다. 여기에서 진흙으로 만든 의자와 책상으로 사용된 점토판과 잉크 단지들이 발견되었다. 이층의 나머지 공간들은 나무 구조물이었는데 모두 불에 타 없어져 정확히 확인할 수는 없으나, 침실로 사용된 것으로 보인다. 대략 40명 정도 수용 가능했을 것으로 추정된다. 아래층 회랑을 지나면 옆으로 길게 난 공간이 나온다. 이곳은 사본을 제작하던 이층 작업실 바로 아래에 해당한다. 이곳은 사본 제작에 필요한 가죽 두루마리를 생산하는 작업실로 보인다. 내부 길이가 13m가량 되는데 그 목적에 잘 부합한다. 아래 회랑 오른쪽에 도서관으로 통하는 입구가 있다. 이곳은 세 공간으로 나뉘는데, 첫째 공간은 벽을 따라 낮은 점토 의자가 있는 것으로 보아 독서실로 추정된다. 사본 두루마리는 빛에 약하기에 이곳에서는 빛을 차단한 채 초롱불을 켜고 주야로 "토라를 읽고 연구하며, 함께 하나님을 찬송한다" 1QS 6VI,7-8 는 에센파의 규율이 실천되었다. 이 독서실로부터 경사진 오른쪽에 도서관이 있다. 바로 이곳은 훗날 쿰란 동굴로 옮겨간 대략 1,000여 개의 사본과 그 조각들이 책장과 점토 항아리 안에 보관되었던 곳이다. 왼쪽은 도서관 본관, 오른쪽은 서고로 추정된다.

독서실 입구 왼쪽 벽에 쥐구멍 크기의 구멍이 하나 있다.[43] 도서관으로 들어가려는 사람은 자기 이름이 새겨진 작은 돌을 이 구멍에 넣어야 했다. 실제로 '요셉'이라는 이름이 새겨진 돌이 발견되었는데, 이는 그러한 용도로 쓰였음을 보여준다. 이 돌멩이를 그 구멍 안으로 넣으면 독서실 안쪽 벽에 만들어진 둥글게 패인 공간으로 돌이 들어간다. 이때 도서관 관리자가 이를 확인하고 출입 여부를 결정하게 된다. 이처럼 도서관 출입을 통제하는 데는 이유가 있다. 예를 들면, 잘못된 태도로 인해 한시적으로 쿰란 공동체 활동에서 제외된 구성원이나 외부 방문객들에게는 도서관 출입이 제한되었다. 또한 공동체는 여러 상이한 수준의 구성원들로 구성되었다. 신참자는 우선 토라와 예언서를 공부하나, 어느 정도 수준에 오른 자는 공동체 규율서 1QS와 같은 성서 외의 문서들을 공부했을 것이며, 안식일 제사 노래 4QShirShabb와 같은 신비적 문서의 독서는 오직 정회원에게만 허락된 일이었다. 그런데 유대인들은 책을 읽을 때 보통 소리 내어 읽기 때문에 도서관 안에 누군가가 있다면 다른 사람의 책 읽는 소리를 함께 듣게 마련이다. 그러한 금지된 책 읽는 소리를 아무나 들어서는 안 되기에 출입 시간을 나누며 통제할 필요가 있었다.

독서실 안으로 들어서면 왼쪽 건너편 벽면에 물건을 넘겨주고 받는 데 사용되었을 창문 구멍이 있다. 그리고 이 창문 구멍 반대편에 폭 0.5m, 길이 3m 정도 되는 평평한 단이 설치되어 있다. 이 단은 도서관 사서가 두루마리 사본을 대출할 때 사용된다. 누군가가 두루마리 사본을 요구하면, 사서는 이 창문 구멍을 통해 사본을 건네준다. 그런데 대다수 두루마리 사본들의 길이는 적어도 수 미터에 달했다. 예컨대, 모세오경 두루마리

---

43) 2002년 여름 성지순례에서 필자는 이 구멍을 확인하기 위해 홀로 십여 분 동안 애쓴 후 마침내 발견했던 기쁨을 잊을 수 없다.

의 전체 길이는 25m 정도로 추정된다. 한 사본을 처음부터 읽고자 하는 사람은 두루마리를 펼칠 필요가 없이 사서로부터 그대로 건네받게 되나, 두루마리 사본의 중간 부분을 읽고자 하는 경우 사서는 해당 부분을 찾아 한 손으론 두루마리를 펼치면서 다른 손으론 펼쳐진 부분을 되감는다. 이 경우 그 특정 부분 읽기를 요구한 사람은 사서로부터 양쪽에서 중간을 향해 말려져 있는 2개의 두루마리를 건네받는 것과 마찬가지가 된다. 이러한 작업은 반드시 긴 평면 위에서 이루어져야지, 그렇지 않으면 사본이 손상될 수 있었다. 따라서 앞서 언급한 평평한 단은 두루마리 사본을 돌려가며 펼치거나 접을 때 사용될 목적으로 만들어진 단임에 틀림없다.

나. 이층으로 된 주 건물의 부속시설

도서관, 사본 제작실, 필사실과 침실을 갖춘 이층 주 건물에는 여러 부속시설이 마련되어 있었다. 이 주 건물에 속한 부속시설들은 사람들이 살아가는 데 필요한 시설들이다. 부엌, 빵 굽는 곳과 그와 관련된 창고, 또한 몇몇 방앗간이 이에 속한다. 이층 주 건물 동쪽에는 땀과 때로 더러워진 몸을 씻는 목욕실 Reinigungsbad 이 있고, 또한 주 건물 바로 아래에는 정결례를 위한 시설 Ritualbad 이 있다. 이 두 시설은 사용 목적이 분명히 구분되었다. 정결례를 위한 욕실에는 정결 예식을 상징하기 위해 항시 물이 흘러들고 나가게 되어 있다. 흐르는 물은 곧 생명의 물이며 영생의 물을 상징한다. 쿰란 거주지 내부에는 본래 화장실이 없었다. 필요시 외부로 나가 땅에 구멍을 파고 볼일을 본 뒤 흙으로 덮었다. 이 목적에 사용된 것으로 보이는 잘 보존된 땅 파는 나무 꼬챙이가 쿰란 동굴에서 발견되었다. 주 거주지 남쪽에는 토기장과 그에 딸린 2개의 화덕이 있다. 이곳에서는 생필품을 저장하기 위한 항아리와 사본 보관용 항아리를 생산하였다. 그 밖에도 항아리 뚜껑, 접시, 그릇, 주전자, 기름 램프, 잉크 단지 등을 생산하였다. 화덕 근처에서는 토기를 만들 때 사용된 돌림판이 발견되었으며 몇 미터 떨어진 곳에서는 자연산 진흙을 토기용 점토로 가공하는 터가 있었다. 토기를 빚는 데 필요한 물은 인근의 대형 담수 시설^{Zisterne}에서 공급되었다.

다. 상업 목적의 건물

쿰란 거주지 남서쪽 끝에는 당나귀 마구간이 있다. 당나귀들은 남쪽으로 2-3km 떨어져 있는 엔 페쉬카 $^{En\ Feshka}$ 지역에서 돗자리, 생가죽 꾸러미, 추수한 곡식, 땔감용 나무 등을 운반하는 데 사용되었을 것이다. 특히 쿰란과 엔 페쉬카에서 나지 않는 물품들, 예를 들면 곡물, 포도주, 호롱불 기름, 옷감, 올리브, 다양한 과일과 야채 또는 식칼이나 무기와 같은 철제품 등을 운반하는 데 사용되었을 것이며, 이러한 물건들은 북쪽으로 12km 정도 떨어져 있는 여리고의 장터에서 구입하였을 것이다.

쿰란 사람들도 외부인과 거래하기도 했으나, 이방인이 거주지 내부로 들어오는 것은 금지되었다. 대신 거주지 서쪽 상업건물 ^{Handelsraum} 의 외벽에 두 개의 구멍이 뚫려 있었다. 외부인이 한 구멍으로 물건을 내밀면, 동시에 다른 구멍으로 대금을 받는 구조였다. 이 지역 바닥 땅속에 묻혀 있던 세 개의 단지가 발견되었는데, 이 단지들에는 총 561개의 동전이 들어 있었다. 이는 일종의 금고 역할 했던 것으로 보인다.

상업용 건축물 남쪽에 한 구조물이 있는데, 이와 관련해 최초의 발굴자인 드 보 신부는 그 실체를 규정하지 못한 채 단지 이곳에서 엄청난 물이 사용되었을 것으로 추측하였다. 게다가 한 커다란 불 터가 여기에 있다는 사실도 발견했다. 그런데 불과 물을 갖춘 이 구조가 도대체 어떤 목적에 사용된 것인지는 밝힐 수 없었다. 슈테게만에 따르면 이 구조는 사본을 제작하는 데 필요한 고운 가죽을 생산하는 곳이다. 이곳에 2개의 비교적 커다란 물 저장 시설이 있는데, 빨래용 세탁 장소는 다른 곳에서 발견되었으므로 그러한 용도의 시설물로 볼 수 없다. 2개의 담수 시설 가운데 하나는 길고 평평하게 땅을 파서 만든 것이고, 다른 하나는 무릎 정도 높이로 진흙을 잘 발라 물이 새지 않도록 만든 물 저장 통이다. 땅속으로 만든 물 저장 통은 천연가죽을 화학약품과 함께 집어넣어 사본용 가죽을 만드는 준비 공정을 행하던 곳이며, 위로 솟은 물 저장 통은 다른 화학약품을 사용하는 가운데 가죽을 잘 문질러 얇게 만드는 공정을 진행하는 곳으로 볼 수 있다. 이러한 공정들을 행하려면 따뜻한 물이 필요했을 텐데, 아마도 그곳 불 터에는 물을 끓이는 쇠가마가 있었을 것이다.

상업용 건물터에는 그 밖에도 다른 시설들이 더 있었을 것으로 보이나, 쿰란 거주지의 화재와 파괴로 인해 더 이상 규명할 수 없다. 분명한 것은 쿰란 공동체가 일상에 필요한 상당수의 물품을 자체 제작하여 사용했다는 점이다.

라. 회합 장소

도서관 아래, 거주지 남쪽 끝에 커다란 방이 있다. 이곳은 쿰란에 살고 있는 에센파의 정회원들이 함께 모이는 장소로, 쿰란 거주지 가운데 가장 위엄이 있는 공간이다. 아침기도 및 점심식사와 저녁식사를 위해 하루 세 차례 이곳에 모였다. 정회원이 되기 위해서는 3년 동안의 견습 기간이 필요하다. 토라에 합당한 삶을 살았는지를 한 해가 끝날 때마다 검사를 받게 되는데, 3번째 시험에 통과한 자라야 정회원으로 받아들여졌다. 아직 정회원이 되지 못한 자는 혼자 기도드리며, 따로 식사했다. 회합 장소에는 정회원만 모이는데, 공동식사에 앞서 기도예배를 드린다. 식사 전체가 일종의 제식행위였다. 따라서 회합 장소 입구에는 정결례를 위한 욕실 Ritualbad이 마련되어 있다 – 이 욕실로부터 회합 장소 안으로 물이 흘러 들어갈 수 있도록 땅을 파서 만든 작은 긴 물통로가 나 있는데, 이 물로 식사 찌꺼기와 기타 더러워진 것들을 닦는다. 이러한 시설물은 식탁 위가 아니라 땅바닥에 쪼그리고 앉아 식사했던 관행과 관련된 것이다. 에센파의 전통적인 기도예배를 드리기 위해서도 그러한 식탁이 있어서는 안 된다. 이들의 기도예배는 서서 드리는 유대 시나고그의 기도식 관행과 달리, 예루살렘 성전 제식의 관행을 따른 것이다. 성전에서 기도할 때는, 두 무릎을 꿇고 양팔을 앞으로 뻗은 채 이마가 바닥에 닿도록 몸을 앞으로 구부린다. 이러한 기도자세를 가리켜 고대인은 프로스퀴네시스^{Proskynesis} 라고 불렀다. 온 세상의 통치자인 하나님 앞에 경외를 표하는 행위였다.

이 회합 장소의 내부 크기는 길이 22m, 폭 4.5m에 달한다. 이는 약 200명이 서서 기도드릴 수 있고, 약 100명이 앉아서 함께 식사할 수 있는 공간이다. 그런데 성전 기도 예식에 따르면, 한 줄에 6명 이상이 설 수 없었고, 한 줄마다 약 2m의 공간이 필요했다. 이 계산에 따르면 총 10줄, 즉 60명이 동시에 모여 예배할 수 있었다. 실제로는 이보다 적은 인원이 모였을 것이므로, 쿰란 거주지에는 대략 50명 정도의 정회원이 거주했을 것으로 추정된다.

마. 묘지

쿰란의 주묘지에는 약 1,000기의 개인 무덤이 있다. 이 묘지는 거주지 동편 50m 정도 떨어진 곳으로부터 시작하여 사해 방향으로 난 언덕 끝까지 덮고 있다. 4개의 묘지 단지가 있는데 이곳에 대략 200명 정도가 묻혔다. 발굴된 54기의 무덤 가운데 여성은 단 한 기였고, 나머지는 모두 남성이었다. 주묘지 위와 아래에 자리한 2개의 부묘지에서는 남성뿐 아니라 여성과 아동의 무덤도 발견되었다. 아마도 주묘지에는 쿰란에서 죽은 에센파의 정회원들이 묻혔을 것으로 보이고, 부묘지에는 아직 정회원이 되지 못하고 죽은 자나, 여성들과 아동들 혹은 이 지역에서 죽은 이방인들이 묻혔던 것으로 보인다.

쿰란 거주지는 기원전 100년경 설립되어 68년에 파괴될 때까지 약 170년 동안 존속했다. 주묘지에서 발견된 1,000기의 무덤들이 그동안 사망한 정회원이라고 가정한다면, 연평균 6명 정도가 사망한 셈이다. 그런데 에센파의 정회원이 되려면 적어도 20살이 되어야 하는데, 보통 이보다 늦게 되는 경우가 있을 것으로 보아, 평균 22살 정도가 되어서 정회원으로 받아들여졌을 것으로 짐작할 수 있다. 그런데 묘지에 묻힌 사람들의 유골은 대부분 25-35세 사이였으며, 따라서 평균 수명은 30세였다. 이러한 계산으로 미루어 에센파의 정회원이 죽을 때까지 쿰란에 머문 평균 시간은 30 죽은 나이 – 22 가입 나이 =8년 정도로 잡을 수 있다. 이 계산을 토대로 하면 매년 6명이 죽었을 때, 동시에 약 48명이 공동체에 속해 있었음을 알 수 있다. 이와 같은 수는 위에서 회합 장소의 공간 크기를 고려하여 셈한 수와 거의 일치한다. 부묘지에선 200기의 무덤이 발견되었는데, 남성이 절반, 여성과 아동 및 이방인이 절반이었다. 여기에 묻힌 여인들은 결혼했을 것으로 보이나, 정회원의 아내였는지 아니면 공동체 가입을 기다리는 사람들의 아내였는지는 알 수 없다. 그러나 분명한 것은 에센파 사람들이 대체로 결혼을 배척하지 않았다는 사실이다.

II. 엔 페쉬카(En Feshka)

키르벳 쿰란으로부터 남쪽으로 약 2-3km 내려가면 상업용 건축 시설이 있다. 이 지역을 가리켜 '엔 페쉬카'라 부른다. '엔'이란 히브리-아랍어로 '샘'이라는 뜻이고 '페쉬카'는 이 샘의 이름을 나타낸다. 몇몇 수로가 산 중턱에서 이 지역으로 연결되어 있는데, 이러한 관개용수를 이용해 이곳에 여러 식물과 채소를 심을 수 있었다. 그러나 토양에 염분이 높아 곡물이나 유실수를 재배하기는 어려웠다. 창고와 숙소를 갖춘 이층으로 된 건축물이 이 지역 시설물의 중심을 이루고 있다. 이곳 시설물은 전적으로 천연가죽과 갈대를 생산하기 위한 것으로 보인다. 여기서 발견된 동전, 토기 조각, 돌 화분 등은 쿰란 거주지와 동시대 B.C. 100-A.D. 68 의 것으로 판명

되었다. 특히 동전과 무게 측정용 돌이 발견된 점은 이곳에서 물건을 생산했을 뿐만 아니라 매매도 이루어졌음을 보여준다. 당시 고가로 매매되었던 귀한 물품 가운데 하나가 바닥재였는데, 그 조각이 쿰란 폐허에서 발견되기도 하였다.

III. 쿰란 거주지와 엔 페쉬카의 설립 목적

슈테게만은 쿰란 거주지와 엔 페쉬카를 직접 답사한 후 위에서 이 시설물의 목적에 관한 흥미로운 이론을 제시하였다.

발굴 결과에 따르면, 쿰란 거주지와 엔 페쉬카에 있는 상업용 건축물은 기원전 100년경 동시에 세워져 기원후 68년에 파괴될 때까지 존속했음이 확실하다. 슈테게만에 따르면, 이곳의 시설물들은 무계획적으로 점차 확장된 것이 아니라 처음부터 분명한 건축 의도에 따라 만들어진 것으로, 이 시설물의 용도는 전적으로 두루마리 사본을 제작하기 위한 것이다. 가죽을 얻고 손질하는 모든 공정이 사본 제작을 위한 것이다. 사본 제작이 주된 목적이었고, 사본 연구는 참여자들의 종교 생활과 관련된 것으로 단지 부차적인 목적에 불과하다.

당시 팔레스타인에서 전통적인 방식에 따라 가죽을 생산하는 작업은 상당히 힘든 일이었다고 한다. 가죽 생산을 위해서는 특정 식물 껍질에서 얻는 탄닌이나 개나 비둘기의 배설물과 같이 악취가 나는 재료가 필요했다. 그런데 에센파는 가죽 생산을 위한 새로운 기술을 발견한 것으로 보인다. 탄닌 대신 사해에서 얻을 수 있는 광물질을 사용한 새로운 기술이었다. 엔 페쉬카 토지의 화학 분석 결과 탄닌의 흔적은 전혀 없고 탄산칼슘 Calcium-Carbonat이 주성분으로 확인되었다. 이 새로운 기술을 이용해 아마도 보다 양질의 사본 가죽을 얻었을 것이다. 또한 새 기술은 악취도 별로 만들어내지 않았던 것으로 짐작된다. 엔 페쉬카의 이층으로 된 주거 및 상업건물이 가죽을 만드는 물통으로부터 단지 10m 정도만 떨어져 있기 때문이다.

 이 새로운 공정은 사해에 근접한 장소에 있어야만 가능했을 것으로 짐작된다. 사해에서 나오는 화학성분이 상당량 필요했으리라 짐작되는데, 이를 만들어 내륙 멀리 운반이 가능하도록 하는 작업이 기술적으로 불가능했을 것이기 때문이다. 바로 이와 같은 이유에서 에센파는 사본 제작에 필요한 양질의 가죽을 생산하기 위해 사해의 황량한 곳에 그들의 작업실을 옮겨 놓았을 것으로 보인다. 또한 천연 가죽 생산을 위해 사해로부터 막대한 양의 물을 필요로 했으며, 생산된 가죽 세척을 위한 담수를 확보하기 위해 사해 근처에 위치한 엔 페쉬카가 생산지로 선택되었다. 엔 페쉬카에서 생산된 가죽은 다음 단계로 가공하기 위해 언덕 위 쿰란으로 옮겨졌던 것이다. 이 과정에서 상당수의 양과 염소가 방목되었다.

 쿰란 거주지에는 사본 제작과 직접 관련된 네 공간이 있었다. 1. 거주지 서쪽 중앙에 고운 가죽을 생산하던 작업장 Feinledergerberei 이 있고, 2. 주 건물 아래층에는 사본 두루마리를 끝마감하는 제작실이 있고, 3. 이곳의 도서관은 사본 제작에 필요한 견본 사본들을 보관하는 역할을 했으며, 4. 위층에는 사본에 글을 적어 기록하는 기록실 Schreibraum 이 있다. 또한 산악지역에 거주하면서 많은 비용을 들여 관개수로를 만든 것은, 일상생활이나 정결례보다도 고운 가죽생산에 필요한 대량의 물을 공급하기 위한 목적이었다.

 쿰란에 살던 사람들은 이처럼 엄청난 시설을 통해 제작된 두루마리 사본 가운데 단지 일부분만 필요했고, 대다수 사본은 당시 팔레스타인 전역에 흩어져 살던 에센파 지역 공동체의 수요에 충당하기 위해 외부로 보내졌다. 결국 쿰란은 수많은 에센파 회원들의 연구와 종교활동 및 경건성 고양을 위해 필요한 사본을 조달하는 두루마리 사본을 제작하는 작업장으로서 오늘날의 개념으로 말하면 특정 종교단체를 위한 출판사의 역할을 수행했다고 말할 수 있다.

IV. 쿰란 거주지의 운명

쿰란 거주지는 기원전 100년경에 세워져 기원후 68년에 이르러 로마군의 공격으로 완전히 폐허가 된다. 그런데 기원전 31년에 심각한 지진이 있었다. 이에 대해서는 유대 역사가인 요세푸스도 기록한 바 있다. 이 지진으로 말미암아 쿰란 역시 커다란 타격을 입는다. 당시 지진의 흔적을 아직도 확인할 수 있는데, 실제로 한 침례탕 미크베 옆으로 길게 균열이 난 것을 볼 수 있다. 이 지진으로 말미암아 쿰란을 완전히 버리고 그 안에 있던 모든 도서를 다른 곳으로 옮겼다가 훗날 다시 쿰란으로 가져왔을 것이라는 주장이 있으나, 그러한 설명은 설득력이 떨어진다.

당시 지진으로 화재가 일어나 거주지의 일부분이 피해를 입고 한동안 작업이 불가능했을 것이다. 쿰란 사람들은 일부 파괴된 시설과 건축물은 곧장 수선하여 전과 같이 회복시키고, 일부 파손된 시설은 다시 건축했을 것이다. 독서실로 난 옛 입구를 메운 흔적이 있고, 사업 공간의 벽면 공간도 메운 흔적이 남아 있다. 주 건물의 기능은 그런대로 유지될 수 있었을 것이다. 당시 지진의 피해가 커 쿰란과 엔 페쉬카 지역에서 이루어지던 사본용 두루마리 가죽 생산이 한동안 중단되었을 것이다. 헤롯 대왕 초기 약 B.C. 40-31에 만들어진 동전 11개가 쿰란과 엔 페쉬카에서 발견되었으나, 그 후 헤롯의 통치가 끝나는 기원전 4년까지 동전이 전혀 발견되지 않았다. 따라서 대략 30년 동안 거주지의 전체 활동이 멈췄을 것으로 추정되었던 것이다. 그러나 쿰란 동굴에서 나온 많은 사본이 바로 헤롯 대왕의 시대에 만들어진 것이다. 이것은 당시 쿰란 거주지에서 계속하여 사본 제작이 이루어졌다는 사실을 나타낸다.

따라서 다음과 같은 추론이 가능하다. 지진 후 에센파 사람들은 복구한 거주지에 남아 충분히 저장하고 있던 사본용 가죽을 이용하여 창조적인 작업을 계속했을 것이다. 예컨대 새로운 견본 사본을 제작하거나 닳아 망가진 사본들을 새것으로 교체하거나 새로운 사본들을 보충하는 등의 작업을 수행했을 것이다. 당시 동전이 발견되지 않은 것은 외부와의 거래가 끊어졌기 때문으로 보인다. 그런데 사본 공급이 되지 않고 오랜 시간이 지나자, 도시와 마을에 살던 에센파 사람들은 다시 새로운 사본에 대한 필요를 느꼈을 것이다. 그에 따라 기원전에서 기원후로 전환되는 시기에 쿰란과 엔 페쉬카의 모든 시설을 다시 전처럼 완전히 복구하여 두루마리 사본 제작에 나섰을 것이고, 그 작업은 68년 로마군이 이 모든 시설을 완전히 파괴할 때까지 계속되었다.

제2장

고대 유대교의 맥락에서 본 쿰란 공동체 이해
...

I. 쿰란 문서 발견의 중요성

사해의 북서쪽에 쿰란이란 지역이 자리 잡고 있다.[1] 1947-1956년에 이 지역에 있는 11개의 서로 다른 동굴에서 모두 900-1000개에 달하는 두루마리 문서들과 그 조각들이 발견되었다.[2] 그리스어로 기록된 몇몇 단편들을 제외하고는 이들 문서 대부분은 히브리어와 아람어로 기록되었다. 이들 문서에 대한 고문서학적 조사며, 또한 그 문서를 소장했던 쿰란 공동체가 살던 거주지에 대한 고고학적인 조사를 통해 이 문서들이 대략 기원전 3세기-기원후 68년 사이에 기록된 것으로 추정할 수 있다.[3]

---

1) 키르벳 쿰란(Khirbet Qumran)과 와디 쿰란(Wadi Qumran)을 통칭하여 일반적으로 쿰란(Qumran)이라 부른다.

2) A. Lange and H. Lichtenberger, "Qumran", *TRE* 28 (1997), 45. 이와 같은 엄청난 수효에도 불구하고 본래 본문의 절반 이상 보존된 두루마리 사본은 전체 문서 가운데 애석하게도 단지 10개 정도에 불과하다. 11개의 동굴 가운데 네 번째 동굴(4Q)에서 가장 많은 사본들이 발견되었다(모두 566개).

3) 쿰란과 관련된 고고학적인 연구 가운데 대표적인 저서인 R. de Vaux, *Archaeology and the Dead Sea Scrolls* (London, 1973)를 참조하라. 또한 Ph. R. Davies, *Qumran: Cities of the Biblical World* (Grand Rapids, 1983).

이 쿰란 문서=사해사본의 발견은 20세기 신학계에서 가장 경이로운 사건이라고 말할 수 있다. 이제까지는 고대 팔레스타인 유대교를 이해하기 위하여 주로 기원후 1세기에 저술활동을 한 유대 역사가인 요세푸스의 작품과 더불어 구약성서의 외경과 위경에 의지하는 것이 고작이었다. 이들 외경과 위경들은 원본의 번역본 내지는 재번역본에 불과했으나, 쿰란 문서의 발견으로 우리는 그 당시 지배적인 한 종파의 종교적 소산물로 간주되는 상당량의 원본을 처음으로 접할 수 있게 되었다.[4]

쿰란 문서의 발견은 히브리어와 아람어 연구에 커다란 공헌을 하고 있으며,[5] 또한 발견된 문서 가운데 상당한 부분은 구약성서 사본들로 이루어졌는데,[6] 이로써 구약성서 본문비평학 연구에 획기적인 전기를 마련하였다.[7] 동시에 이제까지 갖고 있던 고대 유대교에 대한 왜곡되고 미진한 우리의 이해를 수정하고 보충하는 데 결정적인 공헌을 하고 있다. 따라서 이 쿰란 문서는 예수 당시의 팔레스타인 유대교를 이해하는 데 우리가 갖고 있는 가장 중요하고 신빙성 있는 자료라고 감히 말할 수 있다.[8]

---

[4] 하나의 예외가 있을 수도 있다. 쿰란과는 무관한 것으로서 기원전 1세기 중엽에 생성된 것으로 추정되는 솔로몬의 시편(=PsSal)을 간혹 바리새파에 속하는 문서로 간주하고 있기 때문이다. 예컨대, S. Holm-Nielsen, *Die Psalmen Salomos*, JSHRZ IV/2 (Gütersloh, 1977), 59.

[5] E. Qimron, *The Hebrew of the Dead Sea Scrolls*, Havard Semitic Studies 29 (Atlanta, 1986); K. Beyer, *Die aramäischen Texte vom Toten Meer*, 2 vols (Göttingen, 1984-1995)를 참조하라.

[6] 쿰란에서 발견된 구약성서 사본은 모두 202개이다.

[7] 쿰란사본이 발견되기 전 가장 오래된 구약성서 사본은 895년에 예언서를 필사한 '카이로 코덱스'와 925년경에 마무리된 '알레포 코덱스'이다. 그런데 쿰란에서 발견된 성서 사본 가운데 가장 오래된 것은 B.C. 3세기경에 유래한 것이다(4QSam^b; 4QJer^a). 특히 첫 번째 쿰란 동굴에서 발견된 이사야서 사본(1QIsa^a)은 거의 완벽하게 보존되었다. 마소라 전통에 서있는 본문을 담은 사본들이 상당수 발견되었을 뿐만 아니라 어떤 사본은 칠십인역(=LXX)의 본문을 증거하는가 하면(예컨대 4QJer^b), 다른 사본은 사마리아 오경에 기초한 본문을 담고 있다(예컨대 4QpalaeoExod^m). 쿰란에서 발견된 구약성서 본문과 관련해서는 F. M. Cross and S. Talmon, eds., *Qumran and the History of the Biblical Text* (Cambridge, 1975); E. Tov, *Der Text der Hebräischen Bibel* (Stuttgart- Berlin-Köln, 1997)을 참조하라.

[8] H. Stegemann, "Some Aspects of Eschatology in Texts from the Qumran Community and in the Teaching of Jesus", J. Amitai, ed., *Biblical Archaeology Today. Proceedings of the International Congress on Biblical Archaeology, Jerusalem, April 1984* (Jerusalem, 1985), 특히 409 참조.

당시 유대교를 올바르게 이해하는 것이 신약성서 이해에 얼마나 필요하고 중요한지는 예수를 비롯한 그의 첫 제자들이 모두 유대인이었다는 사실만 보더라도 쉽게 짐작할 수 있다.[9]

쿰란 문서가 이처럼 중요하기에 이미 서구 신학계에서는 쿰란 문서가 발굴된 이래 끊임없이 연구가 지속되어 왔고, 지금도 그 열기는 여전하다.[10] 쿰란 문서를 올바로 이해하기 위해서는 무엇보다도 이 문서들을 소장했던 공동체에 대한 이해가 요청되며, 한 걸음 더 나아가 당시 유대 역사에 대한 일견이 불가피하다.

II. 에센파에 대한 고대 문서의 기록

이제까지 진행된 쿰란 연구에서 학자들은 쿰란에서 발견된 문서들이 에센파의 소장물이라는 견해에 대하여 대체로 의견을 같이한다. 그런데 쿰란 공동체와 에센파 사이의 관계를 어떻게 규명할 것인지에 대해서는 여전히 논란이 있다. 양자 사이의 관계를 바르게 규명하기 위하여 당시 유대교를 그 역사적 문맥 가운데에서 이해하는 작업이 선행되어야 한다. 이를 통하여 쿰란 문서에 대한 정당한 해석이 비로소 가능해지기 때문이다. 따라서 우리의 관심을 쿰란 공동체에 돌리기에 앞서, 고대 문서들이 에센파에 대하여 어떻게 보도하고 있는지 간략히 살펴보고자 한다.

기원후 1세기 후반에 살았던 유대 역사가 요세푸스 플라비우스Josephus

---

9) 예컨대, 이미 H. Braun은 자신의 저서 *Qumran und das Neue Testament*, 2 vols. (Tübingen, 1966)에서 쿰란 문서와 신약성서 간의 내용적 비교를 주제별로 상세히 밝힌 바 있다.

10) 쿰란과 관련된 중요 연구 목록을 예컨대 J. A. Fitzmyer, *The Dead Sea Scrolls: Major Publications and Tools for Study* (Atlanta, 1990)에서 찾아 볼 수 있다. 또한 C. Burchard, *Bibliographie zu den Handschriften vom Toten Meer* (Berlin, 1957); idem, *Bibliographie zu den Handschriften vom Toten Meer, II: Nr. 1157-4459* (Berlin, 1965); B. Jongeling, *A Classified Bibliography of the Finds in the Desert of Judah 1958-1969* (Leiden, 1971); F. G. Martinez and D. W. Parry, *A Bibliography of the Finds in the Desert of Judah 1970-95*, StTDJ vol. 19 (Leiden-New York-Köln, 1996).

Flavius, 대략 37/38-100년는 1세기 중엽 팔레스타인 유대교 내에서 찾아볼 수 있는 4개의 중요한 종파에 대하여 언급하고 있다. 바리새파는 약 6,000명 *Ant* XVII,2,4[§42], 에센파는 4,000명 이상 구성원을 갖고 있으며 *Ant* XVIII,1,5[§20] 나머지 두 파인 사두개파와 젤롯당은 각각 수백 명 수준의 구성원을 지닌 것으로 기록되어 있다. 에센파와 사두개파가 주로 예루살렘과 인근 유대 지역에 살고 있는 반면 바리새파는 갈릴리 지역에도 과반수 정도가 살고 있으며 젤롯당은 대부분 갈릴리 지역에 모여 있는 것으로 파악하고 있다. 이 4개의 유대교 종파는 즉흥적으로 일어나는 정치적 운동이나 사회적 운동과 달리 회원가입 규정과 확고한 조직력을 갖춘 종파들이다.11)

요세푸스는 자신의 저서 『유대 전쟁기』 제2권에서 넓은 지면을 할애하여 에센파에 대하여 상세히 언급하면서, 모든 유대인 가운데 에센파 사람들을 가장 모범적이라고 칭찬한다. 이어서 바리새파와 사두개파를 함께 다룬다.12) 여기서 요세푸스는 사두개파를 중시하지는 않으며 비판적으로 언급하고 있다. 사두개파에 대한 비판은 그가 바리새파에 속해 있다는 사실을 고려할 때 납득이 가나, 에센파를 추켜세우고 있다는 사실은 실로 특이하게 보인다.

에센파에 대한 요세푸스의 칭찬은 유대 종교철학가이며 예수와 동시대에 살았던 필로 Philo Alexandrinus, 대략 B.C. 20-A.D. 50 의 저술 가운데에서도 찾을 수 있다. 그는 에센파를 가장 뛰어난 유대인이라고 묘사하고 있을 뿐만 아니라, 참된 경건성의 모범이라고 독자들에게 추천한다. 에센파에 대한 이러한 평판은 당시 유대인들이 그들을 '에싸이오이' essaioi 혹은 '에쎄노이' essenoi 라고 불렀던 사실에서도 나타난다. 아람어에서 유래한 이 말은 다름

---

11) H. Stegemann, *Die Essener, Qumran, Johannes der Täufer und Jesus* (Freiburg-Basel-Wien, ⁴1994[¹1993]), 194 참조. 이 책의 영어번역이 출판되었다: H. Stegemann, *The Library of Qumran. On the Essenes, Qumran, John the Baptist, and Jesus* (Cambridge, Leiden, 1998).
12) 에센파에 대한 서술은 요세푸스의 작품 『유대 전쟁기』(이하 *Bell*) II,119-161(=II,8,2-13) 또한 『유대 고대사』(이하 *Ant*) XIII,171-173, 298; XVIII,1,5; 또한 바리새파와 사두개파에 대해서는 Bell II,162-166을 참조하라.

아닌 '경건한 사람들'을 뜻하기 때문이다. 이것은 그들이 당시 유대 사회에서 좋은 평판을 받고 있었다는 증거이다.13)

III. 쿰란 공동체와 에센파 사이의 관계

쿰란 공동체와 에센파 사이의 관계는 쿰란 문서의 저자에 대한 질문과 더불어 학자들 사이에서 이미 많은 논란이 있어 왔다. 쿰란 문서가 에센파와 관련되었음을 제일 먼저 지적한 사람은 쿰란 문서 연구의 시조 가운데 한 사람인 수케닉 E. L. Sukenik 교수였다. 그는 1948년 첫 번째 쿰란 동굴에서 발견된 한 문서1QS='공동체 규율서' 14)를 접하며 쿰란 문서와 에센파 사이에 관련이 있음을 발견하였다("나는 문서들의 이러한 은닉 장소가 원래 에센 종파에 속하였다고 가정하고 싶다. 왜냐하면 다른 문서들을 통하여 알려졌듯이, 이 종파의 거주지는 엔게디에 근접한 사해의 서편에 놓여 있기 때문이다").15) 이와 같은 수케닉의 가정은 다름 아닌 로마 역사가인 (大) 플리니우스 Plinius the Elder, A.D. 23/24-79 가 쓴 에센파 사람들에 대한 짤막한 보도에 근거하고 있다. 이 보도를 인용하면 다음과 같다.

---

13) 에센파에 대한 고대 문서의 보도에 대해서는 여전히 중요한 바우어의 상세한 논문 Walter Bauer, "Essener", G. Wissowa(neue bearb.), W. Kroll, ed., *Paulys Real-Encyclopädie der classischen Altertumswissenschaft*, Supplementband IV (Stuttgart, 1924), 386-430을 참조하라. 또한 O. Betz, "Essener und Therapeuten", *TRE* 10 (Berlin-New York, 1982), 386-391. 에센파에 대한 여러 보도를 모아 놓은 책이 있다: A. Adam(ausgewählt), Chr. Burchard(2., neubearbeitete aufl.), *Antike Berichte über die Essener* (Berlin, 1972) 또한 G. Vermes, M. D. Goodman, ed., *The Essenes According to the Classical Sources* (Sheffield, 1989).

14) 1QS를 영어로 흔히 The Community Rule 혹은 The Manual of Discipline이라 부른다. 이 작품은 기원전 100년경에 기록된 것으로 에센파 규칙과 관련된 다양한 본문들을 모은 사본을 가리킨다. VanderKam이 이 작품을 가리켜 "a constitution for the Qumran community"이라고 부르는 것은 정당하다: J. C. VanderKam, *The Dead Sea Scrolls Today* (Grand Rapids-MI, 1994), 57.

15) E. L. Sukenik, *Megillot Genuzot* I, (Jerusalem, 1948), 16 이하. 인용문의 영어 번역은 N. Golb, "The Problem of Origin and Identification of the Dead Sea Scrolls", *Proceedings of the American philosophical Society* 124 (1980), 1-24, 11의 note 1에서 찾아볼 수 있다.

"에센파 사람들은 (사해) 해안으로부터 떨어진 서쪽에 살고 있었다. 이들은 외롭고 온 세상 중에 다른 모든 종족과는 달리 유별난 종족으로서, 아내도 갖지 않고 성적 희구도 없고 돈도 없으며 단지 종려나무의 사회 안에서만 지내고 있었다. 이 부족은 매일 몰려드는 상당한 수의 신참자들로 인하여 같은 정도의 수를 유지해 나가고 있었다. 많은 사람들이 노도와 같은 인생의 피로에 밀려 그들의 풍습을 받아들이고자 그리로 몰려들기 때문이다. 그리하여 아무도 태어나지 않는 한 부족이 수천 년 동안이나 존속해 왔다. 이는 믿을 수 없을 정도이다. 다른 사람들의 삶의 고뇌가 그들에게 상당한 유익함을 주었던 것이다. 그들의 아래쪽에 엔게디 시가 위치하고 있는데, 이 도시는 예루살렘에 뒤이어서 두 번째로 땅이 기름질 뿐만 아니라 종려나무가 많이 있었으나 지금은 (예루살렘과) 마찬가지로 먼지덩어리에 불과한 상태이다. 그 위에 마사다 요새가 세워졌는데, 이는 아스팔트호 =사해 로부터 멀지 않다." Plinius, Naturalis historia V,73 16)

사해 지역을 직접 경험해 보지 못한 플리니우스는 이 모든 정보를 소문을 통해 접했을 가능성이 크다. 플리니우스의 이 짤막한 보도는 수케닉을 이어 오늘날까지 계속되는 쿰란 연구에 지대한 영향력을 행사하였다. 결국 많은 학자는 에센파의 활동 구역을 오로지 발굴된 쿰란 지역에만 한정시키게 되었다. 그리하여 에센파를 지극히 보잘것없는 수로 구성된,17) 사해 곁의 황량한 사막에 자리 잡아 일종의 수도원을 형성한 하나의 유별난 종파로만 파악했다.18)

이러한 입장은 아마 또 하나의 다른 요인과도 관련이 있는 것 같다. 즉 신약성서는 바리새파와 사두개파는 물론이고 젤롯 당원이었던 예수의 제자에 대하여 언급하고 있으나, 에센파에 관해서는 한마디 언급도 하지 않고 있다는 사실이다.19) 이런 이유로 많은 학자는 에센파가 예수 당시의

---

16) 라틴어 원문을 보려면: H. Rackham, vol. 2 (London-Cambridge Mass. 1961), 276.
17) 발굴된 쿰란거주지에는 기껏해야 150-200명 정도의 사람만이 살 수 있다.
18) 에센파를 일종의 수도원으로 보는 이해는 오래되었다. 예컨대, J. J. Herzog, *Realencyclopädie für protestantische Theologie und Kirche*, vol. 5 (Leipzig, ³1898), 525 이하("…Vom Tempel in Jerusalem ausgeschlossen, bildeten die Essener eine festgeschlossene Gemeinschaft, die man eher einem Mönchsorden als einer Kultusgemeinde vergleichen kann.").
19) 이와 관련하여 슈테게만(H. Stegemann)은 흥미로운 주장을 했다. H. Stegemann, *Die Essener,*

유대 사회에서 아무런 중요한 역할도 하지 못했다고 판단하는 것 같다.

그러나 쿰란 공동체에 대한 이러한 견해는 더 이상 받아들일 수 없다. 고고학적 발굴에 따르면, 쿰란 언덕에 있는 옛 묘지의 무덤들 안에서 여자들뿐만 아니라 아이들의 유골이 함께 발굴되었다.20) 이들이 공동체 내에 함께 살았음은 의심의 여지가 없다. 더욱이 정착지 안에서 당시 사용되었던 많은 주화며 심지어 돈으로 가득 찬 단지들도 발견되었다. 이러한 고고학적 증거들은 플리니우스의 보도와는 정반대의 모습을 보여주고 있는 셈이다. 그의 왜곡된 보도는 아마도 이국 지역의 진풍경을 로마인들에게 소개한다는 차원에서 이해할 수도 있을 것 같다. 그러나 에센파의 정체를 이해하기 위한 출발 자료로서 플리니우스를 더 이상 사용해서는 아니 되고, 오히려 필로와 요세푸스의 보도에 신빙성을 두어야 한다.

IV. 쿰란 공동체와 에센파 사이의 동질성

쿰란 공동체가 에센파에 속한다는 사실을 우리는 아래의 다섯 가지 특징에서 확인할 수 있다.21) 이 특징들은 쿰란 문서 자체뿐만 아니라 필

---

363 이하. 즉, 복음서는 서기관의 무리를 종종 바리새파 사람들과 구별되는 독자적인 그룹으로 부르고 있는데(막 7:1, 5; 마 5:20; 12:38; 15:1; 23:2; 눅 5:21; 6:7; 11:53; 15:2; 요 8:3), 이 서기관이란 명칭이 에센파와 연관이 있을 것이라고 본다. 또한 헤롯의 무리란 명칭이 복음서에 나오는데(막 3:6; 12:13; cf. 8:15; 막 22:16), 에센파가 헤롯대왕을 메시아로 인정했을 것이라는 교부들(Epiphanius; Hippolyt)의 추측을 지적한다. 또한 요세푸스의 보도에 따르면(*Ant* XV,368-379), 에센파 사람인 므나헴(Menahem)이 어린 헤롯을 가리켜 '유대인의 왕'으로 부름으로써 헤롯은 자신의 통치기간에 에센파를 다른 종파보다 편애하였고, 그리하여 헤롯대왕의 총애를 받았다는 의미에서 헤롯의 무리(Herodianer)란 명칭으로 불리게 되었으리라 한다.

20) 이에 대해서는 다음을 참조하라 : S. H. Steckoll, "Preliminary excavation report in the Qumran cemetery", *RdQ* 6 (1967-69), 323-344; idem, "Marginal notes on the Qumran excavations", *RdQ* 7 (1969-71), 33-44; R. de Vaux, *Archaeology and the Dead Sea Scrolls, The Schweich Lectures*, Revised Edition in an English translation (London, 1973); Ph. R. Davies, *Qumran. Cities of the Biblical World*, (Guildford, 1982).

21) 슈테게만은 그의 논문 "The Qumran Essenes: Local Members of the Main Jewish Union in Late Second Temple Times", J. T. Barrera and L. V. Montaner, eds., *The Madrid Qumran*

로와 특히 요세푸스의 보도에도 잘 나타나 있다.

1. 공동식사

각 지역 공동체에 속한 회원들이 하루 두 차례 참여하는 공동식사에서 에센파의 독특한 특성이 잘 드러난다. 그런데 오직 정회원만 이 공동식사에 참여할 수 있다. 이 공동식사가 이루어지기 위해서는 최소한 열 명이 한자리에 모여야 한다. 또한 그 가운데 적어도 한 명의 제사장이 있어야 하며, 그때 모든 회원은 자신의 서열에 따라 자리에 앉게 된다. 제사장은 공동식사의 사회를 맡게 되는데, 음식과 음료에 축도를 한 뒤 식사가 시작된다. 이 식사는 그리스도교에서의 성만찬과 같이 성례전적인 성격을 띠지는 않고, 정결한 사람들만이 참여할 수 있다는 점에서 볼 때 단지 제의적 성격만을 지녔을 뿐이다.

에센파의 이 같은 공동식사에 대한 묘사가 요세푸스의 『유대 전쟁기』 특히 Bell II,129 에서 뿐만 아니라 <공동체 규율서> 1QS 에도 잘 나타나고 있다. 이는 쿰란 언덕에 대한 고고학적인 발굴을 통해서도 입증되고 있다. 이해를 돕기 위해 1QS VI,2-6 부분을 인용하면 다음과 같다.

> "그들은 =공동체원들은 작업 일이며 소유와 관련하여 낮은 자는 높은 자에게 순종해야 한다. 그리고 그들은 함께 식사를 해야 하며, 함께 찬송하며 조언을 구한다. 그리고 공동체원 중 열 사람이 모인 곳에서는, 그들 중에 제사장이 빠져서는 안 된다. 그들은 저마다 자신의 신분에 따라 그 =제사장 앞에 앉아야 한다. 그렇게 하여 문제가 있을 때마다 그들의 조언을 들을 수 있다. 그리고 그들이 식사하기 위하여 식탁을 놓을 때나 마실 과실주를 차릴 때 제사장은 자신의 손을 뻗어 빵과 과실주에 축도한다. 그리고 열 명이 모인 곳에서 결코 한 사람이 빠져서는 안 되는데, 그는 밤낮으로, 끊임없이, 돌아가면서 차례로 율법을 연구해야 한다."[22]

Congress, vol. 1, (Leiden-New York-Köln, 1992), 108-114에서 이 5가지를 지적하고 있다. J. C. VanderKam, *The Dead Sea Scrolls Today*, 71-98과 비교하시오.

22) 이 번역은 여전히 유용한 E. Lohse, ed., *Die Texte aus Qumran: Hebräisch und Deutsch*

동시에 1QSa에도[23] 공동식사와 관련하여 공통된 내용이 나오는데, 식사 참여자들은 자신들의 신분에 맞게 착석해야 하며 식사가 시작되기에 앞서 제사장이 빵과 술에 축도해야 한다고 기록되어 있다 1QSa II,11-22.

2. 제의적 성격을 띤 정결 목욕

고대 유대교에는 제의적 부정과 도덕적 부정이 있었다. 제의적 부정은 여러 경로를 통해 발생한다. 예컨대 출생, 시체와의 접촉, 성적이거나 병적인 유출물, 다른 부정한 사람과의 접촉 등으로 인해 발생한다. 일상에서 야기되는 불가피한 부정은 대체로 제의를 통해 제거된다. 부정하게 되는 정도는 다양한데, 성전의 지성소에 근접할수록 그에 요구되는 정결함의 정도는 점점 높아진다. 일시적 부정은 특별한 제의를 통해 제거할 수 있는데, 가장 널리 확산된 것은 정결 목욕을 통한 것이다 그 외에도 불에 태운 어린 황소의 재를 뿌림으로써 부정을 제거하는 방법도 있다. 도덕적인 부정은 죄가 되는 행위로 인한 부정이다. 도덕적인 부정은 이스라엘 땅과 성전을 더럽히나, 접촉을 통해 타인에게 전가되는 부정은 아니다. 그것을 회복하기 위해서는 합당한 보상을 하거나 형벌을 받아야 한다. 또한 하나님과의 화해를 나타내는 희생제물을 바침으로써 자신의 참회하고 있음을 드러내야 한다.

그런데 당시 유대교의 문맥에서 볼 때 쿰란에센파의 정결 개념은 특이

(Darmstadt, 1981)의 본문을 따랐다. Cf. J. H. Charlesworth, ed., *Rule of the Community and Related Documents (The Princeton Theological Seminary Dead Sea Scrolls Project)* (Tübingen-Louisville, 1994). 구약성서 사본을 제외한 전체 쿰란 문서의 현대어 번역을 다음의 책에서 손쉽게 찾아볼 수 있다: J. Maier, *Die Qumran-Essener: Die Texte vom Toten Meer*, vol. 1-2, (München, 1995 [UTB 1862-1863]). 요한 마이어(J. Maier)는 설명을 담은 성전두루마리 문서를 따로 번역하여 출판하기도 했다: *Die Tempelrolle vom Toten Meer und das "Neue Jerusalem"* (München-Basel, 1978 [UTB 829]). 이 책의 영어 번역이 있다: *The Temple Scroll: An Introduction, Translation & Commentary*, JSOT Supplement Series 34 (Sheffield, 1985). 또한 F. G. Martinez, *The Dead Sea Scrolls Translated. The Qumran Texts in English* (Leiden-New York-Cologne, 1994); G. Vermes, *The Complete Dead Sea Scrolls in English* (New York, 1997).

23) 1QSa(=1Q28a)를 영어로 흔히 The Rule of the Congregation이라 부른다. 이 작품은 에센파 초기에 만들어진 규칙서로서, 앞서 언급한 1QS의 중간 부분인 12-13번째 단에 나온다.

했다. 그들은 제의적 부정과 도덕적 부정을 구분하지 않았고 모든 부정은 반드시 회개와 거듭남을 요구했다. 정결의식을 통해 죄가 자동으로 사멸되는 것이 아니라, 그와 더불어 내적인 변화가 동반되어야 했다 1QS V,13 "자신의 사악함에서 돌아서지 않는 자는 정결해질 수 없다. 왜냐하면 부정은 자기 말로 인한 모든 범행에 결부되어 있기 때문이다". 쿰란에센파에 속하지 않은 자는 자동으로 죄인으로 간주되고, 그에게는 어떠한 정결 제의도 전혀 효력이 없다고 믿었다.

쿰란에센파의 정결 목욕은 세 가지 점에서 그 특이성을 말할 수 있다. 첫째, 정결 목욕을 유대인 모두에게 허용하지 않고 엄격히 자신들의 공동체원에게만 한정했다는 사실이다. 둘째, 더욱 엄격한 것은 자신의 공동체 구성원들 가운데에서 일정 기간 견습을 받은 뒤에라야 허용하였으며, 그들이 공동체 내의 규칙을 하나라도 어기는 경우 정결 목욕에 참여하는 것을 금지하였다. 셋째, 정결 목욕은 토라에 규정되어 있는 경우뿐만 아니라 한 걸음 더 나아가 모든 식사 참여자가 정결하다는 것을 보증한다는 의미에서 공동식사 전에도 하였다. 이러한 정결 목욕은 유독 요세푸스의 에센파에 대한 보도와 쿰란 문서 안에서만 찾아볼 수 있지, 당시의 유대 사회에서는 낯선 것이다.[24]

3. 공동체 내의 계층구조

에센파의 각 지역 공동체는 엄격한 계층구조를 갖추고 있다.[25] 공동체의 제1신분은 제사장이고, 이어서 레위지파 출신, 세 번째로 모든 평범한 이스라엘 사람들이며, 마지막 서열로는 유대인으로 개종한 이방인 이들을 '프로셀류트'라고 부른다들이다. 서열 1위에 있는 제사장들이 자연히 다양한 권리를 갖고 있는데, 그들은 공동예배며 공동식사를 포함한 모든 모임의 사회

---

24) 정결 목욕에 대하여 예를 들면 Josephus, *Bell* II,137-138; 1QS III,3-5; 1QS IV, 20 이하; 1QS V,13 이하.
25) 이에 대하여 Josephus, *Bell* II,129.134-136.146; 1QS II,19-23; V,2 이하; VI,8 이하; 1QM XIII,1을 참조하라.

를 맡을 뿐만 아니라 '토라'로부터 생활규칙을 유추해 내는 권리도 갖고 있다.

이러한 계층구조가 이스라엘 전체와 관련되지 않고 이스라엘 내에 있는 한 특정 그룹, 곧 에센파 내의 구조 안에서만 나타나고 있다는 사실이 실로 특이한 일이다. 이런 계층구조의 측면에서 볼 때 그들이 순종을 강조하였다는 것은 지극히 당연한 것처럼 여겨진다.

4. 공동체의 새 가입자와 관련하여

요세푸스의 보도에 따르면 에센파의 정회원으로 가입하는 것은 곧장 이루어지는 것이 아니라 몇 단계를 거친다고 하는데, <공동체 규율서> 1QS 에도 비슷한 기록이 있다.[26] 공동체의 정회원이 되기 위해서는 약 3년 간의 수련 기간이 필요했던 것으로 보인다.

5. 공동소유

필로와 요세푸스는 모두 에센파 사람들이 모든 것을 공유하고 어떠한 사유재산도 갖고 있지 않는 것을 칭찬하였다.[27] 당시 유대교 내의 어떠한 그룹도 이렇게 에센파처럼 삶에 필요한 모든 것을 공유하지 않았다. 사도행전에 나오는 초대교회의 모습에나 비교될 수 있다.[28] 이와 같은 보도가 1QS에 잘 나타나 있다.[29] 이뿐만 아니라 사유재산 소유 금지 조항과 관련하여, 자신의 소유에 대하여 의도적으로 거짓을 말하면 공동식사에서 1년 간 제외되며 식사배급량도 4분의 1이나 감량되는 처벌을 받는다는 조항도 있다 1QS VI,24 이하.

---

26) 이에 대하여 Josephus, *Bell* II,137-138; 1QS VI,13-23을 참조하라.
27) 이에 대하여 Josephus, *Bell*, 122; *Ant* XVIII,120 참조.
28) 행 2:42-47; 4:42-47; 4:32-37; 5:1-11 참조.
29) 1QS I,11 이하; V,1 이하; VI,17-22 참조.

위에 열거한 다섯 사항을 통하여 볼 때, 쿰란 공동체와 에센파가 같은 무리에 속하는 사람들의 모임이었다는 사실을 알 수 있다. 오늘날 다수의 쿰란 연구가가 이를 정설로 받아들이고 있다.30) 그런데 쿰란 공동체는 홀로 존재한 것이 아니라 다양한 종파로 구성된 고대 유대교라는 복합체에 속하고 있었다.

V. 쿰란 문서를 통해 본 고대 유대교의 다원성

오늘날 사람들이 흔히 고대 유대교 Ancient Judaism 에 대하여 말할 때, 이를 종종 랍비 유대교 Rabbinic Judaism 와 동일시하는 잘못된 경향이 있다. 랍비 유대교는 대체로 기원후 200년 이후로부터 만들어진 다양한 문서들을 전하고 있다. 이들의 대표적인 문서로는 미쉬나 Mishna 와 서로 상이한 두 가지 탈무드 '바벨론 탈무드' bTalmud; '팔레스타인 탈무드' pTalmud, 그리고 토세프타 Tosefta 가 있다.31)

이와 같은 문서들이 오늘날까지 이어지는 이른바 정통 유대교의 근간을 이룬다. 이 문서들 안에 들어 있는 여러 가르침은 곧 '구전 토라' Oral Tora 라고 이해한다. 이는 글로 전해지는 이른바 '기록된 토라' The Written Tora,

---

30) 예컨대, A. Lange and H. Lichtenberger, "Qumran", 65 이하; J. C. VanderKam, *The Dead Sea Scrolls Today*, 92; G. Vermes, *The Complete Dead Sea Scrolls in English*, 48. 그러나 요한 마이어는 그의 저서 *Die Qumran-Essener: Die Texte vom Toten Meer Band III: Einführung, Zeitrechnung und Bibliographie* (München, 1996 [UTB 1916]), 50 이하에서 쿰란 공동체와 에센파를 동일시하는 것을 유보하면서, 쿰란 공동체를 단지 에센파와 유사한 조직으로 파악하려 한다. 마찬가지로 J. A. Fitzmyer, *Qumran: Die Antwort. 101 Fragen zu den Schriften vom Toten Meer* (Stuttgart, 1993), 158-160. 원래 영어책 제목: *Responses to 101 Questions on the Dead Sea Scrolls* (Mahwa, 1992). L. Cansdale은 쿰란 문서를 에센파의 것으로 보지 않고, 초기 하스몬 시대의 제사장 그룹이나 사두개파에 속하는 것으로 여긴다. L. Cansdale, *Qumran and the Essenes. A Re-Evaluation of the Evidence* (Tübingen, 1997), 192, 194.
31) 이 랍비 문서에 대해서는 특히 G. Stemberger, *Einleitung in Talmud und Midrasch* (München, ⁸1992). M. Bockmuehl이 번역한 영어역이 있다: *Introduction to the Talmud and Midrash* (Edinburgh, 1996)를 참조하라.

곧 모세오경과 거의 동등한 가치를 지닌 셈이다. 이 구전의 토라는 모세가 시내산에서 창세기로부터 신명기에 이르는 오경을 계시받을 때 그와 동시에 하나님으로부터 계시되었다고 믿고 있다. 이 말은 랍비 유대교의 가르침이 고대 유대교의 어느 한 시기에 갑자기 생겼다는 것을 의미하지 않고, 구약성서 시대부터 미쉬나 시대 사이에 걸쳐 계속하여 존재했다는 것이다. 동시에 이는 랍비 유대교의 가르침에 굉장한 권위를 부여하였음을 의미한다. 그러기에 유대교의 주류는 이 가르침을 따랐던 것이다.

우리는 이와 같은 랍비 유대교의 이해를 미쉬나에 전해지고 있는 문서 가운데 하나인 '아봇' Avot=조상들 32) 1장 1절에서 잘 찾아볼 수 있다. 이 문서는 다음과 같이 시작한다.

> "모세는 토라를 여기에서는 구전의 가르침을 의미한다 시내산에서 받아 이를 여호수아에게 전하였다. 그리고 여호수아는 장로들에게, 그리고 장로들은 예언자들에게, 그리고 예언자들은 이를 대의회 의원들에게 전하였다" Avot I,1.

그런 다음 전승 고리가 기원전 6세기경에 있었던 대의회 의원들로부터33) 아봇의 저자가 살던 기원후 2세기까지 다시금 계속하여 이어지고 있다. 그런데 바벨론 탈무드를 보면 랍비시대 이전에 있던 구전 전승의 담지자로서 유독 바리새파 사람들만을 들고 있다. 이렇게 볼 때 바리새파 이외의 종파들 곧, 사두개파며 에센파 등은 보잘것없는 적은 수의 섹트로 의심받기에 적합하나. 이와 같은 방식의 안목이 가능하게 된 이유는, 기원후 2세기 이후부터 만들어진 이른바 정통 유대교의 문서들이 대체로 기원후 70년경에 있었던 유대인과 로마제국 사이에 있었던 전쟁 이후에 바리새파 사람들이 전체 유대교의 판도를 잡게 된 데에서 연유한다고 볼 수 있다. 그리하여 <정통 유대교=바리새파 유대교>라는 등식이 가능하게

---

32) 이 작품은 우리말로 번역되었다. 『선조들의 어록』, 조철수 역 (성서와 함께, 1998).
33) 이들의 첫째 대표자는 '의인 시므온'이다(Avot I,2 참조).

된 것이다. 이러한 시각에서 볼 때 이른바 정통이라고 믿고 있는 바리새파 이외의 전승에 관심을 갖는 일은 큰 의미가 없다고 여겨지기 쉽다. 그러나 요세푸스가 자기 시대에 4,000명 이상이나 되는 에센파 사람들이 살고 있었다는 보도를 하고 있는데,34) 이 사실만 보더라도 이러한 관점이 잘못되었음이 분명하다.

기원후 68년에 로마와의 싸움 와중에 사해의 '쿰란 거주지'가 로마군에 의하여 파괴되었지만35) 그로 인해 에센파 사람들이 전멸하지는 않았고, 커다란 인명피해에도 불구하고 많은 에센파 사람들이 다른 유대 백성들과 마찬가지로 전쟁에서 생존했음이 분명하다. 이들의 전승이 훗날 미쉬나와 탈무드 등에 분명히 영향을 끼쳤을 것이라고 추정된다.

그러므로 더 이상 고대 유대교를 마치 단일한 바리새파 전통만의 통로로 생각할 것이 아니라, 바리새파를 비롯하여 당시 유대 사회에서 좋은 평을 받았던 에센파 및 그 밖의 다양한 종파들의 복합체로서 이해해야 한다.36) 한 걸음 더 나아가 쿰란에센파를 고대 유대교의 주류에서 벗어난 보잘것없는 한 작은 '섹트' a sectarian group 로37) 파악할 것이 아니라, 예수 시대뿐만 아니라 랍비 시대에 이르는 팔레스타인 유대교의 주류에 속하는 것으로 파악하는 것이 옳다.38) 에센파에 대한 이와 같은 우리의 입장은 에

---

34) Josephus, *Ant* XVIII,20; Philo Judaeus, Madeleine Petit ed., *Quod omnis probus liber sit* (Paris, 1974), 75와 비교하시오.

35) 여기에 대해서 R. de Vaux, *Archaeology and the Dead Sea Scrolls, The Schweich Lectures*; H. Stegemann, *Die Essener*, 53-85; J. C. VanderKam, *The Dead Sea Scrolls Today*, 12-15를 참조하라.

36) 예를 들면, 미쉬나의 대략 3분의 1이 정결법과 관련이 되어 있는데, 이는 결혼과 관련된 규정과 더불어 일차적으로 제사장 계급의 관심사이다. 또한 성전이 파괴된 시기에 제사장들에게 바치는 세금 관련 규정이 전해지고 있는 것도 바리새파의 관심과는 거리가 멀다. 이에 대해 G. Stemberger, *Pharisär, Sadduzär, Essener*, SBS 144 (Stuttgart, 1991), 131 이하 참조.

37) 이러한 견해는 최근까지도 만연되어 있다. 예컨대, A. van der Woude, "Fifty Years of Qumran Research", P. W. Flint and J. C. VanderKam, eds., *The Dead Sea Scrolls After Fifty Years. A Comprehensive Assessment*, vol. 1 (Leiden-Boston-Köln, 1998), 1-45, 특히 4.

38) H. Stegemann, *Die Essener*, 364: "Nicht nur zur Zeit Jesu, sondern bis weit hinein in die rabbinische Epoche waren sie die *Hauptrepräsentanten* des palä- stinischen Judentums."(=예수 시대뿐만 아니라, 훨씬 이후 랍비 시대에 이르기까지 그들은 팔레스타인 유대교의 주요 대표자였다).

센파가 생겨난 당시 역사적 배경을 살필 때 더욱 분명해진다.

VI. 쿰란에센파 기원의 역사적 배경

알렉산더 대왕이 이소스 전투 Issos, B.C. 333 에서 승리하여 지중해의 패권을 잡은 뒤 팔레스타인에 헬라 문화가 불어닥치기 시작했다.[39] 기원전 2세기 초에 이르러 헬라 문화가 본격적으로 팔레스타인에 밀려왔다. 에센파는 그 본질상 바로 이러한 급격한 헬라화에 대한 일종의 강력한 저항운동이라고 이해할 수 있다. 팔레스타인에 미친 이와 같은 헬라화의 전조는 이미 기원전 3세기경에 기록된 지혜문서인 전도서에 이미 나타나고 있다. 이 문서에서는 유대교와 헬라문화 사이의 알력이 철학적 사변의 경지에서 벌어지고 있었다.

그러나 안티오커스 4세 에피파네스가 기원전 175년에 시리아에서 쿠테타에 성공하여 셀류키드 왕국의 대권을 잡으면서, 헬라화의 파도가 심각한 모습으로 팔레스타인에 밀려왔다. 헬라화의 경향은 특히 예루살렘에서 심각했다. 조상 대대로부터 전해 내려온 여러 가지 의무, 예를 들면, 할례, 제의와 관련된 다양한 정결 규칙, 식사와 관련된 금지 사항, 성전봉헌물과 안식일을 지키는 일들을 점점 대수롭지 않게 여기게 되었다. 이러한 사항들이 경시되는 것과 비례하여 그리스 문화에서 높이 평가되고 있는 것들이 점차 선망의 대상이 되었다. 이로 말미암은 전통 유대교에 대한 위기의식이 고조되고 있었다.[40]

---

39) 이에 대하여 E. Schürer, *The History of the Jewish People in the Age of Jesus Christ(B.C. 175-A.D. 135)*, vol. 1, Revised English Edition (Edinburgh, 1973), 142-146; M. Hengel, *Judentum und Hellenismus* (Tübingen, ²1973), 108-143, 또한 152-195를 참조하라.

40) 당시 기억을 마카베오상 1:54-57(cf. 마카베오하 6:1-5)은 다음과 같이 전한다: "백 사십 오년 기슬레우월 십 오일에 안티오커스 왕은 번제 제단 위에 가증스러운 파멸의 우상을 세웠다. 그러자 사람들은 유대의 근방 여러 도시에 이교제단을 세우고 집 대문 앞에나 거리에서 향을 피웠다. 율법서는 발견되는 대로 찢어 불살라 버렸다. 율법서를 가지고 있다가 들키거나 율법을 지키거나 하는

안티오커스 4세는 당시 예루살렘 안에서 헬레니즘적 개혁에 호의적인 유대인 무리를 지원하기 위해, 당시 개혁운동을 반대하던 대제사장 오니아스 3세 Onias III 를 축출하고, 그 자리에 그의 동생 야손 Jason 을 세웠다.[41] 새로운 대제사장 야손은 그의 등극과 더불어 안티오커스 4세의 호감을 살 만한 친헬라화 정책을 과감히 시도하였다. 그의 첫 번째 공식행위는 예루살렘 성전 밑에 위치한 키드론 계곡에 그리스 문화의 상징이라고 할 수 있는 김나지움을 세웠는데, 그 안에서 청소년들이 벌거벗은 채 그리스 운동경기를 벌였다.[42] 그러나 얼마 지나지 않아 사독 가문 출신인 야손은 자신의 대제사장직을 빼앗긴다.

기원전 172년에 사독 가문 출신이 아닌 평범한 제사장 가문 여호아립 가문 출신의 한 사람이 야손의 대제사장 자리를 매수했다. 그의 유대 이름은 알려지지 않았으나, 그리스 이름은 메네라오스 Menelaos 라 불렸다. 이러한 방식의 대제사장직 교체는 전례가 없는 상상을 초월한 일이었다. 왜냐하면 대제사장직은 오로지 사독 가문 출신의 사람만이 맡을 수 있기 때문이었다. 경건한 유대인의 시각에서 볼 때 이러한 식의 교체는 유대 성전국가의 자율성을 무참히 짓밟는 도저히 있을 수 없는 일이었다. 메네라오스는 기원전 170년에 전임 대제사장이었던 오니아스 3세를 살해하였다. 대제사장직은 원래 종신직이기에 이런 교체란 있을 수 없는 일이었다. 그러하기에 여전히 오니아스 3세가 경건한 유대인들에게는 적법한 대제사장인 셈이었다. 메네라오스는 늘 눈엣가시와 같았던 오니아스 3세를 살해함으로써 자신의 경쟁자를 제거하였다. 이 살해가 경건한 자들이 하나의 조직을 갖추어 결속하게끔 만든 직접 원인이 되었다. 에센파 사람들은

사람이면 누구든지 왕명에 의해서 사형을 당하였다"(『공동번역』). 당시의 급박한 상황은 또한 기원전 164년경에 기록된 다니엘서에도 잘 나타나 있다.
41) 마카베오하 4:7 이하 참조.
42) 마카베오하 4:14 이하는 심지어 제사장들이 성전 일을 무시한 채 이러한 운동경기에 참여하고 있는 것을 통탄한 심정으로 보도하고 있다.

훗날 이 살해 시기를 종말의 심판이 있기 전 마지막 100년간의 세계사가 시작되는 시기로 생각하였다.[43]

메네라오스의 헬라화 정책은 기원전 167년에 절정에 도달하였다. 예루살렘 성전 제의가 철폐되고 올림피아의 제우스 신에 대한 제식으로 바뀌었다. 당시의 이 참혹한 사건을 다니엘서 기자는 '흉측한 파괴자의 우상' 혹은 '혐오감을 주는 흉측한 것'[단 11:31; 12:11]이라는 말로 집약하여 표현하고 있다. 이러한 상황 가운데에서 팔레스타인에 거주하는 경건한 유대인들이 무리를 지어 여러 곳으로 피신하였다. 산으로 가는 이가 있는가 하면 유대 사막으로 들어가기도 하였으며 이웃 나라로 숨기도 하였다. 그들은 각지에 정착하여 토라를 지키는 경건한 삶을 살아갈 수 있도록 모임들을 만들었다. 그들 중 요단강 동쪽 지역인 길레아드와 페레아와 나바테아 지역으로 피신한 자들이 중심이 되어 일련의 경건한 자들의 모임 Synagoge Asidaion, 즉 하시딤을 형성하였는데, 이들은 "아마도 헬라화 개혁에 충격을 받은 가운데 회개운동으로서 더욱 밀접히 결속하였던 것 같다."[44]

메네라오스의 과격한 헬라화 정책은 많은 이주민들을 낳았을 뿐만 아니라 동시에 반발 세력을 키웠다. 모데인이라는 한 작은 동네에서 마타티아스라 불리는 제사장과 그의 다섯 아들들은(이들을 사람들은 마카비 가문이라고 불렀다) 이방인 의식에 따른 제사 봉헌을 거부하였다. 마타티아스는 봉헌물을 바치려는 한 동네 사람과 셀류키드 왕국의 관리를 살해하고서는 제단을 부순 다음 자기 아들들과 함께 산으로 도망쳐 무장 저항 단체를 조직했다.[45] 이와 같은 마카비 가문의 봉기에 처음에는 하시딤들도 가담하였으나 나중에는 마카비 사람들이 성일인 안식일 Sabbath 에도 군사작전을 벌인다는

---

43) 이와 관련하여 단 4:25 이하; 11:22; 마카베오하 4:30 이하 참조.
44) M. Hengel, *Judentum und Hellenismus*, 465. Synagoge Asidaion에 대해서는 알려진 것이 거의 없다. 마카비 봉기가 일어나던 해인 기원전 167년에 처음으로 그 모습을 나타내고 있다(마카베오상 2:42). 이 그룹은 성전 지배계급을 제외하고서는 기원전 167-159년 사이에 팔레스타인에서 가장 큰 조직이었다고 짐작된다.
45) 마카베오상 2:1-28 참조. 마카베오하 5:27; 8:1-7과 비교하시오.

이유로 하시딤이 두 분파로 나뉘었다. 안식일에 전투를 수행하여 율법을 어기느니 그날에 공격을 받더라도 저항하지 않고 차라리 죽음을 택하는 것이 낫다고 생각하는 파와, 안식일에 공격을 받을 시 최소한 자기방어는 하겠다는 파로 갈라졌다.

기원전 164년에 승승장구하던 마카비 사람들은 예루살렘으로 진군하여 제우스 신전제식을 종식시키고 다시금 이스라엘의 전통제식을 회복시켰다. 기원전 157년에 팔레스타인을 지배하던 셀류키드 왕국은 마타티아스의 아들인 유대군 총지휘자 요나단과 평화협정을 맺었다.[46] 요나단은 셀류키드 왕국이 왕권다툼으로 인하여 어수선한 틈에 약삭빠른 정치술을 사용하여 나중에 왕이 된 알렉산더 발라스 B.C. 150-145 의 힘을 빌려 유대교의 대제사장이 된다. 그리하여 요나단은 군부의 총수권뿐만 아니라 최고의 종교 직책인 대제사장을 한 몸에 지니게 되어 유대아와 그 인근 지역에서 누구도 그의 세력을 넘볼 수 없는 정치세도가로 군림하게 된다.

기원전 152년 요나단이 무력으로 대제사장직을 강탈할 때 이름이 전해지지 않는 한 적법한 대제사장이 있었다. 우리는 발견된 쿰란 문서를 통하여 에센파 사람들이 그를 '의의 교사 義의 敎師[47]'라고 불렀다는 사실을 알 수 있다.[48] 요나단은 의의 교사가 갖고 있던 합법적인 사독 가문의 대제사장직을 강제로 빼앗았던 것이다. 의의 교사는 요나단의 살해 음모를 피해 무사히 예루살렘을 탈출하여 시리아로 정치망명을 한다 CD VII,18-20. 여기에서 그가 '새 언약공동체' New Covenant 의 지휘권을 넘겨받게 되는데, 바로 이 공동체가 에센파의 모체가 된다.[49]

---

46) 마카베오상 9:71 참조.
47) 의의 교사는 히브리어로 모레 하-체덱(מורה הצדק, 1QpHab I,13; V,10; VII, 4; VIII,3; IX,9; XI,5; cf. II,2; CD I,11; XX,32)이라 부르는데, 전통적으로 대제사장에게 붙여진 이름으로서 '토라에 합당하게 바로 가르치는 교사'라는 의미에서 사용된 것이다. 그 밖에도 의의 교사를 유일한 교사(מורה היחיד, CD XX,1) 또는 토라 해석가(דורש התורה) 또는 단순히 그 제사장(הכוהן), 4QpPs37 II,18)이라고도 불렀다. 이와 같은 칭호들로 미루어 볼 때, 그가 대제사장이었음을 알 수 있다.
48) 슈테게만("The Qumran Essenes", 158)의 추정에 따르면 의의 교사는 기원전 159-152년 사이에 예루살렘의 대제사장으로 있었다.

요나단이 대제사장직을 강탈할 때인 기원전 152년을 의의 교사는 종말의 시대가 도래했다고 생각했던 것 같다.[50] 이미 오래전 구약성서의 예언자들은 바로 자신이 처한 이 종말 시대에 대하여 예언하였다고 믿었다. 이제 예루살렘 성전은 더 이상 적법한 이스라엘의 제의 중심지로 볼 수 없었다. 의의 교사는 여전히 자신이 전체 이스라엘을 대표하는 합법적인 대제사장이라고 확신하였다. 그는 종말에 있을 하나님의 최후심판에 앞서서 당신의 뜻이 오직 새 언약공동체를 대표하는 자신을 통해서만 드러난다고 믿었다.

새 언약공동체의 지휘권을 넘겨받은 뒤, 의의 교사는 망명하던 '경건한 자들의 모임' =하시딤 의 일부분을 포함하여[51] 다른 여러 유대인의 모임 가운데서 많은 사람들을 자신의 신설 공동체에 합류시키는 데 성공하였다.[52] 그리하여 그는 당시 유대교 내에서 가장 큰 조직체를 갖춘 에센파 공동체를 오니아스 3세가 살해된 지 20년이 지나서[53] 대략 기원전 150년 경에 설립할 수 있었다. 그는 이 공동체를 가리켜 "하 야하드" ha-Yahad, '그 공동체' 라 불렀다.[54] 이 에센파 연합체의 설립이 어디에서 이루어졌는지는

---

49) 종종 이 '새 언약공동체'를 에센파 자체와 동일시하는데, 이것은 잘못이다. 이를 슈테게만이 그의 논문 "Das Gesetzeskorpus der Damaskusschrift (CD IX-XVI)", *RdQ* 14 (1990), 409-434에서 잘 밝혔다. '다마스커스 지역에 있는 새 언약공동체'란 표현은 다음과 같은 구절에 나타난다 : CD VI,19; VIII,21; XIX,33; cf. XX,12.

50) H. Stegemann, "The Qumran Essenes", 153 참조.

51) 하시딤 가운데 일부는 의의 교사의 지휘권을 인정하지 않고 여전히 Erets Damasheq에 남았다. 이와 관련하여 CD VIII,21/ XIX,33-XX 참조. 1QpHab II,3 이하에서 이들을 '새 언약공동체에 대한 변절자'라고 비난한다.

52) 의의 교사는 심지어 자신을 몰아낸 예루살렘에 군림하고 있는 요나단에게 친서를 보내어 그가 대제사장 직분을 포기하고 앞으로는 오로지 정치에만 몰두하기를 원했으나 설득에 실패하고 만다. 이러한 설득 노력이 뒤늦게 공개된 제4쿰란 동굴에서 유래한, 상당히 훼손된 채로 발견된 편지문서 (4QMMT=4Q394-399)를 통해 알 수 있다. 이 서신의 히브리어 원문은 E. Qimron and J. Strugnell, *MIQSAT MA'ASE HA-TORAH, Discoveries in the Judaean Desert*, vol. 10 (Oxford, 1994) 혹은 B. Z. Wacholder and M. G. Abegg, eds., *A Preliminary Edition of the Unpublished Dead Sea Scrolls*, vol. 3 (Washington, D.C., 1995)에서 찾아볼 수 있다.

53) CD I,9-11 참조.

54) 에센파의 기원을 다르게 설명하는 학자들도 있다: ① 머피-오코너(J. Murphy-O'Connor)는

알 수가 없다. 에센파 설립이 있고 나서 50여 년이 지나서야 쿰란 거주지가 생겨났기 때문에 '쿰란'이 아니었음은 분명하다.[55]

팔레스티나의 여러 도시와 마을에 에센파에 속한 지역 모임들이 조직되어 산재해 있었다. 의의 교사를 최고 지도자로 받드는 에센파 연합체의

쿰란 공동체를 바벨론 포로에서 뒤늦게 귀환한 사람들의 모임으로 이해한다. J. Murphy-O'Connor, "The Essenes and Their History", *RB* 8 (1974), 215-244. ② 이른바 "그로닝엔 가설"(Groningen Hypothesis)이라 부르는 이론도 있다. 이에 따르면, 에센파 운동은 기원전 3세기 후반이나 2세기 초에 팔레스타인에 있었던 운동으로 보는 가운데, 파벌로 말미암아 의의 교사를 중심으로 하는 그룹이 쿰란으로 이주하였다고 한다. 의의 교사의 대적자로 나타나는 '사악한 제사장'은 특정한 역사적 인물을 지칭하지 않고, 그때그때 군림했던 예루살렘의 대제사장을 가리키는 것으로 본다. 또한 에센파 사람들을 묵시 전통(apocalyptic tradition) 가운데 살았던 무리로 여긴다. 이에 대하여 F. G. Martinez, "Qumran Origins and Early History: A Groningen Hypothesis", *Folia Orientalia* 25 (1988), 113-136; F. G. Martinez and A. S. van der Woude, "A 'Groningen' hypothesis of Qumran origins and early history", *RdQ* 14 (1989-90), 521-541, 특히 521-526을 참조하라. ③ 쉬프만(L Schiffman)은 독특한 주장을 하고 있는데, 특히 4QMMT에 나타난 정결법이 사두개파의 것과 유사하다는 주장에 근거하여 쿰란 사람들을 에센파가 아니라 사두개파에 속하는 것으로 이해하고 있다. L Schiffman, "The New Halakhic Letter (4QMMT) and the Origins of the Dead Sea Sect", *Biblical Archaeologist* 53 (1990), 64-73; idem, "The Sadducean Origins of the Dead Sea Scrolls Sect", H. Shanks, ed., *Understanding the Dead Sea Scrolls* (New York, 1992), 35-49]. 이에 대한 비판과 관련하여 J. C. VanderKam, *The Dead Sea Scrolls Today*, 114-117; O. Betz and R. Riesner, *Qumran und der Vatikan. Klarstellungen*, (Gießen, 1993), 52-66을 참조하라. 복음서며 랍비문서에서 한결같이 긍정적으로 묘사하지 않은 사두개파를 요세푸스, 필로 및 플리니우스가 칭찬하였던 이상적인 유대인과 동일시하려는 시도는 전혀 설득력이 없다. ④ 골브(N. Golb)는 발견된 쿰란 문서를 쿰란에 거주하던 사람들의 소장물로 보지 않고, 제1차 유대전쟁 때 예루살렘에서 수많은 귀한 사본들을 갖고 쿰란으로 피신해 온 사람들의 소유물로 보고 싶어 한다. N. Golb, "The Problem of Origin and Identification of the Dead Sea Scrolls", *Proceedings of the American Philosophical Society* 124 (1980), 1-24; idem, "The Dead Sea Scrolls: A New Perspective", *The American Scholar* 58 (1989), 172-207.

55) 그러므로 쿰란 거주지를 에센파 거주지 전체와 동일시하고 있는 만연된 이해는 잘못이다. 이와 관련하여 '쿰란 거주지'의 설립 목적에 대해 질문할 수 있다. 아래에 3가지 가설을 소개한다. ① 고브는, 쿰란 거주지를 쿰란 문서와 관계가 없는 것으로 여기면서 유대전쟁 직전에 군사적 목적으로 건축된 일종의 방어용 성곽으로 보고 있다. N. Golb, "The Qumran Plateau", *Who Wrote the Dead Sea Scrolls? The Search for the Secret of Qumran* (New York, 1995), 3-41. ② 식당을 갖춘 별장으로 여기는 사람도 있다. P. Donceel-Voute, "Coenaculum La salle à l'étage du locus à Khirbet Qumran sur la mer morte", *Banquets d'Orient, Res Orientales* 4 (1993), 61-84. ③ 슈테게만은 쿰란 거주지 및 근처 '엔 페쉬카'에서 발견된 상업용 건축물이 사본용 가죽 생산 작업을 포함한 사본 생산에 적합한 것으로 보고자 한다. 즉, 에센파의 종교활동에 필요한 문서 생산에 목적을 둔 것으로 여긴다(*Die Essener*, 77-82). 동시에 쿰란 거주지가 모든 에센파 회원들을 위한 학술 중심지로서 영적인 집중에 적합한 장소였을 것으로 추정한다("The Qumran Essenes", 83-166).

회원들은 모두 수천 명에 달하였다. 이 조직의 중심이 어디에 있었는지는 밝혀지지 않고 있으나, 예루살렘에 있었을 것으로 추정된다. 에센파는 정치적으로는 영향력이 크지는 않았으나 종교적으로는 가장 영향력이 큰 그룹이었다.56) 당시 유대인은 이들이 조상들의 전통적인 신앙에 누구보다도 철저히 순종하였다고 보아 다른 종파보다도 에센파를 더 높이 평가하였다.

에센파 말고도 당시 유대교 내에는 또 다른 세 그룹이 있었다. 첫째는 유대로 돌아가기를 거부하며 시리아의 다마스커스에 남아 있던 일부 새 언약공동체원들이었고, 둘째는 의의 교사에게 동조하기를 거부한 하시딤 cf. 마카비상 2:42 의 일부분이다. 당시 사람들은 이들을 바리새파라고 불렀는데, 이는 원래 '분리주의자'라는 뜻으로 비난에 찬 이름이다. 셋째는 요나단에게 동조하는 예루살렘의 성전 제사장 계급들이다. 이 성전 제사장들은 훗날 독립된 조직을 갖추게 되는데 이를 사두개파라 불렀다.57)

VII. 쿰란에센파의 자기 이해

의의 교사가 설립한 에센파 연합체는 당시 유대교에서 찾아볼 수 없는 독특한 자기 이해를 갖고 있었다. 이 독특한 이해는 의의 교사가 이 새로운 조직체에 붙인 이름인 "하-야하드" the Community 와 밀접히 연결되어 있다. 이 공동체의 특성에 대하여 독일 쿰란연구의 최고 권위자로 통하는 슈테게만 H. Stegemann 은 다음과 같이 네 가지로 요약했다.58)

1. '야하드'란 현존하는 모든 유대교 그룹의 총연합체를 의미한다. 이는

---

56) 따라서 쿰란에센파를 유대교의 주류에서 이탈한 하나의 작은 주변 현상으로 파악하는 것은 커다란 오류이다. 최근까지 G. Martines and J. T. Barrera, *The People of the Dead Sea Scrolls*, W. G. E. Watson, trans. (Leiden-New York-Köln, 1995), 11에서 이처럼 이해하고 있다.
57) 다음 본문을 참조하라: 1QpHab I,16-II,10; CD VII,18-VIII.
58) H. Stegemann, "The Qumran Essenes", 155 이하.

과거에는 찾아볼 수 없던 완전히 새로운 종교 조직체로서 '디아스포라'에 머물던 한 부류의 이스라엘 사람이 만든 일종의 특수집단을 대표하는 것이 아니라 전체 이스라엘을 대표하고 있다. 그렇기 때문에 이 야하드에 가입하기를 거부하는 사람은 결국 하나님의 선민인 이스라엘을 거부하는 것이며, 동시에 이는 하나님과 맺은 시내산 계약을 파기하는 것이며 토라 자체를 무시하는 것과 다름이 없음을 뜻한다.

2. '야하드'는 이스라엘의 성스러운 전통에 따른 계급구조를 갖춘 종교 조직체를 의미한다. 각 지역 공동체마다 전체 연합체를 대표하는 제사장들이 최고 책임을 맡고 있다. 그들은 이러한 엄격한 계급구조가 바로 토라에 합당하다고 믿고 있다.

3. '야하드'는 잘못된 제의 행위를 용납하지 않았다. 이 말은 예루살렘 성전과 그 성전 계급층에도 해당된다. 성전 제의는 토라에 있는 규정대로 엄격히 지켜야 하며 전통적으로 제사장들이 지켜왔던 음력이 아닌 양력에 따라야 하며 정결하지 못한 제의 행위에 참여함으로써 더럽혀서도 안 된다.

4. 연합된 여러 상이한 종교단체 회원들이 자동으로 모두 이 '야하드'에 가입되는 것은 아니다. 사람마다 자신의 상황에 따라 사제, 레위지파, 평범한 이스라엘 사람, 프로셀리트, 남녀노소의 구별에 따라 혹은 공동체 내의 지위에 따라서 또는 개인의 지식 능력에 따라서 토라를 공부하고 이를 실천해야 한다. 이와 같은 훈련을 받은 뒤 정식시험을 거쳐 야하드의 정회원이 될 수 있다. 아직 가입하지 못한 채 여러 단체 가운데 남아 있는 사람들은 마찬가지 방식으로 야하드에 동참해야 한다.

결국, 쿰란 사람들은 자신들의 공동체인 '야하드'를 전체 이스라엘을 대표하는 지상에 하나밖에 없는 유일한 하나님의 언약공동체로 이해했음을 알 수 있다. 따라서 그들은 자신들의 공동체를 '하나님의 백성' עם אל, 1QM I,5; III,13 혹은 '이스라엘 공동체' עדת ישראל, 1QSa I,1; I,20; II,12 등으로 불렀다. 이 공동체는 종말의 차원과 밀접히 연관되어 있으니,59) 의의 교사는 '야하드'를 종말에 있을 구원에 앞서 하나님께서 예비하신 참된 이스라엘 전통의 수호자로 이해하였던 것이다.

이와 같이 쿰란 사람들이 자신들의 공동체를 이스라엘 전체를 대표하는 유일한 종말론적인 구원공동체로 보았다는 점에서 초기 그리스도교인들이 가졌던 에클레시아 ekklesia 이해와 비교할 때 유사한 모습을 보여주고 있음을 간과할 수 없다.

VIII. 후기

쿰란 문서 및 쿰란 공동체와 관련하여 해외에서 대중적인 인기를 얻은 몇몇 서적이 우리말로 번역되었다. 그 하나는 미국의 두 언론인 베이겐트 M. Baigent 와 리 R. Leigh 의 공저인『예수의 비밀: 사해사본에 나타난 그리스도교의 뿌리』서울대학교 성서연구 모임 역, 세기문화사, 1992 이다. 이 책의 본래 제목은 *The Dead Sea Scrolls Deception* 1992 으로서 예수와 관련이 없다.60) 이 책은 독일에서만 80만부 이상 판매된 베스트셀러였다 독어역: *Verschlußsache Jesus. Die Qumranrollen und die Wahrheit über das frühe Christentum*. 다른 한 권은 시어링 B. Thiering 의 저서인『인간 예수. 사해사본에 대한 새로운 해석(上)』정성호 역, 신천지, 1994[원제목: *Jesus and the Riddle of the Dead Sea Scrolls: Unlocking the Secrets of His Story*, 1992] 이다.

이미 제목에서 드러나고 있듯이 이 두 저서는 쿰란 문서와 그리스도교 사이에 직접적인 관계가 있음을 표방하는 가운데, 특히 쿰란 문서를 통해 베일에 가려져 있는 그리스도교의 역사적 뿌리를 해명할 수 있다고 주장

---

59) 쿰란 공동체의 종말론과 관련하여 F. M. Cross, *The Ancient Library of Qumran*, 3rd revised and extended ed. (Minneapolis, 1995), 156-165; H. Stegemann, *Die Essener*, 284-289를 참조하라. 또한 나의 두 논문: 김창선, "쿰란시편(1QH)에 나타난 성령 연구",『그리스도교사상』422 (1994), 132-152; idem, "쿰란 공동체의 종말론적인 성서 해석",『한국개혁신학회 논문집 제4권: 주제·첨단 기술사회와 개혁신앙』(한들출판사, 1998), 329-345.

60) 이 책은 현재 다음과 같은 표제로 출간되어 있다:『사해사본의 진실: 초기 교회의 비밀을 담은 쿰란의 문서』, 김문호 역 (예담, 2007).

하고 있다. 예컨대, 베이겐트와 리는 앞서 우리가 언급한 쿰란 공동체의 설립자인 의의 교사를 주의 형제 야고보와 동일시하며, 쿰란 문서에서 의의 교사의 대적자로 나타나는 위선자 der Lügemann 를 바울로 파악한다. 이것은 이미 1980년대에 미국의 종교학자 아이센만 Robert Eisenman 이 주장한 것이었다. 그는 원시 그리스도교를 당시 팔레스타인을 점령한 로마인들을 쫓아내기 위하여 결성된 민족주의자들의 모임이었던 젤롯당원들의 움직임으로 보았다.61) 그러나 이와 달리 시어링은 의의 교사를 세례 요한으로, 그리고 위선자를 예수와 동일시하고 있다.

이들의 주장이 사실이라면, 모든 쿰란 문서가 다름 아닌 예수의 시대 혹은 그 직후에 기록되었음을 뜻한다. 그러나 쿰란 문서 가운데 어느 하나도 그리스도교 시대에 와서 기록된 것이 없음이 고문서학 및 고고학적인 조사에서 명백히 드러났다. 이와 관련하여, 일곱 번째 쿰란 동굴에서 발견된 한 사본 조각이 =7Q5 마가복음서에서 유래했다는 주장도 있었다. 그러나 이와 같은 주장도 전혀 입증될 수 없는 환상에 불과하다.

결론적으로, 위에 언급한 두 권의 책이 그야말로 경이로운 주장을 담고 있으나, 학적으로 볼 때 전혀 신빙성이 없는 토대 위에 구축된 일종의 공상 소설과 같다고 말할 수밖에 없다.

---

61) Eisenman은 M. Wise와 더불어 1992년에 "The Dead Sea Scrolls Uncovered"라는 제목으로 쿰란 문서의 원문 및 영역을 담았으나, 성급하게 편집된 결과 오류가 많아서 학문적으로 사용하기에는 부적합하다.

제3장

절대적인 성서해석가
"義의 교사"의 자의식
...

I. 서론

쿰란 공동체는 에센파에 속한 사람들로서[1] 고대 유대교에 있어서 독특한 위치를 차지한다. 강한 종말론적인 의식을 가졌던 그들은 놀랍게도 현재적인 성령 체험에 대해서도 언급하였을 뿐만 아니라, 성서=구약성서에 나오는 예언이 바로 자신들을 향한 것이며 자신의 시대에 이루어지고 있다고 믿었다.[2] 이는 마지막 예언자가 사라짐과 더불어 하나님의 영이 이

---

[1] 쿰란 공동체를 에센파에 속하는 무리로 보는 입장은 본서 제2장을 참조하라. 또한 H. J. Farby, "Qumran", *Lexikon für Theologie und Kirche*(=LThK) 8 (Freibur, 1999), 778; H. Lichtenberger, "Qumran", *Theologische Realenzyklopädie*(=TRE) 28 (1997), 65; G. W. Nebe, "Qumran", *Evangelisches Kirchenlexikon*(=EKL) 3 (³1992), 1418; H. Stegemann, "The Qumran Essenes-Local Members of the Main Jewish Union in Late Secons Temple Times", J. T. Barrera and L. V. Montaner, eds., *The Madrid Qumran Congress*, vol. 1 (Leiden, 1992), 83-166; J. C. VanderKam, *The Dead Sea Scrolls Today* (Grand Rapids, 1994), 97; G. Vermes, *An Introduction to the Complete Dead Sea Scrolls* (Minneapolis, 1999), 126.

[2] 이와 관련하여 본서 제4장, 5장, 6장을 참조하라.

스라엘을 떠났다고 일반적으로 믿었던 당시 유대인들의 사고와 다르다. 이러한 차원에서 볼 때, 쿰란 공동체는 여러 측면에서 초창기 그리스도인들이 가졌던 사고 및 신념과 유사한 것을 소지했다고 말할 수 있다.

이와 같은 독특한 공동체는 저절로 형성된 것이 아니었다. 그 배후에는 한 뛰어난 인물이 있었다. 그는 쿰란 공동체의 정신적 지도자로서 이 공동체에 막강한 영향력을 끼쳤던 사람이었다. 그의 성서해석과 가르침은 그가 죽은 뒤에도 그치지 않고 공동체 안에서 규범적인 것으로 받아들여졌다. 그의 이름이 유감스럽게도 전해 내려오지 않으나, 쿰란 공동체가 남긴 문헌 가운데 그를 가리키는 한 칭호가 나타난다. 그것이 바로 "의의 교사" מורה הצדק 혹은 מורה צדק 라는 칭호이다.3)

이 장에서는 의의 교사란 칭호는 어떠한 의미를 지녔으며, 그 칭호의 소유자는 어떤 인물이었고, 쿰란 공동체 안에서 어떠한 역할을 했는지, 어떠한 자의식을 갖고 있었는지, 또한 공동체 구성원들이 그를 어떻게 바라보았는지 등에 관한 질문을 통하여 의의 교사가 도대체 어떤 사람이었는지를 종합적으로 밝히고자 한다. 의의 교사에 대한 질문은 비단 한 인물을 조명하는 것으로 끝나지 않고 결국에는 쿰란 공동체의 자기 이해와도 직결되는 중요한 물음이라고 말할 수 있다.

우선 쿰란 문서 특히 1QpHab; 1Q14 에 15번 정도 나타나는 "의의 교사"라는 칭호가 담고 있는 의미에 대하여 살펴보자.

II. '의의 교사'라는 칭호의 뜻

מורה (ה)צדק 모레 체덱 = 의의 교사 라는 칭호는 본래 구약성서에서 유래한 표

---

3) 쿰란 공동체의 최고 지도자를 가리키는 이 칭호는 CD I,11; XX,1; cf. XX,28(여기에는, 단지 מורה); 1QpHab I,13; II,2; V,10; VII,4; XI,5; 1QpMic Frags. 8-106; 4QpPs³ III,15.19; IV,27; 4QpPsᵇ I,4; II,2 등에 나타난다.

현이다. 요엘 2:23에 다음과 같은 표현이 나온다:

"시온의 자녀들아, 너희는 너희 하나님 여호와로 말미암아 기뻐하며 즐거워할지어다. 그가 너희를 위하여 비를 내리시되 המורה לצדקה 이른 비를 너희에게 적당하게 주시리니, 이른 비와 늦은 비가 예전과 같을 것이라."

또한 호세아 10:12에도 다음과 같은 표현이 나온다:

"너희가 자기를 위하여 공의를 심고 인애를 거두라 너희 묵은 땅을 기경하라. 지금이 곧 여호와를 찾을 때니, 마침내 여호와께서 오사 **공의를 비처럼** 너희에게 내리시리라 יורה צדק."

위 두 성서 구절에 나타나는 단어인 명사 מורה와 동사 יורה는 '비'와 '비를 내리게 하다'라는 뜻으로 사용되었다. 그런데 מורה는 '비'뿐 아니라 '교사', '선생'이란 뜻도 갖고 있다.4) 따라서 מורה (ה)צדק라는 표현은 '의의 교사' 혹은 '의로운 교사'로 번역할 수 있다. 이때 연계형 status-constructus 가운데 '지배받는 명사' nomen rectum 인 '체덱' צדק을 두 가지 방식으로 해석할 수 있다. 하나는 목적격 의미의 소유격 genitivus objectivus 으로, 다른 하나는 질적 의미의 소유격 genitivus qualitativus 으로 이해할 수 있다. 전자로 해석한다면 가르침의 내용이 공의롭다는 뜻이고, 후자의 경우로 해석하면 교사의 인격이 의롭다는 뜻이다. 여기에서 '체덱' צדק은 위의 깊은 두 가지 뜻을 동시에 내포하고 있다고 보아야 한다.

즉, '모레 하-체덱' מורה (ה)צדק 이라는 표현은 가르침의 내용이 옳다는 차원을 담고 있는 표현으로서 올바르고 진실된 내용을 가르치는 교사라는 뜻으로 이해할 수 있다.5) 쿰란 사람들이 자신들의 최고 지도자에 대하여

---

4) 이에 대하여 L. Koehler and W. Baumgartner, *The Hebrew and Aramaic Lexicon of the Old Testament II* (Leiden-New York-Köln, 1995)를 참조하라.
5) 이러한 의미에서 צדק는 אמת와 동의어처럼 사용되기도 한다(1QS I,26; II, 24; IV,2.24; IX,17; 1QM XIII,10; 1QH IV,40; CD III,15; XX,29.31).

그런 생각을 가졌음을 의의 교사의 적대자들을 가리켜 "거짓을 선포하는 자"라고 부른 사실에서[6] 유추해 낼 수 있다. 즉, 의의 교사란 거짓을 선포하는 자와 대립된 개념으로서 '공의를 혹은 진실된 것을 가르치는 교사'라고 이해할 수 있다.

한편, 쿰란 사람들은 מורה (ה)צדק라는 표현을 자신들의 교사들에게 하나님께서 계시하신 것, 하나님이 원하시는 것, 올바른 것을 선포하는 진실된 참된 교사라고 믿었던 것을 표현하고자 했던 명칭이었다고도 말할 수 있다. 즉, 의의 교사는 하나님 편에 속한 의로운 사람이라는 사실을 표현한다.

이런 측면에서 מורה (ה)צדק은 '토라에 합당하게 올바른 것을 가르치는 유일한 참된 교사라는 의미를 담고 있는 표현으로 이해할 수 있다. 그가 유일한 참된 교사라는 사실은 그를 가리키는 칭호에 나타나는 정관사를 통해서 알 수 있다 מורה התורה, מורה היחד, מורה הצדק.

III. 의의 교사 - 요나단과 대립된 대제사장?

의의 교사가 활동한 연도에 대하여 쿰란 문서는 직접적으로 언급하지 않는다. 그러나 위에서 의의 교사라는 칭호는 '토라에 합당하게 올바른 것을 가르치는 유일한 참된 교사'라는 뜻을 담고 있다고 말했다. 이러한 뜻에서 미루어 볼 때, 그가 아마도 대제사장이었을 가능성이 크다. 제사장은 백성들에게 하나님께 이르는 올바른 길을 가르치는 권한을 가진 사람이라고 전통적으로 이해하였는데,[7] 유일한 참된 교사라는 점에서 미루어볼 때, 대제사장일 것이라고 유추할 수 있다. 그러나 그가 대제사장이었다

---

6) Cf. CD I,14-15.
7) 백성을 가르치는 것은 제사장의 전형적인 기능이었다(예컨대, 역대하 15:3 : "이스라엘에는 참 신이 없고 가르치는 제사장도 없고 율법도 없은 지가 오래 되었으나"). 의의 교사가 제사장 출신이라는 사실을 1QpPs37 II,23 이하에서 확실히 알 수 있다.

고 확실하게 언급하고 있는 정보를 쿰란 문서 어디에서도 찾을 수 없다.

의의 교사가 실제로 대제사장이었는지 아니었는지에 대답하기 위해 당시 역사를 간단히 살펴볼 필요가 있다. 기원전 159년에 대제사장인 알키모스 Alkimos, B.C. 162-159 가 죽게 되는데, 그 이후에 누가 그의 뒤를 이어서 대제사장으로 활동했는지는 알려지지 않았다. 우리가 접할 수 있는 자료로부터 확인할 길이 없다. 구약 외경에 속하는 <마카비서>로부터 그러한 정보를 얻을 수 있을 것처럼 보이나, 유감스럽지만 여기에서도 그에 대한 정보를 전혀 얻을 수 없다. <마카비상上>은 기원전 152년에 불법적으로 대제사장직을 강탈하는 마카비 가문의 요나단 Jonathan Maccabeus 에 앞서서 활동했던 어떠한 대제사장의 이름도 언급하지 않고 있으며, <마카비하下>는 기원전 160년으로 보도를 끝내고 있기 때문이다. 이와 관련하여 유대 역사가인 요세푸스는 다음과 같은 보도를 하고 있다:

"그런데 그 후 우리가 앞서 살펴본 대로 안티오커스와 그의 군대 장관 리시아스가 멘클라우스라고도 부르던 오니아스 Onias 를 대제사장직에서 해임한 후 베뢰아에서 살해하고 말았다. 그리고 그들은 오니아스 3세의 아들을 내어 쫓고 아론의 후손이나 오니아스의 가문이 아닌 야키무스 Jakimus=Alkimos 를 대제사장직에 앉혔다. … 한편 야키무스는 겨우 3년간 대제사장의 자리에 앉았다가 세상을 떠나고 말았다. 이에 그의 뒤를 이을 후계자가 없어서 예루살렘은 7년간 대제사장 없이 지내야만 했다. 그러나 아스모네우스의 후손들이 마게도니아인들을 물리친 후에 정권을 장악하게 되자 요나단 Jonathan 을 대제사장으로 임명하게 되었다. 이에 요나단이 7년 간 나라를 다스리며 대제사장의 직무를 맡았다. 그러나 요나단이 트리포의 음모에 걸려 살해되자 … 그의 형제 시몬이 대제사장직을 승계하게 되었다"[8] *Ant* 20,235-239.

이와 같은 요세푸스의 보도에 따르면, 알키모스가 죽고 나서 B.C. 159 마카비 가문의 요나단 왕이 불법으로 대제사장직을 수행할 때 B.C. 152 까지 7년 동안 예루살렘에 대제사장이 없었다고 한다. 그러나 이러한 요세푸스

---

[8] 요세푸스, 『요세푸스 II』, 김지찬 역 (생명의 말씀사, 1987), 659.

의 보도는 신빙성이 없다. 당시 정황으로 미루어 보건대, 이 7년 동안에 대제사장이 없다는 주장은 다음의 두 가지 이유에서 볼 때 불가능하다고 슈테게만이 지적하였다.9) 첫째, 기원전 164년에 마카비 가문은 해마다 성전에서 드리던 전통적인 유대 축제일 제사를 다시금 거행한다. 그 가운데 가장 큰 축제는 속죄일 Yom Kippur 축제인데, 대제사장의 참여가 없이는 토라의 전통에 따라 성전에서 거행하는 것이 불가능하다. 둘째, 마카비 가문이 기원전 157년에 셀류키드 왕국과 평화협정을 맺는다. 이는 팔레스타인이 더 이상 전쟁의 소용돌이에 휘말려 있지 않고 안정된 상황에 있다는 사실을 뜻한다. 이러한 측면에서 볼 때, 해마다 거행되는 속죄일 축제를 위한 대제사장이 없이 그 직분을 공직으로 남겨 두었다는 것은 이해하기 어렵다는 것이다.

이러한 시각에서 슈테게만은, 요세푸스가 언급하는 대제사장직의 공백기간 Intersacerdotium 은 자료 부족으로 인해 요세푸스가 미봉책으로 상상해 냈을 것이라고 말하고 있는데,10) 이것은 상당히 설득력이 있다. 게다가 슈테게만은 의의 교사라는 명칭 자체가, 그가 당시 실제로 활동했던 대제사장임을 보여주는 강력한 증거라고 말한다. 그것은 곧 '이스라엘의 최고 교사'의 권리를 갖고 있다고 간주되는 대제사장에 대한 전통적으로 전해 내려온 공식명칭 가운데 하나라는 것이다.11)

의의 교사가 대제사장이었을 것이라는 추측은 쿰란 문서 가운데 나타나는 의의 교사를 지칭하는 다른 표현들을 고려할 때 보다 분명해진다. 예컨대, CD XX,1에 "모레 하-야하드" מורה היחיד =공동체의 교사 라는 표현이 나오는데, 의심의 여지 없이 "의의 교사"를 가리킨다. 또는 CD VII,18 혹은 4Q Florilegium I,11에 "도레쉬 하-토라" דורש התורה =토라 연구가, 혹은 4QpPs37 II,18

---

9) H. Stegemann, *Die Essener, Qumran, Johannes der Täufer und Jesus* (Freiburg, 1993), 205.
10) 같은 곳.
11) H. Stegemann, *Die Essener, Qumran, Johannes der Täufer und Jesus*, 205 이하.

에서는 단순하게 "하-코헨"הכהן=그 제사장이라는 표현이 나타나고 있는데, 이들은 모두 의의 교사를 가리키는 표현들이다. 특별히 아무런 수식어 없이 "하-코헨"הכהן이라고 부른 것은 예루살렘 성전 제식의 수장을 가리킨다고 보아야 한다. 이것은 마치 집회서=시락서에 등장하는 대제사장 시몬을 가리켜 "하-코헨"הכהן이라고 부른 경우와 같다.12)

이렇게 볼 때, 의의 교사는 알키모스가 죽는 기원전 159년과 마카비 사람 요나단이 불법적으로 대제사장직을 강탈하는 기원전 152년 사이에 대제사장의 역할을 맡은 사람이었을 가능성이 상당히 높다고 말할 수 있다. 여전히 문제로 남는 것은 알키모스가 죽은 뒤 곧바로 이어서 대제사장직을 수행했는지 아니면 간격을 둔 다음에 그 직을 맡았는지는 아직 확정할 수 없다.

의의 교사는 요나단과 동시대 사람일 것이라는 사실을 위에서 언급했는데, 이는 쿰란 본문을 관찰할 때 한층 더 분명히 드러난다. 쿰란 문서에는 의의 교사에게 대적하는 사람으로 "사악한 제사장"הכהן הרשע이라고 불리는 인물이 등장한다. 쿰란 사람들은 페셔 방법Pesher-Method 13)에 따라 해석한 그들의 하박국 주석서에서 이 사람에 대하여 다음과 같이 보도한다:14)

1QpHab VIII,13-IX,2:
"'너를 억누를 자들이 갑자기 일어나지 않겠느냐. 너를 괴롭힐 자들이 깨어나지 않겠느냐. 네가 그들에게 노략을 당하지 않겠느냐. 네가 여러 나라를 노략하였으므로 그 모든 민족의 남은 자가 너를 노략하리니' 합 2:7-8a . 이 말씀의 해석은 다음의 **제사장**을 두고 하는 말이다. 그는 일어나서 […] 하나님의] 계명을 […] 그를

---

12) Sir 50:1 : "오니아의 아들 시몬은 대제사장으로서 일생 동안 주님의 집을 수리하여, 자기 생애에 성전을 견고하게 만들었다."
13) 이에 대하여 나의 논문 "쿰란 공동체의 종말론적 성서 해석", 특히 341을 참조하라.
14) 하박국 주석서(1QpHab)는 기원전 50년경에 완성되었다. 이하에서 인용된 쿰란 문서의 본문은 여전히 유용한 E. Lohse, *Die Texte aus Qumran, Hebräisch und Deutsch*, Darmstadt (Darmstadt: ³1981)를 따랐다. Cf. F. G. Martinez and E. J. C. Tigchelaar, eds., *The Dead Sea Scrolls Study Edition*, 2 vols., (Leiden-New York-Köln, 1997-98).

사악한 심판으로 치기 위함이다. 또한 그들은 그에게 사악한 고통의 흉칙함을 가했으며 그의 육신에 복수를 행했다."

또는 1QpHab IX,8-12:
"'네가 사람의 피를 흘렸음이요 또 땅과 성읍과 그 안의 모든 주민에게 강포를 행하였음이니라' 합 2:8b. 이것의 해석은 **그 사악한 제사장**을 가리키는데, 그가 의의 교사와 그의 공동체 멤버들에게 끼친 죄 때문에 하나님께서는 그를 그의 원수의 손에 넘기어 멸망의 한탄과 생명의 쓴맛으로 그를 굴종시키셨으니, 그가 자기의 =하나님의 택한 사람들에게 악행을 저질렀기 때문이다."

여기 언급되는 "사악한 제사장"은 당시의 역사적 상황을 고려할 때 마카비 '요나단'임이 분명하다. 기원전 152년에 불법으로 대제사장직을 강탈한 요나단은 기원전 143년에 시리아 사람들에게 포로가 되었다가 살해되기 때문이다. 의의 교사는 바로 요나단과 같은 시대에 활동하였던 사람으로 그에게서 박해를 받았으며, 또한 대제사장직을 강탈당한 적법한 대제사장이었을 가능성을 보여준다.

이와 같은 사실을 강력히 뒷받침하는 한 쿰란 문서가 비교적 뒤늦게 공개되었다. 그것은 다름 아닌 기원전 150년경에 에센파 창립 당시에 나온 한 편지로, 의의 교사가 당시 정치적 최고 지도자인 마카비 사람 요나단에게 보낸 것이었다. 이 편지 문서를 4QMMT라고 부른다.[15]

이 편지문에 나타나는 의의 교사의 의도는 두 가지로 요약할 수 있다. 첫째, 당시 막강한 정치 세력인 요나단과 그 예하 부대를 자신이 세운 에센파와 연합하여 전체 이스라엘 연합체 구성을 희망하는 것이며, 둘째,

---

15) 일종의 할라카적인 성격을 띠고 있는 이 편지문(The Halakhic Letter)은 네 번째 쿰란 동굴에서 6개의 본문이 발견되었다(4QMMT^{a-f}=4Q394-399). 그 가운데 가장 오래된 것은 기원전 2세기 말경에 기록되었다. 이 작품을 4QMMT라고 표시하는 것은, 편지문 가운데 토라의 규정을 요약하여 Miksat Ma'ase ha-Tora(=토라의 몇몇 실천 사항)라고 부르고 있는 데서 유래한다. 즉 이 세 단어의 앞머리 발음기호를 따서 부른 것이다. 이 작품의 히브리어 본문을 보려면 E. Qimron and J. Strugnell, *Qumran Cave 4. V: Miqsat Ma'asé ha- Torah. Discoveris in the Judaean Desert X* (Oxford, 1994).

요나단이 범한 못된 짓, 즉 최고 정치가로서 동시에 예루살렘 성전의 대제사장직을 강탈한 불법적인 행위와 관련하여 대제사장직을 포기하고 앞으로는 본연의 임무인 정치에만 관여하기를 권면하는 것이다.16)

위에 언급한 의도는 주로 이 작품의 뒷부분에서 볼 수 있다. 이해를 돕기 위해 이 편지문의 뒷부분인 4Q398 Frag. 14 Col. II를 번역하면 다음과 같다.

> "은혜를 입은 자 다윗을 생각해 보시오. 그도 역시 수많은 고난에서 구원을 받았으며 또한 용서함을 입었습니다. 그러하기에 우리도 당신께 토라의 몇몇 실천 사항을 적어 보냅니다. 이것이 당신과 당신의 백성을 위한 좋은 일이라고 생각합니다. 우리가 보건대, 당신은 지혜와 토라 지식을 소유하고 있다고 생각합니다. 이 모든 것을 그분 =하나님 앞에서 조명하여, 그분이 당신의 결정을 바르게 내리도록 하여, 사악한 생각과 벨리알의 획책을 멀리하시오. 그리하여 종말의 시대에 우리의 말 가운데 무엇인가 옳다는 사실을 알고 기쁨을 누릴 뿐만 아니라, 동시에 당신이 의롭다함을 입을 것입니다. 그 이유는 당신이 당신의 안녕과 이스라엘을 위해 그분 앞에서 법과 선을 행하기 때문입니다."

요나단의 대제사장직 포기를 요구하는 의의 교사의 입장은 당시 유대교 전통에서 볼 때 지극히 당연한 요구였다. 그 이유는 대제사장직은 다윗도 차지할 수 없었던 자리로서 오로지 '사독' 가문만이 맡을 수 있는 종신직이기 때문이다 삼하 8:17; 15:24-29; 왕상 2:35. 의의 교사는 바로 이 가문 출신으로서 대제사장직을 맡았던 사인 반면에, 마카비 가문의 요나단은 평범한 제사장 가문 출신이므로 대제사장직을 차지해서는 안 되었음에도 불구하고 강제로 그 자리를 점유했던 것이다. 의의 교사의 이 편지로 인하여 요나단은 틀림없이 분노에 빠졌던 것 같다. 이러한 추측은 다른 쿰란 문서, 곧 4QpPsª 1-10 =4Q171 을 미루어 보건대 확실하다. 이 본문은 구약 시편 37:32-33의 내용에 대한 에센파 사람들의 해석으로서, 이 시편 구절

---

16) H. Stegemann, *Die Essener, Qumran, Johannes der Täufer und Jesus*, 148 이하.

을 인용하면서 다음과 같이 기록하고 있다.

> "한 사악한 자가 그 의인을 정탐하며 그를 죽이려 들고 있다 시 37:32. 그러나 야훼께서 그를 그자의 폭력에 두지 아니하시고, 그를 심판하려들 때 그를 정죄하도록 놓아두지 아니하신다 시 37:33. 이 말의 해석은 저 사악한 제사장과 관련되어 있으니, 이 자가 그 의인을 정탐하고, 이어서 그를 죽이려 들고 있다. […] 그리고 그가 =의인 그 자에게 보낸 토라. 그러나 하나님께서 그를 내버려두지 아니하시며, 그가 재판을 받을 때도 그를 정죄하도록 놓아두지 아니하신다. 그리고 하나님께서 그 자를 심판하기 위해 이방인 폭력자의 손아귀에 버리심으로써 그 자의 죄과를 지불하도록 하신다" 1Q171 IV,7-9.

여기에서 사악한 자로 지칭되고 있는 자는 앞서 언급한 요나단이고, 의인은 곧 의의 교사를 가리키고 있다. 이렇게 볼 때, 이 본문에서 요나단이 의의 교사의 암살을 기도했다는 사실을 알 수 있다. 이로써 의의 교사가 에센파와 요나단 세력을 합일하여 전체 이스라엘 연합체를 구축하려던 계획이 결국 수포로 돌아갔음을 알 수 있다.[17]

위에서 언급한 것들을 종합할 때, 의의 교사는 당시 마카비 사람 요나단과 대립 관계에 있었던 대제사장으로서 요나단으로부터 그의 대제사장직을 152년에 불법적으로 빼앗긴 사람이었다는 사실을 의심의 여지없이 받아들일 수 있다. 의의 교사가 대제사장이었다는 사실만으로도 그가 남다른 자의식을 가졌을 것이라고 쉽게 추측할 수 있다.

IV. 의의 교사의 자의식

쿰란 문서를 통하여 의의 교사가 갖고 있던 독특한 자의식을 찾을 수 있다. 아래에 나열된 의의 교사의 자의식은 실제로는 서로 밀접히 연관된

---

17) 에센파 생성사와 관련해서는 이 책 제2장을 참조하라.

것으로 이해해야 하나, 편의상 구분하고자 한다.

1. 진리의 공동체인 에센파 설립자

의의 교사는 에센파에서 막강한 지도력을 발휘했는데, 그것은 그가 갖고 있던 남다른 자의식과 밀접히 연관되어 있다. 그의 자의식을 잘 알아볼 수 있는 문서가 오늘날까지 전해내려 온다. 그것은 다름 아닌 첫 번째 쿰란 동굴에서 발견된 호다욧 1QH 이라는 문서이다. 이 문서는 에센파 사람들이 구약성서의 시편을 본 따 지은 찬송시 모음집으로, 그 가운데 일부는 의의 교사 자신의 작품이다.18) 의의 교사의 작품으로 간주되는 한 찬송시 가운데 일부를 번역하면 다음과 같다:

"⁴ 당신을 찬송하옵나니, 주여! 왜냐하면 당신은 **나를 메마른 땅 위를 흐르는 샘으로 ⁵ 만드셨으니, 건조한 땅 위의 샘물로** 또한 정원의 관개용수로 […] 당신께서 한 상록수를, 또한 느릅나무며 삼나무를 심으셨으니, 한가지로 당신의 영광을 위해서입니다. ⁶ 생명의 나무들이 **물가의 모든 나무 한가운데 비밀스런 샘**에 감춰져 있네. 그들은 영원한 식물로 자라기 위한 싹을 내네. ⁷ 그들이 자라기에 앞서 뿌리를 내리기 위함이네. ⁸ 그리하여 그의 뿌리가 생명의 나무들을 향해 자유로이 나 있어, **영원한 샘물**로 되네. 그 싹의 잎사귀들에 대항하여 숲의 온갖 짐승이 살아가네. 그리하여 그의 뿌리는 그 길을 지나가는 온갖 짐승을 위한 발판이 되네. ⁹ 동시에 그의 가지는 모든 새를 위한 것이네. 또한 **물가의 모든 나무가** 그의 위로 일어설 것인즉, 그것들을 심음으로써 그들이 자랄 것이기 때문이네. ¹⁰ 그늘이 그 뿌리를 물가로까지 뻗지 못할지라도. 그러나 그 성스러운 싹은 잎을 내어 **진리의 나무**로 자라게 하네. 감추이고 관심도 끌지 못하며 ¹¹ 알려지지도 않은 채, 그의 영원한 비밀로 남네" 1QH VIII, 4-11 .

---

18) 이와 같은 사실을 예레미야스(G. Jeremias)가 잘 밝혔다. G. Jeremias, *Der Lehrer der Gerechtigkeit* (Göttingen, 1963). 예레미야스는 1QH II,1-19; II,31-39; IV, 5-V,4; V,5-19; V,20- VII,5; VII,6-25; VIII,4-40를 의의 교사가 손수 지은 교사의 시(Lehrerpsalmen)로 간주한다. 1QH을 교사의 시 및 공동체의 시로 구분하는 것과 관련하여 J. Becker, *Das Heil Gottes* (Göttingen, 1964), 50-56; H.-W. Kuhn, *Enterwartung und gegenwärtiges Heil* (Göttingen, 1966), 21-24.

위에 인용한 본문은 본래 1QH VIII,4-40에 속하는 것으로,[19] 시편 기자의 자기 진술을 많이 담고 있다. 많은 은유적 표현을 담고 있는 것이 이 시의 특징이다. 특히 은유가 많이 나타나고 있는 앞부분 VIII,5b-14b에 이 시의 핵심적인 진술이 담겨 있다.

이 시는 에센파 설립의 역사를 은유적으로 묘사하고 있다.[20] 이 시에 나타나는 4개의 중요한 은유는 다음과 같이 해석할 수 있다. 주로 부정적으로 묘사되고 있는 '**물가의 모든 나무**'제3열라는 표현은 당시 세력을 잡고 있던 기성 유대교를 가리키고 있으며, 반면에 '**생명의 나무들**'이라는 표현을 가리켜 제6-7열에서 비밀의 샘에 감춰져 있으며, 싹을 내 영원한 식물로 자라기 위함이라고 긍정적으로 묘사하고 있는데, 이것은 당시 밀려드는 헬라화의 물결에 저항하여 유대 전통을 회복시키고자 애썼던 하시딤을 가리킨다. 또한 **싹**이 나오는데, 이것은 에센파를 나타내는 비유이다.

우리가 관심을 갖는 것은 **샘**מקור에 관한 비유이다. 시편의 저자인 의의 교사는 하나님께서 자기를 "**메마른 땅 위를 흐르는 샘**으로 만드셨다"제4열고 말함으로써 하나님을 찬송하고 있다. 샘이란 단어는 이 시를 관통하면서 전체 시의 구조를 규정하는 개념으로 볼 수 있다.[21] 고대 유대교에서 종종 올바른 가르침을 나타내는 은유로 사용된 이 개념은[22] 의의 교사의 가르침을 가리킨다고 해석할 수 있으며, 동시에 의의 교사 자신을 가리키고 있다고도 볼 수 있다. 의의 교사는 하나님이 자기를 메마르지 않는

---

19) 1QH VIII,4-40에 대해서 다음의 문헌을 참조하라: G. Jeremias, *Der Lehrer der Gerechtigkeit* (249-264); G. Morawe, *Aufbau und Abgrenzung der Loblieder von Qumran* (Berlin, 1961), 123 이하; P. Schulz, *Der Autoritä- tsanspruch des Lehrers der Gerechtigkeit in Qumran* (Meisenheim am Glan, 1974), 25 이하; S. Holm-Nielsen, Hodayot. *Psalms from Qumran* (Aarhus, 1960), 142 이하. G. Jeremias는 1QH VIII, 4-40을 하나의 독립된 시로 간주하나, S. Holm-Nielsen과 G. Morawe는 1QH VIII,4-IX,36까지를 한 편의 시로 간주한다.
20) 이와 관련하여 G. Jeremias, *Der Lehrer der Gerechtigkeit*. 특히 260 이하를 참조하라.
21) G. Jeremias, *Der Lehrer der Gerechtigkeit*, 256 참조.
22) 샘 혹은 물은 고대 유대교에서 때때로 올바른 가르침을 나타내는 은유로 사용되었다(예컨대, En 49:1; Sir 24:25-32).

샘, 생명수의 원천으로 세우셨음에 대하여 감사의 찬송을 하고 있다. 의의 교사가 하나님으로부터 받은 가르침으로 인하여, 그의 공동체, 곧 에센파가 작은 싹에서 시작하여 커다란 **진리의 나무**^{제10열}로 성장하리라고 말한다.

여기서 참으로 놀라운 의의 교사의 자의식을 엿볼 수 있다. 그의 가르침이 바로 진리라는 것이다. 위에 언급한 시의 제17열에 보면 "**그들은 흘러 넘치는 개천이 되며 […] 끝없는 강물로 변하네**"라는 표현이 나오는데, 여기에서 의의 교사는, 자신의 진리의 가르침은 마치 끝이 보이지 않는 거대하며 강력한 물살을 이루어 그 누구도 저지할 수 없으리라는 강한 확신을 나타내고 있다. 자기의 가르침에 힘입어 결성된 에센파가 진리의 나무로 성장하게 되는 것이 오로지 의의 교사 자신의 가르침에 기인한다는 것이다.

따라서 의의 교사가 죽은 뒤에 완성된 다메섹 문서 가운데서[23] 쿰란 사람들은 "**하나님께서 그들에게 의의 교사를 세우셨으니, 그들을 그의 마음의 길로 인도하시기 위함이니이다**" CD I,11 라고 언급함으로써 의의 교사가 자신들의 영적인 지도자임을 고백했던 것이다.

2. 계시의 중개자이며 성서해석의 전권을 가진 자

의의 교사에 대하여 1QpHab VII,4-5a는 다음과 같이 말한다:

"그것의 해석은 의의 교사와 관련된 것이다. 그에게 하나님께서 그의 종들, 예언자들의 모든 비밀을 알려주셨다."

여기에서 알 수 있는 사실은, 쿰란 사람들은 성서 예언자들에게 계시한

---

23) 이 작품은 의의 교사가 죽은 뒤에 완성되었다. 작품의 작성 연대는 기원전 100년경으로 추정된다. 이는 본문 중에 의의 교사가 죽은 뒤 대략 40년이 지났음을 언급하는 구절(CD XX,15)이 나옴에서 알 수 있다.

하나님의 비밀이 의의 교사에게 모두 알려졌다고 믿었다는 것이다. 다시 말하면 의의 교사는 예언자의 전통에 서 있는 사람으로서, 성서 예언자들이 하나님으로부터 받은 계시를 온전히 해석할 수 있는 전권을 가진 사람이라는 것이다.

의의 교사에 대한 쿰란 사람들의 이와 같은 이해는 의의 교사 자신이 가졌던 자의식으로부터 유래한 것이다. 의의 교사는 자신을 성서에 기록된 하나님의 계시를 온전히 파악할 수 있는 유일한 사람으로 즉, 계시의 유일한 중개자로 이해하였기 때문이다. 이와 같은 사실은 1QH 가운데 나타나는 교사의 시에서 알 수 있다.

예컨대, 1QH II,13에 다음과 같은 말이 나온다:[24]

> "당신께서 나를 공의의 선택받은 자를 위한 표시로 또한 놀라운 비밀들에 대한 지식을 선포하는 자로 세우셨나이다."

의의 교사는 놀라운 하나님의 비밀을 선포한다고 말하고 있다. 놀라운 비밀은 하나님이 그에게 선사하신 것으로 의의 교사는 이를 자기의 공동체원들에게 전수하였던 것이다. 하나님의 비밀을 알고 있는 자는 오직 의의 교사뿐이라는 사실이 전제되어 있다.

하나님의 계시 Offenbarung 혹은 신의 현현 Theophanie 이 의의 교사에게 주어졌다는 사실이 다양한 표현으로써 묘사되고 있다. 예컨대, 1QH IV,5에서 의의 교사는 다음과 같이 하나님을 찬송하고 있다:

> "당신을 찬송하옵나니, 주여! 당신께서 나의 얼굴을 당신의 언약을 위해서 밝히셨기 때문입니다"

또는 바로 아래 제6열에서 다음과 같이 말한다:

---

[24] 이 본문은 교사의 시 가운데 하나인 1QH II,1-19에 속한다.

"마치 동녘이 밝아오듯이 확실하게 완벽한 빛으로 당신은 내게 보이셨나이다."
1QH IV,23: "당신께선 당신의 세력 가운데 완벽한 빛으로 내게 보이셨나이다."

또 다른 교사의 시 가운데 하나님의 계시를 나타내는 다음과 같은 표현들이 나온다:

1QH VII,10: "당신께서 당신의 언약 가운데 나를 가르치셨나이다."
같은 시 제24열: "나는 일곱 겹의 빛 가운데, 당신께서 당신의 영광을 위해 세우신 빛 가운데 비치었나이다."

위의 인용문을 통해 알 수 있듯이, 의의 교사는 자신을 하나님의 계시를 받는 유일한 사람으로 즉, 계시의 유일한 통로로 이해하였다. 그렇다고 이 말은 의의 교사가 하나님과의 직접적인 교통을 통하여 이제껏 계시된 것이 없는 하나님의 비밀을 계시받았다는 것을 뜻하지 않는다. 오히려 전통적인 성서 예언자들을 통하여 계시된 하나님의 비밀을 온전히 완벽하게 해석할 수 있는 유일한 통로라는 뜻으로 이해해야 옳다. 이러한 의의 교사의 자기 이해는 참으로 놀라운 자의식이 아닐 수 없다. 이러한 자의식은 당시 의의 교사가 갖고 있던 종말론적인 사고와 관련된 것이다.

3. 의의 교사를 통한 선과 악의 분리

의의 교사를 포함하여 당시 쿰란 사람들은 강한 종말론적인 사고를 하였다. 선과 악의 분리는 바로 종말론적인 사고의 특징에 속하는데, 바로 그러한 사고를 의의 교사는 자신과 관련지어 갖고 있었다.

교사의 시에 속하는 1QH VII,12에[25] 다음과 같은 말이 나온다:

"나의 모든 적대자를 당신께서 법정에서 죄 있다 선언하시니, 나를 통하여 의와

---

25) 이 부분은 1QH VII,6-25에 속한다.

악을 구분하십니다."

여기에서 의의 교사는 참으로 엄청난 진술을 하고 있다. 의의 교사는 자기로 말미암아 의와 악 혹은 의인과 악인이 구분된다는 독특한 구원사적인 기능을 자신의 역할에서 확신하고 있다. 다시 말하면, 자신의 가르침을 따르는 자는 구원을 받을 것이고 그렇지 않는 자는 심판을 면치 못하리라는 것이다. 종말에 일어날 최후의 구원과 심판이 바로 지금 의의 교사에 대한 사람들의 태도에 달려 있다는 것이다. 의의 교사가 가르치는 것을 행하는 자는 하나님을 섬기는 자로서 의인에 속할 것이며, 그의 가르침을 거부하는 자는 하나님을 섬기기를 거부하는 자로서 악인에 속하게 된다는 말이다.26) 이것은 구체적으로 말하면 의의 교사가 종말의 구원 공동체로27) 세운 에센파에 가입하여 그의 편에서 활동하게 되면 의인이 되는 데 반해 에센파에 반대하는 것은 결국 하나님께 대적하는 것으로 악인이 된다는 뜻이다.28)

여기에서 의의 교사의 가르침은 그가 세운 공동체 멤버들에게 절대적인 권위를 가진 가르침으로 이해되고 있음을 알 수 있다. 에센파 멤버들은 전적으로 그의 가르침에 의존하였던 것이다. 의의 교사와 공동체 멤버 사이의 관계는 절대적인 권위를 가진 교사와 학생의 관계로서만 이루어진 것이 아니라, 동시에 영적인 밀착 관계로서 이루어져 있음을 같은 시에 나오는 '유모의 젖가슴과 젖먹이 어린아이'의 은유에서 알 수 있다 1QH VII,21 : "… 그들은 젖먹이와 같이 입을 열고 어린아이와 같이 제 유모의 가슴에서 기뻐하나이다".29) 종말의

---

26) 말 3:18에 בין צדיק לרשע라는 표현이 나오는데, '하나님을 섬기는 자와 섬기지 아니하는 자'(בין עבד אלהים לאשר לא עבדו)라는 표현으로써 보충 설명을 하고 있다.
27) 에센파를 종말의 구원공동체로 보는 것과 관련하여 언급한 나의 논문 "고대 유대교의 문맥에서 본 쿰란 공동체 이해", 257-259를 참조하라.
28) 유사한 표상이 1QH II,8-19; IV,23-29; V,9에도 나타난다.
29) 또한 1QH VII,20-22("당신께서 나를 은혜의 아들들을 위한 아버지로, 표식의 사나이들을 위한 보호자로 세우셨나이다. 그들은 젖먹이처럼 입을 열고는 […] 또한 어린아이처럼 그의 보호자의 가슴에서 즐거워하네.").

구원공동체가 되는 에센파의 운명이 공동체의 영적인 지도자인 의의 교사에게 전적으로 달려 있음을 나타낸다.

V. 결론

이상에서 쿰란 공동체의 설립자요 최고 지도자인 의의 교사가 갖고 있던 자의식에 대하여 살펴보았다. 당시 적법한 대제사장직에서 쫓겨난 의의 교사는 종말의 구원공동체요 진리의 공동체로서 온 이스라엘을 대표하는 에센파를 세웠다는 자의식을 갖고 있었다. 이처럼 독특한 공동체 설립은 그가 갖고 있었던 남다른 자의식과 밀접히 연관된 것이다.

그는 전통적으로 대제사장직과 관련된, 유일하게 토라에 합당하게 가르치는 교사로서의 자의식을 갖고 있었다. 게다가 예언자를 통해 성서에 드러난 하나님의 계시 전부를 올바르게 해석할 수 있다는 전권을 부여받은 유일한 사람으로서, 즉 계시의 유일한 중개자로서 이 땅에서 하나님의 의지를 대표한다는 자의식도 갖고 있었다. 이는 곧 구원의 길을 제시할 수 있는 유일한 사람으로서 자신을 이해했다는 말과 같다.

의의 교사는 자기가 내리는 모든 결정과 행위가 전적으로 하나님의 인도하심을 받은 것이라고 확신했으며, 한 걸음 더 나아가 종말에 있을 선과 악의 구별이 자신의 가르침에 전적으로 달려있다는 참으로 놀라운 자의식을 지녔던 사람이었다.[30] 의의 교사가 사망한 뒤에도 쿰란 공동체

---

[30] 그렇다고 해서 의의 교사를 종말에 나타난 구원론적인 인물로 이해해서는 안 될 것이다. 쿰란문헌 연구의 초창기에 의의 교사가 마치 예수처럼 십자가형을 받았으며 부활까지 했다는 내용이 쿰란 문서에 나온다는 주장도 있었으나(이와 같이, A. Dupont-Sommer, "Aperçus préliminaires sur les manuscrits de la Mer Morte", *L'Orient ancien illustré* 4 [Maisonneuve, 1950], 121 이하; J. M. Allegro, *Time Magazine* 6 [1956], 37), 이는 본문을 주의 깊게 살피지 않은 데서 기인한 것이다. 의의 교사와 역사적 예수의 비교에 관심이 있는 사람은 예컨대, G. Jeremias, *Der Lehrer der Gerechtigkeit*, 319-353; 또한, H. Stegemann, "The Teacher of Righteousness and Jesus. Two Types of Religious Leadership in Judaism at the Turn of the Era in Jerusalem", Sh. Talmon, ed., *Jewish Civilization in the Hellenistic-Roman Period* (Sheffield, 1991), 196-213; J. H. Charlesworth, "Jesus as Son and

는 그를 유일한 적법한 대제사장이며, 동시에 공동체의 유일한 지도자로서 간주했다. 이처럼 엄청난 자의식을 갖고 역사의 무대에 등장한 의의 교사와 필적할 만한 사람은 아마도 고대 유대교 역사에서 찾을 수 없다고 생각된다. 의의 교사는 고대 유대교 가운데 우리에게 알려진 가장 위대한 종교인이었다고 말할 수 있다.31)

---

the Righteous Teacher as Gardener", idem. ed., *Jesus and the Dead Sea Scrolls* (New York, 1992), 140-175를 참조하라.

31) G. Jeremias, *Der Lehrer der Gerechtigkeit*, 351 참조. 그렇다 하더라도 의의 교사는 유대적 경건성을 대표하는 인물로서 여전히 당시 유대교의 틀에 속한 사람이라는 점을 예레미야스가 지적한 것은 옳다(Ibid., 352 이하).

제4장

호다욧(1QH)에 나타난 성령 이해
…

I. 서론

지금까지 쿰란 연구에서 주석가들은 두 가지 합일점에 이르렀다. 즉 쿰란 공동체는 구약의 선지자들이 예언한 종말의 시대에 자신들이 살고 있으며, 자신을 이스라엘의 남은 자로서 종말의 구원공동체라고 믿었다는 것이다.[1] 동시에 주석가들은 쿰란 공동체는 성령의 현재적인 활동에 대해서 알고 있음을 밝혀냈다.[2] 우리는 이 두 사실이 밀접하게 연결되어

---

1) K. G. Kuhn, "Die in Palästina gefundenen hebräischen Texte und das Neue Testament", *ZThK* 47 (1950), 205 & 208 이하; K. H. Schelkle, *Die Gemeinde von Qumran und die Kirche des Neuen Testaments* (Düsseldorf, ²1965), 57-66; H. Braun, *Qumran und das Neue Testament*, vol. 2 (Tübingen, 1966), 265-286; F. M. Cross, *Die antike Blbliothek von Qumran und die moderne biblische Wissenschaft* (Neukirchen-Vluyn, 1967), 195-207 (=*The ancient library of Qumran and modern biblical studies* [New York, ²1961]); M. Hengel, *Judentum und Hellenismus* (Tübingen, ²1973), 404; H. Stegemann, "Some Aspects of Eschatology in Texts from the Qumran Community and in the Teaching of Jesus", J. Amitai, ed., *Biblical Archaeology Today* (Jerusalem, 1985), 408-426.

2) E. Schweizer, "Gegenwart des Geistes und eschatologische Hoffnung bei Zarathustra, spätjüdischen Gruppen, Gnostikern und den Zeugen des Neuen Testaments", *The Background of the NT and its Eschatology, Festschrift für C. H. Dodd* (Cambridge, 1956), 488-493; D. Howlett, *The Essenes and Christinity* (New York, 1957), 180; W. Foerster, "Der heilige Geist im Spätjudentum", *NTS* 8

있음을 쉽게 파악할 수 있다. 전통적인 유대적 사고에 의하면, 성령은 비로소 종말에 도래하는 하나님의 은사로서 기대되었기 때문이다.

그럼에도 불구하고 지금까지의 쿰란 연구는 위의 두 사실이 서로 밀접히 연관되어 있음을 간과했다. 이러한 간과의 이유는 아래의 두 가지 점에서 찾아볼 수 있다. 첫째, 주석가들은 일반적으로 '성령과 종말'이라는 개념을 교회 Ecclesia 와 관련하여 특별히 그리스도교적인 현상으로만 파악하고 싶어 하는 경향이 있는 것처럼 보인다. 그러나 그리스도교를 그의 역사적 근원을 이루는 유대교의 배경에서 이해하려는 노력은 타당하다고 생각된다. 우리는 이미 오래전에 이러한 노력의 정당성을 사도 바울의 "여러분이 뿌리를 지탱하는 것이 아니고 뿌리가 여러분을 지탱한다는 사실을 기억하십시오"롬 11:18 라는 말 가운데서 찾아볼 수 있다. 둘째, 그 간과의 이유는 한편으로 치우친 쿰란 연구 그 자체와 관련되어 있다. 대다수의 쿰란 주석가는 이제까지의 그들의 쿰란 문서에 나타난 영靈의 연구를 공동체 규율서 1QS 가운데 나오는 저 유명한 본문인 1QS III,13-IV,26에 국한했다. 그리하여 이제까지 1QS III,13-IV,26은 쿰란 사람들에게서 나타나는 '영' 이해를 하는데 가장 특징적일 뿐만 아니라 열쇠가 되는 본문이라고 일반적으로 받아들였다.3)

이미 여러 학자가 밝혀 냈듯이, 1QS III,13-IV,26은 의심의 여지 없이 전통적으로 이해되어 온 종말의 시대에 도래할 성령강림에 대하여 언급하고 있다. 유대인들의 전통적 이해에 따르면 성령은 더 이상 현재에 나타날 수 없고 오로지 다가올 미래에만 기대할 수 있다. 이러한 미래-종말론적 성령 이해가 공동체 규율서 1QS 에 너무나도 확실하게 나타나고 있기

(1961/62), 117-134; H.-W. Kuhn, *Enderwartung und gegenwärtiges Heil*, StUNT 4 (Gttingen, 1966), 117-139; J. Jeremias, *Neutestamentliche Theologie. Erster Teil: Die Verkündigung Jesu* (Gütersloh, 1971), 85 이하; D. Zeller, *Juden und Heiden in der Mission des Paulus. Studien zum Römerbrief* (Stuttgart, 1973), 176.

3) 1QS III,13-IV,26은 진리의 영(רוח האמח)과 불법의 영(רוח העול)이 서로 이원론적 대립상태에 있음을 잘 보여주고 있다.

때문에, 대다수 주석가는 쿰란 사람들의 성령 이해를 다르게 받아들이기가 어려운 것 같다.

1988년에 독일의 대표적인 쿰란 전문가 가운데 한 사람인 하르트무트 슈테게만 Hartmut Stegemann 은 1QH III,13-IV,26에 관계되는 중요한 논문 "Zu Textbestand und Grundgedanken von 1QS III,13- IV,26"을 발표했다.[4] 이 공동체 규율서의 본문은 "문서적으로 볼 때 독창성을 보유하고 있으며, 다른 대표적인 쿰란 문서와 공유점을 거의 보여주지 못하고 있다"[5]는 점을 슈테게만은 명백히 입증한다. 따라서 쿰란의 영에 관한 연구가 더 이상 1QS III,13-IV,26에 국한되어서는 안 된다는 것이 자명해졌다.

제1쿰란 동굴에서 호다욧 1QH 이 발견된 이래로 쿰란 문서에 나타난 영의 이해에 대해 적지 않은 연구가 있었다. 대다수의 연구 논문은 두 개의 중심 테마, 즉 이중 영설 Zwei-Geister-Lehre 과 영육의 이원성 Dualismus von Fleisch und Geist 에 관계된 것이었다. 이에 대한 쿰란자료로서 공동체 규율서 1QS 를 가장 대표적인 문서로 보고 연구의 대상으로 삼았을 뿐이었고, 호다욧에 대한 학자들의 관심은 거의 찾아볼 수 없었다.[6] 베르너 푀어스터 Werner Förster 는 1961/62년에 발표한 그의 논문 "Der heilige Geist im Spät-judentum"[7] 에서 쿰란 문서에 나타난 성령을 종말론적 시각에서 관찰하였고, 쿰란 공동체에 나타난 성령강림을 종말론적 사건으로 파악했다. 호다욧을 성령 연구의 중심 문서로 삼은 사람은 하인츠-볼프강 쿤 Heinz-Wolfgang Kuhn 이다. 그이 박사학위논문인 "종말 기내와 현재적 구원" Enderwartung und gegenwärtiges

---

4) *RdQ* 13 (1988), 95-131.
5) H. Stegemann, "Zu Textbestand und Grundgedanken von 1QS III,13-IV,26", 125 이하.
6) 60년대에 간략한 두 편의 논문이 발표되었다: G. Johnston, "'Spirit' and 'Holy Spirit' in the Qumran Literature", H. K. MacArthur, ed., *New Testament Sidelights, Festschrift für A. C. Purdy* (Hartford, 1960), 27-42; F. F. Bruce, "Holy Spirit in the Qumran Texts", J. Macdonald, ed., *The Annual of Leeds University Oriental Society*, vol. VI (1966-68), 49-55. 여기에서 Johnston은 성령을 하나님의 종말론적 은사로서 파악하지 않았으며, Bruce는 종말론을 전혀 언급하지 않으면서 성령 문제를 다루었다.
7) *NTS* 8 (1961/62), 117-134.

Heil, Göttingen, 1966에서 호다욧 속에 나타난 하나님의 영 혹은 성령에 대한 구절들을 비교적 자세히 연구하였다.8) 쿤에 의하면, 쿰란 공동체 구성원들은 성령의 현재성을 종말론적으로 이해하지는 않았으나, 영의 은사를 종말론적으로 이해하는데 뒷받침되는 전제조건들이 쿰란 공동체에 나타난다는 것이다.9) 그리하여 그는 쿰란 공동체의 성령의 현재성을 설명하기 어려운 문제로 여기는 가운데, 성령의 현재성과 종말론적 사건 사이에 놓인 긴장 관계를 쿰란 사람들의 제사장적 자기 이해 Priesterliches Selbstverständnis 를 통하여 해소하고 있다. 말하자면 쿰란 공동체를 예루살렘 성전과 대응되는 성소로 이해하기 때문에, 그 안에 하나님께서 당신의 영을 통하여 현존할 가능성이 있다는 것이다.

그러나 이와 같은 쿤의 설명은 근본적인 문제점을 안고 있다. 그는 쿰란 사람들을 일종의 묵시문학가로 이해하고 있기 때문이다.10) 묵시문학가들에게 있어서 성령은 단지 과거 예언자 시대에 있었던 현상이며 미래에나 기대할 수 있는 것이었고, 현재에는 나타날 수 없는 것이었다. 따라서 구원 역시 현재에는 있을 수 없다고 믿었다. 그러나 쿰란 공동체의 정신세계를 규정하는 것은 묵시문학 Apokalytik 이 아니라, 오히려 종말론 Eschatologie 으로 보아야 할 것이다.11) 쿰란 사람들은 종말론을 한편으로는 그들의 독특한 페셔 Pescher 방법에 의한 성서해석을 통하여,12) 다른 한편으

---

8) 특별히 그의 책 117-139("영의 현재성에 대한 문제")과 139-175("인식 은사의 문제")를 참조.
9) H.-W. Kuhn, *Enderwartung und gegenwärtiges Heil*, 138 이하.
10) H.-W. Kuhn, *Enderwartung und gegenwärtiges Heil*, 120: "der Mutterboden der Qumranschriften(ist) mit die Apokalyptik", 184: "der Qumran-Fromme(war) zugleich Apokalyptiker."
11) 쿰란 공동체의 종말론에 대하여는 H. Stegemann, "Die Bedeutung der Qumranfunde für die Erforschung der Apokalyptik", *Apocalypticism in the Mediterranean World and the Near East*, D. Hellholm, ed., (Tübingen, 1983), 495-530, 특히 521면 이하 참조. 슈테게만은 여기에서 묵시문학과 종말론을 구별하고 있다. 쿰란 공동체와 묵시문학과의 관계에 대해 이 책 제9장을 참조하라.
12) 이에 대하여는 H. Feltes, *Die Gattung des Habakukkommentars von Qumran (1QpHab). Eine Studie zum frühen jüdischen Midrasch*, Forschung zur Bibel 58, (Würzburg, 1986), 157 이하; D. Dimant, Art. "Pesharim, Qumran", *The Anchor Bible Dictionary*, vol. 5, (New York: 1992), 244-251 참조.

로는 예루살렘의 전통적인 성전 제의 Tempelkult 로부터의 결별을 통하여 발전시켰다.

우리는 본 연구를 주로 호다욧 1QH 에 한정시키고자 한다. 이와 같은 제한은 두 가지 점에서 정당하다고 생각된다. 칼 게오르그 쿤 Karl Georg Kuh 이 발간한 『쿰란 어휘 빈도 사전』에13) 따르면, 루아흐 רוח, 靈 라는 단어가 전체 쿰란 문서 속에 146회에 걸쳐 나타나고 있고 그중 호다욧에만 75회나 언급되고 있다.14) 결국 과반수가 호다욧에 있는 셈이다. '하나님의 영' 혹은 '성령'의 빈도수 역시 마찬가지로 호다욧에 가장 많이 나타나고 있다.15) 이러한 빈도수 이외에도 내용적으로 볼 때 하나님의 영에 대한 중요한 이해를 바로 호다욧 속에서 찾아볼 수 있다.

구약성서뿐만 아니라 쿰란 문서에서도 마찬가지로, רוח는 상당히 다양한 의미를 담고 있는 개념이기 때문에 이 단어의 의미를 체계화시키려는 노력은 위험의 소지가 있다. 본 장의 목적은 쿰란 문서에 나타난 영과 관련된 이해를 모두 밝히려는 데 있지 않고, 단지 호다욧에 국한하여 논의의 초점을 '하나님의 영' 혹은 '성령'의 이해에 두고자 한다. 하나님의 영의 활동은 현재를 종말의 시대로 이해하는 쿰란 사람들의 사상과 어떠한 관계에 놓여있는가? 그들은 과연 성령의 현재 활동을 종말론적 사건으로 이해했는가? 과연 그렇다면 어떠한 사상들이 그들의 종말론적 성령 이해를 구성하고 있는가? 이러한 질문에 대한 대답을 시도함으로써, 신약성서의 성령 이해에 기여할 수 있다고 본다.

---

13) K. G. Kuhn, ed., *Konkordanz zu den Qumrantexten* (Göttingen, 1960); idem, Nachträge zur "Konkordanz zu den Qumrantexten", *RdQ* 4 (1963/64), 163-234.

14) 문서단편들(Fragmente)에 나타난 횟수도 포함하였다. 1991년에 간행된 J. H. Charlesworth, *Graphic Concordance to the Dead Sea Scrolls* (Tübingen-Louisville, 1991) 에 따르면 רוח가 전체 쿰란 문서 가운데 200회 이상이나 사용되고 있다.

15) 하나님과 관련된 '영'은 호다욧 가운데 15회(뒤를 볼 것!), 그 이외의 쿰란 문서 내에서는 10회 나타나고 있다(1QS III,7; IV,21 2번; VIII,16; IX,13; 1QSb II,24; CD II,12; V,11; VII,4). 단편조각 4Q 381에도 최소한 두 군데(33,4; 69,4; 비교 1,7) 사용되고 있다. 4Q 381과 4Q 380에 대해서는 E. M. Schuller, *Noncanonical Psalms from Qumran*, HSST 28 (Atlanta-Georgia, 1986) 참조.

II. 호다욧에 나타난 하나님의 영에 대한 칭호

하나님의 영에 대한 내용 이해에 앞서, 이 개념이 호다욧에서 어떻게 표현되는지 먼저 살펴보자.

1. רוח קודשך / רוח קודשכה(당신의 성령)

'당신의 성령'이라는 표현은 호다욧에 모두 9번 사용되었다 1QH VII,6 이하; IX,32; XII,12; XIV,13; XVI,2.3.7.12; XVII,26. 랍비 유대교 Rabbinic Judaism 에서 통용되고 있는 이 표현은 호다욧에서 하나님의 영에 대한 가장 보편적인 칭호로 사용되고 있다. 항시 2인칭 단수 접미사와 함께 사용되는 것이 독특하다. 그렇게 함으로써 성령의 근원을 확실히 하나님께 두려는 의도를 볼 수 있다.

2. רוח דעה(깨침의 영) / רוח רחמיך(당신의 자비의 영)

'깨침의 영'이란 표현은 호다욧에 단 한 번 나타난다 1QH XIV,25. 그러나 종말의 시대와 관련하여 '슬기의 영'רוח דעה이라는 상당히 유사한 표현이 이사야서에 한 번 나타나고 사 11:2, 1QH 이외의 쿰란 문서에 두 번 사용되고 있다 1QS IV,4; 1QSb V,25. '당신의 자비의 영'이라는 표현도 1QH VI,9 이외에는 구약성서나 다른 쿰란 문서 어디에도 나타나지 않는다. 위의 두 표현은 특히 하나님의 자비로우심과 관련되어 사용되고 있다.

> 1QH XIV,25: "당신의 종, 내게 당신께서는 **깨침의 영**으로써 자비를 베푸셨습니다."
> 1QH XVI,9: "당신께서는 당신의 **자비의 영**으로써 저를 긍휼히 여기셨습니다."

3. רוח אשר נתתה בי(내게 베풀어주신 영)

마지막으로 '내게 베풀어주신 영'이란 표현도 하나님의 영을 지칭하는 전형적인 표현의 하나로 볼 수 있다 1QH XII,11; XIII,18 이하; XVI,11 이하; III,14 . 이 표현이야말로 하나님으로부터 온 은사의 성격을 가장 잘 나타내고 있다. 이 표현은 구약성서의 예언서 가운데 נחה 주다 이란 동사와 더불어 도처에 사용되고 있다.16) 그러나 구약성서에서는 위의 개념이 호다욧에서 보여주는 것 같은 전형적인 형태를 아직 갖추지 못한 채 서로 상이하게 나타나고 있다.

III. 호다욧에 나타난 종말론적 성령강림에 대한 고찰

여기서는 "교사의 시" 敎師의 詩 17) 가운데 하나인 1QH VII,6-25를 토대로 그 안에 나타난 성령강림을 검토해 보자. 성령강림을 과연 종말론적 사건으로 파악할 수 있는지, 그리고 성령을 하나님께서 종말에 내려주시는 은사로서 이해할 수 있는지를 밝히는 데 관심의 초점을 두고자 한다.

1. 본문 번역: 1QH VII,6-25[18]

제6열: 주여, 당신을 찬송하옵나니, 왜냐하면 כי 당신께서는 당신의 강직함으로 나를 붙잡으셨고, **당신의 성령을**

제7열: **내게 부어주셨기에, 동요하지 않습니다.** 사악한 전쟁의 와중에서도 내게 힘을 주셨나이다. 모든 파멸에도 불구하고,

---

16) 예를 들면 겔 36:26; 37:14; 민 11:25,29; 수 42:1.

17) 호다욧은 보통 두 부분으로 나누어진다. 하나는 쿰란 공동체 설립에 결정적인 역할을 한 義의 교사(מורה הצדק, 1QpHab I,13; II,2; CD I,11)라고 불리는 사람이 지은 교사의 시(Lehrerpsalmen)와, 다른 하나는 공동체 구성원들이 지은 공동체 시(Gemeindelieder)로 구분하여 나눈다. 교사의 시에 관하여 특히 예레미야스(Gert Jeremias)의 괄목할 만한 연구서인 *Der Lehrer der Gerechtigkeit*, StUNT 2 (Göttingen, 1963)을 참조. 그는 호다욧 가운데 1QH II,1-19; II,31-39; IV,5-V,4; V,5-19; V,20-VII,5; VII, 6-25; VIII,4-40을 의의 교사의 작품으로 여긴다. 이 외에도 벡커(J. Becker)는 1QH III,37-IV,4도 역시 의의 교사의 작품으로 여긴다. J. Becker, *Das Heil Gottes* (Göttingen, 1964), S.53.

18) 아래의 번역은 E. Lohse, ed., *Die Texte aus Qumran* (Darmstadt, 1981)에 나오는 히브리어 본문을 주로 따랐음.

제8열: 나로 하여금 당신의 언약ברית으로부터 이탈치 않도록 하셨으며, **나를 마치 높은 담벼락 위의**[19] **탄탄한 탑과 같이 세우셨습니다.** 너른 암벽 위에.

제9열: 나의 건축물을 세우셨으며, 영구한 기초를 나의 기반으로, 나의 사방 벽을 흔들리지 않는 견고한 담장으로 삼으셨습니다.

제10열: 나의 하나님이시여, 당신께서 나를 튼튼한 성עיר으로 또한 성스러운 공동체로 만드시었고, 당신의 언약 가운데에서 [나를 깨우치셨습니다]. 내 혀는 당신의 제자들의 것과 같습니다.

제11열: 그러나 악령רוח을 위한 입은 없으며, 죄의 자녀들을 위한 혀의 답변 역시 존재하지 않습니다. 거짓의 혀는 잠잠키 마련이니까요.

제12열: 나의 모든 적대자를 당신께서 법정에서 죄 있다 선언하시니, **나를 통하여 의와 악을 구분**하시기 때문입니다.

제13열: 당신께선 모든 행위 의도를 파악하시고, 모든 혀의 답변을 진지하게 받아들이시며 나의 마음을 강건케 하시니,

제14열: 당신의 제자들의 것과 마찬가지로, 당신의 진리에 따라서. 그런즉 내 발걸음을 진리의 길에 디디며, 당신의 면전에서, [의인들의][20] 영역 내에서 걷게 됩니다.

제15열: 영광과 끝없는 구원의 길 위에서, 그침 없이 영원토록.

제16열: 당신께선 당신의 종עבד의 본성을 아시오니[…][21]

제17열: 강직함으로 굳세게 하시고, 육신의 도피가 내게 허락되지 않았으니 […] 구원에 합당한 아무런 의로운 행위도 없으며 […] 용서도 없이.

제18열: 그러나 나는 당신의 크신 은혜를 붙잡으며, 당신의 자비의 충만함에 매달리옵니다.

제19열: 한 식물을 꽃피우시며, 한 종자를 번성케 하시어, 굳건함으로 강직케 하시니 […] 당신의 의 가운데 **나를 당신의 언약으로 세우셨고**,

제20열: 또한 나를 당신의 진리 위에 세우셨으며 […] **나를 은혜의 자녀들을 위한 아버지로**,

---

19) G. Jeremias, *Der Lehrer der Gerechtigkeit*, 181을 따라서 כחומה가 아니라 בחומה로 읽었음(cf. Jes 30:13; 1QH VI,25).

20) 이미 A. M. Habermann(מגילות מדבר יהודה, Israel, 1959, 122)이 위와 같이 보충하였다. H. Bardtke("Die Loblieder von Qumran", *ThLZ* 81 (1956), 601)와 A. Dupont-Sommer("Le Livre des Hymnes decouvert pres de la mer Morte [1QH]", *Semitica* 7 (1957), 39)는 מ[רשע]ים]로 보충하였으나, 이는 전체 문맥과 전혀 상치하지 않는다.

21) […]는 본문이 전승 과정에서 파손되었음을 뜻함.

제21열: 이적(異蹟)의 사나이들을 위한 보호자로 삼으셨습니다.
   그들은 젖먹이와 같이 입을 열고 어린아이와 같이
   제 유모의 가슴에서 기뻐합니다.
제22열: 당신께선 나의 모든 멸시자들을 압도하여 내 나팔을 불러 일으키시고, 나
   의 대적자들을 남김없이 흩뜨리셨습니다.
제23열: 내게 대항하는 자들을 바람 앞의 겨와 같이.
   그러나 나의 영예는 […]
   하나님이시여, 당신께서 나를 도우셨으며,
   나의 나팔을 높이
제24열: 일으켰사오니, 내가 일곱 겹의 빛 가운데에서 광채를 내며, […] 당신의
   영광을 위해 세우셨습니다.
제25열: 당신은 내게 영원한 빛이시며,
   내 발걸음을 끝없는 지평 위로 인도하십니다.

2. 문맥 이해

교사의 시 1QH VII,6-25는 그 자체로서 완결된 통일성을 보여주고 있다. 이 찬송시는 세 부분으로 구분되는 도입 양식 Einleitungsformel,[22]) אודכה אדוני כי, "주여, 당신을 찬송하옵나니, 왜냐하면 …으로 시작한다. 찬송 시작을 알리는 전형적인 표현 오드카 אודכה에 이어서 하나님을 부른 뒤에 אדוני, 구약 시편에서 많이 알려진 접속사 '키' כי 왜냐하면를 사용하여 찬송의 이유를 밝히고 있다. 찬송의 이유가 두 개의 병렬식 문장에 나타나고 있다. 즉, 하나님의 강직함으로 기도자를 붙들었다는 것과, 그에게 성령을 부어주셨다는 사실이 그 두 가지 이유이다.

위의 접속사 '키' 문장은 그 뒤에 계속되는 본문 제7b-23a열에 대한 요약문으로 볼 수 있다. 이 본문은 구원에 대한 보도로 시작되고 있으며, 기도

---

22) 호다욧에는 두 개의 서로 다른 전형적인 도입 양식이 나타나고 있다. a) אודכה אדוני כי, 1QH II,20; II,31; III,19; III,37; IV,5; V,5; 본래의 V,20; VII,6; VII,26; VII,34; VIII,4; IX,37; XI,3(אדוני 대신에 אלי). b) ברוך אתה אדוני כי, 1QH V,20; X,14). 위의 도입 양식에 대하여는 G. Morawe, *Aufbau und Abgrenzung der Loblieder von Qumran: Studien zur gattungs-geschichtlichen Einordnung der Hodajoth* (Berlin, 1960), 31-35 참조.

자를 '높은 담벼락 위의 탄탄한 탑'에 비유하고 있다 제7b-9열. 이어서 긴 자기 성찰문Selbstreflexion이 계속된다. 이 안에서 하나님께서 기도자를 구원하신 목적과 공동체 내에서의 기도자의 중요성이 성찰되고 있다 제10-23a열. 이 시는 기도자의 환호와 감사로 끝나고 있다 제23b-25열.

3. 문맥 내에서 본 성령강림에 대한 이해

제6-7열에 나타나는 성령강림 רוח קודשכה הניפותה בי, "당신의 성령을 내게 부으셨기에"을 이해하기 위해서, '동요하지 않는다' בל אמוט 라는 표현을 고려해야 한다. 왜냐하면 위의 두 진술은 원인과 결과를 형성하듯 서로 밀접하게 연관되어 있기 때문이다. 즉 성령강림으로 말미암아 기도자가 동요하지 않게 된다는 것이다. 그런데 '동요하지 않는다'라는 표현을 제대로 이해하기 위해서는, 또한 아래의 두 가지 질문이 중요하다. 첫째, '동요하지 않는다'라고 말할 때 이 시편기자는 과연 자신을 어떻게 이해하고 있는가? 둘째, 그는 자기가 처해 있는 상황을 어떻게 받아들이고 있는가? 이 두 질문은 물론 서로 완전히 분리될 수 없다고 생각된다.

호다욧에 나타나는 '나'ich에 대하여 여러 학자가 호다욧 저자와 관련하여 이미 많이 다루었다. 즉, 이 '나'를 쿰란 공동체의 자기 이해로[23] 보아야 하는지, 아니면 특정한 개인의 의식표현으로[24] 받아들여야 하는지 논란이 많았다. 그런데 1QH VII,6-25의 전체 내용을 자세히 살펴본다면, 후자의 입장을 받아들이는 것이 옳다고 생각된다. 찬송을 읊는 기도자의 모습이 이 시의 여러 곳에서 다양한 비유와 진술 가운데 확실히 드러나고

---

23) S. Holm-Nielsen, "'Ich' in den Hodajoth und die Qumrangemeinde", H. Bardtke, ed., *Qumran-Probleme* (Berlin, 1963), 227; J. Maier, *Die Texte vom Toten Meer*, vol. II (München-Basel, 1960), 69; H. Bardtke, "Das Ich des Meisters in den Hodajoth von Qumran", *WZU* 6 (Leipzig, 1956/7), 93-104.

24) A. Dupont-Sommer, *Die essenischen Schriften vom Toten Meer* (Tübingen, 1960), 216-219 (=*Le Ecrits esseniens decouverts pres de la Mer Morte* [Paris, 1959]); G. Jeremias, *Der Lehrer der Gerechtigkeit*, 168-267.

있다. 기도자는 자신을 제8열에서 성령의 강림으로 인하여 '견고해진 자'이며 '높은 담벼락 위의 탄탄한 탑'으로 비유하고 있다. 그는 하나님께서 그 자신을 통하여 의義와 악惡을 나누신다고 믿고 있으며 제12열 하나님의 은혜 가운데 있는 모든 이들의 '어버이'이며 제20열, 자기의 어린아이들을 돌보는 '보호자'로서 제21열 자신을 이해하고 있다. 그 밖에도 기도자는 제19열에서 '식물'에 비유되는 자기 자신을 '공동체'를 솟아나게 하는 근거가 된다고 믿고 있다. 이 권위에 찬 모든 진술의 배후에는 이 기도자에 대한 하나님의 직접적인 영향력이 나타나고 있다. 그리하여 그는 자신이 하나님과 밀접한 관계를 맺고 있음에 감사하고 있다. 하나님께서 구원공동체 Heilsgemeinschaft 를 세우라고 자신에게 맡긴 과업을 수행하는 것이야말로 자신의 존재 목적이라고 이해하며, 또한 그것에 대하여 감사드린다.

이미 게르트 예레미야스 Gert Jeremias 가 밝혀냈듯이[25], 이러한 본문 이해를 통하여 다음과 같이 사실이 분명해진다. 즉, 위의 찬송시에 나타나는 '나'는 단순히 한 익명의 기도자 모습을 반영하고 있음에 그치지 않고 공동체의 설립자요 정신적인 지도자로서 자신을 이해하고 있다는 사실이다. 다시 말해 이 찬송시 속에서 이야기하고 있는 주체는 다름 아닌 의의 교사이다. 하나님에게서 강직함과 굳셈을 부여받은 이 찬송시 기도자는 제7열에서 '동요하지 않는다'라고 고백하고 있다. 우리는 이 고백의 배후에서 기도자가 처한 상황 가운데 나타나는 그의 회피할 수 없는 두려움과 공포를 엿볼 수 있다. 그가 처한 상황은 '사악한 전쟁'으로 묘사되고 제7열, 그 가운데 자신의 대적자를 무찔러야만 하는 것이다 제22열. 이러한 전쟁의 시대는 하나님께서 의와 악을 완전히 분간하는 다름 아닌 종말의 시대인 것이다. 만일 하나님께서 이처럼 극악한 전쟁의 시대에 관여하지 않는다면, 이 기도자는 벌써 끝장이 난 것이나 다름없는 것이다. 그에게 허락된 강직함과 굳셈은 오로지 하나님 당신의 자비에 의한 것이다. 그리하여

---

25) G. Jeremias, *Der Lehrer der Gerechtigkeit*, 180-192 참조.

그는 더 이상 동요하지 않고 감사와 찬송을 노래하게 된다: "주여, 내가 찬송하옵니다"제6열. 결국 그가 요동하지 않는 것은 온전히 하나님께서 주시는 은사 덕분이다.

이제, "동요하지 않는다" מוט לב, 제7열라는 표현을 좀 더 자세히 살펴보자. מוט "동요하다"라는 단어는 쿰란 문서 가운데 모두 네 번 나타나고 있다. 그 가운데 세 번은 호다욧에 1QH VI, 21,27; VII,7, 나머지 한 번은 공동체 규율서에 1QS XI,12 사용되고 있다. 이 표현은 호다욧 가운데에서 공동체 가입과 관련하여 나타나고 있다. 누구든지 공동체에 들어오게 되면 동요하지 않게 되는데, "**왜냐하면 하나님께서 기반을 반석 위에 두시고 대들보를 규격에 맞추어 제자리에 놓기에, 튼튼한 석조와 흔들거리지 아니하는 탄탄한 담벽을 쌓게 되네. 그러기에 (공동체에) 들어오는 사람들은 모두 동요하지 않네**"라고 1QH VI,26-27에서 묘사되고 있다. 또한 이 구절의 앞부분에서는 "**하나님의 마음의 길을 벗어날 시, 무할례자나 정결치 못한 자며 횡포한 자는 동요하게 되네**" 1QH VI,20-21 라고 노래하고 있다. 여기에서 '하나님의 마음의 길'은 쿰란 공동체가 나아가는 길과 동일하다. 이 길이야말로 하나님께서 당신의 동요자動搖者를 돕는 명백한 자비의 표시이다.[26]

위의 예문들을 통하여, '동요하다' 혹은 '동요하지 않다'라는 표현은 호다욧 기자의 내적인 마음 상태를 묘사하는 것에 그치지 않고, 종말론적 문맥 가운데에서 구원과 밀접히 연결되어 나타나는 것이 명백해졌다.

4. 성령강림은 의의 교사에게만 해당되는가?

1QH VII,6-25에서 의의 교사는 자기 자신과 자기의 과업에 대하여 언급하고 있기 때문에, 성령은 단지 그에게만 국한된다고 짐작하기 쉽다. 그러나 성령을 언급하고 있는 호다욧 내의 모든 구절을 살펴보면 이 같은

---

26) 1QS XI,12 참조.

짐작은 잘못임이 곧장 밝혀진다. 왜냐하면 나머지 대다수의 구절은 공동체의 시[주27] 가운데에 나타나고 있기 때문이다. 다시 말하면 성령 체험은 의의 교사에게만 국한된 것이 아니라 그를 따르는 무리도 같은 체험을 했던 것이다. 그들의 성령 체험은 공동체 가입과 그 안에서의 삶과 관계가 있다. 그들은 공동체 가입과 그 안에서의 삶을 하나님께서 주관하고 계시는 성령을 통하여 이룩한 새 현실로 이해하고 있다.[28] 결국 성령의 은사 없이는, 쿰란 공동체는 존재할 수 없는 셈이니 바로 이 공동체 안에서 하나님으로부터 오는 영을 체험하게 되는 것이다.

5. 성령강림의 종말론적 성격

여기에서는 1QH VII,6-25에 나타나는 성령강림이 종말론적 사건임을 밝히고자 한다. 종말을 나타내는 특성들을 아래의 세 가지 점에서 살펴볼 수 있다.

가. 곤궁(困窮)과 하나님의 은혜 사이에 놓인 분명한 대립

성령을 체험하게 되는 현실을 1QH VII,6-25에서 우리의 시편기자는 '사악한 전쟁'과 '온갖 파멸', 그리고 '하나님의 언약으로부터 이탈'하는 시대로 묘사하고 있다[제7-8열]. 유대적 사고에 따르면, 이러한 처참한 곤궁으로 가득찬 현실은 세상의 마감 직전에 나타나는 '최후의 악의 시대'[29]와 동일하다. 다니엘 12:1에서 이 시기는 '민족들이 존재한 이래로 이제껏 유래 없는 환난의 시대'로서 묘사되고 있다. 다니엘 9:26에 따르면 '박해'와 '전

---

27) H.-W. Kuhn(a.a.O., S.25이하)에 의하면 1QH I,1(?)-39(?); III,19-36; IX,37- X,12; X,14-XI,2; XI,3-14; XI,15-39(?); XII,1(?)-39(?); XIII,3(?)-21(?); XIV,8-22; XV,1(?)-26(?); XVI,1(?)-20(?); XVII,9-15; XVIII,17-25들이 공동체의 시에 속함.
28) 1QH XIV,13 이하; XVI,12 참조.
29) '최후의 악의 시대'에 대해서는 P. Volz, *Die Eschatologie der jüdischen Gemeinde* (Hildesheim, 1966), 147-163(=Tübingen, 1934) 참조.

쟁', 그리고 '폐허'가 난무하여 성전 파괴가 벌어지는 시기인 것이다. 의의 교사와 동일시되는 우리의 시편 기자는 1QH VII,7-8에서 '사악한 전쟁', '모든 파멸', 그리고 '하나님의 언약으로부터 이탈'을 언급함에 있어서, 의의 교사와 그의 대적자들인 예루살렘의 사제들 간에 마카비 가문 출신인 요나단Jonathan 의 불법적인 대제사장 등극 B.C. 152/1 과 관련하여 벌어졌던 싸움을 연상시킨다.30) 이 양자 간의 처절한 싸움이 이 시편 속에 담긴 '궁핍의 시대'의 배경이 되고 있다. 예루살렘의 성전 제사를 신성하게 여길 수 없었던 의의 교사는 자기의 적대자들을 하나님의 언약으로부터 이탈한 자들과 동일시하였다.

이러한 현재의 처참한 시기를 이 시편 기자는 동시에 '싹' נצר, 제19열 으로 비유되는 구원공동체가 자라나는 시기로 이해하고 있다. 이 공동체야말로 하나님의 은혜가 현재 드러나고 있는 표징인 것이다. 즉 그 안에서 시편 기자는 '영광과 평화' כבוד שלום, 제15열, '당신 자비의 충만' רוב רחמיכה, 제18열, '의' צדקה, 제19열 그리고 '진리' אמת, 제20열 가 드러나고 있다고 믿고 있다. 위에 열거한 개념들은 구원의 상태를 대표하는 개념들로서 외경이나 위경 안에서 종말론적 문맥 가운데 많이 나타나고 있다. 예를 들면:

'시리아어 바룩서'(syrBar) 15,8: "이 세상은 그들에게 있어서 굉장히 애써야 할 수고와 노동을 뜻하나, 미래의 저 세상은 커다란 **영광** 중에 나타나는 승리의 면류관이다."
'솔로몬의 지혜서'(SapSal) 3,1-3: "그러나 의인들의 영혼은 하나님의 손 안에 있고, 어떠한 고통도 받지 않을 것이며… 그러나 그들은 **평화**를 누리고 있다."
'솔로몬의 시편'(PsSal) 18,1: "주여, 당신의 **자비**가 당신의 손으로 만든 작품들 위에 영원토록 거하며, 당신의 후사가 크신 은사와 합하여 이스라엘 위에 있사옵니다."

---

30) 쿰란 공동체 탄생의 역사적 배경에 대해서는 H. Stegemann, *Die Entstehung der Qumrangemeinde, Diss. Theol.* (Bonn, 1971); J. Murphy-O'Connor, "The Essenes and their History", *RB* 81 (1974), 215-244 참조.

'에티오피아어 에녹서'(äthHen) 10,18: "그 날이 되면 온 땅이 의로써 덮이게 되며 온통 나무들로 무성하며 축복이 풍성하리라."
'제4에스라서'(4Esr) 6,27-28: "악은 파멸되고 간계도 사라지나, 믿음은 꽃피며, 타락은 극복되고, 오랫동안 열매 못 맺던 진리가 드러난다."

호다욧 내의 1QH XI,26-28에서도 종말에나 나타나는 구원 상태가 지금 나타나고 있음을 찾아볼 수 있다:

"어떠한 근심이나 탄식 그리고 어떠한 사악함도 없으며 […] 당신의 진리가 밝히 드러났고, 영광으로 그리고 영원한 평화로 바뀌었네. 주를 찬미하오니, 당신께선 당신의 종에게 깨침의 영을 주셨기에, 당신의 이적을 깨달으며 […] 당신의 자비가 충만함을 통하여."

여기서 시편 기자는 장차 나타날 구원의 시대를 내다보는 것이 아니라, 그 시대를 이미 지금 체험하고 있는 셈이다. 그러하기에 그는 완료형을 써서[31] 노래할 수가 있었다.

결국 쿰란 기도자들은 그들의 공동체 내에서 종말에 맛보는 은혜의 상태를 노래하고 있는 셈이다. 그들은 이 공동체를 그들에게 있어서 '불법의 영역' 1QH II,8; III,24 과 대립된 '의인들의 영역' 1QH VII,14 으로 이해하고 있으며, 자신들의 공동체를 종말과 동일시되는 현재에 있어서 유일무이한 구원의 장소로 파악한 것이다.

나. 의의 교사를 통한 의와 악의 분리

성령강림은 하나님께서 직접 역사에 간섭하고 계심을 보여주는 명백한 증거가 되고 있다. 왜냐하면 성령을 통하여 시편 기자는 처참한 궁핍으로 가득 찬 자기의 현실을 극복하고 있기 때문이다. 이 현실 극복은 구원공동체인 쿰란 공동체를 세움으로써 가능해진 것이다. 그런데 이 시편 기자

---

31) 제27열, נתתה; 제32열, פתחתה 그리고 נחמתני.

인 의의 교사에게 있어서, 쿰란 공동체는 하나님께서 직접 주창하여 세운 것이지 자신의 산물이 결코 아니다. 이 구원공동체의 설립은 하나님께서 직접 역사에 관여하신다는 사실과 밀접히 연관되어 있으며, 공동체의 설립자인 "의의 교사"를 통하여 의와 악을 나누신다는 것이다. 의의 교사는 1QH VII,12에서 "나의 모든 적대자들을 당신께서 법정에서 죄 있다 선언하시니, 나를 통하여 의와 악을 구분하십니다"라고 찬미하고 있다. 하나님께서 그의 적대자들, 다시 말하면 '죄의 자녀들' 1QH VII,11 을32) 심판하시나, 의의 교사와 그의 공동체원들에게는 무죄를 선언하고 있다. 여기에서 동사 תרשיע "죄 있다 선언하시니" Hif. 미완료형 는 현재형으로 이해하여야 한다. 왜냐하면 의의 교사를 통한 의와 악의 구분이 바로 지금 이곳에서 hic et nunc 일어나는 것으로 이해하는 것이 옳기 때문이다. 그러하기에 하나님께서 그에게 대적하는 자들의 입을 말 못 하도록 막으셨기 때문에 1QH VII,11 그 누구도 그에게 맞설 수 없다. 그와 반대로 하나님의 무죄 선언은 의의 교사의 마음을 견고하게 하고, 그의 발걸음을 의의 길로 인도한다 1QH VII,13-14. 이러한 획기적인 전환을 체험한 의의 교사는 쿰란 공동체를 대표하고 있기 때문에, 공동체원들도 공동체로의 가입과 동시에 동일한 체험을 현재에 하고 있다고 말할 수 있다.

이러한 이유에서 하나님의 최후 심판은 비록 내리지 않았으나, 심판의 전조가 쿰란 공동체의 설립과 함께 이미 현재에 나타나고 있다고 볼 수 있다. 결국 쿰란 공동체가 존재하는 현재에 최후 심판이 선취되고 있는 셈이다.33) 이 공동체에 들어오는 사람은 누구나 의인들의 영역에서 거닐게 되고, 그의 길은 영광과 평화를 향하여 영원토록 나 있는 것이다 1QH VII,14-15 참조. 그러나 누구든지 의의 교사와 그의 공동체에 대적한다면 그는

---

32) 1QH VI,30 참조.
33) 이와는 반대로 S. Holm-Nielsen은 1QH VII,12에서 어떠한 종류의 종말론적 이해도 거부하고 있다. 그는 "심판"이란 개념에서 시간의 차원을 배제하고 있다. *Hodayot. Psalms from Qumran*, AThD 2 (Aarhus, 1960), 132, n. 17.

이미 지금 하나님으로부터 영원히 저주를 받게 되는 것이다. 이와 같은 의와 악의 구별에 대한 생각은 종말의 시대에 기대되는 특징적인 사고들 가운데 하나이다.

이러한 생각은 예를 들자면 '솔로몬의 시편 PsSal '34) 2,34-35에서 찾아볼 수 있다:

> "그 =하나님 는 의인과 죄인을 구별하시니,35) 죄인에게 그의 행적에 따라 영원히 벌을 내리며, 의인들에게는 죄인의 압제로부터 구해내어 자비를 베푸시네. 죄인은 의인에게 가했던 대로 벌을 받네."

다. 쿰란 공동체 내에서 일어나는 종말론적 새 창조

'새 창조' Neuschöpfung 개념은36) 비록 우리가 다루어 온 쿰란시 1QH VII, 6-25에 글자 그대로는 나타나지 않으나, 이 말을 위의 시에 적용하는 것이 정당하다고 생각된다. 왜냐하면 성령강림과 밀접히 연관된 쿰란 공동체의 설립은 찬송시 저자의 완전히 새로워진 실존을 전제하고 있기 때문이다. 이 실존은 저자가 성령강림에 근거하여 하나님과 밀접한 관계를 맺고 있다는 사실에 기인하고 있다. 자연인으로서의 육적인 실존은-우리의 시편 기자도 이에 속했었다 - 죄의 포로가 되었고 더 이상 의義를 알지 못하

---

34) '솔로몬의 시편'에 대해서는 S. Holm-Nielsen, Die Psalmen Salomos, JSHRZ IV/2 (Gütersloh, 1977) 참조.

35) 특히 죄인의 구별에 대해서는 äthHen 90,24-27을, 그리고 경건한 자의 구별에 대해서는 äthHen 108,9와 SapSal 3,5 참조. 그 밖에 1QS II,15-17과 CD XX,19-21에서도 같은 생각을 찾아볼 수 있으나, 1QH VII,12와는 달리 현재에 해당되지 않고 장차 다가올 미래에 해당된다.

36) 1QH III,19 이하와 관련하여 K. G. Kuhn은 이미 '새 창조'에 대하여 언급하였다. K. G. Kuhn, "Die in Palästina gefundenen hebräischen Texte und das Neue Testament", ZThK 47 (1950), 201, n. 7. 역시 E. Sjöberg, "Neuschöpfung in den Toten-Meer-Rollen", StTh 9 (1955), 131-136. 랍비문 서에서는 새 피조물(ברית הדשה)이라는 개념이 종종 나타나고 있으나 종말론적 문맥 가운데에서는 사용되지 않고, 특히 1. 병고침, 2. 곤궁과 위험의 제거, 3. 죄사함으로 인한 육체의 깨끗해짐과 같은 문맥에서 나타나고 있다. 여기에 대해서는 P. Billerbeck and H. L. Strack, Kommentar zum Neuen Testament aus Talmud und Midrasch, vol. 2 (München, 1956[=1924]), 421 이하 참조.

게 되었으며 1QH VII, 16-17 참조, 전적으로 유약함과 무력함에 사로잡혀 있었다. 성령강림이 있은 후에 이 찬송시 저자는 더 이상 옛사람이 아니라 새 사람이 된 것이다. 그는 더 이상 동요하지 않고, 사악한 전쟁에 직면하여서도 강직하게 되었으며, 탄탄한 탑에 비유되었고 의인의 영역에서 거닐며 하나님의 공의와 진리를 의지하게 되었다. 이러한 모든 진술은 완전히 새로워진 저자에 대하여 언급하고 있다. 이와 같은 새로운 실존은 하나님께서 공동체 구성원들을 위해 종말에 마련하신 쿰란 공동체 안에서의 실존과 동일하다.

'새 창조' 개념은 유대인들의 전통적인 사고 가운데 하나로서,[37] 항시 다가올 미래와 관련되어 있다. 그러므로 호다욧에 1QH 나타나는 새 창조가 현재 일어나고 있는 사건으로 이해되고 있는 것은 전적으로 새로운 것이다. 이러한 새 창조에 대한 사고는 쿰란 공동체원들이 그들의 공동체를 실재하고 있는 유일한 종말론적 구원공동체로서 확신하고 있다는 사실과 분리할 수 없다. 새 창조가 그들의 공동체와 긴밀히 연관되어 있음을 아래의 두 구절에서 살펴볼 수 있다:

1QH III,20-21: "내가 깨달은 것은, 소망은 당신께서 먼지로부터 영원한 무리로 만든(יצרתה) 자들에게나 있다는 것입니다."
1QH XI,12: "…죽은 자들의 벌레를 먼지로부터 영원한 무리로 들어올리시기 위하여(להרים)."

위의 구절에 나타나는 두 개의 상이한 표현, 즉 '당신=하나님께서 먼지로부터 만든 자들', 그리고 '죽은 자들의 벌레'는 쿰란 공동체원들이 자신을 낮추어 부르는 표현들이다.[38] '영원한 무리'는 다름 아닌 쿰란 공동체와 동일시되고 있으며, 하나님의 역사 가운데 쿰란의 경건자들이 영원한 무

---

37) äthHen 72:1; Jub 1:29; 5:12 참조.
38) H. W. Kuhn, "Die in Palästina gefundenen hebräischen Texte und das Neue Testament", 88.

리로 변화된 것이다. 이러한 하나님의 창조적인 행위는 위에서 두 개의 동사 יצר 만들다, 1QH III,21 와 רום 들어올리다, 1QH XI,12 로서 묘사되고 있다. 결국 쿰란사람들은 그들의 공동체 형성과 함께 종말에 기대되는 새 창조가 이미 시작되었다고 믿고 있다.39)

6. 공동체 내에 존재하는 성령의 현재성

첫 번째 성전파괴와 더불어/혹은 마지막 예언자들의 죽음과 더불어 성령이 이스라엘로부터 사라졌다는 것은 많은 랍비들 가운데 익히 알려진 사실이다.40) 예를 들면, 바벨론 탈무드 요마 bJoma 21b 에서 성령은 두 번째 성전에서는 찾아볼 수 없고, 단지 첫 번째 성전에만 귀속되었던 다섯 가지 가운데 하나로 꼽힌다.41) 그리고 토세프타 소타 tSota 3,2 에서 "그리고 마지막 예언자들인 학개, 스가랴 그리고 말라기의 죽음과 더불어 성령이 이스라엘로부터 사라졌다"라고 전하고 있다. 땅의 소유와 성전의 실재 또한 성소 내의 '쉐키나' Schekinah 의 현존을 통하여 성령의 현재적 활동을 입증할 수 있었는데, 성전이 파괴되고 이스라엘 민족이 바벨론의 포로 신세가 된 이래로 성령현존의 모든 조건이 더 이상 있을 수 없게 되었다는 것이다.42) 이러한 랍비문학의 견해와 마찬가지로, 대표적인 묵시문학서로 인정되고 있는 다니엘서, 제1에녹서 1Hen, 제4에스라서 4Esr, 그리고 시리아어 바룩서 syrBar 가운데 어디에서도 경건한 자들에게 성령이 현재 활

---

39) J. D. M. Derrett, "New Creation: Qumran, Paul, The Church, and Jesus", *RdQ* 13 (1988), 599 참조.
40) 빌러벡(P. Billerbeck)이 "성령소멸에 대한 이러한 생각이 이스라엘의 모든 범위에 걸쳐 인정된 것은 아니다"(P. Billerbeck, *Kommentar zum Neuen Testament aus Talmud und Midrasch*, 128)라고 말하는 것은 타당하다. 그러나 위의 생각은 의심의 여지없이 널리 퍼져 있었다. 쉐퍼(P. Schäfer)는 자신의 저서 *Die Vorstellung vom heiligen Geist in der rabbinischen Literatur*, StANT 28, (München, 1972), 87-111, cf. 143-146에서 성령 소멸이 나타나는 구절들을 모아 놓았다.
41) P. Schäfer, *Die Vorstellung vom heiligen Geist in der rabbinischen Literatur*, S.89 참조.
42) Ibid., 143 참조.

동하고 있다는 구절을 찾아볼 수 없다.43)

이러한 랍비문학과 묵시문학에서와 달리 1QH VII,6-25는 성령의 현재 활동에 대하여 언급하고 있다.44) 성령의 현재성이 우선 언어사용의 측면에서 드러나고 있다. 즉 성령이라는 개념이 현재완료형의45) 의미를 지닌 동사와 함께 사용되고 있다: 1QH VII,6-7에서 "당신의 성령을 내게 부어주셨기에 동요하지 않네"라는 표현 가운데에서, '성령부음'으로 표현된 하나님의 활동이 이미 종결되었으나 그 영향은 현재에도 계속되고 있다는 사실을 동사 הניפותה "당신은 부어주셨습니다" 에서 읽어 낼 수 있다. 그러하기에 이 찬송시 저자는 지금 더 이상 '동요하지 않는다'고 고백하고 있다.

그 밖에도 성령이 현재 활동하고 있음을 이 성령의 은사가 공동체 가입과 밀접히 연관되어 있다는 사실에서도 찾아볼 수 있다. 쿰란 시# 1QH XIV,8-22에서 공동체 가입을 표현하고 있는 동사 נגש "가까이 인도하다", Hif. 가 성령과 함께 언급되고 있다 : "내가 당신의 통찰력으로 인하여 깨친 바, 당신의 의지 [···] 당신의 성령을, 그러하기에 당신께선 모두 성인들로 구성된 나의 무리를 이루는 공동체 안으로 나를 가까이 인도하셨습니다 (תגישני)" 제12-13열.

1QH VII,6- 25에서는 비록 נגש란 단어가 사용되지 않고 있으나, 성령이 공동체와 직접 관련되어 있음을 확실히 엿볼 수 있다. 왜냐하면 성령강림으로 인한 찬송시 저자의 동요하지 않음은 구원공동체 설립을 사실상 초래하였기 때문이다. 성스러운 공동체 עצת קודש, 제10열 와 식물 מטעת, 제19열 그리고 싹 נצר, 제19열 으로 묘사되고 있는 쿰란 공동체를 이 찬송시의 저자 의의 교사는 하나님께서 성령을 통하여 세우신 구원공동체로 이해하고 있다.

---

43) H. W. Kuhn, "Die in Palästina gefundenen hebräischen Texte und das Neue Testament", 119 이하.
44) 성령의 현재 활동은 "호다욧"에만 국한된 것이 아니라, 특히 헬라-유대 문서 가운데 산발적으로 나타나고 있다(예를 들면 SapSal 9:17; JosAs 8:11).
45) 현재완료형의 용법에 대하여는 W. Gesenius, *Hebräische Grammatik*, völlig umgearbeitet von E. Kautzsch (Hildesheim-Zürich-New York, 1983), 321 참조.

IV. 결론

우리는 앞에서 쿰란 공동체 안에 나타나는 성령의 활동에 관한 호다욧 1QH 기자의 진술들을 살펴보았다. 여기에서 현재를 이미 시작된 종말의 시대로 파악하고 있는 저자의 진술들이 성령 사역과 어떠한 관계에 있는가를 물었다. 연구의 대상을 호다욧 중 특히 "교사의 시" Lehrerpsalm 가운데 하나인 1QH Ⅶ,6-25에 제한한 가운데 살펴보았다. 그 결과를 다음과 같이 요약할 수 있다.

하나님의 영 혹은 성령은 호다욧에서 현재에 실제로 체험되는 것으로 나타난다. 이 체험에 대하여 이 시의 기도자는 하나님께 무한한 감사를 드리고 있다. 교사의 시 1QH Ⅶ,6-25에서 이 시의 저자인 '의의 교사'는 성령을 하나님께서 종말을 위해 예비하신 구원공동체, 즉 쿰란의 '야하드' 공동체 =יחד of Qumran 를 세우는 데 쓰이는 하나님 매개체로 이해하고 있다.

의의 교사는 공동체의 현존을 사악한 대적자들에 의하여 지배받고 있는 종말의 혼돈상태에 직면한 지금, 하나님께서 자신의 편에 서 계실 뿐 아니라 자신을 직접 도우시고 있다는 사실로 받아들이고 있다. 그러므로 의의 교사는 공동체 내의 현재적 삶을 미래에 있을 구원의 완성에 지금 동참하는 것으로 이해한다. 또한 그는 기대하고 있는 종말의 구원을 오직 자신의 공동체, 즉 쿰란(에센파) 공동체 안에서만 가능한 것으로 믿고 있다.

그에 의하면, 결국 공동체 내에 나타나는 성령은 종말을 위해 예비하신, 현재 활동하시는 하나님의 은사이다. 여기에서 성령은 결코 독자적으로 혹은 인격화된 모습으로 나타나지 않고, 예외 없이 하나님께서 예정된 자들, 곧 의의 교사와 그의 공동체원들을 위한 당신의 구원의 은사로서 종말에 사용하시는 도구로 이해되고 있다. 쿰란 사람들은 이러한 성령을 단지 소망의 대상으로[46] 기대한 것이 아니라, 자신들이 처한 현실에서

---

46) F. M. Cross가 그의 저서 *Die antike Bibliothek von Qumran* (Neukirchen-Vluyn, 1967), 216에서 "성령은 에센파의 교리에 따르면 소망의 대상이다"라고만 파악한 것은 잘못이다.

실제로 체험하였고 앞으로도 체험이 가능한 하나님의 은사로 믿었다. 그들은 자신들의 현실을 구약의 선지자들이 예언했던, 성령이 도래하는 종말의 시대로 확신했던 것이다.

제5장

쿰란 공동체의 종말론적 성서해석

...

I. 서론

유대인들에게 히브리어 성서와 그에 대한 해석은 서로 밀접히 연관되어 있다. 이 말은 주의 깊게 되새길 필요가 있다. 곧 성서란 해석 전통을 동반하지 않고서는 바로 이해할 수 없다는 뜻을 내포하기 때문이다. 이와 같은 사실은 유대인들이 성서 본문에 대한 연구나 주석을 담은 수많은 미드라쉬[1]를 남긴 것에서 잘 드러나며, 또한 중세 때 명망 높은 랍비들의 다양한 주석을 담은 이른바 '랍비 성서' =미크라옷 그돌롯 [2]의 구소 속에서도 쉽게 엿볼 수 있다.

1947년 이래 발견된 쿰란 문서 =사해문서 로 말미암아 우리는 대략 2000년

---

[1] 미드라쉬(מדרש)는 '구하다', '묻다'라는 의미를 지닌 동사 다라쉬(דרש)에서 파생한 명사형으로 '연구'라는 뜻을 지니고 있다.

[2] '랍비성서'는 보통 우측 상단이나 중앙에 위치한 히브리어 성서 본문을 중심으로 '타르굼 옹켈로스'를 비롯하여 중세 이래로 여러 유명한 권위 있는 유대인들(예컨대, 싸아디아 가온 882-942년; 라쉬 1040-1105년; 이븐 에스라, 대략 1089-1164년 등)의 성서주석을 같은 면에 나란히 배열하여 성서 본문의 이해를 돕도록 구성되어 있다. 이 주석들은 정경과 같은 권위를 누린다.

전에 살았던 고대 유대인들의 성서해석에 접할 수 있게 되었다. 학계는 이들을 보통 에센파와 동일시하고 있다. 이들이 남긴 다량의 문서 가운데 그들의 성서 이해를 보여주는 작품들이 여러 편 발견되었다. 이들의 성서 해석이 우리의 관심을 끄는 이유는 그들의 성서해석이 초창기 그리스도 교인들이 가졌던 성서해석과 유사한 측면을 보여주고 있다는 사실에 있다. 그것은 다름 아닌 성서에 대한 종말론적인 해석을 가리킨다. 다시 말하면, 히브리어 성서 =구약성서에 기록된 예언들을 종말의 시간에 살고 있다고 확신한 자신들의 현존시간에 해당되는 것으로 믿었던 것이다.

이 글은 쿰란에센파 사람들이 가졌던 종말론적인 성서해석을 이해하는 것을 목적으로 한다. 이때, 이른바 '페셔-방법' Pesher-Method 이라 부르는 쿰란 사람들의 독특한 성서 해석방법도 동시에 살피게 될 것이다. 여러 본문 가운데에서 단지 두 본문 1QS VIII, 4-16; 1QpHab VII, 1-VIII,3 에만 국한하여 다루고자 한다. 이 두 본문에 인용된 구약성서 인용문은 신약성서에도 인용된 것이기에, 동일한 구절을 두고서 양자가 어떻게 성서해석을 하는지를 더불어 알 수 있기 때문이다.

II. 1QS VIII,4-16

이 본문은 첫 번째 쿰란 동굴에서 나온 이른바 '공동체 규율서' Serek ha-Yahad=1QS 가운데 한 부분인 1QS V,1-XI,22에 속한다. 이 부분은 에센파 설립 초기 때 만들어진 것으로 공동체 조직이며 훈련 지침과 관련된 여러 규정을 모아 놓은 것이다. 여기에는 공동체 가입 때 행하는 선서를 비롯하여 비에센파 사람들과의 접촉을 금하는 규정, 공동체 가입 때 보는 시험, 잘못을 범했을 때 서로 간에 행하는 권면, 예배며 식사 혹은 회합 때 지켜야 할 규정, 이런 규정들을 어겼을 때 받게 될 처벌 사항 등이 담겨 있다.

1QS는 대략 기원전 100년경에 기록된 것으로 본다.3)

본문 번역4):

"4 ... 이러한 것이 이스라엘 가운데 일어날 때, 5 공동체의 의회가 진리 안에서 영생초מטעת עולם, 곧 이스라엘을 위한 영원한 집이 되며 아론을 위한 지성소의 설립이 되며, 6 또한 심판 때 진리의 증언자가 되며 하나님께서 원하신 선택받은 자들로서 이 땅을 위해 속죄하며 7 사악한 자들의 행위에 보복하기 위함이다. 이것은 연단 받은 담, **귀한 모퉁이돌** פנת יקר 이니, 8 그의 기초가 흔들리지도 않고 제자리에서 벗어나지도 않을 것이다. 아론을 위한 지성소의 자리가 9 공의의 언약을 위한 영원한 인식을 동반하니 좋은 제사 향내를 내기 위함이며, 이스라엘 내에 온전함과 진리의 집이 있으니 10 영원한 율법의 언약을 세우기 위함이다. 이 땅을 위해 속죄하며 사악한 판단을 떨쳐버리기를 원하니, 더 이상 사악한 자가 없을 것이다. 이들이 공동체의 토대 위에서 2년 동안 온전한 삶을 굳히게 되면, 11 공동체원들의 의회에서 거룩하다고 구별된다. 이스라엘에게는 감추어져 있으나 연구하는 사람에 의해서 드러난 어떤 것도, 12 변절하는 영혼이 두렵다 하여 그들에게 감추지 않을 것이다. 이러한 것이 이스라엘에 있는 공동체에게 일어날 때, 13 그들은 그 규정들에 따라 광야로 가기 위해 거기서 그분의 =주의 길을 예비하기 위함이다. 14 **기록된 바, 광야에 하나님의5) 길을 다질지어다.** 15 이것은 그가 모세를 통해 명한 율법의 연구 מדרש התורה 를 말한 것이니, 때때로 계시된 모든 것에 따라 행하는 것이다. 16 예언자들이 그의 성령을 통하여 계시했듯이 말이다."

1. 1QS VIII,4-8

1QS VIII,4-8을 언뜻 보면 이 본문 안에 어떤 구약의 인용문도 눈에 띄지 않는 것 같다. 그러나 제7-8열을 자세히 들여다보면, 이사야 28장 16절이

---

3) H. Stegemann, *Die Essener, Qumran, Johannes der Täufer und Jesus* (Freiburg, 1993), 152. Cf. J. H. Charlesworth, ed., *Rule of the Community and Related Documents (The Princeton Theological Seminary Dead Sea Scrolls Project)* (Tübingen-Louisville, 1994), 2; J. Maier, *Die Qumran-Essener: Die Texte vom Toten Meer*, vol. 1 (München, 1995), 166 ("Hasmonäisch. 100-75 v. Chr.").
4) 이 번역은 E. Lohse, ed., *Die Texte aus Qumran* (Darmstadt, 1981)에 나온 본문을 기초로 하였다. Cf. J. H. Charlesworth, ed., *Rule of the Community and Related Documents*.
5) 원문에는 하나님을 가리키는 Tetragramm 대신에 4개의 방점이 찍혀 있다.

여기에 인용되어 있음을 알 수 있다. 예컨대 '기록된 바와 같은' 성서 인용을 알리는 도입 양식을 전혀 사용하지 않는 가운데, 단지 "귀한 모퉁이돌"이라는 표현만을 그대로 사용하면서 이사야 28장 16절을 축약한 형태로 **자유롭게** 사용하고 있다. 이 이사야 구절이 1QS VIII,4-8에 어떻게 혹은 어떤 의미로 사용되었는가를 알기 위해서는 우선 이 이사야 구절이 본래 어떤 문맥에 나오는지를 살필 필요가 있다.

가. 이사야 28장 16절의 문맥 및 이해

이사야 28장 16절은 하나님의 언약의 말씀으로서 이사야 28장 14-22절 단락에 속한다. 이 본문은 선지자 이사야가 예루살렘의 지배층을 향한 하나님의 심판을 선포하는 내용으로 이루어져 있다. 다시 말하면 이사야 선지자는 당시 강대국인 아시리아의 위협적인 침공에 직면하여 이 하나님의 언약의 말씀을 선포하고 있다. 예루살렘이 돌이킬 수 없는 멸망의 상황에 처해 있음에도 불구하고 하나님으로부터 오는 언약의 말씀이 선포되고 있는 것이다. 하나님의 언약을 통하여 이사야는 낙담에 빠지지 않고 무엇인가 새로운 것을 기대하였던 것이다.

여기에 나오는 "모퉁이돌" פנה 은 은유적인 의미로 사용된 것으로 야훼에 대한 동요함이 없는 강한 신뢰를 가리키고 있다. 이러한 신뢰에 근거하여 "믿는 사람은 달아나지 않을 것이다" המאמין לא יחיש 라고 말할 수 있었다. 이사야 28장 16절에 들어있는 하나님의 언약의 말씀은 아시리아의 위험이 점차 다가오던 시기인 이사야의 마지막 활동 시기 B.C. 701 직전에 선포된 것으로 추정할 수 있다.[6]

나. 1QS VIII,4-8에 인용된 이사야 28장 16절 이해

이제 이사야 28장 16절이 우리가 다루고자 하는 본문의 전반부에 해당

---

6) W. H. Schmidt, *Einführung in das Alte Testament* (Berlin-New York, ⁴1989), 215.

되는 1QS VIII,4-8에서 어떻게 사용되었는지 살펴보자. 이해를 돕기 위해 두 본문을 병행시키면 다음과 같다.

사 28:16:

לכן כה אמר אדני יהוה
הנני יסד בציון אבן אבן בחן
פנת יקרת מוסד מוסד המאמין לא יחיש

("그러므로 주 야훼께서 이렇게 말씀하신다. 보아라, 내가 시온에 한 돌, 곧 **연단 받은 돌, 귀한 모퉁이돌**을 놓아 기초를 튼튼히 세울 것이다. 믿는 사람은 달아나지 않을 것이다.")

1QS VIII,7-8:

7열 איאה חומת הנחן יקר בל
8열 יזדעזעו יסודתיהו ובל יחישו ממקומם

("이것은 **연단 받은 담, 귀한 모퉁이돌**이니, 그의 기초가 흔들리지도 않고 제자리에서 벗어나지도 않을 것이다.")

1QS VIII,7-8에 나타난 이사야서 인용문의 내용을 이사야 28장 16절과 비교할 때, 다음과 같은 차이점을 관찰할 수 있다. 제7열에 보면 '연단 받은 담'חומת הבחן, '귀한 모퉁이돌' פנה 이라는 표현이 나온다. 이것은 이사야서의 '돌, 연단 받은 돌, 귀한 모퉁이돌'이란 표현과 다르게 되어 있다. 이사야 28장 16절에는 '돌, 연단 받은 돌, 귀한 모퉁이돌'이라고 되어 있듯이, 한 개의 돌에 대해 언급하고 있다. 이와 달리 1SQ VIII,7에는 돌 אבן 하나에 대한 것이 아니라, 담 חומה 에 대하여 언급하고 있다. 곧 여러 돌을 합쳐 쌓아 이루어진 담을 강조하고 있다.

이 '담'은 다름 아닌 쿰란 공동체를 의미하는 은유적인 개념이다. 이로써 쿰란 공동체의 각각의 구성원들이 아니라, 구성원들의 모임인 공동체가 부각 되어 있음을 알 수 있다. 이 공동체는 흔들림이 없는 강한 공동체임을 '연단 받은'הבחן 이란 단어에서 읽을 수 있다. 결국 이사야 28장 16절을 나름대로 자유롭게 인용함으로써, 아무도 파괴할 수 없는 성벽과 같은 단단한 담벼락에 쿰란 공동체를 비유하고 있다. 게다가 쿰란 공동체는 '이스라엘을 위한 성소며 아론을 위한 지성소'이고, 동시에 '심판 때에 참된 증인'이며 '이 땅을 속죄하고 또한 사악한 자들에게 그 대가를 치르게 하는 하나님의 마음에 드는 선택받은 자'로 이해되고 있다. 이처럼 성전으로 이해되고 있는 쿰란 공동체는 다름 아닌 하나님께서 종말의 시대를 위해 예비하신 '영생초'(משעת שולם 7))에 비유되는 종말론적인 공동체를 의미한다.8)

2. 1QS VIII,13-16

가. 이사야 40장 3절의 문맥 이해

이 절은 제2이사야서의 서언을 이루고 있는 이사야 40장 1-11절 단락에 속한다. 기원전 6세기 이스라엘이 바벨론의 포로 하에 살고 있던 상황이 이 구절의 역사적 배경을 이루고 있다. 당시 강력한 왕국을 이루었던 바벨론의 치하에 놓인 이스라엘 사람들은 다시는 자신들의 고향으로 되돌아갈 수 없다는 처절한 절망의 상태에서 우리의 예언자는 하나님으로부터 오는 위로와 해방의 말씀을 선포하고 있다: "위로하여라. 나의 백성을 위로하여라"사 40:1. 이와 같은 위로의 말씀에 이어 2절에서는 이스라엘의 죄를 용서하시는 하나님의 선언이 나온다. 이어서 우리의 예언자는 야훼를 위한 길을 광야를 거쳐 닦으라는 내용을 담은 하나님의 명령을 듣는다 3-4절. 이 모든 위로와 해방을 이루시는 야훼의 오심이 9-11절에서 선포되고 있다.

---

7) 쿰란 공동체의 이와 같은 자기 칭호는 1QS XI,8; 1QH VI,15; 4Q418 Frg. 81, 13(cf. CD I,7)에도 나타난다.
8) 사 28:16은 신약성서에도 인용되었다(롬 9:32b-33; 10:11; 벧전 2:4-6). 이들 구절에 나오는 인용문은 예수에게 적용된 것이다.

우리가 살피고자 하는 이사야 40장 3절은 이와 같은 문맥 가운데 놓여 있다. 이때 우리의 예언자는 여기서 외치고 있는 자가 누구인지를 분명히 밝히지 않고, 단지 야훼의 길을 평탄케 하라는 명령에 초점을 맞추고 있다. 바로 이 명령이 야훼께서 이스라엘에게 보여주는 위로의 내용을 이루고 있다. "이스라엘에 대한 위로는 길을 준비하는 것으로 시작된다. 그 길은 이스라엘이 광야를 지나 고향으로 가는 길이기 때문이다."9) '광야에' 라는 부사구는 앞에 나오는 동사 '외치다'를 수식하고 있지 않고, 뒤에 나오는 (길을) '예비하라'는 동사를 꾸미고 있는 것으로 보아야 한다. "악센트의 위치와 대구법 또한 리듬이 이를 뒷받침하고 있기 때문이다."10)

광야가 바벨론에 있는 이스라엘 백성과 그들의 고향을 가로막는 구체적인 광야를 의미한다고 볼 때, 길을 예비하라는 명령을 글자 그대로 받아들일 수 있다. 동시에 광야를 통한 길에 대한 선포는 제2이사야에 강조된 어법으로서, 하나님께서 자기 백성을 인도하시는 길이라는 은유적인 의미로도 파악할 수 있다.

나. 1QS VIII,14에 인용된 이사야 40장 3절의 이해

앞의 경우와는 달리, 1QS VIII,14에는 성서 인용이 시작됨을 알리는 도입양식 '카아쉐르 카투브' כאשר כתוב, 기록된 바 을 사용하여 이사야 40장 3절이 거의 완벽하게 인용되어 있다. 단지 히브리어 본문에 들어 있는 야훼를 뜻하는 '신성사문자' Tetragramm 대신에 이를 알리는 4개의 방점을 찍고 있는 것만이 다를 뿐이다.

쿰란 문서 본문에 "외치는 자의 소리" קול קורא 라는 표현이 빠져 있는 것이 눈에 띈다. 쿰란 본문 기자는 외치고 있는 자가 누구인지에 대해서는 전혀 관심이 없고, 모든 초점을 예언에 나오는 두 행위에 맞추고 있다.

---

9) C. Westermann, *Das Buch Jesaja Kapitel 40-66*, ATD 19 (Göttingen, 1981), 33.
10) Ibid., 34. 그러나 이와 달리 칠십인역(LXX); 마 3:3 par; 요 1:23에서는 '광야에'가 '외치는 자'를 수식하고 있다.

'주님의 길을 예비하는 일'과 '하나님을 위한 길을 닦는 일'이 특히 강조되고 있다는 사실을 앞 인용문의 내용을 받고 있는 제15열의 처음에 나오는 지시대명사 '히아'היא를 통해서 알 수 있다. 쿰란 문서 기자는 이 일을 '토라에 대한 연구' מדרש התורה 라고 해석하고 있다. 히브리어 성서 본문의 내용을 글자 그대로 이해하지 않고 은유적으로 해석하고 있음을 보게 된다. '주님의 길을 예비하는 일'과 '하나님을 위한 길을 닦는 일'을 토라연구와 동일시하고 있는 것이 독특하다.[11] 그런데 토라 연구를 토라에 대한 학문적 관심에만 국한된 것으로 보아서는 안 된다. 쿰란 사람들에게 있어서 인식과 행위는 서로 별개의 것이 아니고 밀접히 연관된 것이기 때문이다. 따라서 1QS IX,19 이하에서 '광야의 길을 예비함'이 바로 '토라에 나타난 계시를 따라 온전히 사는 삶'[12]에 비유되고 있다. 온전한 삶은 온전한 연구를 전제하고 있다고 보기 때문이다. 여기서 은유적으로 사용된 명사 길 דרך 은 쿰란 공동체를 의미한다고 볼 수 있다. 쿰란사람들은 자신의 공동체를 종말의 구원공동체로 이해한 가운데, 올바른 성서해석이 이루어지고 실행되고 있는 유일한 지역이라고 믿었다.

결국, 우리의 쿰란 본문에서 이사야 인용문이 새롭게 해석되고 있음을 알 수 있다. 우리의 쿰란 기자는 본래 바벨론의 포로 상태라는 역사적 정황을 전혀 고려하지 않고, 이 이사야 구절을 쿰란 사람들이 처한 종말의 시간인 현재의 시간에 적용된 것으로 보았다. 이사야 40장 3절에 나오는 광야의 길이 포로된 이스라엘 백성을 위한 귀향길을 뜻하였으나, 우리의 쿰란 문서 가운데에서는 토라 연구에 비유되고 있다. 1QS VIII,15 이하

---

11) 사 40:3이 막 1:3 par에서도 인용되고 있다. 여기에서 이사야 구절에 나오는 '외치는 자'는 세례 요한으로서 예수를 위한 길을 예비하라는 임무를 띠고 있다.

12) 1QS IX,19:

… אנשי היחד להלך תמים איש את רעהו בכול הנגלה להם
היאה עת פנות הדרך למדבר

("… 공동체의 남자들. 이들은 저마다 그의 이웃들과 더불어 그들에게 계시된 모든 것 안에서 온전히 거닌다. 이것은 광야의 길을 예비하는 것을 뜻한다.")

에서 '모세를 통해 명령한 토라 연구'와 '하나님의 성령을 통한 예언자들의 계시'가[13] 강조되고 있는데, 이것을 쿰란 사람들은 바로 자신들을 겨냥하여 언급한 것으로 이해하였다. 그들은 자신의 공동체를 하나님께서 예비하신 종말의 구원공동체로 믿었던 것이다.

III. 1QpHab VII,1-VIII,3

이 하박국 주석서는 쿰란 사람들의 예언서 주석서 가운데 가장 늦게 기록된 작품이다. 1QpHab IX,2-7에 기록된 내용은 기원전 54년에 있었던 로마인들(=키티임[14])의 예루살렘 성전 약탈 사건을 염두에 둔 것이다. 이에 근거하여 이 작품의 생성 연대를 기원전 54년 직후로 잡을 수 있다._{Josephus,} _{Bell I,179; Ant XIV,105-109 참조.}[15] 이 작품은 종말 심판의 도래가 생각했던 것과 달리 지연되고 있는 사실과 관련된 쿰란 사람들의 숙고를 담고 있다.

본문 번역:

VII. [1] 하나님께서 하박국에게 마지막 세대에 도래할 것을 받아 적으라고 말씀하셨다. [2] 그러나 시간의 완성은 그에게 알려주시지 않았다. [3] **기록된 바** ויאמר אמר, **그것을 소리 내어 읽는 자가 달리듯이 읽을 수 있도록 하기 위함이다.** [4]이것의 해석은 의의 교사에게 해당된다 פשרו על מורה הצדק. 하나님께서 그에게 자신의 종들인 예언자들의 말에 담긴 모든 비밀들을 알려주셨다. 왜냐하면 **이 묵시는 정한 시기가 지나야 이루어진다** ד ועוד חזון למועד **그것이 곧 끝날 것이고 속임이 없을 것이다.** [7] 이것의 해석은 다음과 같으니 פשרו אשר, 마지막 시간 הקץ האחרון 이 늦춰질 것이니, 예언자들이 예언한 모든 것보다 훨씬 넘어설 것이다. 왜냐하면 하나님의 비밀들은 놀랍기 때

---

13) 1QS VIII,15 이하:

היאה מדרש התורה [אשר] צוה ביד מושה לעשות ככול הנגלה עת בעת וכאשר גלו הנביאים ברוח קודשו

14) 키티임(כתיאים)이 로마인들을 가리키고 있음을 예레미야스(G. Jeremias)가 잘 밝혔다. G. Jeremias, *Der Lehrer der Gerechtigkeit* (Göttingen, 1963), 10-35.

15) H. Stegemann, *Die Essener*, 184.

문이다. ⁹ 그것이 지체하면, 그것을 열심히 기다려라. 왜냐하면 그것은 반드시 올 것이고, ¹⁰ 어김이 없을 것이기 때문이다. 이것의 해석은 진리의 사람들에게 해당된다. ¹¹ 곧 율법의 행위자, 이들의 양손은 마지막 시간이 늦추어질지라도 진리를 행함에 피곤치 않을 것이다. ¹² 왜냐하면 하나님의 모든 시간은 그 순서에 따라 그가 지혜의 신비 가운데 정하신 대로 도래할 것이기 때문이다. ¹⁴ 보아라, 저 교만한 자를 [그의 혼이 그에게서] 멸망하리라. 이것의 해석은 다음과 같은 사실에 해당된다. 그들의 죄가 두 배로 늘었으며 그들이 심판받을 때 자비를 얻지 못할 것이다. ¹⁷ [그러나 의인은 그의 믿음으로 살리라]. VIII, ¹ 이것의 해석은 유다 지파에 있는 율법의 모든 행위자에게 해당된다. 하나님께서 이들을 의의 교사를 향한 이들의 수고와 신실함으로 인해 심판정에서 구원하실 것이다.

1. 하박국 2장 1-4절의 문맥 이해

본문 번역 :
"… ² 주께서 나에게 대답하셨다. 이 묵시 חזון 를 받아적으라. 판에 똑똑히 새겨서, 그것을 소리 내어 읽는 자가 달리듯이 읽을 수 있도록 하여라. ³ 이 묵시는 정한 시기가 지나야 이루어진다. 그것이 곧 끝날 것이고 속임이 없을 것이다. 그것이 지체하더라도 그것을 열심히 기다려라. 왜냐하면 그것은 반드시 올 것이고, 어김이 없을 것이기 때문이다. ⁴ 보아라, 저 교만한 자עפלה를. 그의 혼이 그에게서 멸망하리라. 그러나 의인은 그의 믿음으로 말미암아 살리라 וצדיק באמונתו יחיה."

하박국 2장 1-4절은 형식상 두 부분으로 나눌 수 있다. 1절은 예언자의 선포로 되어 있고, 2-4절은 하나님의 말씀으로 되어 있다. 이 하나님의 말씀은 하나님의 공의를 향하여 예언자 하박국이[16] 탄식한 것에 대한 하나님의 답변으로 되어 있다. 이 탄식은 하나님의 공의에 대한 것으로 이방 세력이 이스라엘을 억압하고 있는 것을 하나님이 그대로 방치하고 계시는 것을 내용으로 한다.

선지자 하박국이 본 묵시를 받아 적으라는 명령이 나오고 제2절, 이어서

---

16) 하박국은 대략 기원전 650-600년 사이에 활동한 예언자로 하나님께서 바벨론 사람들로 하여금 변절한 유다를 치게 하실 것을 예언하였다.

이 예언은 아직 성취되지 않았으나 종말에는 밝히 드러날 것이라고 한다 3b절. 이 종말시간의 도래가 늦어져 기다려야 할지라도 의심하거나 낙담하지 말고 굳게 기다릴 것을 이야기하고 있다 3b절. 이어서 나오는 4절은 앞의 2-3절에 언급된 묵시의 핵심을 담고 있다. 여기서 교만한 자עפלה와 의인צדיק이 서로 대립된다. '교만한 자'는 이방 적대 세력을, '의인'은 유다를 가리키고 있다. 곧 여기에서 의인은 개개의 경건한 사람을 뜻하지 않고 하나님의 백성을 가리키고 있다. 또한 동사 '살리라'יחיה는 종말 때의 정치적인 실존을 의미하고 있다.17) 명사 '믿음'/'신뢰'אמונה는 동요함이 없이 하나님과 그의 말씀을 신뢰함을 뜻한다.

이와 같은 내용을 담고 있는 우리의 하박국서 본문은 바벨론의 침공으로 인한 아시리아 제국의 멸망B.C. 609과 관련된 것으로 짐작되므로 기원전 605-600년경에 생성된 것으로 볼 수 있다.18)

2. 1QpHab에 인용된 하박국 2장 1-4절 이해

1QpHab VII,1 이하는 바로 앞부분 Col. VI의 끝에 나오는 하박국 2장 2절의 내용을 또다시 받고 있다. 이때, 그 내용을 그대로 전하지 않고 주석가 자신의 해석을 곁들여서 기록하고 있다. 마지막 세대에 일어날 일들에 대한 묵시를 적으라는 명령을 하나님으로부터 받고 있다. 그런데 시간의 완성은 예언자에게 알려지지 않았다. 여기에서 하박국 선지자의 예언이 종말에 대한 것임을 밝히고 있다.

1QpHab VII,3은 1QpHab VI,15에 나오는 성서 구절 가운데 단지 하나의 부분=합 2:2의 끝부분인 בו ... למען ירוץ를 다시 인용하고 있다. 그에 대한 해석이 이어서 1QpHab VII,4 이하에 나온다. 해석의 시작을 알리는 전형

---

17) K. Elliger, *Die Pripheten Nahum, Habakuk, Zephanja, Haggai, Sacharja, Maleachi* (Göttingen, 1982), 41.
18) A. Weiser, *Zwölfpropheten II: Obadja, Jona, Micha, Nahum, Habakuk* (Würzburg, ²1984), 219.

적인 표현인 פשרו על ^{피쉬로 알}로써 시작되고 있다. 여기서 페셔 פשר 라는 명사는 해석 혹은 주석을 뜻하고, 알 על 이라는 전치사는 '…에(대한)'이란 뜻을 나타낸다. 결국 지시대명사 ו를 동반한 '피쉬로 알' פשרו על 이란 표현은 "그 구절의 해석은 전치사 '알' על 이하의 사실에 해당된다"라는 의미를 가리킨다.19)

1QpHab VII,3에 인용된 하박국서 본문은 의의 교사 מורה הצדק 에 해당되는 것으로 해석하고 있다: "**하나님께서 당신의 종들인 예언자들의 말에 담긴 모든 비밀들을 바로 의의 교사에게 알려주셨다**"라고 1QpHab VII,4 이하에서 부연하고 있다. 이름이 후세에 알려지지 않은 의의 교사는 사독 가문의 제사장 출신으로20) 쿰란 공동체의 설립자이며 정신적 지주이다. 구약의 예언서에 담겨 있는 하나님의 모든 비밀스러운 계시가 오로지 그에게만 알려져 있다는 것이다. 여기에서 우리는 의의 교사가 지녔던 엄청난 전권을 엿볼 수 있다.21)

계속하여 1QpHab VII,5 이하에 하박국 2장 3a절이 인용되고 있다. 이에 대한 해석이 곧바로 제7-8열에 나타나고 있다. 이 해석은 "피쉬로 아쉐르" פשרו אשר 라는 양식으로 시작하고 있다. 위에서는 전치사 '알' על 을 사용하여 명사를 받고 있는 것과 달리, 이번에는 접속사 '아쉐르' אשר 를 사용하여 문장을 받고 있다. "마지막 시간"이 예언자 하박국이 예언한 것보다 더 늦게 당도하리라고 말하고 있다: "**마지막 시간이 늦춰질 것이니, 예언자**

---

19) 이와 같이 연속되는 여러 절로 되어 있는 구약 예언서의 특정 본문을 마디마디 순서대로 주석해 나가는 주석법을 가리켜 '페셔 방법'(Pesher-Method)이라 하며, 이러한 방법에 따라 주석한 작품들을 페샤림(Pesharim=주석서)이라 부른다. 이 책의 1장을 참조하라.
20) 의의 교사가 사독 가문의 제사장 출신임을 다음과 같은 구절에서 알 수 있다 : 1QS V,2.9; 1QSa I,2.24; II,3; 1QSb III,22; 4Qflor I,17.
21) 의의 교사라는 칭호는 토라에 합당하게 가르치는 바른 교사라는 뜻에서 불린 것이다. 슈테게만(H. Stegemann)에 따르면, 마카비 사람 요나단이 의의 교사가 갖고 있던 대제사장직을 기원전 152년에 찬탈했다. H. Stegemann, *Die Essener*, 205. 의의 교사에 대해서는 다음의 문헌을 참조하라. G. Jeremias, *Der Lehrer der Gerechtigkeit* (Göttingen, 1963); P. Schulz, *Der Autoritätsanspruch des Lehrers der Gerechtigkeit in Qumran* (Meisenheim am Glan, 1974).

들이 예언한 모든 것보다 훨씬 넘어설 것이다." 이와 같은 종말 지연의 이유를 "하나님의 비밀들은 놀랍기 때문이다"라는 사실에서 찾고 있다. 이것은 그 누구도 그 비밀을 온전히 다 꿰뚫어 알 수 없다는 의미를 담고 있다. 여기서 언급하고 있는 '마지막 시간'은 곧 종말의 시대를 뜻하는 것으로, 쿰란 공동체가 현재 실존하는 시간을 포함한다.[cf. 1QpHab VII,2] [22)] 1QpHab VII,9 이하는 하박국 2장 3b절을 계속하여 인용하고 있다. 이에 대한 해석은 또다시 '피쉬로 알'이란 양식으로 시작하고 있다. 이 해석은 "진리의 사람들" אנשי האמת, 곧 "율법의 수행자들" עושי התורה 에게 걸리고 있다. 이들은 다름 아닌 쿰란 공동체에 속한 사람들을 가리키고 있다. 종말의 시간이 비록 지연되고 있다 하더라도, 진리의 봉사로 인해 피곤하지 않으리라고 한다(제11-12열). 제13열에 이에 대한 이유를 대고 있다: "왜냐하면 하나님의 모든 시간은 그 순서에 따라 그가 지혜의 신비 가운데 정하신 대로 도래할 것이기 때문이다."

1QpHab VII,14 이하에 계속하여 하박국 2장 4a절이 인용되고 있다. 이에 대한 해석이 '피쉬로 아쉐르' פשרו אשר 로 시작되고 있다. '아쉐르' 절 이하의 내용은 쿰란 공동체에 대적하는 사악한 자들에 해당되는 말이다. 이들의 죄가 두 배로 증가하여 결국 심판 때 하나님의 자비를 전혀 기대할 수 없으리라고 한다.[제15열 이하].

다음에 이어지고 있는 Col. VII의 제17열은 전승 과정에서 손상되어 정확히 판독할 수가 없다. 그럼에도 이 작품이 하박국서의 특정 부분을 하나하나 연속적으로 해석하고 있다는 사실에서 이 손상된 부분에는 하박국 2장 4b절이 기록되었을 것이라고 쉽게 짐작할 수 있다: "**의인은 그의 믿음으로 말미암아 살리라.**" 이 구절에 대한 해석이 1QpHab VIII,1 이하에 나온다. 역시 '피쉬로 알' פשרו על 로 시작되고 있다. 하박국 2장 4b절에서

---

22) 슈토이델은 "마지막 날들"이란 표현이 쿰란 사람들에게 다가올 미래의 시간을 의미하지 않고 그들의 현존에 걸리는 개념임을 밝혔다. A. Steudel, "אחרית הימים in the Texts from Qumran", *RdQ* 16 (1993), 225-246.

단수 형태로 되어 있는 "의인"을 우리의 쿰란 기자는 복수 형태의 "유다 지파에 있는 모든 율법 행위자들"로 해석하고 있다.

하박국 2장 4b절에서 하나님에 대한 충실함이 문제가 되는 것과 달리, 이 쿰란 본문에서는 의의 교사에 대한 충실함을 강조하고 있는 것이 특이하다. 이와 같은 해석은 쿰란 공동체가 의의 교사에 대해 갖고 있는 상과 관련이 있다. 앞서 언급했듯이, 쿰란 공동체는 그를 단순히 한 공동체의 지도자에 그치는 것으로 보지 않고, 성령의 영감을 받은 자로서 성서에 들어 있는 하나님의 계시를 올바로 해석해 낼 수 있는 유일한 사람으로 믿었던 것이다. 다시 말하면, 그의 중개를 거치지 않고서는 아무도 바른 성서해석을 할 수 없다는 것이다. 그럼에도 의의 교사에 대한 충실함אמונה을 의의 교사라는 인간 자체에 대한 신뢰를 뜻하는 것으로 보기보다 그의 가르침에 대한 신뢰를 의미하는 것으로 이해해야 한다.23)

IV. 결론

첫 번째 쿰란 동굴에서 나온 두 개의 문서 1QS VIII,4-16; 1QpHab VII,1-VIII,3 를 통하여 쿰란 사람들의 성서해석을 살펴보았다. 이들은 히브리어 성서의 예언자들이 선포한 예언이 바로 자신들의 실존에 관련된 것으로 믿었다. 다시 말하면 쿰란 공동체가 실재하는 시간이 바로 구약에서 예언된 종말의 시간이라고 믿었다.24) 이것은 구약의 예언이 바로 자신들의 시간에 성취되었다는 것을 뜻한다. 이와 같은 종말론적인 성서해석은 그 형식적인 면에서 볼 때 초기 그리스도교인들이 가졌던 성서 이해와 일치하고

---

23) 합 2:4b는 신약성서 가운데 롬 1:17; 갈 3:11; 히 10:38에서도 인용되고 있다. 바울의 두 구절은 합 2:4b를 '믿음을 통한 칭의'라는 의미로 이해하고 있다. 히브리서 기자는 이 하박국 구절에 나오는 '의인'이란 개념을 '하나님께 속한 경건한 자로서 고난 가운데나 구원의 완성이 늦어진다 하더라도 절망치 않고 하나님을 굳게 신뢰하는 자'란 의미로 해석하고 있다(히 11:4,7 참조).
24) 쿰란 사람들의 종말 이해와 관련하여 이 책 제4장을 참조하라.

있다. 이와 같은 쿰란 사람들의 종말론적인 성서해석은 자신들의 공동체를 전체 이스라엘을 대표하는 지상에 단 하나뿐인 하나님의 '언약공동체' היחד 25)라고 믿은 확신과 밀접하게 연관되어 있다.

이렇게 확신한 쿰란 사람들은 종말과 관련된 하나님의 뜻을 다름 아닌 성서 연구를26) 통하여 알 수 있다고 믿었다. 따라서 그들은 그 누구보다도 열심히 성서연구에 매진하여 많은 주석서를 남겼다. 이때 이들의 특이한 점은, 하나님의 비밀스러운 계시가 담겨 있는 성서는 아무나 해석할 수 있다고 여기지 않고, 오직 쿰란 공동체의 설립자요 정신적 지도자인 '의의 교사'의 중개를 거쳐야만 바른 성서해석이 가능하다고 믿었던 사실에 있다.

---

25) '하-야하드'(היחד)에 대해서는 특히 H. Stegemann, "The Qumran-Essenes- Local Members of the Main Jewish Union in Late Second Temple Times", J. T. Barrera and L. V. Montaner, eds., *The Madrid Qumran Congress*, vol. 1 (Leiden- New York-Köln, 1992), 108-114를 참조하라. Cf. J. C. VanderKam, *The Dead Sea Scrolls Today* (Michigan, 1994), 71-98.

26) 쿰란 문서 가운데에는 페샤림과 구별되는 것으로 성서 속의 특정 주제들을 다룬 '주제에 따른 주석들'(Thematische Midraschim)도 발견되었다: 4Q 174 (Florilegium); 4Q 175(Testimonium); 11Q Melch(Melchisedek-Text); 1Q 252 (Genesis-Kommentar).

제6장

쿰란 문서와 메시아
— 유대적 메시아 표상의 발전
...

I. 서론

쿰란 문서에 나타난 메시아 표상은 쿰란 문서 연구 초창기서부터 지금까지 많은 학자들이 관심을 보인 주제다.[1] 이러한 특별한 관심은 그리스도교의 그리스도론과 관련하여 유발된 것임을 쉽게 짐작할 수 있다. 이른바 제2성전 시대 Second Temple Period 에 형성된 대다수의 유대 문서 가운데 '메시아' 개념이 나타나지 않는 것과 달리, 쿰란 문서에서는 종말론적인 문맥과 관련하여 다양한 종류의 메시아 상을 찾아볼 수 있다. 그 가운데서도 익히 알려진 이른바 '왕적 메시아' Royal Messiah 뿐만 아니라, 또한 '제사장적 메시아' Priestly Messiah 에 대한 기대도 나타난다.[2] 이와 같이 두 종류의 메시아

---

1) 쿰란문헌에 나타난 메시아 상에 관한 연구물 제목들을 J. A. Fitzmyer, *The Dead Sea Scrolls: Major Publications and Tools for Study*, Revised Edition, (Atlanta, 1990), 164-67에서 찾아볼 수 있다. Cf. H. Braun, *Qumran und das Neue Testament*, vol. 2 (Tübingen, 1966), 75-84.

2) 많은 학자가 쿰란 문서에 나타난 이중의 메시아 표상에 대해 관심을 보였다. 예컨대, H. W. Kuhn, "Die beiden Messias in den Qumrantexten und die Messias- vorstellung in der rabbinischen Literatur", *ZAW*

에 대한 표상만으로도 우리의 호기심을 불러일으키기에 충분하다.

근자에 독일의 대표적인 쿰란 문서 전문가인 하르트무트 슈테게만[H. Stegemann] 이 이에 대한 상당히 흥미 있는 이론을 제시했다.3) 본 글은 그의 이론을 소개하는 가운데 그 타당성을 점검해 보고자 하며, 동시에 그가 근거로 삼고 있는 여러 본문을 구체적으로 살펴봄으로써 쿰란에센파 사람들이 가졌던 메시아 표상에 대한 이해를 도모하는 것을 목적으로 한다.4) 메시아와 관련된 쿰란 문서를 조사함으로써 우리는 기독론의 핵심을 이루고 있는 메시아 대망의 유대적 기원에 접근해 볼 가능성도 기대할 수 있다. 게다가 유대적 메시아 이해를 통해 기독론의 독특성이 더욱 명확해지리라고 생각한다.

우리가 다루게 될 쿰란 문서들은 많은 독자들에게 여전히 낯설 것이므로, 가능한 한 본문에 대한 번역문을 제시함으로써 독자의 이해에 도움이 되도록 하였다.5)

II. 전형적인 유대적 메시아 표상 – PsSal 17

쿰란 문서에 나타나는 다양한 메시아 상을 다루기에 앞서, 우선 유대인들이 오늘날까지도 기대하고 있는 그들의 전형적인 메시아 표상을 언급

---

70 (1958), 200-208; K. G. Kuhn, "The Two Messiahs of Aaron and Israel", K. Stendahl, ed., *The Scrolls and the New Testament* (New York, 1992), 54-64, 256-59; F. G. Martinez, "Two Messianic Figures in the Qumran Texts", D. W. Parry and S. D. Ricks, eds., *Current Research and Theological Developments on the Dead Sea Scrolls* (Leiden, 1996), 14-40; J. T. Milik, *Ten Years of Discovery in the Wilderness of Judaea* (Naperville, 1959), 123-28; K. Schubert, "Die Messiaslehre in den Texten von Chirbet Qumran", *BZ* 1 (1957), 177-97.

3) H. Stegemann, "Some Remarks to 1QSa, to 1QSb, and to Qumran Messianism", *Revue de Qumran* 17 (1996), 479-505. 이 논문에 앞서 슈테게만은 이미 그의 저서인 *Die Essener, Qumran, Johannes der Täufer und Jesus* (Freiburg-Basel-Wien, 1993), 284 이하에서 자신의 논지를 밝혔다.

4) 쿰란 사람들을 에센파에 속하는 무리로 보는 견해에 대하여 이 책 제2장을 참조하라.

5) 아래에서 다룰 쿰란 본문의 원문 및 현대어 번역문을 다음에서 손쉽게 찾아볼 수 있다 : E. Lohse, ed., *Die Texte aus Qumran* (München, ⁴1986); F. G. Martinez and E. J. C. Tigchelaar, eds., *The Dead Sea Scrolls Study Edition*, 2 vols. (Leiden-New York-Köln, 1997-98).

하는 것이 앞으로 전개될 내용 이해에 도움이 되리라고 생각한다. 유대교가 표방하는 전형적인 메시아 표상은 <솔로몬의 시편> Psalms of Solomon/Psalmen Salomos 17편에 잘 나타나 있다. 모두 18개의 시를 담고 있는 신구약 중간시기에 속한 이 작품은 대략 기원전 1세기에, 아마도 헤롯 대왕 B.C. 37-4 의 시기 이전에 팔레스타인 유대교에서 유래한 작품으로 간주되며, 이 작품의 저자는 바리새파 사람이었거나[6] 혹은 이에 동조하는 사람으로 볼 수 있다. 17편의 내용 가운데 핵심 부문만 소개하면 다음과 같다.[7]

"[21] 주여 보소서. 당신의 종 이스라엘을 다스리기 위해, 오 하나님, 당신께서 선택한 시기에 **그들의 왕 다윗의 아들을 세워주소서** ἀνάστησον αὐτοῖς τὸν βασιλέα αὐτῶν υἱὸν Δαυιδ. [22] 그를 강직함으로 무장시켜 불의한 영주들을 쳐부수고, 예루살렘을 짓밟는 이방 민족들로부터 이를 정화하소서. [23] 지혜와 공의 가운데 죄인들이 상속받지 못하게 하고, 죄인의 오만을 도공의 질그릇처럼 깨뜨리고, [24] 쇠방망이로 그들의 모든 근거를 쳐부수고, 당신 입에서 나오는 말씀으로 포악한 이방 족속들을 섬멸하고, [25] 그가 위협함으로써 적을 그의 면전에서 내쫓고, 죄인들을 그의 마음속 말로 훈육하소서. [26] 그리하여 그는 공의로 인도할 거룩한 백성을 모을 것이고, **그의 하나님 주님에 의하여 거룩해진 백성의 지파들을 심판하리라** κρινεῖ φυλὰς λαοῦ ἡγιασμένου ὑπὸ κυρίου θεοῦ αὐτοῦ. [27] 또한 그는 불의가 그들 가운데 거하는 것을 허락하지 않을 것이며, 사악하다고 알려진 그 누구도 그들과 함께 거하지 못하리라. [28] 또한 그는 (가나안) 땅 위의 지파 사이로 그들을 분배할 것이며, 어떠한 이방인이나 외국인도 그들 가운데 거하지 못하리라. [29] **그는 이방 민족과 이방 족속들을 그의 정의의 지혜로 심판하리라** κρινεῖ λαοὺς καὶ ἔθνη ἐν σοφίᾳ δικαιοσύνης αὐτοῦ. [30] 또한 이방 민족이 그의 굴레 아래에서 그를 위해 부역하도록 하리라. 그는 온 세상이 보는 가운데 주님을 영화롭게 할 것이며, 예루살렘을 처음과 마찬가지로 성화롭게 정화하리라. [31] 그리하여 그의 영광을 보러 이방인들이 땅끝으로부터 올 것이며, 그의 피곤에 지친 아들들을 선물로서 수반하리라. [32] 또한 그는 하나님으로부터 가르침을 받은 공의로운 그들의 왕이다. 그가 다스리는 동안 그들 가운데에 불의가 없네. 그들 모두가

---

6) S. Holm-Nielsen, *Die Psalmen Salomos*, JSHRZ IV/2 (Gütersloh, 1977), 51, 59.
7) PsSal 17의 그리스어 원문은 A. Rahlfs, ed., *Septuaginta*, 1979(=1935), vol. 2 486-88에서 볼 수 있다. 이에 대한 주석과 관련하여 다음을 참조하라: S. Holm-Nielsen, *Die Psalmen Salomos*; J. Schüpphaus, *Die Psalmen Salomos*, ALGHJ 7 (Leiden, 1977).

성스럽고, 그들의 왕은 주님의 메시아 βασιλεὺς αὐτῶν χριστὸς κυρίου 이기 때문이네" PsSal 17:21-32.

이 본문 21절에서 다윗 왕 이스라엘의 메시아에 대한 강한 대망이 언급되고 나서, 22절 이후에는 이 메시아가 수행할 것으로 기대되는 과업이 묘사된다. 우선 불의한 세상 지배자들을 제거하며 22절 전반, 이어서 예루살렘을 이방인들로부터 정화하고, 죄인인 이방인들을 이스라엘의 상속에서 제외한다 22절 후반-23절 전반. 계속되는 23절 후반에서 25절 사이에 포악한 이방 민족들을 섬멸시키는 묘사가 나온다. 그런 다음 이스라엘의 지파들을 불러 모아 심판한다 26절. 29절 이하에서는 메시아가 이방 세계를 공의롭게 심판하며, 이들을 자신의 사역에 봉사토록 한다. 32절에서는 이스라엘의 왕 메시아에 대한 묘사가 더 자세히 나온다.

여기에서 잘 살펴볼 수 있듯이, 유대교의 전형적인 메시아는 두 가지 기능을 갖는다. 첫째는 이스라엘의 모든 적대 세력을 물리치는 '군사 지도자 기능'이고, 다른 하나는 불의한 자들을 하나님의 공의로 다스리는 '심판자 기능'이다. 다시 말하면, 막강한 군사적 힘과 왕적인 권세를 지닌 한 인간으로 다윗 가문에서 나타나 이스라엘의 모든 원수를 섬멸시키고 이 땅에 하나님의 평화와 공의를 실현하는 한 인물로 나타나고 있다. 이와 같은 유대 민족주의적인 메시아 상에 대한 기본 이해를 갖고 쿰란 문서에 나타난 메시아 상을 살펴보도록 하자.

III. 메시아 표상의 발전 단계

이제까지 많은 학자들이 쿰란 문헌에 나타난 메시아 상을 다룰 때, 쿰란 문서 개개의 성격이나 생성 연대 등을 무시한 채 단지 본문 가운데 나타나고 있는 메시아 개념에만 초점을 맞추어 왔다. 이러한 수평적 접근과 달리 슈테게만은 쿰란 문서 전문 연구가답게 각각의 쿰란 문서를 독립된 문학작품으로만 보는 데 그치지 않고 각 문서를 배출한 쿰란에센파의 역사와 관련하여 문제에 접근하고 있다.

이와 같은 그의 접근은 정당하다고 생각한다. 쿰란도서관에서 발견된 문서들이 모두 쿰란 공동체의 산물이 아니며, 그 안에는 그들이 앞선 전승에서 물려받은 것과 자신들이 집필한 것으로 나눌 수 있기 때문이다.

슈테게만은 쿰란에센파의 메시아 상을 다룰 때, 이 공동체의 최고 지도자인 대제사장 출신의 "의의 교사"der Lehrer der Gerechtigkeit 의8) 역할을 특히 부각하고 있다. 의의 교사의 삶과 죽음이 메시아 상 발전에 중대한 영향을 끼쳤다고 본다. 그와 더불어 그의 대적자였던 당시 유대인 가운데 최고 정치 세도가로 군림하였던 마카비 가문 출신의 요나단Jonathan 의 역할 역시 쿰란 사람들의 메시아 상 발전에 영향을 끼친 것으로 보고 있다.

이러한 시각 아래에서 슈테게만은 쿰란 문서 가운데에 나타나는 메시아 상과 관련하여 3단계의 발전 과정을 찾아볼 수 있다고 주장한다.9)

1. 제1단계(B.C. 2세기 중엽까지)

첫 번째 단계는 기원전 2세기 중엽까지로 본다. 다시 말하면, 에센파가 형성되기 이전 시대까지를 뜻한다.10) 이 시점까지만 해도 사람들은 메시아를 한 특정 인물로 생각하지 않고, 이스라엘 백성을 대표하는 집합적인 개념으로 보았다고 한다. 이에 대해서 슈테게만은 다음과 같은 근거를 제시한다.

---

8) 이에 대하여, G. Jeremias, *Der Lehrer der Gerechtigkeit* (Göttingen, 1963); P. Schulz, *Der Autoritätsanspruch des Lehrers der Gerechtigkeit in Qumran* (Meisenheim am Glan, 1974)를 참조하라.

9) Cf. J. Starcky는 쿰란 메시아 이해에 대한 4단계에 관하여 언급한 바 있다. J. Starcky, "Les quatres étapes du messianisms à Qumran", *RB* 70 (1963), 481-505). 그러나 쿰란 문서의 생성 연대를 설정함에 문제가 있었다(CD는 B.C. 63년 직후에 기록된 것으로 본 것은 잘못이다).

10) 에센파의 형성과 관련하여 이 책 제2장을 참조하라.

가. 다니엘 7:13

다니엘 7장 13절에 "인자 같은 이"라는 표현이 나타난다.[11]

"내가 밤에 이러한 환상을 보고 있을 때에 인자 같은 이 אנש כבר 가 오는데, 하늘 구름을 타고 와서, 옛적부터 계신 분에게로 나아가, 그 앞에 섰다."

여기에 나오는 '인자 같은 이'는 다름 아닌 다니엘 7장 27절에 나오는 '가장 높으신 분의 거룩한 백성' קדיש עליונין 을 가리킨다. 다시 말하면 '인자 같은 이'는 어떤 특정한 종말론적인 인물을 지칭하는 표현이 아니라, 이스라엘의 경건한 사람들을 나타내는 집합개념으로 보아야 한다는 것이다. 한동안 구약학계에 '인자 같은 이'에 대한 해석을 둘러싸고 열띤 논쟁이 있었으나, 지금은 슈테게만과 더불어 집합적인 개념으로 보는 해석이 폭넓게 수용되고 있다.[12]

나. 1QM XI,6 이하

다니엘서와 동시대에 기록된 <전쟁문서>=1QM[13] 가운데 민수기 24장 17절이 인용되고 있다.

"⁶ 한 별이 야곱에게서 나오며 דרך כוכב מיעקב, 한 규가 이스라엘에게서 일어나서 שבט מישראל 모압의 잠꾸러기들을 뭉개고 셋의 모든 자식을 짓밟는다. ⁷ 그는 야곱에서 유래하여 그 도시로부터 달아난 자들을 전멸시킨다. 또한 그 원수는 포로가 되고 이스라엘은 권세를 떨친다."

---

11) H. Stegemann은 다니엘서를 기원전 164년에 기록된 것으로 여긴다. Cf. R. Smend, *Die Entstehung des Alten Testaments* (Stuttgart, ²1981), 223 이하; W. H. Schmidt, *Einführung in das Alte Testament* (Berlin-New York, ³1985), 288.
12) 이에 대하여 K. Koch, *Das Buch Daniel*, EdF 144 (Darmstadt, 1980), 218 이하를 참조하라.
13) 1QM은 본래 에센파 이전 시대에서 유래한 내용을 에센파 사람들이 이용하여 확대시킨 작품으로, 빛의 세력과 어둠의 세력 사이에 혹은 하늘과 땅에 존재하는 선과 악 사이에 벌어질 미래 종말 전쟁에 대한 지침을 담고 있다. H. Stegemann, *Die Essener, Qumran, Johannes der Täufer und Jesus* (Freiburg- Basel-Wien, ⁴1994), 145-48.

이 본문은 종말에 원수들과 전쟁을 벌이기에 앞서 에센파 사람들이 낭송할 찬송시에 속한다. 여기에 나오는 두 가지 표상 '별'과 '규'는 이스라엘 백성을 가리키고 있음을, 이 문장이 "이스라엘이 권세를 떨친다"라는 말로 끝나고 있는 데서 알 수 있다. 이 두 은유적인 표현을 이처럼 집합개념으로 해석하는 것이 1QM X-XIV의 문맥에도 잘 어울린다.[14]

다. 4QM^a Frag. 11

앞서 언급한 <전쟁문서>=1QM에 속하는 것으로, 한 조각으로 남아 있는 본문이 넷째 쿰란 동굴에서 발견되었다. 이 본문을 번역하면 다음과 같다.[15]

"[12] … 신적 존재들의 공동체에 있는 강력한 권좌를. 동방의 왕들과 귀족들 모두가 그 자리를 차지하지 못하도록 말이다. … [13] … 나의 영광. 왜냐하면 그 누구도 (내게) 비교될 수 없고, 나 이외에 그 누구도 일어나지 아니할 것이며, 또한 그 누구도 내게 오지 못하리라. 왜냐하면 나는 … 하늘에 자리를 잡고 있고 … [14] … 나는 신적인 존재로 여김을 받았고 나의 처소는 성스러움의 공동체에 있다. 육신과 같지 아니하고 … 온갖 값진 것이 내게 귀속되니 [15]성소의 영광 가운데에서. 누가 나를 습격하여 털려고 생각했을까? 또한 누가 나의 영광에 비교될 수 있을까? 도대체 … 대답하는 자는 누구인가? 또한 … [16] … 누가 나와 같은가, 또한 내게 비교될 수 있는 자는 누구일까? 나는 가르침을 받지 않았으나, 어떠한 가르침도 …처럼 다가오지 않는다. … [17] 또한 누가 나의 입을 열고 나의 입술을 부어 나를 선포하였는가? 누가 그렇게 할 수 있으며, 나를 초대하며, 또한 나의 정의로움 가운데 자신을 더불어 세울 수 있는가? [18] … 나는 신적인 자로 여김을 받았으며, … 또한 나의 영광을 왕의 자식들로. 어떠한 금세공물이나 오피르 금장식물도…

4QM^a 11,I,12-19

---

14) 1QM XI,7의 끝부분에 משיחיכה(=당신의 기름 부은 자들)라는 표현이 나오나, 이는 메시아가 아니라 예언자를 가리킨다. A. S. van der Woude, *Die messianischen Vorstellungen der Gemeinde von Qumran* (Assen, 1957), 123 이하.

15) M. Baillet, *Discoveries in the Judean Desert VII* (Oxford, 1982), 27; Cf. J. Maier, *Die Qumran-Essener: Die Texte vom Toten Meer*, vol. 2 (München, 1995); F. G. Martinez, *The Dead Sea Scrolls Translated: The Qumrantexts in English* (Leiden-New York-Cologne, 1994) 참조.

여기에 한 존재가 일인칭으로 표현된다. 이 존재자는 자신의 실존을 신적인 존재로 여기고 있다. 일종의 천사로 생각할 수도 있을 것 같다. 그럼에도 불구하고 천사처럼 창조된 존재가 아니라, 자신의 권좌를 하늘에 갖고 있고 또한 성스러움의 공동체에 자신의 처소를 두고 있다고 한다. 슈테게만은 천상에서 유래한 이 존재자를 '이스라엘 백성을 가리키는 집단개념'으로 파악하고 있다. 그는 이러한 현상을 이사야서에 나오는 '주의 종의 노래' 사 42:1-9; 49:1-6; 50:4-11; 52:13-53:12 에 나타나는 것과 같은 현상으로 보고 있다.16)

라. 4QMMT

또한 슈테게만은 역시 네 번째 쿰란 동굴에서 발견된 문서인 '요나단에게 보내는 교사의 편지'=4QMMT를17) 언급하고 있다. 이해를 돕기 위해 이 문서의 뒷부분인 4Q398 Frag. 14 Col. II를 번역하면 다음과 같다.

"은혜를 입은 자 다윗을 생각해 보시오. 그도 역시 수많은 고난에서 구원을 받았으며 또한 용서함을 입었습니다. 그러하기에 우리도 당신께 토라의 몇몇 실천 사항을 적어 보냅니다. 이것이 당신과 당신의 백성을 위한 좋은 일이라고 생각합니다. 우리가 보건대, 당신은 지혜와 '토라' 지식을 소유하고 있다고 생각합니다. 이 모든 것을 그분=하나님 앞에서 조명하여, 그분이 당신의 결정을 바르게 내리도록 하여, 사악한 생각과 벨리알의 획책을 멀리하시오. 그리하여 종말의 시대에 우리의 말 가운데 무엇인가 옳다는 사실을 알고 기쁨을 누릴 뿐만 아니라, 동시에 당신이 의로다함을 입을 것입니다. 그 이유는 당신이 당신의 안녕과 이스라엘을 위

---

16) H. Stegemann, "Some Remarks to 1QSa, to 1QSb, and to Qumran Messianism", 502.
17) 일종의 할라카적 성격을 띠고 있는 이 편지문은(따라서, "The Halakhic Letter"라고도 부름) 네 번째 쿰란 동굴에서 6개의 본문이 발견되었다(4QMMT^{a-f}=4Q394-399). 그중 가장 오래된 것은 기원전 2세기 말경에 기록되었다. 이 작품을 흔히 4QMMT라고 표시한다. 이 작품은 에센파 최고 지도자인 "義의 敎師"가 당시 유대의 정치지도자인 마카비 가문의 요나단에게 보내는 편지이므로, 그 제작 시기를 에센파 설립 시기인 기원전 150년경으로 볼 수 있다. 따라서 이 작품은 에센파 설립 시기의 역사적 정황을 우리에게 알려주는 가장 귀중한 자료가 된다. 이 작품의 본문을 보려면 E. Qimron, J. Strugnell, *Qumran Cave 4. V: Miqsat Ma'asé ha-Torah, Discoveris in the Judaean Desert X* (Oxford, 1994).

해 그분 앞에서 법과 선을 행하기 때문입니다."

슈테게만에 따르면, 이 문서에서 의의 교사가 간접적이나마 마카비 가문 출신인 요나단의 정치적인 지도력을 인정하고 있음을 알 수 있고, 따라서 왕적 메시아를 기다릴 필요가 없었다는 증거가 된다는 것이다. 결국, 요나단을 일종의 왕적 메시아에 상응하는 인물로 간주할 수 있기 때문에 종말에 나타날 왕적 메시아에 대한 대망의 필요성이 그 당시에는 없었다는 입장이다. 결국 슈테게만은 이 문서를 당시에는 아직 메시아를 어떤 특정 개인을 가리키는 개념으로 사용하지 않았다는 증거자료로 삼는다.

2. 제2단계 (B.C. 112년까지)

둘째 단계는 의의 교사가 사망하기 전 약 기원전 112년 이전까지의 시기를 가리킨다. 슈테게만에 따른 둘째 단계의 특징은 개인으로서의 왕적 메시아 상은 존재하나, 아직 제사장적 메시아 상으로까지는 발전되지 않았다는 것이다. 대제사장인 의의 교사가 살아 있었기 때문이다. 이는 두 개의 본문 1QSa II,11-22; 1QSb V,20-29을[18] 통하여 알 수 있다. 이 두 본문은 쿰란에센파의 메시아 상을 이해하는 데 자주 언급되는 중요한 본문이다. 이 본문을 어떻게 파악하느냐에 따라 그들이 가졌던 메시아 상에 대한 해석이 달라질 수 있기 때문이다. 우선 1QSa II,11-22를 살펴보도록 하자.

가. 1QSa II,11-22

본문 번역:
"[11] 이것은 공동체의 의회에 초대된 명망 높은 사람들의 모임이니, [12] 이때 하나님

---

18) 1QSa는 1QS의 12-13번째 단(Column)에 위치하는 것으로 '가장 오래된 에센파 규칙'을 담고 있다(1QS는 첫 번째 쿰란 동굴에서 발견된 사본으로 기원전 100년경에 기록된 것으로, 다양한 에센파 규칙들을 포함하고 있는 일종의 모음집이다). 또한 1QSb는 한때 1QS의 14-20번째 단에 속했던 것으로, '축도규칙'을 담고 있다.

께서 그들 가운데 그 메시아[המשיח]를 태어나게 하실 것이다. [그 제사장[הכהן]]은 이스라엘 전체 공동체의 선두에 들어서고, 이어서 그의 모든 형제, 곧 아론의 아들들인 제사장들이 들어선다. 이들은 회합에 초대받은 사람들로서 명망 높은 사람들이다. 그들은 ¹⁴ 그 사람 앞에 각자의 품위에 맞게 착석해야 한다. 그런 다음에 **이스라엘의 메시아**[משיח ישראל]가 자리를 잡는다. 이어서 수천 이스라엘 사람 무리들의 책임자들이 그 사람 앞에 자리를 잡아야 한다. 각자 자신의 품위에 따라, 또한 그들의 진영 가운데에서 차지하는 각자의 위치에 따라서 말이다. 그리고 ¹⁶공동체의 모든 가족들의 책임자들은 성스러운 공동체의 고아들과 더불어 그들 앞에 각자의 품위에 따라 앉아야 한다. ¹⁷ 그리고 그들이 공동식사나 혹은 과즙을 마시기 위해 모일 때, 공동식사가 준비되고 마시기 위한 과즙이 섞이게 되면, 그 누구도 자신의 손을 빵이나 과즙의 처음 시식을 위해 그 제사장보다 앞서 뻗으면 안 된다. 왜냐하면 [그는] 빵과 과즙의 처음 시식에 축도해야 하기 때문이다. ²⁰ 그는 우선 자신의 손을 빵을 향해 뻗고, 이어서 이스라엘의 메시아가 자신의 두 손을 빵을 향해 뻗어야 한다. 그런 다음에 그들은 전체 공동체원들을 위해 각자의 품위에 맞게 축도해야 한다. 그들은 이러한 순서에 따라 행해야 하는데, 적어도 10명이 모여 식사할 때면 말이다."

이 본문에 '그 메시아'^{제12열} 혹은 '이스라엘의 메시아'^{제14열}라는 표현이 나온다. 이것은 의심의 여지 없이 미래에 있을 왕적 메시아를 가리킨다. 그런데 공동체 회의에서 착석하는 문제와 관련하여 이 왕적 메시아가 자리잡기에 앞서 '그 제사장'이 전체 이스라엘 공동체의 상석을 차지하고, 뒤이어서 '아론의 아들들' 곧, 평범한 '제사장들'이 자리를 잡는다는 내용이 나온다.

이 본문에 놓인 문제는 대제사장으로 보이는 '그 제사장'을 메시아적인 인물로 볼 수 있는지이다. 이것에 관해 두 가지 해석이 존재한다.

마르티네스^{G. Martinez}는 1QSa I,1에 나오는 **באחרית הימים**=종말의 날에에 근거하여 1QSa 문서 전체를 온전히 미래 종말론적으로 파악하고자 한다. 이러한 전제 위에서 본문에 나타나고 있는 대제사장을 미래에 나타날 메시아적인 인물, 곧 아론의 메시아로 보고 있다.¹⁹⁾ 이 메시아적인 인물로 파악된 대제사장의 축도에 뒤이어서 이스라엘의 메시아가 자리를 잡게 된다는 것이다.

그런데 만일 제12열에 나오는 '제사장'이 미래에 나타날 제사장적 메시아를 뜻한다면 본문의 논리 전개에 무리가 많음을 알 수 있다. 제사장적 메시아 다음에 (메시아가 아닌) 아론 가문의 평범한 제사장이 자리를 잡고, 그 다음에야 이스라엘의 메시아가 착석하는 것으로 되기 때문이다. 다른 해석의 가능성은 없는가?

슈테게만은 제12열에 나오는 המשיח가 다른 어떤 보충 설명이 없이 정관사만 동반한 가운데 절대적인 용법으로 사용되고 있다는 사실을 강조한다. "그 메시아"라는 단어로 미루어 볼 때, 이 개념은 다루고 있는 문맥에 나오는 유일한 메시아로 파악해야 한다는 것이다. 이 말은 본문에 나오는 "그 제사장"을 마찬가지로 메시아적인 인물로 볼 수 없다는 것을 내포하고 있다. 뿐만 아니라 이 문서를 1QSa I,1를 근거로 종말론적으로 해석하는 것은 맞지 않다. 왜냐하면 1QSa는 미래 종말의 시간을 위한 것이 아니라 이미 현재에 시작된 종말의 시간에 처해 있는 공동체를 위한 규칙을 담은 문서이기 때문이다.[20] 즉 באחרית הימים "종말의 날에"은 바로 뒤에 나오는 표현인 "그들의 모임 가운데"와 연결하여 이해해야 하기 때문이다. 다시 말하면, 이 본문에서 언급되고 있는 공동체 식사와 관련된 규정은 현존하고 있는 공동체에 적용되는 것이다.

이러한 해석은 본문의 문맥과도 잘 어울린다. 공동체 모임에서 착석할 때 제일 먼저 대제사장이 자리를 잡고, 이어서 평범한 제사장들이 자리를 잡는다. 그런 다음에야 비로소 이스라엘의 메시아가 자리를 잡는다는 것

---

19) F. G. Martinez, "Messianische Erwartungen in den Qumrantexten", *Jahrbuch der Biblischen Theologie*(=JBTh) 8 (1993), 171-208, 특히 197.
20) 쿰란에센파는 현재적인 종말표상을 갖고 있었다. 즉, 히브리어 성서에서 예언된 것이 바로 자신들을 향한 것으로 믿었다. 이 책의 4장("호다욧[1QH]에 나타난 성령 이해")와 5장("쿰란 공동체의 종말론적인 성서 해석")을 참조하라.

이다. 이러한 독특한 사고는 쿰란적 사고에 잘 부합한다고 볼 수 있다. 그들은 다윗 가문보다 윗자리에 있는 레위 가문을 더 높이 평가했기 때문이다. 이렇게 볼 때, 본문에 나타나는 '그 제사장'은 쿰란 공동체의 최고 지도자인 의의 교사를 가리키는 것으로 볼 수 있다. 그가 아직 생존하고 있는 동안에는 제사장적인 메시아를 대망할 필요가 없었으나, 의의 교사가 요나단에게 핍박을 받게 되자, 그는 요나단에게 부여된 모든 정치적 능력을 거부하고 그 대신에 다윗 왕가 출신의 미래에 있을 왕적 메시아 상을 발전시켰을 것이라고 슈테게만은 추측하고 있다.

결국, 1QSa는 에센파 사람들이 왕적 메시아의 도래를 열망했으나, 아직 제사장적인 메시아에 대한 개념으로까지는 발전되지 못한 시기에 작성되었다고 슈테게만은 결론을 내리고 있다.

나. 1QSb V,20-29

1QSa와 유사한 사고를 1QSb V,20 이하에서도 찾아볼 수 있다. 여기에는 일련의 축도문이 들어 있다.

본문 번역 :
"²⁰ 가르치는 사람과 관련하여, **공동체의 영주** נשיא העדה 를 축도하기 위해서, 그는 … ²¹ … 또한 공동체의 언약을 그가 그에게 새롭게 하여 자기 백성의 왕적 세도를 영원히 세우며 가난한 자들을 공의 가운데에 심판하며, ²² 또한 이 땅이 겸손한 자들을 정직 가운데 마르게 사브지며, 또한 그 사람 앞에서 완벽하게 모든 길을 거닐며 … ²³ 또한 자신의 성스러운 언약을 그를 찾는 사람들이 몰리는 중에도 일으켜 세울 것이다. 주께서 영원한 높이로 몸을 일으키사 높은 담벼락 위의 강한 탑과 같이 말이다. ²⁴ 또한 너는 너의 입에서 나오는 세력으로 이방 족속들을 칠 것이며, 너의 양 입술에서 나오는 바람으로 ²⁵ 사악한 자들을 죽일 것이니, 섭리의 영과 영원한 힘 또한 하나님에 대한 인식과 경외의 영으로써 말이다. 그리하여 ²⁶ 그의 공의가 너의 허리띠가 되며, 충실함이 너의 엉덩이 띠가 되리라. 또한 너의 뿔들을 쇠로 만들며, 너의 발굽들을 광석으로 만들 것이다. ²⁷ 네가 마치 숫송아지

처럼 찌를 것이며 거리의 똥처럼 짓밟기를 원하노라. 왜냐하면 너를 높이 들어 [28] 지배자들 위의 지팡이로 만드셨기 때문이다. 너의 앞에서 그들은 일어서기도 하며 굴복하기도 하리라. 또한 모든 민족들이 너에게 섬기며, 그의 성스러운 이름으로 인하여 그가 너를 강직케 하시리라. [29] 그런즉 너는 마치 사자와 같이 될 것이며, … 또한 아무도 되가져오지 못하리라. 그리하여 너의 발 빠른 자들이 퍼질 것이니 …"

1QSb V,20 이하에 '공동체의 영주'가 나오는데, 이 인물은 다름 아닌 전통적인 왕적 메시아를 가리킨다. 보존된 문서 가운데에서는 이 왕적 메시아 이외의 어떤 다른 메시아에 대한 언급을 찾아볼 수 없다. 그러나 마르티네스는 손실된 본문 가운데 미래 종말에 나타날 대제사장적인 메시아가 포함되어 있을 수 있는 가능성을 열어 두고 있다.

이와 관련하여 1QSb의 전체 구조에 유의할 필요가 있다. 1QSb를 처음으로 편집하여 출판한 밀릭(J. T. Milik)은 이 본문의 내용을 다음과 같이 네 부분으로 나누었다[21]:

a) 1QSb I,1-I,18 ·················· 신앙인들의 축도
b) 1QSb I,19-III,19 ················ 대제사장의 축도
c) 1QSb III,20-V,17 ··············· 사독 가문 제사장의 축도
d) 1QSb V,18-[소실됨] ············· 왕적 메시아의 축도

여기서 제일 먼저 언급되고 있는 '신앙자'란 어떤 경건한, 겸손한 사람을 뜻하는 것이 아니라, 이스라엘 백성 전체를 가리키는 집합개념으로 파악해야 한다. 따라서 계속하여 나오는 개개인의 축도보다 앞서서 언급되고 있다. 그 뒤를 이어서 대제사장, 다음으로 사독 가문의 제사장, 끝으로 왕적 메시아의 축도가 나온다. 이때 대제사장과 사독 가문의 제사장을 쿰란에센파 사람들이 미래에 나타날 메시아적인 존재로서 대망하였던 인

---

21) D. Barthélemy and J. T. Milik, *Discoveries in the Judaean Desert I. Qumran Cave I* (Oxford, 1955), 118 이하.

제6장_ 쿰란 문서와 메시아 169

물들이 아니라, 자신들의 공동체 내에 현존하는 인물들을 가리키는 것으로 파악해야 옳다. 곧 여기서 언급되고 있는 대제사장은 다름 아닌 의의 교사를 가리키고 있다. 결국 오로지 왕적인 메시아만을 미래와 관련하여 대망하던 인물로 보아야 한다.

왕적 메시아에 대한 명백한 증거를 앞서 언급했듯이 PsSal 17에서 찾아 볼 수 있으나, 이 작품보다 100년 앞서 기록된 1QSa와 1QSb 이전에는 왕적 메시아에 대한 증거를 아직 찾아볼 수 없다. 따라서 쿰란 사람들이 왕적 메시아 개념을 처음으로 발전시켰을 가능성이 있다. 의의 교사가 요나단에게 핍박을 받게 되자, 그는 요나단에게 부여된 모든 정치적 능력을 포기하고 그 대신에 다윗 왕가 출신의 미래에 있을 왕적인 메시아 상을 발전시켰을 것이라는 슈테게만의 추측이 가능하다고 말할 수 있다.

3. 제3단계 (B.C. 100년 이후)

마지막인 세 번째 단계는 기원전 100년 이후의 시기를 가리킨다. 위에서 언급한 본문들 가운데에서는 오직 하나의 메시아, 곧 다윗왕 가문의 왕적 메시아에 대해 언급하고 있는 것과 달리, 이 셋째 단계에서 다루고자 하는 본문에서는 다양한 종류의 메시아에 대한 언급이 나온다.

가. 1QS IX,9b-11

본문 번역 :
"9b 그들은 자신들 마음의 완악함 가운데 거닐기 위하여 율법의 어떠한 계획으로부터 벗어나서는 아니 되며, 오히려 이전의 규정들에 따라 심판을 받아야 하는데, 이를 통하여 공동체 사람들이 훈육을 받았으니, 11 **예언자 그리고 아론과 이스라엘의 메시아들이 올 때까지** עד בוא נביא ומשיחי אהרון וישראל."

여기에는 의심의 여지가 없이 두 종류의 메시아, 즉 '아론의 메시아'와 '이스라엘의 메시아'가 나타나고 있다. 이 두 표현은 '제사장적 메시아'와

'왕적 메시아'에 상응하는 표현이다.22) 이 두 종류의 메시아 말고도 이보다 앞서 "예언자"제11열가 언급되고 있는 것이 독특하다. 이 인물 역시 메시아적인 인물로 보아야 할 것이다. 이 세 명의 인물은 쿰란에센파 사람들이 대망하던 메시아적인 인물들을 가리키고 있음을, 시간을 나타내는 표현 "올 때까지"를 통하여 확실히 알 수 있기 때문이다.23)

다른 쿰란 문서에서도 이와 같은 다양한 종류의 메시아들에 대한 대망을 찾아볼 수 있다.

나. 4QTestimonia (=4Q175)

테스티모니아Testimonia란 토론 때 사용할 목적으로 특정한 성서 본문들을 모아 놓은 것을 말한다. 4QTest는 에센파의 메시아 대망과 관련된 본문들을 모은 것으로 기원전 1세기 초에 기록된 것으로 추정된다.24)

본문 번역:
"¹ 모세에게 다음과 같이 말씀하셨다: 너는 네게 말한 이 백성의 말소리를 들었다. 그들은 자신들이 말한 모든 것을 다 잘 말하였다. ³ 그들의 마음이 그러했더라면, 그들은 나를 두려워하고 나의 모든 계율을 모든 날마다 지켜서 그들과 그들의 자식들이 영원히 잘 되었을 것이다신 5:28 이하! ⁵ 한 예언자를 내가 그들을 위해 그들의 형제들 가운데에서 마치 너처럼 불러 세울 것이고, 나의 말을 그의 입안으로 집어넣을 것이니, 그리하여 그는 내가 그에게 명한 모든 것을 그들에게 말해야 한다. 그리하여 그 예언자가 나의 이름으로 말하는 나의 말을 들으려 하지 않는 자가 있다면, ⁸ 내 스스로가 그 책임을 물을 것이다. ⁹ 또한 그는 자신의 목소리를

---

22) CD VII,18-21에는 왕적 메시아와 '율법의 해석자'가 서로 엄격히 구별되어 나타나고 있는데, 이 율법의 해석자는 제사장적인 메시아와 동일한 인물이다.
23) K. Berger는 그의 저서 *Qumran und Jesus. Wahrheit unter Verschluß* (Stuttgart, 1993), 103에서 예수와 세례 요한의 관계를 쿰란 문서에 나타나는 두 메시아 상 즉, 다윗 왕 가문의 왕적 메시아와 제사장적 메시아에 대한 기대에 비추어 보다 잘 이해할 수 있으리라는 가능성을 언급하였다. 특히 누가복음서에 나타나는 '예수의 유아시절 이야기' 가운데 제사장이었던 스가랴의 아들 세례 요한이 예수와 병행되어 나타남에 주목하고 있다. 그에 따르면, 누가는 당시 유대 전통에 살아 있던 제사장적 메시아와 다윗 가문의 왕적 메시아 상을 염두에 두고 기록했을 수 있다고 한다.
24) G. Vermes, *The Complete Dead Sea Scrolls in English* (New York, 1997), 495.

높여 말하기를: 베오르의 아들 빌레암의 잠언이며 완벽한 눈을 가진 자의 잠언이 니라. 하나님의 말씀을 듣고 지고하신 분의 지식을 아는 자가 말하는바, 그는 전능 하신 분의 얼굴을 내려 감았으나 밝혀진 눈으로 바라보네. 내가 그를 쳐다보지만 지금이 아니고, [12] 내가 그를 바라보나 가까이에서가 아니네. 야곱에게서 한 별이 나타나며, 이스라엘에게서 한 규가 일어나서, [13] 모압의 잠꾸러기들을 섬멸하며, 셋의 모든 아들들을 짓밟으리라 민 24:15-17. [14] 또한 레위에 대해 그가 말하기를: 너의 투밈을 레위에게 주고, 너의 우림을 너의 경건자, 그 자에게 줄지어다. 네가 그를 맛사에서 시험하였고, 므리바의 물가에서 그와 다투었던 자 말이다. 그의 아비와 어미에게 '내가 너를 모르니이다'하고 말한 그 자, 또한 그의 형제들을 돌보지도 않고 그의 자식들을 알지도 못하는 그 자 말이다. [17] 왜냐하면 그는 너의 말을 지켰으며, 너의 계약을 보존하였기 때문이다. 또한 그들은 야곱에게 너의 계율을 밝히며, 이스라엘에게는 너의 율법을. 그들은 너의 코 앞으로 번제를 가져오며 너의 제단으론 전체 봉헌물을. [19] 축복할지어다. … 그의 강직함을. 너의 사역을 그의 두 손에 맡길지어다! 그의 적들을 쳐부수며 또한 그를 저주하는 자들의 엉치를 (쳐부수어), [20] 다시는 일어서지 못하도록 말이다 신 33:8-11. [21] 여호수아가 그의 찬송시들로 찬양하며 칭송하기를 멈추었을 때에, [22] 그가 말하기를 : 이 도시를 다시 세우는 자는 저주받을지어다. 처음 난 자식으로 그것을 세울 것이며, 그의 막내 자식으로 그것의 정문의 측면건물을 시작하여라 수 6:26. 저주받은 자, 벨리알에 속한 자를 볼지어다. 그가 나타나 그의 백성들에게 덫이 되고, 그의 모든 이웃들에게는 흉악함이 된다. 또한 그가 나타나 … 그들 둘 다 폭행의 도구가 되게 하여, 그들이 다시금 이 도시를 세우며, 담과 성벽을 쌓아 극악한 자들의 성을 건조하여 [27] 이스라엘에게 큰 불행을, 에브라임과 유다에게는 커다란 수모를, 또한 그들은 시온의 딸의 담벽과 예루살렘 지역에서 피를 홍수처럼 쏟아낼 것이다."

1QS IX,9h-11에 나타나는 세 명의 메시아적인 인물들이 이 작품에서 더욱 상세히 묘사되고 있다. 본문 가운데에 4개의 구약성서 인용문이 나오고 있는데, 언급되는 인물들의 직위 순서에 따르지 않고 인용되고 있는 성서의 순서를 따르고 있다. 우선 미래에 나타날 예언자에 대한 언급이 나온다 제1-8열, 출 20:21 인용. 여기서 언급되고 있는 예언자는 신명기 18장 15절에 나오는 '모세와 같은 예언자' Prophet like Moses 를 의미한다. 이어서 미래에 있을 왕적 메시아가 제9-13열, 민 24:15-17 인용 나오고, 다음으로는 미래에 있을

제사장적 메시아가 나온다.제14-20열, 신 33:8-11 인용. 그리고 끝으로 또 다른 인용문이 나타나고 있는데, 이것은 미래에 나타날 한 부정적인 인물과 관련된 것이다.제21-30열.

다. CD XIX,33-XX,1

다메섹 문서=CD는 에센파가 간직해온 여러 종류의 규정을 한곳에 모은 것으로, 기원전 100년경에 완성된 작품이다.25)

본문 번역:
"33 ... 마찬가지로 다마스쿠스 지역에 있는 새 언약으로 들어온 모든 사람들은 다시금 영생수로부터 벗어나서, 35 백성의 회합 속에 계산되지 아니하며, 또한 그들의 기록부에 기록되지도 않을 것이니, XX,1 공동체의 교사가 돌아간 날로부터 **아론과 이스라엘로부터 나온 메시아**משיח מאהרון ומישראל가 나타날 때까지 말이다."

이 문서가 기록될 당시 쿰란 공동체의 최고 지도자인 의의 교사가 이미 죽었음이 분명히 기록되어 있다.CD XX,1. 여기에 나타난 표현인 '아론과 이스라엘에서 나온 메시아'를 두고 두 가지 해석이 가능하다. 곧 이것을 한 명의 메시아를 가리키는 표현으로 볼 수도 있고, 아론의 메시아와 이스라엘의 메시아를 뜻하는 두 명의 메시아를 나타내는 표현으로 볼 수가 있다. 그러나 앞서 살펴보았듯이 1QS IX,9-11을 고려할 때,26) 후자의 해석이 타당함을 알 수 있다.

이 제3단계에서 언급하고 있는 문서들은 앞서 언급한 문서들과 달리 왕적 메시아를 포함하는 동시에 제사장적 메시아를 언급하고 있으며, 미래에 있을 메시아적인 예언자의 도래에 대한 대망을 담고 있다. 제1단계 혹은 제2단계에서는 나타나지 않던 메시아 상이 어찌하여 제3단계의 문

---

25) 원문과 번역문을 J. H. Charlesworth, ed., *The Dead Sea Scrolls*, vol. 2 (Tübingen-Louisville, 1995), 32-35에서도 찾아볼 수 있다.
26) 또한 CD XII,23; XIV,19; XIX,10; XX,1을 참조하라.

서 가운데에서 나오고 있는지에 대한 질문에 슈테게만은 다음과 같이 대답하고 있다.

그는 제3단계의 문서는 의의 교사가 죽은 뒤 대략 기원전 100년 이후에 생성되었다는 사실을 강조하고 있다. 이것은 대제사장 출신인 의의 교사가 죽자, 쿰란에센파 사람들은 그를 대신할 사람을 뽑지 못하고 그의 역할을 담당할 미래에 나타날 메시아적인 대제사장에 대한 대망을 발전시키게 되었다는 것이다. 다시 말하면, 1QSa 혹은 1QSb에서는 전권을 지닌 의의 교사가 아직 생존하고 있었기 때문에 제사장적 메시아를 대망할 필요가 없었으나, 그가 죽자 그와 같은 필요성이 새롭게 나타나게 되었다는 것이다. 이 미래에 나타날 제사장적 메시아를 기다린다는 말은, 곧 구원의 시대가 오면 예루살렘 성전 제의를 다시금 적법한 대제사장이 인도하리라는 기대를 담고 있는 것이다.

IV. 결론

이상에서 우리는 쿰란에센파 사람들이 가졌던 메시아 대망을 슈테게만의 시각을 통하여 살펴보았다. 솔로몬의 시편 =PsSal 17편에 잘 나타나듯이, 메시아 대망이란 다윗 왕가 출신의 한 사람 Messias Israels 혹은 Messias ben David 이 나타나 하나님의 공의에 따라 통치하며, 동시에 이스라엘이 대적자들을 모두 섬멸시키리라고 믿는 미래에 대한 종말론적인 기대라고 정의 내릴 수 있다. 한 인물로 나타난 이와 같은 전형적인 메시아 상은 에센파가 설립되기 이전에는 전혀 찾아볼 수 없던 표상이라는 슈테게만의 주장은 상당히 설득력이 있다고 여겨진다. 그의 주장은 사변적인 측면도 없지 않으나, 가능한 증거 자료에 의거한 것이기에 신빙성이 있어 보인다. 슈테게만은 쿰란 문서에 나타난 다양한 메시아 상을 단순히 나열하는 데 그치지 않고,27) 그처럼 다양한 모습이 나타나게 된 이유를 쿰란에센파 공동체의 역사와 관련하여 메시아 상의 변천 과정을 설득력 있게 밝히고 있다. 이러한 그의 노력은 높이 평가받을 만하다.

쿰란에센파의 유대인들이 가졌던 메시아 상은 어떤 추상적인 이론으로서만 존재했던 것이 아니라, 자신들의 삶과 관련된 구체적인 역사와 밀접하게 연관되어서 발전한 것임을 알 수 있었다. 그들의 메시아 대망은 쿰란 시대에 끝난 것이 아니고 그 이후에도 계속하여 유대인들의 역사 가운데에서 때때로 분출되곤 하였으니,28) 이 메시아 대망은 장구한 유대사를 관통해 내려온 것으로 유대교의 정체성에 관한 핵심 주제에 속한다고 말할 수 있다.29)

이 글을 마치기에 앞서, 그리스도교의 그리스도론과 유대적 메시아론 사이의 관계에 대하여 궁금해하는 독자를 위해 한마디 언급하는 것도 좋을 것 같다. 위에서 살폈듯이, 쿰란에센파 시대에 와서야 비로소 자리잡기 시작한 것으로 보이는 전형적인 유대 메시아 이해는 예수를 그리스도로 고백하는 그리스도교적인 메시아론과 일면 유사한 점을 엿볼 수 있다. 예컨대, 예수 그리스도를 **다윗의 혈통**으로 보는 이해뿐만 아니라, 막강한

---

27) 그와 같이, 예컨대 : F. G. Martinez, "Messianische Erwartungen in den Qumrantexten"; idem and J. T. Barrera, *The People of the Dead Sea Scrolls, Their Writings, Beliefs and Practices* (Leiden, 1995), 159-89.
28) 기원후 132-135년에 있었던 지배세력인 로마에 항거하는 팔레스타인 유대인 봉기의 지도자였던 Simon ben Kosiba는 당시 유명한 랍비 아키바에 의해 한동안 메시아로 인정받았다(yTaan. 4,68d). 따라서 그의 이름을 Bar Kokhba(="별의 아들")라고 바꿔 불렀다. 이에 대하여, P. Schäfer, *Der Bar Kokhba-Aufstand* (Tübingen, 1981)를 참조하라. 또한 중세 동유럽에 Sabbatianismus라고 불리는 유대인들의 열광적인 움직임이 있었는데, 이 운동의 지도자인 Shabbatai Zwi(1626-1676년)는 자신을 메시아로 내세웠다.
29) 중세 때 명망 높고 권위 있던 유대 사상가인 '마이모니데스'(Moses Maimo- nides, 1135-1204)는 자신의 13개 "신조"('Ikarim) 가운데 메시아 시대와 관련된 제12신조에서 다음과 같이 고백하였다: "나는 메시아의 도래를 확실히 믿는다. 비록 그가 지체한다 할지라도 나는 날마다 그의 도래를 고대한다." 마르틴 부버(M. Buber)는 메시아사상을 '유대교의 지극히 독창적인 사고'('die zutiefst originelle Idee des Judentums')라고 말하였다. M. Buber, *Drei Reden über das Judentum* (Frankfurt, 1911), 91.

권세 가운데 이루어지는 **종말론적 심판 기능**에서 양자 간의 유사성을 찾을 수 있다. 그러나 유대민족의 구원을 목표로 하는 민족주의적인 유대 메시아 개념은 그리스도교의 그리스도론과 본질적인 차이가 있다.

유대적 메시아가 아무리 막강한 권세로 하나님의 공의를 실현한다고 할지라도, 그는 여전히 초월적 차원과는 무관한 한 인간에 불과하다. 하지만 크리스천이 고백하는 그리스도 예수는 한 인간으로 왔을 뿐만 아니라, 동시에 '하나님의 아들'로서, '대속자'로서, '주님' Kyrios 으로서 이 땅에 왔다. 대다수 유대인은 크리스도들이 고백하는 예수 그리스도를 그들이 대망하던 메시아로 받아들일 수 없었고 지금도 받아들이지 않고 있다. 솔로몬의 시편 17편에 잘 나타나듯이, 그들이 기다리던 메시아는 '처참하고 나약하게' 십자가형을 받은 나사렛 예수와는 한 치의 연결점도 찾을 수 없기 때문이다. 만일 나사렛 예수가 진정 메시아였다면, 이 세상이 바뀌어 하나님의 공의가 지배하는 세상이 되어야만 한다는 것이 유대인들의 주장이다. 그들은 이 세상에 이미 하나님의 나라가 도래하기 시작했다는 사실을 용납할 수 없으나, 크리스천들은 종말에 있을 구원의 완성이 바로 나사렛 예수의 사역과 더불어 이미 이 세상 가운데에 이루어지기 시작했다고 믿는다. 바로 이 점에 그리스도론과 유대적 메시아론을 구분하는 본질적인 차이가 있다.

제7장

4Q246과 4Q521을 둘러싼 메시아 논쟁

...

I. 서론

중세 유대교에서 가장 영향력이 큰 유대인 사상가로 간주되는 마이모니데스 Maimonides, 1135-1204년 는 유대교도 타종교처럼 보편적으로 인정된 신앙고백이 필요하다는 생각에서 1200년경 유대 신앙의 정수를 13개 신조로 담은 신앙고백문 Shloshah-'Asar 'Ikarim 을 만들었다 본서 "부록1"을 참조하라. 이 신앙고백은 오늘날까지 유대 신앙고백의 모범으로 통한다. 이 신앙고백의 제12조는 다음과 같이 말한다. "나는 메시아가 오리라는 것을 온전히 믿는다. 그가 아직 오지 않고 있을지라도 나는 날마다 그의 도래를 열망한다." 중세를 거쳐 오늘에 이르기까지 메시아 대망에 대한 유대인들의 기본적 믿음은 확고하며, 하나로 통일된 표상을 갖고 있다고 말할 수 있다.[1] 그러나 학자들의 연구를 통해 "제2성전 시대 유대교" The Second Temple Judaism 에는 하나로 통일된 메시아 상이 아직 확정되지 않았다는 사실이 드러났다.[2]

---

1) 랍비 스타인버그에 따르면, 메시아란 하나님에 의해 임명된 다윗 가문 출신의 인간으로서 이 세상을 악에서 정화하여 확고한 토대 위에 선을 확립할 능력과 권위를 하나님에게서 받은 자이다. 참조. M. Steinberg, 『유대교의 기본』, 이수현 역 (동인, 1996), 181; *Basic Judaism* (Boston, 1965).
2) 제2성전시대 유대교의 메시아 상에 대한 개론적 소개를 위해서 다음의 문헌이 유익하다. E.

그 시대에 생성된 대다수 유대 문서에는 종말론적인 문맥에서 사용된 메시아 개념이 거의 나타나지 않는 것과 달리 쿰란 문서는 다양한 형태의 메시아 상을 보여주고 있다.3) 왕적 메시아 Royal Messiah 에 대한 대망이 있었는가 하면 제사장적 메시아 Priestly Messiah 에 대한 대망도 있었고 모세와 같은 예언자적 메시아 표상도 나타난다. 이러한 다양한 메시아 표상은 초기 그리스도교가 가졌던 기독론 이해를 위한 유대적 배경을 이룬다는 점에서 매우 흥미롭다.

근래에 두 개의 쿰란 문서를 둘러싸고 학자들 사이에 논쟁이 분분하다. 이들 문서 가운데 메시아적 칭호처럼 보이는 두 가지 개념이 나타나기 때문이다. 그중 하나는 4Q246에 나오는 "하나님의 아들"이라는 개념이고 다른 하나는 4Q521에 나오는 "그의 기름 부음을 받은 자"라는 개념이다. 혹자는 4Q246과 누가복음 1장 32-35절 사이에 놓인 평행성을 강조하면서 "하나님의 아들" 칭호가 기원전 1세기나 기원후 1세기 팔레스타인에서 유래한 것이라고 주장하기도 했다.4) 과연 이 두 개념 "하나님의 아들" 4Q246 과 "그의 기름 부음을 받은 자" 4Q521 를 한 개인을 염두에 둔 메시아 칭호로 볼 수 있는지가 문제의 관건이다. 따라서 본 장의 목적은 이 두 개념이 항간에 주장되고 있듯이 과연 종말론적인 문맥에서 사용된 개인적인 메시아 칭호인지를 규명하는 데 있다.

Schürer, *History of the Jewish People in the Age of Jesus Christ*, Geza Vermes, et al., eds., vol. 2 (Edinburgh, 1979), 488-554; J. Neusner et al., eds., *Judaisms and Their Messiahs at the Turn of the Christian Era* (Cambridge, 1987); James H. Charlesworth, ed., *The Messiah: Developments in Earlist Judaism and Christianity* (Minneapolis, 1992); H. Lichtenberger, "Messianische Erwartungen und messianische Gestalten in der Zeit des Zweiten Tempels", E. Stegemann, ed., *Messiasvorstellungen bei Juden und Christen* (Stuttgart, 1993), 9-20; J. J. Collins, *The Atar and the Scepter: The Messianic of the DSS and Other Ancient Literature* (New York, 1995).

3) 제2성전 시대의 유대 메시아 상과 관련하여 무엇보다 쿰란 문서가 중요하다는 사실은 익히 알려져 있다. 본서 제6장 "쿰란 문서와 메시아"를 참조하라. Cf. 김판임, 『쿰란 공동체와 초기 그리스도교』(비블리카 아카데미아, 2008), 126-137; C. Marvin Pate, 『사해사본과 신약성서』, 유태엽 역 (감신대출판부, 2008), 139-182("제4장: 사해사본과 신약성서의 메시야 사상"); F. G. Martinez, "Messianische Erwartungen in den Qumranschriften", *JBTh* 8 (1993), 171-208.

4) J. A. Fitzmyer, *Response to 101 Questions on the Dead Sea Scrolls* (New York, 1992), 113.

II. 본론

1. 4Q246과 "하나님의 아들"

4Q246은 2개의 열 column 을 가진 하나의 단편 조각 사본이다. 불행하게도 제1열은 파손 상태가 비교적 심각한 편이다. 이런 까닭에 파손된 부분에 대한 서로 다른 해석이 가능하게 되었고 심지어 상반된 해석을 낳았다. 다행히 제2열은 온전한 상태로 발견되었으나 앞 단락의 문맥을 정확하게 알 수 없기 때문에 여기에 나오는 "하나님의 아들" 칭호를 어떻게 해석해야 하는가가 문제로 부각되었다.

이 사본은 1958년 안틱 중개상 칸도 Kando 의 손을 거쳐 입수된 후 오랫동안 행방이 묘연한 상태에 있다가 1972년에 와서 이 사본의 출판을 책임진 밀릭 J. T. Milik 에 의해 하버드 대학 강의에서 처음으로 공개된다. 이때 제공된 번역을 토대로 피츠마이어 J. A. Fitzmyer 가 해당 본문을 세상에 발표한다.[5] 아람어로 기록된 이 작품을 예전에는 4QpsDan^d 또는 4QpsDan A^{a}로 표시했으나, 밀릭이 1976년 출간한 "에녹서" 가운데 4Q246라는 표시로 소개되면서 지금까지 그와 같이 부른다.[6] 밀릭은 고문서학적 분석을 통해 이 사본의 생성 연대를 기원전 1세기 마지막 3분의 1분기로 추정했고, 푸에쉬 E. Puech 와 바이어 K. Beyer 는 좀 더 구체적으로 대략 기원전 25년경에 기록된 것으로 추정했다. 그러나 본래 작품은 기원전 165년경에 생성된 다니엘서와 비슷한 시기에 기록되었을 것으로 추정된다. 다니엘서에 나오는 표현들과 일치하는 것들이 많이 나타나고, 또한 아람어로 기록되었을 뿐만 아니라 쿰란 전형적인 어휘들이 전혀 나타나지 않고 있기 때문이다.[7]

---

[5] J. A. Fitzmyer, "The Contribution of Qumran Aramaic to the Study of the New Testament," *NTS* 20 (1973/74), 382-407 (391-394).

[6] J. T. Milik, *The Books of Enoch. Aramaic Fragment of Qumran Cave 4* (Oxford, 1976).

[7] A. Steudel, ed., *Die Texte aus Qumran II* (Darmstadt, 2001), 167.

따라서 이 작품은 에센파의 것이 아니고 비에센파의 산물로 보인다. 쿰란 에센파 사람들은 이스라엘의 거룩한 전통 수호자란 측면에서 히브리어로 자신들의 창작품을 기록한 것과 달리 이 사본은 아람어로 기록되었을 뿐만 아니라 쿰란 특유의 언어사용이 나타나지 않는 것도 비에센파의 산물임을 뒷받침한다. 1992년에 푸에쉬 E. Puech가 처음으로 해당 본문을 완역했다.[8] 여기서는 쿰란 문서에 낯선 독자들을 고려하여 우리말 번역문을 제시하고자 한다.

가. 본문 번역:

제1열: (1) [... 하나님의 영이] 그에게 내려왔고, 그는 그 보좌 앞에 엎드렸다. (2) [그는 일어나 왕 앞에서 말했다.] 어찌하여 당신께서는 진노하시고 이를 가시나이까? (3) [내가] 당신의 환상을 해석하리이다. 그러면 당신께서는 모든 것을 영원히 알게 [되시리이다. (4) 커다란 재난과 함께] 환란이 이 땅 위에 다가올 것이요, (5) [그러면 많은 전쟁이 일어나고] 또한 각 지역들에서 굉장한 살육이 일어날 것이다. (6) [...] 앗수르[와] 애굽[과 (7) 페르시아]의 왕이 자신의 교만으로 인해 죽을 때까지. 그런 다음 [한 다른] 위대한 [왕이] 땅 위에 있게 될 것이다. (8) [많은 사람들은 그의 뜻에 따라] 행할 것이다. 그리고 모두가 [그를] 섬길 것이다. (9) [볼지어다] 위대한 왕으로 그가 **불릴 것이요** מלכא רבא יתקרא, 또한 그의 별명으로 **칭하여질 것이다** בשמה יתכנה.

제2열: (1) 그는 **하나님의 아들**이라 불릴 것이요 ברה די אל יתאמר, 그들은 그를 **지극히 높으신 분의 아들**이라 부를 것이다 בר עליון יקרונה. (2) 네가 본 불꽃과도 같이 **그들의 왕국**=통치=이 될 것이다. 그들은 수년 동안 (3) 땅을 다스릴 것이요, 모든 것을 짓밟을 것이다. 한 민족이 다른 민족을 짓밟을 것이요, 한 지역이 다른 지역들을. (4) (공백) **하나님의 백성** עם אל이 일어나서 모든 사람에게 파괴로부터 안식을 얻을 때까지. (5) 그의 왕국은 영원한 왕국이 될 것이요, 그의 모든 행위는 진리에 합당할 것이다. 그는 땅을 (6) 진리로 심[판]하실 것이요, 모든 것에 구원을 가져올 것이다. 파괴가 땅으로부터 사라질 것이요, (7) 모든 지역이 그를 공경할 것이다. 위대하신 하나님이 그를 돕기 위해 서두를 것이며, (8) 그는 그를 위해서

---

8) E. Puech, "Fragment d'une apocalypse en Araméen (4Q246 = pseudo-Dan^d) et le 'Royaume de Dieu'," *RB* 99 (1992), 98-131.

전쟁을 벌일 것이다. 그는 민족들을 휘어잡고서 (9) 그들 모두를 자기 앞에서 내던 져버릴 것이다. 그의 왕국은 영원한 왕국이 될 것이요, 모든 심연은.9)

나. 본문 이해 – "유사 다니엘 본문"(Pseud-Daniel-Text)?

1998년 요한네스 침머만Johannes Zimmermann 은 자신의 박사학위논문을 수정 보완한 저서에서 이 작품의 장르를 가리켜 "묵시적 역사 묘사" apokalyptische Geschichtsschilderung 라 명명하면서 이 안에 종말 역사의 비밀들이 환시가에게 열리고 있다고 설명한다.10) 그에 대한 이유로 다음의 4가지를 언급한다. 첫째, 환상에 대한 언급 및 그에 대한 해석 I 3; II 2, 둘째, 환란과 전쟁 I 4-5; II 2-3, 셋째, 지나가 버릴 왕국들과 영원한 왕국의 대조, 넷째, "앗수르와 애굽" I 6. 그 밖에도 묵시문학인 다니엘서, 특히 다니엘 7장과 특별한 관계에 있다고 보았다. 본문의 화자가 "환시가"라는 것도 다니엘서와 같다고 말한다. 그리하여 이 문서에 나오는 화자는 다니엘일 가능성이 크다고 결론지으면서, 이 문서를 가리켜 "유사 다니엘 본문" Pseud-Daniel-Text 이라 부른다.11) 침머만이 주장하듯 위의 본문이 다니엘 7장과 특별한 관계에 있다는 사실이 겉으로 명확히 드러나지는 않으나, 이 본문이 역사의 마지막 사악한 시기에 대해 언급하고 있다는 사실은 분명하다.

위의 본문을 올바로 해석하기 위해서는 "하나님의 아들" 표현이 나타나는 제2열의 (4)에 공백이 존재하는 사실에 주목할 필요가 있다. 바로

---

9) 바이어(K. Beyer)가 복원한 아람어 텍스트를 근거로 한 필자의 사역이다: K. Beyer, *Die aramäischen Texte vom Toten Meer*, vol. 2 (Göttingen, 2004), 147-149; F. 마르티네즈, E. 티그셀라아르,『사해문서 2: 4Q156-4Q273』, 강성열 역 (나남, 2008), 227-228에 제시된 텍스트와 비교하라. 마르티네즈는 특히 제1열의 파손된 본문을 복원하지 않은 채 남겨두어 본문 이해가 어렵다.
10) J. Zimmermann, *Messianische Texte aus Qumran* (Tübingen, 1998), 138. 바이어는 "하나님의 아들에 관한 묵시록"이라 부른다(위의 책, 145).
11) J. Zimmermann, *Messianische Texte*, 139. 이미 헹엘은 이 문서를 가리켜 "종말론적 내용의 다니엘 묵시문학"(Daniel-Apokryphon eschatologischen Inhalts)이라 불렀다. 참조. M. Hengel, *Der Sohn Gottes: Die Entstehung der Christologie und die jüdisch-hellenistische Religionsgeschichte* (Tübingen, 1975), 71.

이 지점에서 새로운 단락이 시작되고 있음을 보여준다. 내용적으로도 앞에서 언급된 전쟁의 시대와 달리 평화의 시대에 대해 언급한다. 제2열 (5)와 (6)에 나오는 접미사 "그의"는 하나님의 백성(4)을 가리킨다. 이 본문은 서로 명백히 대조를 이루는 진술로 이루어져 있다. 즉, 모든 지역의 멸망과 하나님 백성의 융성함이 대조를 이룬다. 다시 말하면, 불꽃같이 일어나 잠시 "수년 동안" 다스릴 "그들의 왕국"의 멸망(2-3)과 "영원한 왕국의 융성"(5-9)이 대조를 이룬다. "파괴"에 관한 진술(4b, 6b)과 이어서 언급되는 영원한 통치(5a) 및 모든 사람을 위한 평화의 상태(6)도 서로 대조를 이룬다. 중간 부분(5b-6a)은 모든 행위와 진리 안에서의 심판을 언급한다.

다. "하나님의 아들"에 대한 다양한 해석

본문에 나타나는 "하나님의 아들"이란 개념을 메시아 칭호로 볼 수 있느냐의 여부를 놓고 많은 학자가 논란을 벌이고 있다. 다음과 같이 다섯 가지 해석으로 정리할 수 있다.

① **집합적인 개념으로 보는 해석(M. Hengel):**

헹엘은 "하나님의 아들" 칭호는 헬레니즘 종교에서 말하는 "아들 신성" Sohn-Gottheit 보다 유대교의 메시아 사상 등에서 유래했을 가능성이 크다고 보았다. 그리하여 다니엘 7장에 나오는 하늘의 인자 단 7:13-14와 땅에 속한 하나님의 백성 단 7:18, 27 사이에 평행성이 존재한다는 입장에서 4Q246에 나오는 "하나님의 아들" 개념을 마치 다니엘 7장 13절이 언급하는 인자의 경우와 유사하게 유대 백성을 가리키는 집합적인 실재로 해석하였다.[12]

② **천사 혹은 멜기세덱으로 보는 해석(G. Martinez):**

마르티네스는, 해당 본문의 저자는 심중에 "하나님의 아들" 개념을 천

---

12) M. Hengel, *Der Sohn Gottes*, 72.

사, 특히 멜기세덱 1QM; 11QMelch 을 염두에 두고 있다고 설명한다.13)

③ 다윗 가문의 메시아 왕으로 보는 해석(J. J. Collins):

콜린스는 "하나님의 아들"을 다윗 가문의 메시아로 해석하면서 그가 의로운 자의 원수들과 대적하는 가운데 남은 자를 옹호하면서 종말론적인 전쟁을 수행할 것이라고 설명한다.14) 만일 이러한 해석이 옳다면, 4Q246은 메시아를 "하나님의 아들"로 묘사한 최초의 증거 자료라고 말할 수 있다.

④ 하나님을 대적하는 적그리스도로 보는 해석(D. Flusser):

플루서는 "하나님의 아들"을 지상적인 존재로 이해하지 않고 하나님을 대적하는 초자연적인 세력, 즉 사탄의 세력으로 이해하고자 한다.15)

⑤ 다니엘 7장의 인자와 동일한 개념으로 보는 해석(J. Zimmermann):

침머만은 "하나님의 아들" 개념을 다니엘 7장에 나오는 인자와 동일한 개념으로 해석하면서 예수를 가리키는 칭호인 "인자"와 "하나님의 아들"이 신약성서에 나란히 나타나는 것에 대한 유대적 배경을 이룬다고 주장한다.16)

---

13) G. Martinez, "The Eschatological Figure of 4Q246", idem, *Qumran and Apocalyptic: Studies on the Aramaic Texts from Qumran* (Leiden, 1992), 162-179.

14) J. J. Collins, *The Star and the Scepter*, 167. 4Q246을 에센파의 종파적 특성을 지닌 문서로 해석하는 Marvin Pate 역시 4Q246에 나오는 "하나님의 아들"을 콜린스처럼 다윗 계통의 메시아로 해석한다. 참조. C. Marvin Pate, 『사해사본과 신약성서』, 167-168.

15) D. Flusser, "The Hybris of the Antichrist in a Fragment from Qumran", *Immanuel* 10 (1980), 31-37.

16) J. Zimmermann, *Messianische Texte*, 128-170. 이미 쉬프맨(L. Schiffman)은 4Q246을 단 7:13-14의 빛에서 해석했다. 참조. L. Schiffman, *Reclaiming the Dead Sea Scrolls: Their True Meaning for Judaism and Christianity* (New York, 1995), 341-344.

라. 하나님의 아들 – 메시아가 아닌 안티오커스 4세?

위의 본문 4Q246에 나타나는 "하나님의 아들"이란 개념을 유대 메시아 칭호로 해석하는 시도가 학계에 확산되어 있다. 쿰란 문서 가운데 종말론적 통치자에 대한 진술 중 "하나님의 아들"이란 단어가 나타나고 있다는 사실은 학계의 관심을 불러일으켰고, 위에서 살펴보았듯이 여러 학자는 그가 메시아적 인물일 가능성을 강하게 제기하였다. 그동안 예수에 대한 초기 그리스도교의 진술을 조명하기 위해 예를 들면 시편 2장 7절 "너는 내 아들이라 오늘 내가 너를 낳았도다"이나 사무엘하 7장 14절 "나는 그에게 아버지가 되고 그는 내게 아들이 되리니 ⋯"을 인용하곤 했다. 그런데 이들 구절에는 "하나님의 아들" 이란 개념이 나타나지 않는 것과 달리, 4Q246에는 명확하게 그 개념이 나타나고 있다. 만일 이 개념이 종말론적 메시아 칭호로 해석될 수 있다면, 실로 이것은 "하나님의 아들"이 메시아 칭호임을 입증하는 최초의 증거 본문이라 할 것이다.

그러나 4Q246에 나오는 "하나님의 아들"을 메시아적 인물로 해석하는 시도는 많은 문제를 안고 있다. 제1열 (9)와 제2열 (1) 사이에 그 통치자에 대한 묘사 "위대한 자", "하나님의 아들"가 3개의 수동태 동사형 יתקרא, יתכנה, יתאמר 과 연계되어 나온다 "그는 ⋯ 불릴 것이요", "(이름으로) 칭하여질 것이다". 이는 재귀동사형 "그는 자신을 ⋯ 로 불렀다"으로도 이해할 수 있다. 이로써 화자는 그 통치자가 그러한 명칭들을 부당하게 자신에게 사용하고 있다는 점을 은근히 드러내고 있는 것으로 보인다. 또한 "하나님의 아들"과 "지극히 높으신 분의 아들"에 히브리어 하나님 명칭 "엘"/"엘리욘" אל/עליון 으로 나타나고 있는 것이 의외이다. 이 본문은 아람어 텍스트이기 때문에 일차적으로 히브리어 명칭 대신 아람어 명칭 אלהא 혹은 עליא 사용이 기대되는 것과 다르다. 이로써 화자는 그 어떤 신적 존재가 아니라 이스라엘의 하나님을 염두에 둔 것으로 보인다. 즉, 이방 통치자가 자신을 지극히 높으신 이스라엘의 하나님으로 부른다는 참담한 사실을 드러내고자 했던 것으로 보인다. "엘리욘"עליון은 "엘"אל과 달리 야훼 하나님에게 사용되는 단어이기 때문에 유대 문서는 제우스나 주피터와 같은 이방 신들을 엘리욘이라 부르지 않는다는 사실도 기억할 필요가 있다.

또한 본문 가운데 모든 사람을 짓밟는 왕국에 대한 묘사가 나타나는데 제9열 2-3, 만일 이 왕국이 메시아 왕국을 뜻한다면 본문에 묘사된 종말 사건들의 순서가 참으로 기이하게 보인다. 메시아가 등장했음에도 불구하고 오랫동안 악의 득세가 변하지 않고 있기 때문이다. 솔로몬의 시편 17편의 경우에 명확히 나타나듯이, 유대적 메시아 표상에 따르면 종말에 메시아가 등장하면 그는 이스라엘을 괴롭히는 모든 이방 적대세력을 멸망시킨다는 표상과 다르다. 모든 사람을 짓밟는 왕국 묘사는 이방 민족들이 종말에 앞선 환란 가운데 서로 짓밟는 묘사와 동일한 선상에 있는 묘사다.

위의 시각에서 볼 때 여기서 거론되고 있는 왕국은 메시아 왕국에 관한 묘사로 보기 어렵다. 오히려 이방인의 왕국으로 보는 것이 바람직하다. 또한 하나님의 아들 개념도 개인적 메시아 칭호로 해석하기 어렵다. 그리스도교 이전 시대의 유대교는 메시아를 결코 "하나님의 아들"로 부르지 않았기 때문이다.[17] 또한 위의 본문은 전통적인 메시아적 본문들을 전혀 염두에 두고 있지 않다는 사실도 그것을 뒷받침한다.[18] 따라서 역사의 마지막 사악한 시기에 대해 언급하고 있는 4Q246에 나타나는 "하나님의 아들"과 "지극히 높으신 분의 아들"은 예를 들면 셀류키드 왕 안티오쿠스 4세 에피파네스와 같은 이방 통치자로 해석하는 것이 가장 타당하다고 생각된다.[19] 그의 통치가 불꽃처럼 일어나 모든 것을 짓밟고 땅을 다스릴

---

17) H. Stegemann, *Die Essener: Qumran, Johannes der Täufer und Jesus* (Freiburg-Basel-Wien, 1993), 341.

18) 예를 들면 다음과 같은 학자들이 메시아적 해석을 반대한다. K. Berger, *Qumran und Jesus: Wahrheit unter Verschluß?* (Stuttgart, 1993), 97; K. Beyer, *Die aramäischen Texte vom Toten Meer*, vol. 1, 109-113; J. Maier, *Die Qumran-Essener: Die Texte vom Toten Meer II* (München-Basel, 1995), 190-191.

것이나, 그것은 결국에는 놀라운 권세로 무장한 하나님의 백성에 의해 멸망하리라고 말한다. 하나님의 백성이 하나님의 도우심에 의해 최후의 종말 전쟁을 완수하고 영원히 통치하게 되리라는 사실을 말한다. 이와 같이 "하나님의 아들"을 안티오커스 4세로 보는 해석은 "하나님의 아들"이 헬라 왕의 칭호로 종종 사용되었다는 사실에 의해서도 지지를 받는다.

2. 4Q521과 "그의 기름 부음을 받은 자(들)"

또 하나의 쿰란 문서가 학계에 커다란 관심을 유발했다. 이 문서는 다름 아닌 4Q521이다. 이 작품은 16-18개의 단편으로 이루어진 사본이다. 가장 중요한 제2단편은 세 개의 열 column 의 나머지만 담고 있다. 1956년에 처음 언급되었으나 완전히 번역되어 세상에 모습을 드러내는 데 무려 삼십여 년이 소요되었다. 이 문서는 본래 "on resurrection"이란 이름으로 불렸으나, 에밀 푸에쉬가 1992년에 이 문서를 "Une Apocalypse messianique"라는 표제로 발표했고,[20] 이듬해에 보충하여 자신의 박사학위논문으로 다시 발표했다.[21] 푸에쉬는 이를 하스몬 시대의 산물로 기원전 100-80년 사이에 기록된 것으로 본다. 본문 가운데 에센파 특유의 언어와 사상이 나타나지 않기 때문에 이 문서 역시 비에센파의 산물로 보인다.

이 문서가 당시 세간에 커다란 관심을 불러일으킨 이유는, 여기에 메시아가 죽은 자를 소생시키는 놀라운 기적 수행자로 묘사되고 있을 뿐만 아니라 예수 어록Q에 나오는 세례 요한의 질문에 대한 예수의 대답과 평행하는 내용 마 11:2-6 par. 눅 7:18-23)이 나온다는 주장 때문이다. 이러한 주장

---

[19] 이러한 입장은 여러 학자로부터 지지를 받고 있다: K. Beyer, *Die aramäischen Texte vom Toten Meer*, vol. 2, 146; J. Maier, *Texte II*, 189; H. Stgemann, *Die Essener*, 341; A. Steudel, *Die Texte aus Qumran II*. (Darmstadt, 2001). 그러나 베르거는 알렉산더 대왕을 염두에 둔다(K. Berger, *Qumran und Jesus*, 98).

[20] E. Puech, "Une Apocalypse messianique (4Q521)," *RdQ* 15 (1992), 475-519.

[21] E. Puech, "La croyance des Esséniens en la vie future," *EtB.NS* 22, 2 vols. (Paris, 1993).

은 예수와 원시 그리스도교를 쿰란과 연결하고 싶어 하는 사람들을 자극하기에 충분했다. 그리하여 그동안 많은 학자가 이 본문을 메시아 혹은 메시아 시대와 관련된 본문으로 해석해 왔다.22) 그런데 과연 이러한 메시아적 해석이 정당한지 검토하려 한다. 이 문서는 모두 16-18개의 단편으로 이루어져 있는데, 그 가운데 제2단편이 가장 중요하다.

가. 본문 번역:

제2단편 제2열: (1) [왜냐하면 하]늘과 땅이 **그의 기름부음 받은 자들**משיחו 23)의 말에 귀를 기울일 것이요, (2) 그들 중에 있는 모든 자들이 **거룩한 자들의 명령들에서** ממצות קדושים 벗어나지 않을 것이기 때문이다. (3) 주님을 찾으면서 그를 섬기는 너희는 자신을 강하게 하여라. (공백) (4) 마음속에 희망을 품고 있는 너희 모두는 이를 통하여 주님을 만나지 않으려느냐? (5) 왜냐하면 주님께서 경건한 자들을 찾으실 것이요, 의로운 자들의 이름을 불러 주실 것이기 때문이다. (6) 가난한 자들 위에 그의 영이 머물 것이요, 신실한 자들을 그의 힘으로 새롭게 하실 것이다. (7) [그렇다.] 그가 경건한 자들을 존중히 여겨 영원한 나라의 보좌 위에 앉게 하실 것이요, (8) 포로 된 자들을 해방하시며, 맹인을 보게 하시고, 뒤틀[린] 자들의 몸을 곧게 하실 것이기 때문이다. (9) 그러므로 나는 영원[토]록 [희]망을 품고 있는 [자에게] 매달릴 것이요, 그의 자비를 통하여 […] (10) […] 그는 지체하지 않을 것이다. (11) 그리고 일어난 적이 없던 놀라운 일들을 주님이 행하실 것이다. 그가 말씀하[셨듯이.] (12) [왜냐하면] 그는 크게 상처 입은 자들을 치료하실 것이요, 죽은 자들을 살리실 것이요, 가난한 자들에게 좋은 소식을 선포하실 것이다. (13) 그리고 [… 쫓겨난 자들을] 그가 인도하실 것이요 […] … 그리고 굶주린 자들을 배부르게 하실 것이다. (14) […] 그리고 모든 … […]24)

---

22) R. Eisenmann, G. Martinez, M. Krupp, E. Puech, L. Schiffman, J. D. Tabor, G. Vermes, M. O. Wise 등. 또한 노바코빅은 메시아 시대의 표징을 강조한다: L. Novakovic, "4Q521: The Works of the Messiah or the Signs of the Messianic Time?", M. Th. Davies and B. A. Strawn, eds., *Qumran Studies: New Approaches New Questions* (Grand Rapids-Cambridge, 2007), 208-231.
23) 마르티네스는 이를 단수로 번역했으나, 복수로 번역하는 것이 히브리어 원문에 가깝다. 제8단편에 복수 형태로 나오는 사실이 이를 뒷받침한다. 이와 같이 J. Maier, *Texte II*, 683; J. Zimmermann, *Messianische Texte*, 344.
24) 마르티네스(F. G. Martinez and E. J. C. Tigchelaar, *The Dead Sea Scrolls*, 1044-1045)와 침머만(J. Zimmermann, *Messianische Texte*, 344-345)이 제시한 텍스트에 근거한 필자의 사역이다. 참조. F. 마르티네즈, E. 티그셀라아르, 『사해 문서 4: 4Q491-11Q31』, 강성열 역 (나남, 2008), 112.

나. 본문 이해

4Q521 제2단편 제2열은 산문이라기보다 운율을 가진 시적 작품에 가깝다. 구약성서 시편에 나타나는 경건의 언어와 유사하다고 말할 수 있다. 침머만은 이 작품을 가리켜 일종의 "종말론적인 시편" eschatologischer Psalm 혹은 "찬송시" Hymnus 로 부르면서 본문의 내용을 다음과 같이 잘 요약해 놓았다.25)

(1)-(2): 종말에 있을 온 세상의 순종
(3)-(4): 예배와 인내를 향한 요청 – 그리할 때 하나님이 나타남
(5)-(6): 하나님의 돌보심과 경건한 자들을 위한 새로운 활동하심
(7)-(8): 경건한 자들을 위한 영광과 미래의 구원
(9)-(10): 불명확함(?)
(11)-(12): 아직 일어나지 아니한 기적: 죽은 자들의 부활과 좋은 소식의 선포
(13)-(14): 계속 (이스라엘의 종말론적 회복?)

위의 본문은 미래 종말론적 진술을 다루고 있다. 본문의 앞부분에서 하늘과 땅 온 세상이 하나님의 계명에 순종할 것이라는 종말론적 전망을 언급한 다음(1-2), 화자는 시선을 현시점으로 돌린다. 하나님의 계명에 대한 순종을 통해 종말에 있을 온 세상의 실재가 경건한 자들의 삶 속에서 이미 실현되고 있음을 말한다(3-4). 인간의 행위에 대한 진술에 이어서 경건한 자들을 돌보시며 경건한 자들을 종말론적 공동체로 불러 모으시는 하나님에 대한 진술이 계속된다(5-6). 특히 "가난한 자들"과 "신실한 자들"이란 표현(6)은 지혜 전통과 시편 경건에서 유래한 언어이다. 이제 하나님은 경건한 자들을 영화롭게 하신다. 하나님이 당신의 권세를 이 땅에 관철하실 때, 당신의 공의와 정의를 실현하신다. 그것은 곧 죄인에 대한 심판이며 동시에 병들고 소외된 자들에 대한 회복을 뜻한다(7-8). 이어서 아

---

25) J. Zimmermann, *Messianische Texte*, 347-348.

직 일어나지 않은 놀라운 기적에 대한 진술이 나온다. 그것은 죽은 자들을 다시 소생시키며 경건한 자들에게 좋은 소식을 선포하리라는 것이다(12). 그런데 여기서 말하는 주어는 누구인가? 콜린스^{J. J. Collins}는 예언자 메시아의 중개를 통해 하나님이 활동하시는 것으로 해석한다.26) 그런데 이러한 해석은 부자연스럽다. 본문(5) 이후로 오직 하나님의 활동하심에 대해 말하는 문맥을 고려할 때 여기서도 역시 하나님을 주어로 보는 것이 자연스럽다.

다. "그의 기름 부음을 받은 자(들)"에 대한 해석

4Q521이 메시아 증거 본문인지를 둘러싼 논쟁은 본문 서두에 나오는 진술(1)과 관련된 것이다: "[왜냐하면 하]늘과 땅이 그의 **기름부음 받은 자(들)**27)의 말에 귀를 기울일 것이요." 보이는 세상 전체와 보이지 아니하는 세상 전체가 "그의 기름 부음을 받은 자(들)"의 말에 순종할 것이라고 말한다. 본문(1)에 나타나는 משיחו를 단수로, 즉 "그의 기름 부음을 받은 자"로 번역할지, 아니면 복수로, 즉 "그의 기름 부음을 받은 자들"^{defektiver Plural}로 번역할지가 문제다. 히브리어 상으로는 두 가지 읽기가 모두 가능하다.28) 슈테게만이 올바로 지적했듯이, 본문(1)-(2)["거룩한 자들"]에 나타나는 평행구조에 근거해 복수로 해석하는 것이 타당하다.29) 동일한 사본 제8열 (9)에 명백하게 복수형으로 나오는 것도 이를 뒷받침한다: "그의 모든 기름 부음 받은 자들 וכל משיחיה."

여기서 "그의 기름 부음을 받은 자들"משיחו 은 누구를 가리키는 표현인가를 밝히는 것이 문제의 관건이다. 먼저 접미사는 누구를 뜻하는가? 본

---

26) J. J. Collins, "The Works of the Messiah," *DSD* 1 (1994), 100.
27) 마르티네스는 이를 단수로 번역했으나, 복수로 번역하는 것이 히브리어 원문에 가깝다. 제8단편에 복수 형태로 나오는 사실이 이를 뒷받침한다. 이와 같이 J. Maier, *Texte II*, 683; J. Zimmermann, *Messianische Texte*, 344.
28) 참조. E. Qimron, *The Hebrew of the Dead Sea Scrolls* (Atlanta, 1986), 59.
29) 참조. H. Stegemann, *Die Essener*, 50.

문(3) "주님을 찾으면서 그를 섬기는 너희는 자신을 강하게 하여라" 이 하나님에 대해 언급하고 있는 것으로 미루어 본문(1)의 "그"도 다름 아닌 하나님을 가리키는 것으로 보는 것이 문맥상 가장 자연스럽다. 게다가 구약성서와 쿰란 문서 중에서 접미사를 가진 משיח는 언제나 하나님을 가리키고 있다는 사실이 이를 뒷받침한다.30) 그러면 "하나님의 기름부음을 받은 자들"이란 누구인가? 푸에쉬는 제2단편 제3열(3-5)에31) 메시아 왕에 대한 즐거움이 거론되고 있다는 이유에서 "하나님의 기름부음을 받은 자들"이란 종말론적 인물인 왕적 메시아로 해석한다.32) 그러나 단지 종말론적인 문맥에서 나온 즐거움이 왕적 메시아 해석을 허용하는 것은 아니다. 그보다는 오히려 예언자적 특징이 본문에 잘 나타난다고 말할 수 있다. 먼저 본문(1)의 "귀를 기울이다"는 순종하다는 뜻과 같다. 이 동사는 구약성서에서 하나님으로부터 파송을 받아 하나님의 말씀을 전권을 갖고 선포하는 예언자와 관련된다 예. 사 1:2 "하늘이여 들으라 땅이여 귀를 기울이라"; 신 18:15 "네 하나님 여호와께서 … 나와 같은 선지자 하나를 일으키시리니 너희는 그의 말을 들을 지니라". 게다가 우리 본문은 명백히 이사야 35:5-6과 61:1을 연상시키고 있는 고로,33) 여기서 언급되는 "그의 기름 부음 받은 자"는 기름 부음을 받아 영으로 무장한 예언자로 해석할 수 있다.34)

이런 관점에서 볼 때, 본문(2)의 "거룩한 자들"은 다름 아닌 이사야나 예레미야와 같은 구약성서의 예언자들을 가리키는 것으로 해석할 수 있

---

30) J. Zimmermann, *Messianische Texte*, 349.
31) 제2단편 제3열: "(3) 주님의 호의에서 비롯된 그의 복 [...] (4) [땅]이 모든 곳[들에서] 즐거워 하기를 원하노라 [...] (5) [왜냐]하면 온 이스라엘이 즐거워하면서 [...]"
32) Puech, E. "Fragment d'une apocalypse en Araméen (4Q246 = pseudo-Dan^d) et le 'Royaume de Dieu'." *RB* 99 (1992), 103.
33) (사 35: 5-6) "그 때에 맹인의 눈이 밝을 것이며 못 듣는 사람의 귀가 열릴 것이며 그때에 저는 자는 사슴같이 뛸 것이며 말 못하는 자의 혀는 노래하리니 이는 광야에서 물이 솟겠고 사막에서 시내가 흐를 것임이라"; (사 61:1) "주 여호와의 영이 내게 내리셨으니 이는 여호와께서 내게 기름을 부으사 가난한 자에게 아름다운 소식을 전하게 하려 하심이라. 나를 보내사 마음이 상한 자를 고치며 포로된 자에게 자유를, 갇힌 자에게 놓임을 선포하며."
34) 참조. J. Zimmermann, *Messianische Texte*, 382-383.

다. 그렇다면 본문(1)은 성서 예언자들의 명령들에 순종해야 할 것을 강조하고 있는 것으로 보인다. 본문(1)을 문맥에 따라 올바르게 해석하기 위해서는 본문(1)-(2)의 구조가 이른바 종합적 평행어법synthetic parallelismus membrorum을 이루고 있다는 사실을 파악하는 것이 무엇보다 중요하다.35) 두 문장의 평행구조에서 볼 때, "거룩한 자들"은 다름 아닌 거룩한 천사들을 가리키고, "거룩한 자들의 계명들"이란 하나님이 그의 거룩한 천사들을 통해 모세에게 계시한 모세오경, 즉 토라의 계명들을 가리키는 것으로 해석할 수 있다.36) 이런 시각에서 보면, 우리의 본문은 성서의 두 부분을 이루는 토라와 예언서들을 거론하고 있다는 사실이 드러난다. 결국, 우리의 본문은 경건한 자들이 온 힘을 다해 토라와 예언서들이 명령하는 계명들에 온전히 순종하며 지켜야 할 것을 강조하고 있다.

이러한 해석에 비추어 볼 때, 4Q521에 나오는 메시아는 기적을 행하는 존재로서 예수 어록Q 마 11:2-6 par. 눅 7:18-23에 나오는 세례 요한의 질문에 대한 예수의 대답과 평행하는 내용이 나온다는 주장은 잘못된 시각임이 여실히 드러난다.37) 그러한 오해는 4Q521의 본문을 그릇되게 판독한 결과에서 비롯된 것이다. 이처럼 잘못된 해석의 전형적인 예를 아이젠만과 와이즈에게서 찾아볼 수 있다. 이들은 4Q521을 가리켜 "쿰란 문서 전체에서 가

---

35) 참조. H. Stegemann, *Die Essener*, 50. 그러나 베커는 이에 대해 비판적이다. M. Becker, "4Q521 und die Gesalbten," *RdQ* 69 (1997), 77.
36) 천사의 중개를 통한 토라 계시에 대해 다음의 본문을 참조하라. (Jub 1:27-29) "27 그리고 그가 안면 천사에게 말했다: '모세를 위해 받아적으라. 창조의 시작부터 나의 성전이 그들 가운데 영원무궁하도록 지어질 때까지. 28 그러자 주님이 각 사람의 눈앞에 나타날 것이고, 그러면 각자 내가 이스라엘의 하나님이고 야곱의 모든 후손을 위한 아버지며 시온산 위에서 왕이 영원무궁하리라는 사실을 깨달을 것이다. 그리하여 시온과 예루살렘은 거룩하게 지리라.' 29 그러자 이스라엘의 주님 앞에서 왔다 갔다 하는 안면 천사가 … 연도들의 구분을 담은 경판들을 받았다"(사역). 또한 Josephus, *Ant.* 15,I 36; 갈 3:19; 행 7:38, 53.
37) 이와 같이, R. H. Eisenmann, "A Messianic Vision," *BArR* 6/17 (1991), 65; M. O. Wise and J. D. Tabor, "The Messiah at Qumran," *BArR* 6/18 (1992), 60-65; J. D. Tabor and M. O. Wise, "On Resurrection and the Synoptic Gospel Tradition: A Preliminary Study", *JSPE* 10 (1992), 149-162. 타이센 역시 4Q521에 나오는 메시아 대망이 마 11:2-6과 같이 기적과 연결된 것으로 본다. 게르트 타이센, 아네테 메르츠, 『역사적 예수』, 손성현 역 (다산글방, 2010), 314.

장 아름답고 중요한 본문 가운데 하나"라고 말하면서 "그의=하나님의 기름 부음을 받은 자들"을 "그분의 메시아"라고 단수로 번역했다.38) 그리하여 하늘과 땅, 즉 해와 달과 별 및 천사들 모두가 메시아에게 순종해야 한다고 해석한 것이다. 이러한 해석은 유대 전승에서는 전혀 찾아볼 수 없는 특이한 해석이 아닐 수 없다. 유대교의 문맥에서 하늘의 권세자들은 메시아에게 순종하는 존재들이 아니라 오직 하나님에게만 순종하는 존재들이기 때문이다.

III. 결론

우리는 위에서 종말론적 메시아 개념이 나온다는 시각에서 학계에 회자되고 있는 두 가지 쿰란 문서, 즉 4Q246과 4Q521에 대해 살펴보았다. 일반적으로 알려진 것과 달리 해당 본문들은 메시아 개념을 증거하는 본문들로 사용할 수 없다는 사실이 명백하다. 이들 본문에 나오는 "하나님의 아들" 4Q246 혹은 "기름 부음을 받은 자들" 4Q521이란 표현은 둘 다 메시아 개념과는 전혀 관련이 없음을 밝혔다.

4Q246에 나오는 "하나님의 아들" 개념을 메시아와 관련시키고 있는 기존 해석은 본문에 대한 오해에서 비롯된 것이다. 여기서 "하나님의 아들"은 메시아 칭호로 사용된 것이 아니라, 이방 통치자로 해석하는 것이 가장 적절하다는 사실을 본문 분석을 통해 밝히려고 노력했다. 이렇게 볼 때 해당 본문은 자기 자신을 "하나님의 아들"이며 "지고하신 분의 아들"로 여기는 셀류키드왕 안티오쿠스 4세 에피파네스와 같은 이방인 통치자의 교만을 비판하고 있는 것으로 드러난다 4Q246 I,9-II,1. 그리스도교 이전 시대의 유대교는 메시아를 결코 "하나님의 아들"로 부르지 않았다는 사

---

38) R. Eisenmann and M. Wise, *Jesus und die Urchristenheit*, 29.

실도 우리의 해석을 뒷받침한다.

4Q521 역시 메시아 증거 본문과는 거리가 멀다. 메시아의 기적 행위에 대해 일체 보도 하지 않는다. 오히려 이 본문은 하나님을 찬양하는 본문이다 4Q521 2,II,4-15. 즉, 죽은 자들을 장차 일으키시는 분이시며 또한 하나님의 백성 이스라엘을 위한 구원 사역을 완성하는 분으로 하나님을 찬양하는 본문임을 강조하였다. 쿰란 문서를 포함하여 그리스도교 이전 시대의 유대교에는 메시아가 기적을 행하는 자와 결부되어 나타나지 않는다.

제8장

쿰란 문서에 나타난 공의·정의

...

I. 서론

첫 번째 쿰란 동굴에서 일반적으로 공동체 규율서 1QS 1)라 부르는 한 문서가 발견되었다. 이 문서는 일종의 공동체 헌장의 성격을 띠고 있는 것으로 에센파 조직을 이해하는데 가장 핵심이 되는 문서라고 말할 수 있다. 발견된 문서의 마지막 부분은 흥미롭게도 더 이상 산문 형태가 아니라 시의 형태를 갖추고 있다.2) 이 시의 범위를 두고 학자들 간에 논란이 있다. 이 시의 시작을 1QS 9:26으로 여기는 사람도 있으나,3) 필자는 1QS

---

1) 쿰란 제1동굴에서 고문서학적으로 볼 때 기원전 100년경에 완성된 한 사본이 발굴되었다 (1QS). 1QS 사본은 모두 합쳐 20개의 난(Column)으로 되어 있는데, 그중 뒷부분은 완전히 소실되었고 앞의 13개 단만 거의 완벽한 상태로 발견되었다. 이 사본의 본문 앞머리에 Serek ha-Yahad(=공동체의 규율)라는 개념이 나타나고 있기에, 이에 따라 이 전체 문서를 가리켜 1QS로 표시한다. 이 작품의 히브리어 본문을 보려면: J. H. Charlesworth, ed., *The Dead Sea Scrolls. Hebrew, Aramaic, and Greek Texts with English Translations*, vol. 1: *Rule of the Community and Related Documents* (Tübingen-Louisville, 1994); E. Lohse, ed., *Die Texte aus Qumran, Hebräisch und Deutsch* (Darmstadt, 1981), 1-61.

2) 제4쿰란 동굴에서도 한 단편이 발견됐는데(4QS^e), 여기에는 흥미롭게도 시 대신에 달력의 내용(=Otot)이 나온다. 이로 미루어 짐작하건대, 1QS의 마지막에 나오는 시는 나머지 본문과 구분된 것임을 알 수 있다. 이 시가 나중에 달력 본문으로 대치되었을 수 있다. Cf. A. Lange, "Qumran", *TRE* 28 (1997), 58.

10:9부터 시작하는 것으로 간주하고자 한다.[4]

이 시는 역시 첫 번째 쿰란 동굴에서 발견된 쿰란 공동체의 찬송 시편인 호다욧 1QH에 담긴 시들과 유사하다. 쿰란 사람들의 신앙고백을 담고 있는 호다욧이 그들이 지녔던 중요한 신학적 표상들에 관한 많은 정보를 제공하고 있는 것과 같이, 이 시 역시 당시 쿰란 사람들이 가졌던 중요 신학적인 표상을 우리에게 제공하고 있다. 특별히 공의 개념뿐만 아니라 속죄의 개념에 대하여 쿰란 사람들이 가졌던 표상을 살펴볼 수 있는 좋은 자료를 우리에게 제공한다.

이 글의 목적은 쿰란 사람들이 가졌던 신론과 인간론 혹은 구원론을 파악하는데 중요한 개념인 "공의"/"정의"에 대한 이해를 1QS를 중심으로 살펴보려 한다. 이로써 바울 신학의 중심이라 할 칭의론 Rechtferigungslehre 과의 연관성 여부를 파악하는 데 기여할 수 있다.

II. 쿰란 공동체의 공의·정의

1. 1QS 11:9-15 번역

"[9] 그런데 나는 악한 인간에, 사악한 육신의 무리에 속하네.
나의 악행, 나의 불법, 나의 죄 또한 나의 못된 마음이
[10] 벌레와 어둠 속에서 거니는 자들의 공동체에 속하네.
왜냐하면 나의 길은[5] 인간에게 속해 있기 때문이네.

---

3) A. Lange, "Qumran", 58; M. Weise, *Kultzeiten und Kultischer Bundesschluss in der "Ordensregel" vom Toten Meer* (Leiden: 1961), 3 이하.

4) 이처럼, 예컨대 J. Becker, *Das Heil Gottes. Heils- und Sündenbegriffe in den Qumrantexten und im Neuen Testament* (Göttingen, 1964), 103 이하; J. H. Charlesworth, ed., *Rule of the Community and Related Documents*, 1; H. W. Kuhn, *Enderwartung und Gegenwärtiges Heil. Untersuchungen zu den Gemeinde- liedern von Qumran* (Göttingen, 1966), 170 이하.

5) דרכו가 아니라 דרכי로 읽는 것이 옳다. 이처럼 J. H. Charlesworth, ed., *The Dead Sea Scrolls*. vol. 1: *Rule of the Community and Related Documents* (Tübingen-Louiville, 1994), 49; F. G.

인간은 자기의 발걸음을 (스스로) 내디딜 수 없으나,
   정의가 המשפט 6) 하나님에게 속하며,
   그의 손으로부터 [11] 완벽의 길이 나오며,
   그의 인식으로부터 모든 것이 일어나네.
일어나는 모든 것은 그의 계획에 따르며,
   그가 없이는 아무 일도 일어나지 아니하네.
그러나 나는 ואני, [12] 내가 흔들리게 되면,
   하나님의 자비하심이 חסדי אל 영원히 나의 구원이 ישועתי 되네.
또한 내가 육신의 죄악으로 인해 넘어질 때,
   나의 정의는 משפטי 영원하신 하나님의 공의로써 בצדקת אל 이루어지네.
[13] 나에 대한 박해가 일어나면,
   그는 나를 멸망의 구덩이에서 구하며,
   나의 발걸음을 굳게 인도하시네.
그의 인자하심으로 나를 가까이 이끄시며,
   그의 자비하심으로 나의 정의를 משפטי 오게 하시네.
[14] 그의 진실된 공의로 בצדקת אמתו 나를 정의롭다 하시며 שפטני,
   그의 위대한 선하심으로 나의 모든 죄를 속죄하시네 יכפר.
그의 공의로 בצדקתו 인간과 인간의 자손들의 부정으로부터
   나를 씻어주시어,
[15] 그의 공의에 צדק 대하여 하나님을 (찬양하고),
   그의 영광에 תפארתו 대하여 지고하신 분을 찬양하네."

2. 본문 분석

위에 인용한 본문은 쿰란에센파의 탄생 시기에 해당하는 기원전 150년

Martinez and E. J. C. Tigchelaar, eds., *The Dead Sea Scrolls Study Edition*, vol. 1 (Leiden-New York-Köln, 1997), 98.

6) 우리가 "정의"로 번역한 '미쉬파트'는 구약성경에 422회 나온다. 이 개념의 무게 중심은 '정의 선언'(Rechtssprechung), '심판'(Gericht), '정의'(Recht)에 있으나, 다른 한편 '결단', '결정', '확정'의 뜻도 지닌다. 대체로 심판이나 율법의 문맥에서 사용된다(*ThWAT* 4, 95). 또한 우리가 '공의'로 번역한 '츠다카'/'체덱'은(zdq, 523회 구약에 나옴) 주로 예언서, 시편, 지혜서에 나타나는데, 이와 대립된 개념으로 자비, 은혜, 구원이 사용된다. 그러나 '구원'과 같은 뜻으로도 사용된다(*ThWAT* 6, 903).

무렵에 생성된 것으로 추정된다.7) 본문이 완전히 보존되지 않았기 때문에 이 시의 전체 범위를 정확하게 확정하기 어려우나,8) 이 시의 전체 내용을 대략 다음과 같이 구분할 수 있다.

1QS 10:9-11: 호다욧(1QH)과 같이 이 시 역시 우선 하나님에 대한 찬양Gotteslob 으로 시작한다.

1QS 10:12-16: 이어서 찬송에 대한 이유가 제시된다. 날마다의 삶을 지탱해 주시고, 고난으로부터 구원해 주심에 대하여 감사의 찬송을 올린다.

1QS 10:16c-23a: 기도자는 맹세 Gelübde 의 어투로, 아마도 공동체가 사용하던 일종의 교리문답에서 유래한 금지 사항들을 활용하는 가운데,9) 악인의 길을 걷지 않을 것을 다짐한다.

1QS 10:23b-11:2: 다시 한번 기도자의 찬송이 나오고, 또한 언급한 교훈을 다른 멤버들에게 가르칠 것을 다짐한다.

1QS 11:2b-11:9a: 기도자는 또다시 하나님을 찬송하는 가운데 하나님의 구원 활동을 강조한다.

[여기까지 이 시의 기도자는 본인과 관련된 하나님의 구원 활동을 강조하여 묘사했으나, 이하에는 위의 진술과 강하게 대비되는 내용이 나온다.]

1QS 11:9-11b: 여기에서 기도자는 하나님의 구원 섭리와 대조적인, 전적으로 죄에 빠진 인간의 참상을 자기성찰을 통하여 고백한다 Niedrigkeitsdoxologie.

1QS 11:11 이하: 기도자의 자기성찰이 반복되는 가운데 이 시가 마감된다.10)

---

7) A. Lange, "Qumran", 58.
8) 마이어(J. Maier)는 자신의 쿰란 본문 번역서에서 제1쿰란 동굴에서 발견된 1QS에 담겨 있는 기존의 본문에 다른 쿰란 동굴에서 발견된 파편 조각을 사용하여 확대한 본문을 제시한다(본문이 26번째 열로 끝난다). J. Maier, *Die Qumran-Essener: Die Texte vom Toten Meer*, vol. 1 (München-Basel, 1995).
9) cf. J. Becker, *Das Heil Gottes. Heils- und Sündenbegriffe in den Qumrantexten und im Neuen Testament*, 105.
10) 1QS 11:15-22; 완벽한 형식을 갖춘 새로운 독립된 시가 나온다.

이러한 구조 가운데, 위에서 인용한 우리의 본문은 이 시를 노래하고 있는 기도자의 신앙고백과 마지막 자기성찰이 담겨 있는 부분에 속하고 있다. 이와 같은 전체적인 이해를 바탕으로 본문에 나타나고 있는 공의 혹은 화해의 개념을 살펴보도록 하자. 이에 앞서 쿰란 공동체가 갖고 있던 인간 이해를 우선 다룰 필요가 있다. 공의와 화해 개념은 인간론과 밀접하게 관련되어 있기 때문이다.

3. 쿰란 공동체 사고의 특징

가. 철저한 죄인으로서의 인간

우리의 본문 첫 부분 1QS 11:9 이하에서 기도자는 인간으로서 자신의 죄성을 강조하여 밝히고 있다:

"⁹ 그런데 나는 악한 인간 אדם רשעה 에,
사악한 육신의 무리 סוד בשר עול 에 속하네.
나의 악행, 나의 불법, 나의 죄 또한 나의 못된 마음이
¹⁰ 벌레와 어둠 속에서 거니는 자들의 공동체에 속하네.
왜냐하면 나의 길은 인간에게 속해 있기 때문이네."

인간은 아무런 소망도 없는 어둠의 존재이며, 육의 존재로서 철저히 죄에 빠져 있다는 사실을 이 시의 기도자는 고백하고 있다. 자신의 힘으로는 이러한 죄의 상태에서 벗어날 수 없는 처참한 인간 실존에 대한 고백은 특히 호다욧 1QH 가운데 다양한 표현으로 묘사되고 있다. 예컨대, 1QH 3:23 이하에는 "나, 진흙덩이, 내가 도대체 무엇이란 말인가?" cf. 1QH 4:29; 7:32; 10:3; 13:14; 15:21; 18:21. 1QH 4:30 이하는 더 분명히 진술한다: "(인간은) 어머니의 자궁에서부터 죄 가운데 있고, 나이가 들어서까지 불법의 잘못 가운데 있네." 또한 1QH 18:12-13도 다음과 같이 진술한다: "당신께서 샘

을 솟아나게 하여, 진흙덩이에게 당신의 길을 밝히 보이시고, 여인에게서 태어난 자의 잘못을 그 행위에 따라 …"

이와 같은 진술들 가운데서 우리는 쿰란 사람들이 가졌던 인간 실존에 대한 극단적인 견해를 엿볼 수 있다. 즉 인간은 전적으로 죄의 상태에 놓여 있으며, 율법을 온전히 성취할 수 없다는 것이다.[11] 인간 실존에 대한 이와 같은 철저한 부정적인 시각은 하나님의 위대함을 찬송하는 쿰란 사람들의 시각과 좋은 대조를 이룬다.[12] 예컨대 1QH 10:9 이하에 하나님에 대한 다음과 같은 찬송이 나온다: "당신이 없이는 어떤 것도 일어나지 않으며, 당신의 뜻이 아니고서는 어떤 것도 알려지지 않으며, 당신 이외에는 아무도 존재하지 않으며, 당신과 비교할 만한 힘을 가진 자는 아무도 없네." 이처럼 하나님의 유일함, 전능함, 위대함을 찬양하는 표상은 쿰란 사람들이 구약성서로부터 물려받은 것으로 그들이 갖고 있던 기본적인 이해에 속한다.

나. 인간의 실존과 관련된 이중 예정

우리의 본문 1QS 11:10 이하[13])에서 기도자는 하나님에 의한 이중 예정 Praedestinatio gemina 의 운명에 놓인 인간을 전제하면서 다음과 같이 진술한다:

"왜냐하면 나의 길은 인간에게 속해 있기 때문이네.
인간은 자기의 발걸음을 (스스로) 내디딜 수 없으나,
정의 המשפט가 하나님에게 속하며,
그의 손으로부터 ¹¹ 완벽의 길이 나오며,
그의 인식으로부터 모든 것이 일어나네.

---

11) 브라운은 바울과 쿰란 공동체가 한결같이 깊은 죄 인식을 공유하고 있다는 점을 강조하였다. H. Braun, *Qumran und das Neue Testament*, vol. 2 (Tübingen, 1966), 166.
12) 홀름 닐센은 이러한 극단적인 죄인 이해가 동료 인간과의 관계가 아니라, 오직 하나님과의 관계에서만 파악될 수 있다고 지적한다. S. Holm-Nielsen, *Hoda-yot. Psalms from Qumran* (Aarhus, 1960), 276.
13) cf. 1QS 11:17 이하.

일어나는 모든 것은 그의 계획에 따르며,
그가 없이는 아무 일도 일어나지 아니하네."

경건한 쿰란 사람인 이 시의 기도자는, 인간이 걸어야 할 완벽한 길은 하나님에게서 나오며, 모든 것이 하나님의 예정에 따른 것이라고 고백한다. 인간이 자의적으로 어떠한 일도 할 수 없고, 단지 하나님의 예정하신 섭리에 따를 뿐이라고 한다. 이로써 쿰란 사람들이, 하나님에게서 나온 완벽의 길을 걸어갈 수 있는 자와 그렇지 못하고 (죄 된) 인간의 길을 걸어가는 자가 이미 하나님의 예정에 따라 결정되었다고 믿었음을 알 수 있다. 이와 같은 사실은 1QH 4:38에서 분명히 드러난다:

"당신께서 의인과 악인을 만드셨다" אתה בראתה צדיק ורשע.

여기서 볼 수 있듯이, 하나님은 인간을 두 그룹으로 나누었다. 이와 같은 인간 예정에 관한 표상은 쿰란 사람들이 갖고 있던 이른바 우주론적인 이원론과 관련된 것이다. 세상을 빛의 세계와 어둠의 세계로 양분한 것이 다름 아닌 전능하신 하나님으로부터 유래한 것으로 보았던 것이다.[14]

의인이란 1QS 11:10 이하의 표현을 따르면 '하나님에게서 나온 완벽의 길을 걸어갈 수 있는 자'를 가리킨다. 이는 곧 쿰란에센파에 속한 자를 나타내며, 이 공동체에 들어오지 아니한 자들은 사악한 육신의 길을 걷는 악인으로 보았던 것이다. 이와 같이 쿰란 사람들은, 인간은 본래 철두철미 죄인 된 상태에 있으나, 동시에 하나님의 예정 가운데 구원의 길을 걷게 되는 자와 그렇지 못한 자로 구분된다고 믿었다.[15]

---

14) 이와 같은 이원론은 공동체 규율서 가운데 나타나는 널리 알려져 있는 본문으로, 선한 영과 악한 영에 관한 가르침을 담고 있는 1QS 3:13-4:26에 잘 나타난다. 초창기 쿰란문헌 연구가, 고대 이란 종교인 조로아스터교의 이원론이 쿰란에센파의 이원론에 영향을 주었다고 본 시각과 달리, 근자에는 세상, 하나님 및 인간에 대한 구약/유대적인 표상에서 쿰란에센파의 이원론이 유래한 것으로 보려 한다. H. Lichtenberger, *Studien zum Menschenbild in Texten der Qumrangemeinde* (Göttingen, 1980); A. Lange, *Weisheit und Prädestination* (Leiden, 1995).

다. 공의·정의에 대한 이해

이와 같은 인간 실존에 대한 이해에 이어서, 우리의 관심사인 하나님의 공의에 대하여 생각해 보고자 한다. '하나님의 공의/정의'라는 표현이[16] 시 제12열(=1QS 11:12)에 나온다.

"그러나 나는 ואני, [12] 내가 흔들리게 되면,
하나님의 자비하심이 חסדי אל 영원히 나의 구원이 ישועתי 되네.
또한 내가 육신의 죄악으로 인해 넘어질 때,
나의 정의는 משפטי 영원하신 하나님의 공의로써 בצדקת אל 이루어지네."

여기에 나오는 두 문장은 서로 병행관계 Parallelismus membrorum 에 있다. 따라서 '흔들림/넘어짐', '나의 구원' ישועתי /'나의 정의' משפטי 가 서로 상응한다. 또한 '하나님의 공의' צדקת אל /'하나님의 자비하심' חסדי אל 역시 서로 어울리는 표현으로 볼 수 있다. 따라서 '하나님의 공의' Genitivus subjectivus 는 곤궁에 처한 기도자를 구원해 내는 하나님의 구원 활동을 가리킨다. 이것은 다시 말하면 기도자가 동요할 때 보여주시는 하나님의 자비와 동일하다. 이와 같은 하나님의 자비와 공의로 말미암아 '나의 정의'가 가능해진다는 것이다. 여기서 '나의 정의' משפטי 와 '나의 구원' ישועתי 은 동일한 개념으로서, 공의로운 하나님의 활동으로 말미암아 기도자가 수여 받게 되는 구원과 정의를 가리킨다. 이것은 기도자가 흔들리고 넘어질 때 자포자기하는 나약한 심정에 빠지지 않고, 굳게 서서 구원의 확신을 갖게 됨을 뜻한다.

---

15) 쿰란 사람들의 인간론과 관련하여, 4QHoroscope(=4Q186)에서 상당히 흥미로운 인간 이해를 발견할 수 있다. 각 사람은 빛과 어둠의 배분 비율에 따라 구성됨으로써, 본래 전적인 의인도 전적인 악인도 없으나, 성령의 역사를 통해 100% 빛으로만 된 완벽한 의인이 될 수 있다고 보았다.
16) 1QS 10:23에는 복수형도 나온다(צדקות). 또한 צדקותו(1QS 11:3), צדקתו(1QS 11:5), צדקת אמתו (1QS 11:14). 특히 1QH에는 צדקתכה의 형태가 많이 나온다. 이와 관련하여 צדק אל(1QM 4:6). 신 33:21에 나타나는 צדקת יהוה의 형태는 쿰란 문서 가운데 나타나지 않는다. 이것은 쿰란사람들이 하나님의 이름을 나타내는 신성사문자 "야훼"(יהוה) 사용을 꺼리고, 그 대신 אדוני와 더불어) "엘"(אל)을 가장 많이 사용한 것과 관련이 있다.

여기에서 '미쉬파트'משפט의 의미가 분명히 드러난다. 우리는 이 단어를 '정의'로 번역하였는데, 그 내용을 본문으로부터 더욱 상세히 유추해 낼 수 있다. '미쉬파트'란 하나님이 기도자에게 베푼 구원, 즉 죄의 세력에서 구원으로 인도하심을 나타내는 표현이다. 다시 말하면, 기도자를 죄의 존재인 '바싸르' בשר 존재로부터 '내가 육신의 사악함으로 인해 넘어질 때' 구원의 상태로 이끄시는 하나님의 도우심을 나타낸다.

또한 '미쉬파트'가 제10열 이하에도 나타나는데, 이 본문을 같은 시에 들어 있는 제2열 =1QS 11:2과 비교하면 그 뜻이 더욱 분명해진다.

1QS 11:2	1QS 11:10 이하
진정, 나에 대해 말하자면, 나의 משפט는 하나님께 속하며, 또한 그의 손을 통하여(ביד) 완벽한 나의 길이 (나오며)	인간은 자기의 발걸음을 (스스로) 내디딜 수 없으나, המשפט가 하나님에게 속하며, 그의 손으로부터(מידו)[11] 완벽의 길이 (나오며)

이 두 구절의 표현은 상당히 유사하다. 여기에서 משפט는 하나님에게 속한 것으로서, 기도자가 거닐게 되는 완벽한 길과 동일한 뜻으로 사용되었음을 알 수 있다. 그것이 "그의 손을 통하여/그의 손으로부터"라는 표현을 통해 하나님으로부터 비롯되었다는 사실이 강조되고 있다. 이렇게 볼 때 '미쉬파트'는 인간을 향한 하나님의 구원활동의 결과를 나타낸다고 말할 수 있다. 또한 제13b 14열 1QS 11:13b-14에 다음과 같은 말이 나온다:

그의 인자하심으로 ברחמיו 나를 가까이 이끄시며 הגישני,
그의 자비하심으로 בחסדיו 나의 정의를 가져오시네 יביא משפטי.
[14] 그의 진실된 공의로 בצדקת אמתו 나를 의롭다 하시며 שפטני,
그의 위대한 선하심으로 ברוב טובו 나의 모든 죄를 속죄하시네 יכפר.
그의 공의로 בצדקתו 인간과 인간의 자손들의 부정으로부터 나를 씻어주시어 יטהרני,

이 본문에는 동일한 구조로 된 5개 문장이 병행되어 나타나고 있다 Parallelismus membrorum. 각 문장은 먼저 수단과 방편을 나타내는 전치사 ב를 사용하여 인간의 구원 활동과 관련된 하나님의 속성을 묘사하고 있다. 이어서 나오는 주문장은 하나의 동사를 사용하여 기도자가 하나님으로부터 받은 구원의 체험 혹은 죄 사함의 체험을 진술하고 있다. 이렇게 볼 때, 위의 다섯 문장은 모두 같은 차원의 내용을 묘사하고 있다고 말할 수 있다. 결국, 오른편에 나오는 하나님의 구원 활동을 묘사하는 다섯 동사들은 모두 동일한 차원의 의미를 담고 있다고 볼 수 있다.

여기에서 '하나님의 공의'는 속죄 כפר 와 밀접하게 연관되어 나타나고 있음을 보게 된다. 기도자의 모든 죄악을 없애는 '속죄'는 '하나님의 선하심'으로 인하여 기도자에게 베푼 은혜의 결과로 묘사된다. 동시에 속죄의 사건은, 부정한 인간이 하나님의 공의로 말미암아 깨끗하게 됨을 뜻한다. 그것은 곧 죄인인 인간이 하나님의 자비하심으로 말미암아 정의롭게 됨과 같은 의미이다. 여기에서 속죄는 인간 스스로는 한 치도 이룰 수 없는 전적인 하나님의 구원 활동의 결과임을 알 수 있다.

라. 쿰란 공동체로의 가입과 관련된 공의/정의

우리는 위에서 공동체 규율서 1QS 의 마지막 부분에 나오는 한 시를 중심으로, 이 시에 나타난 하나님의 공의와 정의에 대한 기도자의 이해를 살폈다. 이 기도자는 자기에게 드러난 하나님의 공의/정의에 대해 감사의 찬송을 드리고 있다. 그런데 하나님의 공의/정의의 역사하심은 단지 기도자의 막연한 추상적인 표상으로 그치지 않는다는 점에 유의할 필요가 있다. 기도자에게 보여주신 하나님의 공의와 자비가 가리키는 내용은, 쿰란 공동체의 설립과 관련되었던 것이다. 이와 같은 사실은 이 시의 앞부분에 잘 나타난다.

이 시의 앞부분 1QS 10:10에 다음과 같은 표현이 나타난다: "낮과 밤이 지나면, (나는) 하나님의 언약 안으로 들어가리라. 저녁과 아침이 지나면, (나는) 그분의 계명들을 말하리라." 여기서 언급되는 하나님의 언약ברית אל은 다름 아닌 하나님의 언약공동체인 쿰란 공동체를 가리킨다.17) 이 시의 기도자는 자신이 쿰란 공동체에 속함으로써 하나님의 구원을 체험하며, 그에 따라 하나님을 찬양하고 있는 것이다. 하나님의 언약공동체인 쿰란 공동체로의 가입을 통하여 하나님의 구원이 보장되기 때문이다. 즉 하나님의 공의와 자비는 쿰란 공동체로의 가입을 통해 구체적으로 드러난 하나님의 구원 활동을 뜻한다.

이와 같은 표상은 쿰란 공동체의 설립자이자 최고 지도자인 의의 교사의 작품으로 간주되는 1QH 7:6-25에 보다 분명히 드러난다.18) 이 시의 19열에 다음과 같은 표현이 나온다: "한 식물을 꽃피우시며, 한 종자를 번성케 하시어, 굳건함으로 강직하게 하시니 [……] 당신의 공의 가운데 בצדקתה 나를 주의 언약으로 세우셨고." 여기에서 '나는 식물משע에 비유되고 있는 공동체=쿰란에센파를 솟아나게 하는 근거로 이해하고 있고, 그로 말미암아 종말의 핍박에도 불구하고 강건할 수 있다고 확신하였으며, 또한 바로 그 공동체 가운데 하나님의 공의가 실현된다고 믿었음을 알 수 있다. 이처럼 쿰란 사람들이 생각한 하나님의 공의는 그들이 세운 신앙공동체와 직결되었던 것이다.

또한 1QS 8:7-10에 다음과 같은 표현이 나온다: "그것은=쿰란 공동체 연단받은 담이며, 값진 모퉁이 돌이나. 그것의 기초는 흔들리지도 않고 그 자리에서 물러서지도 않는다. (그것은) 정의의 언약ברית משפט을 위한 영원한 인식을 지닌 아론을 위한 지성소로서 향기로운 향내를 낼 것이다. 또한 (그것은) 이스라엘 가운데 완전함과 진리의 전당이 되어, 영원한 계명들에 따라 언약을 세울 것이다." 여기서 우리는, 쿰란 사람들은 자신들의

---

17) 쿰란 사람들은 자신들의 공동체를 하나님께서 종말에 예비하신 유일한 구원공동체로 이해하였다. 본서 제2장과 5장을 참조하라.
18) 1QH 7:6-25의 본문 번역 및 해석에 관하여, 본서 제4장을 참조하라.

공동체를 언약의 공동체로 이해하였을 뿐만 아니라 일종의 성전으로 이해하였다는 사실을 알 수 있다.[19]

그런데 이와 같이 지성소와 동일시되고 있는 쿰란 공동체에 가입한다는 것은 철저한 율법 수행을 전제하고 있다. 이와 같은 사실은 특히 공동체 규율서 처음 부분에 명백히 드러나 있다. 1QS 1:1-3은, 공동체에 들어오는 자는 '온 마음과 힘을 다해 하나님을 찾을 것'을 말하면서, 그것은 다름 아닌 '모세와 그의 =하나님의 모든 종, 즉 예언자들을 통하여 명한 것을 실천하는 것'을 뜻한다고 밝힌다. 또한 1QS 5:7-9는 쿰란 공동체에 들어오는 신참자들은 누구나 '온 마음과 힘을 다해 모세가 명령한 모든 것에 따라 모세의 토라로 돌아설 것'을 서약할 의무를 진다고 분명히 밝히고 있으며, CD 15:5-10도 마찬가지로 모세의 토라에 절대 순종할 것을 맹세하도록 요구하고 있다.[20]

위에 언급한 구절들에 비추어 볼 때, 쿰란 사람들이 생각한 하나님의 공의/정의는 자신들의 신앙공동체 안에서 율법에 따른 삶과 직결된 것임이 드러난다. 이처럼 이해된 하나님의 공의/정의 개념은 쿰란 공동체의 구원론을 이해하는데 핵심이 되는 개념이라고 말할 수 있다.

III. 결론

우리는 위에서 쿰란 문서에 나타난 공의/정의의 개념을 살펴보았다. 한마디로 쿰란 사람들이 생각한 하나님의 공의는, 종말의 유일한 언약공동체로 이해한 자신들의 신앙공동체 =쿰란에센파를 통해 죄인 된 인간들에게 구원을 나타내 보이신 하나님의 구원 활동을 가리킨다고 말할 수 있다.

---

[19] 쿰란 공동체를 일종의 "성전"으로 여기는 시각은 G. Jeremias, *Der Lehrer der Gerechtigkeit* (Göttingen, 1963), 245-249; G. Klinzing, *Die Umdeutung des Kultes in der Qumrangemeinde und im Neuen Testament* (Göttingen, 1971), 50-93.
[20] 1QS 5:8 이하; CD 15:9 이하.

이와 같은 쿰란 사람들의 공의에 대한 이해는 바울의 칭의론과 어떠한 관계를 이루고 있는가 하는 질문이 자연스럽게 나온다.

하나님의 공의/정의에 대한 바울의 이해는 구약성경과 중간기 유대교에 근거한 것이나, 그리스도 사건에 의해 근본적으로 새롭고도 종말론적으로 규정된 것이다.[21] 곧 바울은 신구약 중간기 시대의 공의/정의 이해를 규정하는 토라와의 관련성에서 하나님의 공의/정의에 대한 신앙을 분리함으로써 바울 특유의 칭의론을 만들어 냈다. 그리하여 전적으로 죄의 포로가 된 인간은 그리스도 사건에서 드러난 하나님에게서 나오는 공의와 속죄를 통하여 구원받을 수 있다는 칭의론적 메시지를 강조한다 롬 3:21-26; 5:1-11.

이와 같은 바울의 칭의론적인 사고는 쿰란 사람들의 공의/정의 및 속죄 이해를 위한 예비적인 사고로 기능할 가능성이 있다. 왜냐하면 하나님의 공의는 하나님의 본질을 나타내는 개념이 아니라 하나님의 구원활동 혹은 구원의지를 나타내는 개념으로서, 인간은 철두철미하게 죄의 세력에 붙잡힌 죄인으로서 멸망할 수밖에 없는 존재라는 인식을 쿰란 사람들이 바울과 더불어 공유했기 때문이다.[22]

그러나 양자 사이에 명백한 차이가 나타나는 것을 간과할 수 없다. 바울의 칭의론에 따르면 하나님의 공의 사건은 율법 성취를 통한 구원의 길과 대립되는 예수 그리스도에 대한 신앙 가운데 일어나기 때문이다. 이런 뜻에서 바울의 공의를 가리켜 '믿음에서 난 의' Glaubensgerechtigkeit, 롬 1:17;

---

21) F. W. Horn, ed., *Paulus Handbuch* (Tübingen, 2013), 353.
22) 이미 슐츠(Siegfried Schulz)는 롬 3:22-23의 진술 상당 부분이 쿰란적 표상과 일치한다는 시각에서, 대담한 결론을 도출했다. 즉, 바울은 쿰란 공동체의 신학을 알았고, 이를 활용했음에 의심의 여지가 없다고 주장했다. Siegfried Schulz, "Zur Rechtfertigung aus Gnaden in Qumran und in Paulus. Zugleich ein Beitrag zur Form und Überlieferungsgeschichte der Qumrantexte", *ZThK* 56 (1959), 155-185, 특히 184: "Es dürfte schon jetzt kein Zweifel mehr darüber bestehen, daß Paulus die theologischen Anschauungen dieser Sekte gekannt und aufgegriffen hat". 빌켄스(U. Wilckens)는 조심스럽게 말한다 : "바울의 칭의론은 에센파의 것과 상당히 가깝다는 사실을 간과할 수 없다". U. Wilckens, *Der Brief an die Römer*, vol. 1 (Neukirchen-Vluyn, ²1987), 221.

3:22; 9:30; 10:4 라 부른다. 이와 달리, 쿰란 사람들의 공의 개념은 구체적인 신앙공동체인 쿰란 공동체로의 가입과 직결된 가운데 율법에의 철저한 순종을 전제로 한다.

이렇게 볼 때, 쿰란 사람들이 유일한 언약공동체로 이해한 쿰란 공동체의 역할이 바울에게서는 그리스도의 역할에 상응한다고 말할 수 있다. 바울은 하나님의 공의가 일어나는 유일한 통로를 십자가의 죽음으로 요약되는 '예수 그리스도 사건'으로 파악한 데 반해 쿰란 사람들은 유일한 언약공동체로 이해한 자신들의 신앙공동체를 통해서만 하나님의 공의와 정의가 가능하다고 믿었던 것이다.

결국 쿰란 사람들과 바울은 모두 육신을 입은 모든 인간은 죄인으로서 구원받기 위해서는 전적으로 하나님의 자비로운 구원활동을 필요로 한다는 기본적인 구원론 도식을 공유하고는 있으나, 내용적으로 볼 때 완전히 상반된 이해를 갖고 있었다는 사실을 알 수 있다. 바울은 율법 성취와 대립되는 예수 그리스도에 대한 믿음을 통한 하나님의 의에 대하여 말하나, 쿰란 사람들은 에센파 신앙공동체에 가입한 가운데 철저한 율법 순종을 통한 하나님의 의에 대하여 말하고 있기 때문이다.

제9장

쿰란사본의 발견과 정경 문제

...

I. 쿰란에서 발견된 구약성서 사본의 중요성

20세기 신학계와 종교계 최고의 발견으로 꼽히는 쿰란사본=사해사본 의 발견은 고대 유대교 연구를 위한 획기적인 전환점을 마련했으며, 동시에 구약성서 본문 연구에도 중대한 전기를 열었다. 이 문서의 소장자로 간주되는 에센파에 속하는 쿰란 사람들은 성서 연구에 남다른 관심이 있었다. 이처럼 성서 연구에 각별한 관심을 보인 것은, 성서 가운데 예언된 것이 당시 자기들의 시대에 성취되고 있다고 믿은 '종말론적인 성서 이해' Eschatological Interpretation 와 관련이 있다.1) 이러한 관심에서 쿰란 사람들은 여러 성서 주서서를 남겼다. 주석을 하기 위해서는, 성서=히브리성서 자체를 필사한 많은 사본이 필요했을 것이다. 이에 걸맞게 쿰란 발견물 가운데 대략 200여 개의 사본이 구약성서 본문을 담고 있는 사본으로 밝혀졌다. 구약성서에 속한 거의 모든 책이 단편적으로나마 쿰란에서 발견된 것이다.

구약성서 사본이 쿰란에서 발견된 것은 그야말로 경이로운 사건이었다. 이제까지 우리에게 알려져 있던 구약성서에 관한 가장 오래된 사본은

---

1) 이에 관하여 본서 제5장을 참조하라.

기원후 895년에 예언서를 필사한 카이로 사본과 925년경 마무리된 알레포 사본이 고작이나, 쿰란에서 발견된 구약성서 필사본은 기원전 2세기 전후에 생성된 사본이기 때문이다.

예컨대 기원전 100년경에 필사된 것으로 간주되는 대(大)이사야 사본 1QIsa^{a}은 쿰란 동굴에서 최초로 발견된 문서군에 속하며, 거의 완전한 상태로 전해졌다. 이 사본은 중세 마소라 Masora 보다 약 천 년 앞선 텍스트로, 쿰란 문헌의 학문적 가치를 한층 높여 주었다. 다시 말해, 쿰란에서 발견된 구약성서 사본 덕분에 우리는 오늘날의 현대어 성서번역이 토대로 삼고 있는 텍스트보다 천 년이나 앞선 성서 본문을 소장하게 된 것이다. 이러한 점에서 쿰란 성서 사본은 구약성서 본문 변천사를 이해하는 데 결정적으로 기여하고 있다.

유대인들이 '확정된 정경 이해'를 갖게 된 것은 기원후 2세기경이었으나, 이미 오래전부터 정경화 과정이 시작되었다는 점은 의심의 여지가 없다. 이 글에서 우리의 관심은, 구약성서 사본을 전해 주는 쿰란 공동체는 과연 어느 정도의 정경 이해를 가졌느냐에 있다. 이를 위해서 우선 정경에 관한 기본적인 이해를 다루고자 한다. 마지막으로 쿰란에서 발견된 구약성서 본문과 마소라 본문 사이의 관계를 간단히 언급하려 한다.

II. 정경에 관한 기본 이해

1. 정의

'카논' Kanon/Canon, 즉 '정경'이란 개념은 본래 규칙이나 규범을 뜻한다. 이것은 갈대를 뜻하는 셈어 '카네' קנה 와 관련이 있는 것으로 추정된다. 그리스어로 '카논' ὁ κανών 은 곧은 막대기를 가리키나, 그리스 철학이나 예컨대, 필로 신약성서에서는 '원칙, 규칙, 규범'의 의미로 사용되었다 갈 6:16; 고후 10:13 이하. 그리스도교는 이 개념을 독특한 의미로 사용하기 시작하여, 공적인 교회에 의하여 합법화된 성서의 진정성 및 규범성을 나타내는 말을 뜻하게 되었다.

그리스도교에서 사용하는 '카논' 개념에 상응하는 것으로, 유대교에는 '타나크' TaNaK 라는 개념이 있다. 이것은 히브리 성서의 세 부분 토라[tora, 모세오경], 느비임[nebiim, 예언서], 크투빔[ketubim, 성문서] 의 첫 글자를 조합한 약어로, 하나님의 말씀을 담은 히브리 성서 전체를 가리키는 표현이다.

정경문제를 다룰 때 우리가 고려해야 할 점이 있다. 그것은 '카논' 혹은 '타나크'를 이루는 토라, 예언서, 성문서의 세 부분으로 구분하여 성서를 부르는 명칭이 사용되지 않은 시대라 할지라도, 정경에 해당하는 '높은 권위를 인정받은' 문서들이 있었다는 사실이다. 의심의 여지 없이 히브리 성서는 긴 정경화의 과정을 거쳤다. 그에 걸맞게 랍비 유대교 이전의 유대 전승 가운데, 예컨대 쿰란 전통 가운데 그와 같은 정경화의 과정이 진행되고 있었다. 다시 말하면 쿰란 공동체는 아직 타나크에 해당하는 확정된 정경 개념을 갖고 있지 않았던 것이다.

2. 정경의 세 부분에 대한 언급

대략 기원전 400년경에 이르러서야 유대교 전통은 의심의 여지 없이 모세오경을 정경으로 받아들인 것으로 보인다. 모세오경의 정경성을 부인하는 어떠한 증거도 발견할 수 없기 때문이다.[2] 이러한 상황은 예루살렘 성전이 멸망하는 기원후 70년까지 지속된다. 즉 이때까지 대다수 유대인은 모세오경을 더 이상 바뀔 수 없는 '정경'으로 이해하였다. 이것은

---

2) H. Stegemann, "Die Mitte der Schrift aus der Sicht der Gemeinde von Qumran", M. Klopfenstein, et al., eds., *Mitte der Schrift? Ein jüdisch-christliches Gespräch. Texte des Berner Symposions vom 6.-12. Januar 1985* (Bern-New York, 1987), 149-184, 특히 158.

특히 모세오경만을 성서로 받아들인 사마리아인들이나 사두개파의 경우에 더욱 분명하다. 이처럼 오경만을 유일한 정경적 권위를 지닌 문서로 간주하려는 경향은 유대 사상가 알렉산드리아의 필로 Philo of Alexandria, 대략 B.C. 20-A.D. 50년에게서도 발견할 수 있다. 수많은 저작을 남긴 필로는 특별히 모세오경에 대한 주석을 본연의 과업으로 삼았다는 점에서 그러한 경향을 찾을 수 있다. 아마도 필로는 오직 모세오경만을 하나님의 핵심 말씀을 담은 문서로 여기는 가운데, 이를 다른 전승들의 규범이 되는 문서로 간주한 것으로 보인다.3)

그런데 유대교의 경우, 규범성을 인정받은 하나님의 계시를 담고 있는 완결된 문서의 의미로 이해된 성서 =카논에 대해서는 기원후 2세기 초 이후에나 말할 수 있다. 즉 랍비 전통의 토대가 되는 문서라 할 수 있는 <미쉬나>가 생성되어 이른바 '정통 유대교'라 부르는 '바리새파 랍비 유대교'의 전통이 틀을 잡기 시작한 때에 와서야 비로소 히브리 성서를 세 부분 토라, 예언서, 성문서으로 나누는 전통이 확립되었다.4) 비교적 이른 시기에 속하는 랍비 전승들은5) 카논 문제를 근본적으로 언급하지는 않고, 기껏해야 몇몇 문서들 아가, 전도서, 에스더이 '양손을 부정하게 만드는' 문서 그룹 =정경에 속하는지에 대해 토론했을 뿐이다.6)

히브리 성서를 정경적 권위를 지닌 세 부분으로 나누는 구분은 <시락서> Sir 의 서문에 분명히 언급된다. 지혜문서에 속하는 시락서는 저자의 손자가 자기 할아버지 '예수 벤 시락' Jesus ben Sirach 의 히브리어 작품을 기원전 132년에 그리스어로 번역한 것이다. 따라서 히브리어 원작은 2세대

---

3) Ibid., 158 이하. 여기에서 슈테게만은 Y. Amir, *Die Hellenistische Gestalt des Judentums bei Philon von Alexandrien*, (Neukirchen, 1983), 67-128에 의존한다.
4) 예컨대 yMeg 73d-74a; BB 13b.
5) mEd 5,3; mYad 3,5; tYad 2,14; Meg 7a.
6) G. Wanke, "Bibel", *TRE* 6 (1980), 6-7.

거슬러 올라가 대략 기원전 190/180년경에 기록되었을 것으로 추정할 수 있다. 이 작품의 서문은 다음과 같이 시작한다:

"**율법서와 예언서와 그 뒤를 이은 다른 문서들**이 우리에게 많은 위대한 전승들을 전해 주었다. 그 교육과 지혜를 보건대, 이스라엘은 찬양받을 만하다. 그러나 저마다 스스로 지식을 쌓는 데만 그치지 말고, 학자들은 말이나 글을 통하여 다른 사람들도 배우도록 하여야 한다. 그래서 나의 조부되시는 예수는 **율법서와 예언서와 조상들로부터 넘겨받은 다른 문서들**을 자세히 연구하여, 이들에 대하여 정확한 지식을 습득한 결과, 교육과 지혜를 증진하기 위해 자기 스스로 뭔가를 기록해야만 되겠다고 생각하였다. 호의를 갖고 이를 습득하는 사람은 율법에 충실한 삶 가운데 정진할 수 있을 것이다. 그러나 우리가 몇몇 번역하기 까다로운 표현들을 만족스럽게 번역하지 못했다 하더라도 양해해 주기를 바란다. 히브리어 원어로 읽는 것과 다른 언어로 번역하여 읽는 것은 같을 수 없다. 비단 본서뿐만 아니라, **율법서와 예언서와 다른 문서들**도 원어로 읽는 것과는 적지 아니 차이가 있다." 시락서 서문

여기서 예언서의 뒤를 이은 '다른 문서들'이 구체적으로 어떠한 문서를 가리키는지 언급되지 않으나, 히브리 성서를 세 가지로 구분하는 것에 대해서는 분명히 알고 있음을 드러낸다. 게다가 세 번째 범주인 '성문서'의 범위가 아직 확정되지 않았다는 사실을 보여준다.[7]

그런데 이와 같이 확정된 내용을 갖춘 세 부분으로 나누어진 정경 이해는 기원후 1세기 말경, 즉 요세푸스와 <제4에스라서>에 와서야 그 증거를 찾을 수 있다. 요세푸스의 유대교 변증서인 <아피온 반박문>[8]에 다음과 같은 말이 나온다.

---

7) 또한 제2마카비서(2Makk 2:13-15)도 그와 같은 3가지 구분에 대해 알고 있으나, 마찬가지로 세 번째 범주에 속하는 것으로는 단지 다윗의 것들(=시편)만을 언급하고 있다.

8) 이 작품은 <유대 고대사> 이후 기원후 90년대 중엽에 기록된 것으로 간주된다(c. Ap. 1,1.54). 오리게네스는 이 작품을 가리켜 Περὶ τῆς τῶν Ἰουδαίων ἀρχαιότητος(=유대인들의 고대성에 대하여)라고 불렀다. "Contra Apionem"이라고 처음으로 부른 사람은 제롬(Hieronymus)이다. 이 작품은 당시 유대교에 적대적인 진술에 대항하여 유대교를 옹호하고 있으며(c. Ap. 1,1-2,144), 제의, 율법, 하나님 사상 등을 다루는 가운데 참된 유대교가 무엇인지를 기술한다(c. Ap. 2,145-286).

"우리는 서로 차이가 나며, 서로 모순되는 수많은 책을 갖고 있지 않고, 단지 22권의 책을 갖고 있을 뿐입니다. 이는 과거의 모든 것들을 묘사하고 있으며, 마땅히 거룩한 책으로 간주되고 있습니다. 그 가운데 5권은 모세의 작품으로, 율법과 저자가 죽기까지의 인류의 생성사를 담고 있습니다. 이 기간은 대략 3,000년에 해당됩니다. 그런데 모세가 죽은 뒤부터 크세륵세스 Xerxes 에 이어서 페르시아를 지배한 아르탁세레스 Artaxeres 의 통치까지의 기간에 걸쳐, 모세의 뒤를 이은 예언자들이 당시 일어난 일들을 13권의 책에 기록하였습니다. 나머지 4권은 하나님에 대한 찬양과 인생에 대한 규칙들을 담고 있습니다" Contra Apionem 1,8 [§38-40].

유대 역사가 요세푸스는 이 작품 가운데에서 그리스인들의 비판적 진술에 대항하여 유대인의 고대 역사서술을 변호하고 있다. 여기서 언급되는 22권의 책은 의심의 여지 없이 히브리 성서를 가리킨다.[9] 5권으로 된 '모세의 작품'은 토라를 나타내며, 다음으로 언급하는 '13권의 책'은 여호수아부터 말라기에 이르는 예언서를 가리키며, 끝으로 언급하는 '나머지 4권'은 시편, 잠언, 욥기와 전도서를 가리키는 것으로 보인다. 요세푸스는 정경의 세 부분을 확연히 구분할 뿐만 아니라, 해당 책들을 상당히 구체적으로 언급하고 있다.

또한 기원후 100년경에[10] 라틴어로 기록된 묵시문학인 <제4에스라서>에 이렇게 기록되어 있다:

"40일 동안 94권의 책이 기록되었다. 그 40일이 끝나자, 지고하신 분 =하나님 은 나에게 다음과 같이 말씀하셨다: 네가 기록한 첫 번째 책들을 펼쳐라. 위엄 있는 자들이나 위엄 없는 자들이 그것을 읽을지어다. 그러나 남은 70권의 책들은 보관할지어다. 그것들은 너의 백성 가운데서 나온 현자들에게 넘겨줄 것이니라. 왜냐하면 거기에는 깨침의 샘, 지혜의 샘, 또한 지식의 강물이 흐르기 때문이니라…" 4Esr 14:44-47.

---

9) 숫자 22는 히브리어 알파벳 수와 관련된 것일 수 있다.
10) 4Esr 3:1에 "그 도시가 멸망한지 30년째 되던 해에" 에스라가 자신의 환상을 체험한다는 진술이 기원후 70년 예루살렘 성전 멸망과 관련된 것으로 보아 100년경에 기록되었다는 추측이 나온다.

여기에서 94권의 책 가운데 남겨 놓은 70권의 책을 감하면, 24권의 책이 나온다. 이것은 탈무드 방식에 따라서 구약성서에 담겨 있는 책들의 수를 가리키는 것으로 보인다.11) 즉 유대인들이 정경으로 간주하는 히브리 성서를 나타내는 탈무드 시대의 표현으로 간주할 수 있다. 24권으로 이루어진 '네가 기록한 첫 번째 책들'은 에스라가 제일 먼저 기록한 히브리 성서 전체를 가리키고 있다. 인용한 에스라서 본문에 정경의 세 부분에 대한 구체적인 언급이 없으나, 24권이라는 숫자는 세 부분으로 구분된 **완결된 히브리 성서를 전제**하고 있음이 분명하다.

그러나 쿰란 공동체가 활동하던 당시에는 정경의 경계가 랍비 유대교에서 '타나크'TaNak 라는 명칭으로 부르는 것과 같이 아직 확정되지는 않았다.

III. 쿰란 공동체의 정경 이해

1. 모세의 율법

쿰란 공동체에 가입하고자 하는 사람은 누구나 모세오경 전체를 수용할 것을 선언해야 했다. 그런데 독특한 사실은 다른 예언자나 다른 문서에 대한 언급이 전혀 없이 오직 모세오경을 두고 이를 지키리라 맹세한 사실을 누차 부각하고 있다는 점이다. 여기에서 우리는 쿰란 공동체가 모세오경을 반드시 지켜야 하는 규범으로 삼았다는 사실을 알 수 있다. 이와 같은 사실을 아래의 본문에서 알 수 있다:

<다메섹 문서> CD 15:8-9에 다음과 같은 말이 나온다.

"많은 사람들을 감찰하는 자와 이야기하는 날에 (신참자는) 언약, 즉 모세가 이스

---

11) 이와 같이 J. Schreiner, *Das 4. Buch Esra* (Gütersloh, 1981), 405, n. 45.

라엘과 맺은 언약에 맹세해야만 한다. 온 마음과 온 생명을 다하여 모세의 율법으로 돌아가리라고 말이다."12)

또한 CD 16:1-2:

"따라서 그 사람은=신참자는 **모세의 율법**으로 돌아갈 책임이 있다. 그곳에 모든 것이 정확히 규정되어 있기 때문이다."13)

또한 <공동체 규율서> 1QS 5:7-9:

"공동체의 모임 안으로 들어오는 자는 누구나 스스로 원한 모든 사람 앞에서 하나님의 언약 안으로 들어와서는, 모세가 명령한 모든 것에 따라 **모세의 율법**으로 돌아가리라는 맹세를 해야만 한다. 온 마음과 온 생명을 다하여 그에 의해 사독의 아들들인 제사장들에게 계시된 모든 것으로 (돌아가야 한다)."

2. 토라와 예언자/모세와 예언자

위의 경우와는 구별되게 쿰란 문서는 종종 '토라 혹은, 모세와 예언자'란 표현을 사용한다. 공동체 규율을 담고 있는 제1쿰란 동굴에서 발견된 <공동체 규율서> 1QS에 다음과 같은 표현이 나타난다:

"온 마음과 온 생명으로 그분 보시기에 선하고 옳은 것을 행하리니, 모세와 그의 모든 종, 예언자들에게 명령하신 대로 말이다." 1QS 1:2-3 .14)

또한 같은 문서 8:15-16에 다음과 같은 말이 나온다:

"이것이 그분이 모세를 통하여 명령하신 율법에 대한 연구이니, 그때마다 계시한

---

12) CD 15:12에도 유사한 표현이 나온다.
13) CD 16:5에도 유사한 표현이 나온다.
14) 1QS의 히브리어 본문은 E. Lohse, *Die Texte aus Qumran* (Darmstadt, ³1981)에서 쉽게 찾을 수 있다.

모든 것에 따라서 행하도록 말이다. 또한 예언자들이 그의 성령을 통하여 계시했듯이 말이다."

그런데 위에 제시된 두 가지 예에서, 예언자가 구체적으로 어떠한 문서를 가리키는가에 대해서는 분명치 않다.

3. 모세, 예언자, 다윗(4QMMT)

쿰란 문서는 모세오경과 예언서 외에도 성문서 가운데 특별히 시편을 따로 구분하여 언급하기도 한다. 이와 같은 구분은 제4쿰란 동굴에서 나온 "할라카적 편지" 4QMMT 에 나타난다. 이 문서는 쿰란 공동체의 최고 책임자인 의의 교사가 당시 자기의 적대자였던 최고 세력가 요나단에게 보낸 기원전 2세기 중엽의 편지다. 여기에서 의의 교사는 요나단의 불법한 행위를 비난하는 가운데, 지켜야 할 유일한 권위의 근거로 토라와 예언서, 그리고 다윗을 언급하고 있다.

> "우리는 당신께, 당신이 모세의 책과 또한 예언자들의 책 가운데, 그리고 다윗 가운데에서 인식할 수 있을 것을 (글로 전달하였습니다)."

물론 여기서 언급하는 다윗은 시편을 가리키는 말이다. 문맥에 따르면, 이 문서들만이 종교적인 삶의 올바른 방향을 제시하는 것으로 언급하고 있다. 다시 말하면, 올바른 삶의 방향을 규정하는 권위 있는 문서로서 모세오경과 예언서 그리고 시편을 세시하는 것이다. 종교적인 삶의 올바른 방향을 제시하는 규범이 된다는 의미에서 비록 정경이란 개념은 없지만 이 세 그룹의 문서를 정경적 의미로 파악할 수 있다. 그럼에도 불구하고 모세오경을 제외하고는 예언서가 구체적으로 어떠한 예언서를 가리키는지 분명하지 않다. 또한 후대에 나타나는 정경으로서의 성문서에 속한 것으로 유독 시편만을 언급하고 있는 것이 특이하다. 당시 성문서에 대한 구체적인 범위가 아직 확정되지 않은 것이 분명하다고 말할 수 있다.

IV. 성전두루마리(11QTemple$^{a\text{-}b}$=11Q19-20) - 쿰란 공동체의 새로운 토라?

열한 번째 쿰란 동굴11Q에서 이제까지 알려지지 않던 한 흥미로운 문서가 발견되었다. 이 문서를 가리켜 성전두루마리 The Temple Scroll/Tempelrolle 라고 부른다.[15] 이 작품의 생성 연대를 두고 아직 학자들 사이에 논쟁이 많다. 대략 기원전 400-350년으로 추정하는 사람이 있는가 하면 H. Stegemann,[16] 어떤 이는 기원전 150년경으로 추정하기도 한다.J. A. Fitzmyer,[17] 이미 명칭에 나타나는 것과 같이, 이 작품은 이스라엘 신앙의 핵심을 이루는 예루살렘 성전과 관련된 문서이다. 모세며 다윗·솔로몬과 예언자 에스겔을 통해 모세오경에 기록되어 있는 이제까지 있었던 다양한 하나님의 계시를 더욱 보충하거나 강화하는 내용을 담고 있다.

이 작품을 지은 저자는 이를 모세오경에 덧붙는 여섯 번째 토라Tora 서라고 이해하는 사람도 있다.[18] 이 작품의 의도는 신명기 12-26장의 내용을

---

15) 열한 번째 동굴에서 두 개의 사본이 발견되었다(11QTemple^a, 11QTemple^b). E. Qimron은 최근 발표한 한 단편을 성전두루마리의 세 번째 사본에서 나온 것으로 추정한다(11QTemple^c). 놀라운 구성을 갖추고 있는 이 작품은 성역과 정결함의 정도에 따라 완벽한 중앙집중식으로 구성되어 있다. 다시 말하자면, 외곽 성지에서 시작하여 성시를 거쳐 성전을 지나서 가장 성결된 장소인 지성소에 이르기까지 여러 성역에 대한 다양한 규정을 담고 있다. 여기에서 여러 성역들이 서로 엄격하게 구분되어 있음을 알 수 있다. 그 밖에도 이 작품의 뒷부분에는 일반적인 여러 규정이 나오고 있다 (예컨대, 왕·예언과 점성술·가족법·근친상간법 등에 관한 규정).

16) H. Stegemann, *The Origins of the Temple Scroll: Congress Volume Jerusalem 1986*, VTS 40 (1988), 235-256, 이 곳 251.

17) 야딘(Y. Yadin)은 Johannes Hyrkan I세 때(B.C. 135-104) 기록된 에센파의 작품으로 본다 (*Temple Scroll I*, 33-39).

18) 이와 같이 H. Stegemann, "'Das Land' in der Tempelrolle und in anderen Texten aus den Qumranfunden", G. Strecker, ed., *Das Land Israel in Biblischer Zeit* (Göttingen, 1983), 162; idem, *Die Essener*, 137. J. A. Fitzmyer는 성전두루마리를 CD V,2-5에서 언급하고 있는 '봉인된 율법서'와 동일시하면서 이를 공동체의 두 번째 토라로 파악하고 싶어 한다. J. A. Fitzmyer, *Qumran: Die Antwort. 101 Fragen zu*

대치하는 데 있다.19) 특징적인 것은 하나님이 대체로 1인칭으로 말씀하시는 것으로 나타난다는 점이다. 사용된 모세오경 본문이 3인칭으로 되어 있는 경우에도 마찬가지이다. 이로써 성전두루마리는 하나님이 이스라엘에게 주시는 직접 계시라는 점이 강조되는 가운데, 모세오경과 동등한 권위를 지닌 영감 받은 책임을 스스로 나타내고 있음이 분명하다. 기원전 400년경에 페르시아 제국은 유대인의 율법서로 단지 모세오경만을 인정하였기 때문에, 이후에 생긴 성전두루마리를 유대인의 권위 있는 문서로 간주할 수 없었고, 따라서 정경의 범주에 포함될 수 없었다.20)

B. Z. Wacholder는 성전두루마리를 쿰란 공동체가 갖고 있던 새로운 토라로 이해하고자 하나, 그와 같이 볼 수 있는 증거가 없다. 그뿐만 아니라 쿰란 사람들이 이 문서를 정경적 권위를 지닌 문서로 간주했는지에 대해서도 단정 짓기 어렵다. 쿰란 문서가 이 문서를 그와 같은 권위를 지닌 문서로 이해한 구절이 나타나지 않았기 때문이다. 그럼에도 불구하고 쿰란사람들이 <희년서>를 권위 있는 문서로 인용하고 있듯이 예컨대, CD XVI, 2-3, 모세에게 내리는 하나님의 직접 계시의 내용을 담고 있는 성전두루마리 역시 유사한 권위를 인정받았을 것이라고 짐작할 수 있다.

V. 정경 경계의 미확정

위에서 살폈듯이, 쿰란 본문은 정경성 문제가 단순하지 않다는 사실을 우리에게 알려 준다. 아마도 쿰란 공동체는 확정된 정경 개념에 대하여 알지 못했을 것이다. <에스더서>를 비롯하여 후대 히브리 정경에 속하는

---

den Schriften vom Toten Meer (Stuttgart, 1993), 71.

19) O. Wise, *A Critical Study of the Temple Scroll from Qumran Cave 11 [Studies in Ancient Oriental Civilization 49]* (Chicago, 1990), 200 이하.

20) H. Stegemann, *Die Essener, Qumran, Johannes der Täufer und Jesus* (Freiburg-Basel-Wien, 1993), 137 이하.

몇몇 다른 문서들은 쿰란 공동체의 시대에 아직 그 정경성이 확정되지 않았기 때문이다. 유대인의 시각에서 볼 때, 히브리어 성서의 정경은 유대교의 정통으로 불리는 '바리새파 랍비 유대교'의 전통이 수립되는 기원후 3-4세기에 가서야 확립된다. 기원후 70년 이전 유대교의 정통이 확립되기 이전 시대에는 아직 완벽한 정경의 틀을 갖추지 못한 것으로 보인다. 단지 <토라>와 <예언서>는 시편과 더불어 정경성에 대한 논란이 없었으나, <성문서>의 경우는 아직 불안한 상태에 있었다. 유대인의 정경에 대한 논란은 흔히 대략 기원후 90년경에 이른바 '얌니아' 혹은 '얍네'에서 개최된 유대인 학자 모임에서 종결을 지었다고 말한다. 그러나 이것은 역사적으로 확실치 않을 뿐만 아니라,[21] 또한 기껏해야 에스더서와 아가서 같은 한두 권의 책과 관련한 정경성 논의에 국한되었을 뿐이다.

VI. 쿰란 본문과 마소라 본문 사이의 관계

쿰란 본문을 마소라 본문과 비교함으로써 분명해진 것은, 쿰란에서 구약성서 본문이 발견됨으로 말미암아 마소라 본문이 성서의 유일한 본문이 아니며, 또한 마소라 본문으로 대표되는 독법과 차이가 나는 몇몇 본문 형태가 1세기 말경에 존재했다는 사실이다.

이와 같은 사실은, 기원전 3세기 중반부터 이집트의 알렉산드리아에서 생겨난 그리스어 번역 성서, 즉 <칠십인역> LXX 의 본문이 마소라 본문과 간혹 차이가 나고 있다는 점에서도 분명하다. 이러한 차이를 지금까지는 보통 번역자들의 탓으로 돌렸다. 그러나 쿰란에서 발견된 성서 본문을 통해서 밝혀진 사실은, 칠십인역과 차이가 나는 본문은 번역자의 자의에

---

[21] 셰퍼(P. Schäfer)는 얌니아/야브네 회의가 실제로 있었는지에 대한 역사적 근거가 희박하다고 보고 있다. P. Schäfer, "Die Flucht Johanan b. Zakkais aus Jerusalem und die Gründung des 'Lehrhauses' in Jabne", *ANRW* [=Aufstieg und Niedergang der römischen Welt] II 19/2, 43-101.

기인한 것이 아니라, 랍비 유대교 이전 시대 팔레스타인에 존재했던 성서의 또 다른 본문 형태라는 점이다.22)

게다가 신약성서 안에 인용된 구약성서의 본문이 마소라 본문과 일치하지 않고 오히려 칠십인역과 일치한다던가, 경우에 따라선 이 양자와도 차이가 나고 있다는 사실을 통해서도 당시 다양한 본문 형태가 존재했음을 짐작할 수 있다.23) 이로써 1세기 말에 유대인들이 그때까지 전승된 다양한 판본들을 서로 비교하는 가운데 인위적으로 하나로 통일된 본문=마소라 본문을 만들어냈을 것이라는 이제까지의 추측이 잘못임이 명백해졌다. 또한 이제까지 단지 2-3개의 본문 유형으로만 구분하던 통상적인 시각에도 문제가 있음도 드러났다.

예컨대, 고대 히브리어체로 기록된 <레위기 사본> 11QpalaeoLev 의 경우, 이 본문은 마소라 본문과 일치하는 부분도 있으나, 동시에 칠십인역과 일치한다. 또한 사마리아 오경과 일치하는 경우가 있는 데 반해 이러한 세 가지 본문 유형과 전혀 일치하지 않는 경우도 있기 때문이다. 따라서 이 필사본은 이제까지 알려진 본문 유형과 차이가 나는 독자적인 본문 형태를 띠고 있음을 보여준다. 결국, 기원후 1세기 이전 시대의 고대 유대교에 퍼져 있던 성서 본문 유형은 오늘날 우리가 알고 있는 것보다 더 복잡한 계보로 존재했을 것으로 추정된다.

---

22) H. Stegemann, *Die Essener, Qunran, Johannes der Täufer und Jesus*, 125 이하.
23) 송창현, "쿰란 사본과 정경의 문제", 「Canon&Culture」 1 (2007), 72-101을 참조하라.

제10장

쿰란에센파와 묵시문학

...

I. 들어가면서

'유대 묵시문학'은 오늘날 학계의 중요한 연구 주제로 각광을 받고 있다. 유대 묵시문학은 구약시대와 신약시대를 연결하는 중요한 움직임으로 간주되고 있기 때문이다.[1] 예수 운동과 원시 그리스도교를 역사적 문맥에서 이해하고자 할 때, 유대 묵시문학이란 현상을 간과할 수 없다. 그런데 오랫동안 기원전 164년경에 완성된 <다니엘서>가 가장 오래된 유대 묵시문학이자 묵시문학의 전형으로 여겨졌다.[2] 이러한 견해는 쿰란 문서의 발견으로 인해 수정이 불가피하게 되었다. 쿰란에서 발견된 문서 가운데 다니엘서보다 앞서 기록된 묵시문학이 발견되었기 때문이다.

쿰란에센파[3]의 근본적인 성격과 관련하여 그간 쿰란 학계에 논란이

---

[1] 이미 19세기 중엽에 힐겐펠트(A. Hilgenfeld)가 이를 강조하였다. A. Hilgenfeld, *Jüdische Apokalyptik in ihrer geschichtlichen Entwicklung* (Jena, 1857), VIII-IX, 1-5.
[2] 예를 들면, H. 쾨스터,『신약성서 배경 연구』, 이억부 역 (은성, 1996), 418("헬레니즘 시대의 묵시록으로서 가장 완전하게 보존된 가장 오래된 책"); 박수암,『요한계시록』 (대한기독교서회, 1998), 15("일반적으로 다니엘서는 묵시문학의 조상으로 불린다"). 또한 박두환, "제14장 요한계시록",『신약성서개론(한국인을 위한 최신 연구)』(대한기독교서회, 2002), 452("구약성서의 유일한 묵시문헌인 다니엘서는 가장 오래된 것으로").

있었다. 그것은 쿰란에센파를 묵시론적인 공동체로 규정할 수 있는지를 둘러싼 논쟁이다. 쿰란에센파를 묵시론적 공동체로 파악하려는 대표적인 사람은 마르티네스 F. Garcia Martinez 이다.4) 그는 '아포칼립틱' Apocalyptic 이라고 부르는 현상을 이해하기 위한 핵심 요소를 쿰란 문서가 우리에게 제공한다고 확신하면서, 쿰란에센파의 정신적 뿌리가 묵시적 전통에 있다는 사실을 강조한다.5) 이러한 견해를 그의 이른바 '그로닝엔 가설' A Groningen Hypothesis 의 틀 안에서 주장한다.

그로닝엔 가설에 따르면,6) 에센파의 시초에는 어떤 공동체가 존재했던 것이 아니라 하나의 '운동'이 있었는데, 이 운동을 일으킨 사람들은 묵시적인 전통 가운데 살았고, <천문학 에녹서>와 <천사 에녹서>, 그리고 <희년서> 등의 묵시문학을 생산한 것으로 보인다.7) 에센파 운동의 두 번째 단계는 2세기 중엽 에센파의 형성 시기에 해당한다. 이때 '의의 교사'란 사람이 등장하여 하나님의 계시에 의해 성경 본문을 정확하게 해석할 수

---

3) 필자는 쿰란 공동체를 에센파의 일부로 간주하기 때문에 "쿰란에센파"와 "에센파"를 혼용하여 사용하고 있음을 밝힌다. 이에 관해서는 본서 제2장 "고대 유대교의 문맥에서 본 쿰란 공동체 이해"를 참조하라.

4) 이미 F. M. Cross는 그의 저서 *Die antike Bibliothek von Qumran* (Neukirchen-Vluyn, 1967), 215 (=*The Ancient Library of Qumran and Modern Biblical Studies* [New York, 1961])에서 에센파를 묵시론적 공동체(apocalyptic community)로 불렀다. 이러한 입장은 1995년에 출판된 제3판 (68-70, 192)에서도 바뀌지 않았다. 또한 J. J. Collins, "Was the Dead Sea Sect an Apocalyptic Community?", L. H. Schiffman, ed., *Archaeology and History in the dead Sea Scrolls* (Sheffield, 1990), 25-51; idem, *The Apocalyptic Imagination: An Introduction to Jewish Apocalyptic Literature* (Michigan, 21998), 145.

5) F, Garcia Martinez, "Les traditions apocalyptiques a Qumran", C. Kappler, ed., *Apocalypses et voyages dans l'au-dela* (Paris, 1987), 201-235; Idem, *Qumran and Apocaltptic: Studies on the Aramaic Texts from Qumran* (Leiden-New York-Köln, 1992), X. 또한 그의 동료 J. T. Barrera, "The Essenes of Qumran: Between Submission to the Law and Apocalyptic Flight", F. G. Martinez and J. T. Barrera, *The People of the Dead Sea Scrolls* (Leiden-New York-Cologne, 1995), 49-76, 이곳 70.

6) 아래의 요약은 H. Stegemann을 참조한 것이다. H. Stegemann, "The Qumran Essenes: Local Members of the Main Jewish Union in Late Second Temple Times", J. T. Barrera and L. V. Montaner, eds., *The Madrid Qumran Congress*, vol. 1 (Leiden, 1992), 100이하.

7) 또한 J. T. Barrera도 에센파 운동의 뿌리가 묵시적 전통에 있다고 강조한다. J. T. Barrera, "The Essenes of Qumran: Between Submission to the Law and Apocalyptic", 70.

있는 전권을 자신만이 부여받았다고 주장하였다. 그는 '성전 두루마리'를 집필하였고, 에센파 공동체원 모두에게 이와 같은 율법 이해를 관철하고자 했다. 그런데 다른 에센파 멤버인 '거짓의 사람'이 그의 주장에 반대하게 된다. 에센파 안에서 오랜 토론을 거친 뒤, 하스몬 왕 요한 휘르카노스 시대 Johannes Hyrkanos I, B.C. 134-104 에 와서 의의 교사는 에센파를 떠나 추종자들과 함께 쿰란으로 물러갔다고 한다. 쿰란에서의 고독한 삶을 영위하면서 이들은 4QMMT를 비롯하여 1QS, 다메섹 문서(CD), 여러 페샤림 Pesharim 을 포함하여 기타 문서들을 만들었다고 한다.

이와 같은 그로닝엔 가설을 검토하는 것이 우리의 관심사가 아니다. 단지 마르티네스가 주장하듯이 쿰란에서 발견된 에녹서와 희년서가 과연 쿰란 공동체의 산물로 간주할 수 있는지 또한 쿰란에센파를 묵시적인 전통 가운데 살았던 공동체로 규정지을 수 있는지에 초점을 맞추고자 한다. 나아가 쿰란에서 발견된 묵시문학 가운데 어떤 문서들이 실제로 쿰란에센파의 작품인가를 결정하고, 그리하여 쿰란에센파가 묵시문학과 어떠한 관계에 있는가를 밝히려 한다.

II. 묵시문학으로 논의되는 쿰란 발견물에 대한 평가

쿰란에서 발견된 문서 가운데 여전히 '묵시문학'으로 불리는 문서들이 있다. 예컨대, '메시아적 묵시문학' Apocalypse messianique, 4Q521 혹은 '라멕의 묵시문학' Apocalypse de Lamech, 1Q20 과 같은 것이다. 1Q20의 경우, 이 문서는 너무 단편적이기에 그 내용을 판독하기가 어려웠는데, 후에 좀 더 많은 본문들은 판독한 결과 아람어로 기록된 '창세기 외경' 1Q Genesis Apocryphon 에 속하는 문서로 드러났다. 따라서 묵시문학에 속하는 문서로 간주하기 어렵다. 또한 4Q521와 관련해서는, 본문 가운데 복수형으로 사용된 메시아 개념이 나오는 것에 근거하여 frg. 8:9 에밀 푸에쉬 Emile Puech가 '메시아적 묵시문학'이란 명칭을 붙인 것으로 보인다.8) 그러나 그의 주장과 달리 본문에 나타나는 메시아 개념은 문맥상 예언자들을 가리키는 개념으로 드러났다.9) 마치 구약의 예언자들을 가리켜 '기름 부은 자'로 불렸던 것과 같은 사용법이다.

헬무트 쾨스터 Helmut Köster 는 자신의 저서『신약성서 배경 연구』Introduction to the New Testament 에서 쿰란 문서 가운데 11QTemple, 1QM, 1QS 및 CD, 또한 Pesharim과 1QH의 문서들을 "묵시문학"이라는 표제 아래에서 취급하였다.10) 따라서 독자들로 하여금 이들 쿰란 문서가 마치 묵시문학에 속한다는 인상을 주고 있다. 그러나 언급한 쿰란 문서 중 어느 것도 묵시문학에 속하지 않는다는 사실은 명백하다.11) 오히려 아래에서 다룰 쿰란에서 발견된 문서들을 둘러싸고 이들이 쿰란에센파의 작품으로 간주할 수 있는지 또한 묵시문학에 속하는지에 대한 논의가 있을 뿐이다.

1. 희년서(The Book of Jubilees)

쿰란에서 발견된 <희년서> "시대들의 구분에 관한 책", 약자 Jub로 표기는 토라의 언어인 히브리어로 기록된, 고대 유대교 Ancient Judaism 에서 나온 유일한 묵시문학으로 여겨진다. 이제까지 희년서는 그리스어에서 번역한 에티오피아어 본문으로만 완벽하게 전해지고 있을 뿐이다. 부분적으로는 라틴어 번역도 전해지고 있는데, 쿰란에서 처음으로 히브리어로 기록된 본문이 발견되었다. 쿰란에센파가 이 작품을 처음부터 중요한 전승물로 간주하였다

---

8) E. Puech, "Une Apocalypse Messianique(4Q521)", *RdQ* 15 (1992), 475-519.
9) 이에 관하여 M. Becker, "4Q521 und die Gesalbten", *RdQ* 69 (1997), 73-96; 김창선, "4Q246과 4Q521을 둘러싼 메시아 논쟁",「장신논단」43, 59-79를 참조하라.
10) H. 쾨스터,『신약성서 배경 연구』, 418-428을 참조하라. 또한 J. J. Collins(*The Apocalyptic Imagination*, 115-141)를 의존하는 가운데 왕대일 교수는 1QM, 1QS, '새 예루살렘'을 쿰란 공동체가 남긴 묵시문학으로 간주한다. 왕대일,『묵시문학연구』(대한그리스도교서회, 1994), 64.
11) 이들 문서에 관한 개론적인 설명에 관해서는 본서 제1장 "쿰란 문서 개관"을 참조하라.

는 사실은 발견된 사본의 숫자를 통해서도 드러난다. 모두 17개의 사본이 발견되었다 4Q에서 11개, 1Q와 2Q에서 각각 2개, 3Q와 11Q에서 각각 1개. 12) 이 작품을 중요하게 여겼기 때문에, 쿰란에센파가 여러 다른 지역에 숨겨 놓았던 것으로 보인다. 당시 쿰란에센파는 1년을 364일로 잡는 태양력 시스템을 따르고 있었는데, 이에 대한 전통을 희년서가 보존하고 있었기 때문에 희년서를 소중한 문서로 간주한 것으로 볼 수 있다.

이 작품은 스스로를 가리켜 '하나님 앞 천사'를 통해 내린 하나님의 계시로 이해한다. 이 천사는 그 계시를 모세에게 전하였고, 모세가 이를 받아 적은 형태를 취한다. Jub 1:27 "그는[=주님은] 하나님 앞 천사에게 말했다: 모세를 위해 받아 적으라. 창조로부터 영원무궁토록 그들 가운데 나의 성소가 건축될 때까지". 이 작품은 <창세기>의 내용을 새롭게 쓰고 있다. 즉, 창세기 1장부터 시작하여 이스라엘 백성이 시내산에 도달하고, 모세가 하나님의 말씀을 영접하기 위해 시내산에 올라가는 시점까지 출 19-20장 전개되는 구약성서의 이야기를 새롭게 다시 쓰는 것이다. 저자는 성서 본문을 이용하여 자신의 신학적인 이해나 율법적 이해를 전하고자 한다.

이 작품의 생성 연대와 관련하여, 베르거 Klaus Berger, 기원전 167-140년 사이와 반더캄 James C. VanderKam은 기원전 160년경으로 여기고, 또한 벤 에즈라 D. St. Ben Ezra는 기원전 2세기 초반으로 추정한다. 그러나 슈테게만 H. Stegemann은 기원전 150년경에 설립된 에센파13)가 이미 이 작품의 권위를 높이 평가한 것으로 미루어, 적어도 주전 3세기경에는 이미 생성되었을 것으로 추정한다. 또한 기원전 100년경에 생성된 <다메섹 문서> CD가 이 작품을 인용하고 있는 사실로 보아, 에센파는 이 작품을 보존할 가치가 있는 귀한 율법 문서로 간주하였음에 틀림없다. 결론적으로, 이 작품은 쿰란에센파의 산

---

12) 1Q17; 1Q18; 2Q19; 2Q20; 3Q5; 4Q216-224; 4Q176; 4Q482; 11Q12.
13) 에센파의 설립 시기를 기원전 2세기 중엽으로 간주하는 시각이 폭넓게 수용되고 있다. 이에 관해서는 본서 2장을 보라; 또한 천사무엘, 『사해사본과 쿰란 공동체』(대한기독교서회, 2004), 98쪽을 참조하라.

물이 아니라 전승물이기에 쿰란에센파의 묵시적 사상을 증거하는 문서로 사용될 수 없다.

2. 에녹서(The Book of Enoch)

쿰란 문서가 발견되기 전, 에티오피아어를 사용하는 콥틱 교회의 정경으로서만 알려져 있는 <에녹서>는 모두 108장으로 구성된 에티오피아어 번역본=제1에녹서으로서 전해지고 있을 뿐이었다. 이 에녹서는 다섯 개의 독립된 묵시록을 종합한 문서인데, 다음과 같이 구분하여 부른다:

① 천사 에녹서 The Book of Watchers 혹은 Das angelologische Henoch-Buch, 1-36장;
② 비유 에녹서 The Similitudes or Parables of Enoch 혹은 Das Buch der Bilderreden, 37-71장;
③ 천문학 에녹서 The Astronomical Book 혹은 Das astronomische Henoch-Buch, 72-82장;
④ 꿈 에녹서 The Book of Dreams 혹은 Das Buch der Traumge- sichte, 83-90장;
⑤ 권면 에녹서 The Epistle of Enoch 혹은 Das parä- netische Henoch-Buch, 91-108장.

이 다섯 작품 가운데 <비유 에녹서>만을 제외하고는 나머지 네 작품들의 사본들이 모두 쿰란에서 발견되었다. 좀 더 구체적으로 말하면, 쿰란의 제4동굴에서 아람어로 기록된 에녹서 단편들이 7개 발견되었는데 4Q201; 4Q202; 4Q204; 4Q205; 4Q206; 4Q207; 4Q212, 여기에는 <천사 에녹서>와 <꿈 에녹서> 그리고 <권면 에녹서>에서 유래한 본문이 담겨 있으며, 다른 네 단편들은 <천문학 에녹서>에서 유래한 것이다. 그런데 흥미롭게도, 비유 에녹서에시 유래한 본문을 담고 있는 단편은 전혀 발견되지 않았다. 또한 제1에녹서 다른 부분 어디에도 비유 에녹서의 본문이 나타나지 않기에, 쿰란에센파는 비유 에녹서에 대하여 알지 못했을 가능성이 크다.

가장 오래된 사본으로 추정하는 천문학 에녹서를 담고 있는 필사본은 기원전 200년경 혹은 그 직후에 기록되었다고 추정하나 H. Stegemann; J. C. VanderKam, <천문학 에녹서> 자체는 기원전 3세기경에 이미 생성되었을 가능성이 크다 VanderKam. 그밖에 5개의 사본이 발견된 천사 에녹서의 본문을 담은 한 사본은 기원전 2세기 초반에 완성되었다고 추정된다. 이렇게 볼 때, 묵시문학에 속하는 에녹서는 쿰란에센파의 작품이 아니라, 앞선 시대에서 유래한 전승물이라는 사실이 분명하다. 쿰란에센파에게 알려진 몇몇 에녹서 필사본은 흥미롭게 구성되었다. 비유 에녹서가 빠져 있는 대신에 이른바 '거인서'라고 불리는 문서가 그 자리를 차지하기 때문이다.

3. 거인서(The Book of Giants)

슈테게만에 따르면, 쿰란에서 발견된 세 개의 에녹서 사본 가운데 적어도 하나의 사본에는 천사 에녹서에 이어서 완전히 다른 종류의 묵시문학이 나타난다.14) 아람어로 기록된 이 작품은 천사의 아들들인 거인들에 관한 이야기를 담고 있기에, 이 작품을 가리켜 <거인서>라 부르고 있다.

이 작품은 수백 년이 지나서 바벨론 출신의 종교 지도자로서 마니교를 창설한 마니 Mani 에 의해 새롭게 기록되었고, 그리하여 마니교 경전 3세기 속에 포함되었다. 이런 이유로 한동안 마니의 작품으로 간주되었으나, 쿰란에서의 발견으로 인해 예수 이전 시대 고대 유대교의 작품이라는 사실이 명확하게 드러났다. 정확한 연대 추정은 불가능하고 단지 예수 이전 시대 팔레스타인 유대교의 산물로 간주할 수 있을 뿐이다 H. Stegemann. 쿰란에서 대략 8개의 단편이 발견되었다.15)

이 문서에 나타나는 거인들은 창세기 6장 1-4절에 따라서 태어난 존재인데, 노아의 대홍수 이전에 지상의 여인들과 결혼하게 된다. 그래서 하늘에 살지 못하고 땅에서 살게 된 이들은 엄청난 키에 날개를 갖고 하늘을 이리저리 날아다닌다. 이들은 보이지 않으며 창조가 끝날 때까지 죽지도

---

14) H. Stegemann, *Die Essener, Qumran, Johannes der Täufer und Jesus* (Freiburg·Basel·Wien, 1993), 135.
15) 1Q23; 2Q26; 6Q8; 4QEnGiants.$^{a\text{-}e}$

않는다. 특히 여인들을 노리고 있는 이 거인들은 인간들을 죄로 이끌기 위해 항시 기회를 엿보고 있는 마귀의 중심 세력이다. 거인서는 이들의 이름을 거명하며 이들의 행동을 다루고 있으며 또한 이들이 종말 심판 때 어떻게 멸망하는가에 대하여 묘사하고 있다.

4. 새 예루살렘 (The New Jerusalem)

아람어로 기록된 모두 7개의 사본 단편이 분산되어서 발견되었다 4Q에서 2개, 또한 1Q32, 2Q24, 4Q554, 5Q554a, 4Q555, 5Q15, 11Q18. 이렇게 의도적으로 분산시켜 숨겼다는 사실을 통해 쿰란에센파가 이 작품을 소중하게 여겼다는 것을 알 수 있다. 발견된 사본들 가운데 가장 오래된 것 4Q554a 은 고문서학적으로 볼 때 기원전 100-50년경에 필사되었다. 슈테게만 H. Stegemann 은 이 작품의 본래적 생성기를 기원전 4세기나 3세기로 추정한다. 그러나 벤 에스라 D. St. Ben Ezra 는 기원전 3세기 후기나 2세기에 집필되었을 것으로 여긴다. 이 작품의 언어나 내용이 쿰란에센파의 작품이라는 점을 시사하는 것이 전혀 나타나지 않기에 쿰란에센파의 작품으로 간주하기 어렵다. 혹자는 예루살렘 성전 제사장 무리에 의해 생성되었을 것으로 짐작한다 J. Maier.

이 작품은 **아람어로 기록된 묵시문학**으로서 에스겔 40-48장을 토대로 하는 가운데, 하나님이 하늘에 예비하신 새로운 예루살렘에 대한 포괄적인 내용을 담고 있다. 미래의 예루살렘 성읍에 속할 가옥들과 거리, 성문과 탑, 입구와 계단 등에 관한 정확한 치수를 담은 환상 보도의 형태로 나타난다. 새로운 예루살렘을 하늘에 마련된 성읍으로 그리는 표상은 요한계시록의 표상에 상응한다 계 21장. 그러나 환상가 요한이 새로운 예루살렘에서 "성전을 보지 못했다" 계 21:22 고 말하는 것과 달리, 새 예루살렘을 묘사하는 쿰란 문서는 성전 묘사가 작품의 핵심을 이룬다.

5. 안식일 제사 노래 (The Angelic Liturgy; Songs of the Sabbath Sacrifice)

제4동굴에서 8개 4QShirShabb, 제11동굴에서 1개 11Q17 그리고 마사다에서도 1개 MasShirShabb 의 사본이 발견되었다. 보통 "천사 예전" Engelliturgie 혹은 "안식일 제사 노래"라고 부른다. 이처럼 여러 개의 사본 히브리어로 기록 이 여러 장소에서 발견된 것으로 미루어 쿰란에센파가 이 작품을 특별히 중요하게 여겼다는 사실을 알 수 있다. 한 해의 4분의 1기에 해당하는 13개의 안식일과 관련하여, 매 안식일을 어떻게 지켜야 할 것인지 상세한 규정을 담고 있다. 즉 안식일마다 어떤 천사 계층이 하늘 예배를 섬겨야 하는지, 그날을 위해 예비된 찬송과 기도 및 축도는 어떤 것인지, 어떤 겉옷을 천사가 걸쳐야 하는지, 그 예배가 어떻게 천상적인 영광 가운데서 이루어지는지 등에 관한 하늘 세계에 관한 정보를 담고 있다. 요한 마이어 J. Maier 는 이 작품이 예루살렘 성전 제의에서 유래한 것임을 밝혔다. 슈테게만 H. Stegemann 은 이미 기원전 4-3세기에 성전 제사장 그룹에 의해 만들어졌을 것으로 짐작한다. 어쨌든 하늘 세계에 관한 정보를 담고 있기에 **묵시문학적 성격**을 갖추고 있는 이 문서는 쿰란에센파의 작품이 아님이 분명하다.

6. 멜기세덱 미드라쉬 (The Melkizedek-Midrash, 11QMelch)

이 작품은 기원전 2세기 후반부터 집필되었을 것으로 추정되는 이른바 '주제에 따른 미드라쉬' Thematic Midrashim 에 속한다. 성서연구를 중요하게 여긴 에센파는 여러 주석서를 남겼다. 특히 주제별로 구분된 주석서가 전해지고 있는데 <멜기세덱 미드라쉬>가 그중 하나이다.16) 쿰란에서 모두 14개의 단편 조각이 발견되었는데, 인용 양식으로 미루어 볼 때 이 사본은 기원전 1세기 중엽 혹은 직후에 생성된 것으로 추정된다.17) 이렇게 볼

---

16) 그 밖에도 제4쿰란 동굴에서 종말론 미드라쉬(Eschatological Midrash)와 창세기 미드라쉬(Genesis-Midrash)가 발견되었다.
17) A. Steudel, ed., *Die Texte aus Qumran II* (Darmstadt 2001), 175. 또한 본문 가운데 의의

때, 이 작품은 쿰란에센파가 남긴 가장 오래된 주석서로 평가된다. 이 작품이 중심 주제로 다루고 있는 멜기세덱은 하늘에서 내려온 구원자로서 죄를 용서하는 제사장의 역할 11QMelch 2:6 과 더불어 종말론적인 해방자며 심판가 11QMelch 2:9 로 나타난다. 참고로, 다니엘서에서 유래한 가장 오래된 인용문 단 9:25; 15:2 이 나타나는 것도 흥미롭다. 명백하게 쿰란에센파의 산물인 이 작품은 구약성서적 진술에 대한 순수한 주석서이지 묵시문학 장르에 속하는 것으로 간주하기 어렵다.[18]

7. 창세기 외경 (The Genesis Apokryphon)

첫 번째 쿰란 동굴에서 아람어로 기록된 사본 1QGenAp 혹은 1Q20 으로서 창세기의 내용을 새롭게 쓴 작품이다.[19] 성경에 담긴 긴장이나 거슬리는 내용을 매끄럽게 다듬으려고 노력한다. 예컨대, 창 12:10-20에 따르면, 아브람이 이집트로 이주할 때 시샘을 받아 살해당하지 않기 위해 자기 아내 사라를 누이라고 속인다. 문제가 있어 보이는 이러한 해결책이 <창세기 외경>에서는 꿈에서 아브람에게 계시된 것으로 묘사됨으로써 신적으로 정당화된다. 이 작품은 쿰란에서 나온 문서 중 가장 풍성한 아람어 텍스트에 해당한다. 그러나 아쉽게도 상당 부분이 소실된 까닭에 전체 내용을 이해하기가 쉽지 않다. 보통 쿰란 공동체의 창작품으로 간주하지 않는다.

보존된 작품은 창세기의 내용을 자유롭게 이야기하는 내용인데, 그 중심에 성서 인물이 등장한다: 에녹 1QGenAp 5:28, 노아 1QGenAp 5:29ff, 아브람 1QGenAp 18:25ff. 이 작품 가운데 부분적으로 환상에 대한 묘사가 나타난다

교사를 가리키는 것으로 볼 수 있는 '기쁨의 사자'라는 표현도 이를 뒷받침한다고 말한다.
18) 한(F. Hahn)은 쿰란에서 발견된 4QMyst; 4QAmram; 11QMelch를 묵시문학적 성격을 지닌 단편들로 간주한다. F. Hahn, *Frühjüdische und urchristliche Apokalyptik* (Neukirchen-Vluyn, 1998), 90.
19) 마이어(J. Maier)는 이러한 시각을 성서주의적인 전제에 사로잡힌 시각이라고 비판하는 가운데, 이른바 창세기 외경이라는 작품을 창세기와 에녹서, 희년서 및 특정 쿰란 본문들 가운데 사용된 자료들의 아람어 본으로 여긴다(*Die Qumran-Essener I*, 212).

예를 들면, 1QGenAp 19:14, "나 아브람은 애굽 땅으로 들어가는 날 밤에 꿈을 꾸었다. 꿈 가운데서 나는 [다음과 같은] 환상을 보았다". 단지 본문 가운데 환상이 나타나고 있다는 이유에서 이 작품 전체를 가리켜 묵시문학이라 부르기는 어렵다.20) 그러한 환상은 역사서나 예언서 가운데서도 나타날 수 있기 때문이다. 마치 성전 파멸을 예고하는 내용을 담은 마가복음 13장을 가리켜 흔히 '소묵시록'이라고 부르고 있으나, 그렇다고 해서 마가복음 전체를 묵시문학이라 명명하기 어려운 것과 같은 이치이다.

8. 4QMyst (Mysteries)

'비밀의 책'으로 불리는 이 본문이 묵시문학일 가능성이 언급되었으나, 발견된 텍스트가 너무 단편적이어서 어떤 종류의 문서인지를 규정하기 어렵다. 마이어 J. Maier 는 이 본문을 가리켜 단순히 '신학적 본문' "theologischer Text" 이라고 부른다. 제1쿰란 동굴에서 하나의 사본 1Q27 이 발견되었고, 제4동굴에서 3개의 사본 4Q299; 4Q300; 4Q301 이 발견되었다.

9. 4QAmr^{a-f} (Visions of Amram, 4Q543-548)

1972년에 밀릭 J. T. Milik 은 서너 줄의 아람어 본문을 담은 단편을 발표했는데, 이 단편은 '암람의 환상어 책에 대한 복사'라는 말로 시작하기에 4QAmram이라고 불린다. 밀릭은 이 본문을 가리켜 '꿈 환상' Traumvision 이라 불렀다. 요한 마이어 Johann Maier 는 이 문서를 가리켜 '제사장 신학의 내용을 담은 본문'이라고 설명한다.21) 클라우스 바이어 Klaus Beyer 는 이 단편의 제목을 '암람의 고별사' Die Abschiedsrede Amrams 라 부른다.22) 이미 1980년에 노르트

---

20) J. Carmignac이 이를 이미 지적하였다. J. Carmignac, "Qu'est-ce que l'Apocalyptique? Son emploi a Qumran," *RdQ* 10 (1979/81), 29, 32.
21) J. Maier, *Die Qumran-Essener: Die Texte vom Toten Meer II* (München-Basel, 1995), 718.
22) K. Beyer, *Die Aramäischen Texte II* (Göttingen, 1994), 85.

하임 Eckhard von Nordheim 은 이 작품을 묵시문학이 아니라 유언 문학에 속하는 것으로 여겼다.23) 묵시문학으로 간주하기 어려운 문서이다.

III. 쿰란에센파의 성격 규명 - 묵시론적 운동인가?

쿰란에센파가 묵시론적인 공동체인가를 규정하기에 앞서 분명히 해야 할 사항이 있다. 그것은 다름이 아니라, '아포칼립틱' Apokalyptik/apocalyptic 이라는 용어 사용과 관련하여 학계에 혼란스러운 경향이 있는 것과 관련된 것이다. 도대체 아포칼립틱이란 개념을 어떻게 이해해야 할지를 둘러싸고 논란이 분분하다.24) 예를 들면, 유대 묵시문학에 관한 단행본을 저술한 슈미트 Johann Michael Schmidt 는 유대 묵시문학의 어려움과 관련하여 다음과 같이 말했다: "유대 묵시문학은 그것의 내용적인 측면에 따르기보다는 형식적인 측면에 따라서 파악할 수 있는 복잡한 대상이다. 이는 개별적인 사항에 대한 불일치를 나타내며 또한 개념의 어려움을 나타낸다."25) 또한 아포칼립틱 및 유사 개념과 관련하여, 바레라 Julio Trebolle Barrera 는 문학 작품의 형태인 경우에 'apocalypses'라 부르고, 사회 운동으로서의 움직임을 가리켜서는 'apocalyptic', 그리고 묵시문학에 나타난 사고 세계와 상징 세계를 가리켜서는 'apocalyptic eschatology'로 부르고자 한다.26)

---

23) E. von Nordheim, *Die Lehre der Alten, Bd.1: Das Testament als Literaturgattung im Judentum der hellenistisch-römischen Zeit* (Leiden, 1980), 115-118.
24) 이와 관련하여 D. Hellholm, ed., *Apocalypticism in the Mediterranean World and the Near East* (Tübingen, 1983); K. Koch, *Ratlos zu der Apokalyptik. Eine Streitschrift über ein verlässigtes Gebiet der Bibelwissenschaft und die schädlichen Auswirkungen auf Theologie und Philosopie* (Gütersloh, 1970).
25) J. M. Schmidt, *Die jüdische Apokalyptik: Die Geschichte ihrer Erforschung von den Anfängen bis zu den Textfunden von Qumran* (Neukirchen-Vluyn, 1976), 281.
26) J. T. Barrera, "The Essenes of Qumran: Between Submission to the Law and Apokalyptik Flight", F. G. Martinez and J. T. Barrera, *The People of the Dead Sea Scrolls* (Leiden, 1995), 70; cf. J. J. 콜린스, 『묵시문학적 상상력: 유다 묵시문학 입문』, 박요한 역 (가톨릭출판사, 2006), 21 이하.

혹자는 아포칼립틱과 종말론을 구분하지 않고 서로 밀접히 연관된 개념으로 사용하고자 한다. 예컨대, 폴 핸슨 Paul D. Hanson 은 자신의 저서 『묵시문학의 기원』 The Dawn of Apocalyptic 에서 묵시문학이란 개념을 '묵시문학적 종말론'과 거의 동일한 개념으로 사용한다.27) 이러한 현상은 『희망의 신학』의 저자로 널리 알려진 조직신학자 몰트만 Jürgen Moltmann 에게서도 찾을 수 있다. 그는 두 개념을 서로 연결하여 마치 하나의 개념처럼 사용한다 apokalyptische Eschatologie. 박두한 역시 요한계시록에 관한 개론적 설명 가운데 "묵시문학은 무엇보다도 종말론적인 사상들을 다루는 문학 장르이다"28)라고 말함으로써 묵시문학과 종말론의 경계를 약화하고 있다. 또한 김호경은 에센파를 포함하여 기원전 2세기를 전후해서 형성된 다양한 유대 종파들을 가리켜 '묵시문학적 종말론적 공동체'라고 포괄적으로 규정하고 있다.29) 그러나 묵시문학에 관한 이와 같은 정의 및 언어사용은 바람직하지 않다고 생각한다. 묵시문학과 종말론은 비록 연관이 있으나,30) 서로 명백하게 구분되는 현상이기 때문이다. 따라서 먼저 이 두 현상에 대한 특징을 간단하게 다루고자 한다.

1. 묵시문학과 종말론의 특징

묵시문학 Apokalyptik 은 하늘에서 계시된 비밀스러운 지식을 담은 책의 형태로 기록된 것을 가리킨다고 정의 내릴 수 있다.31) 그런데 이와 달리

---

27) 폴 핸슨,『묵시문학의 기원』이무용, 김지은 역 (크리스챤 다이제스트, 1996), 특히 18 이하; Paul D. Hanson, *The Dawn of Apocalyptic* (Philadelphia, 1979).
28) 차정식 외,『신약성서개론(한국인을 위한 최신 연구)』(대한기독교서회, 2002), 453.
29) 오택현, 김호경,『알기 쉬운 성서 묵시문학 연구』(크리스천 헤럴드, 1999), 175.
30) 예를 들면, Philipp Vielhauer는 아포칼립틱을 유대 종말론의 한 특이한 형태("eine besondere Ausprägung der jüdischen Eschatologie")로 이해하고자 한다. 이때 유대 종말론을 랍비들이 표방하는 민족주의적인 종말론과 구분한다. Philipp Vielhauer, "Apokalypsen und Verwandtes", K. Koch and J. M. Schmidt, eds., *Apokalyptik* (Darmstadt, 1982), 404.
31) 묵시문학과 종말론에 대한 구분과 정의는 슈테게만(H. Stegemann)에 의존한 것임을 밝힌다. H. Stegemann, "Die Bedeutung der Qumranfunde für die Erforschung der Apokalyptik", D.

특정한 내용을 담은 본문을 가리켜, 예컨대 천사들의 명단, 인자의 등장, 상징어, 이원론적 사고나 두 세대 설 등의 표상들이 나타나는 본문을 가리켜 일괄적으로 묵시문학이라고 부르는 경향이 있다. 하지만 이와 같은 이해는 묵시문학의 필요조건은 될 수 있으나 필요충분조건으로 삼기는 어렵다. 묵시문학의 핵심은 앞서 언급했듯이 하늘의 비밀 지식을 문서로 전달하는=계시하는 데 있기 때문이다. 바로 언급한 표상들을 가리켜 묵시론적인 표상이라고 부르는 것은 정당하나, 묵시론적인 표상이 어떤 문서에 일부 나타난다고 하여, 그 문서 전체를 가리켜 묵시문학이라 부르기는 어렵다.

종말론 Eschatologie 은 묵시문학과 구분되는 독자적인 것으로 전승사적으로 보다 오래된 현상이다. 미래에는 현재보다 나은 상태로의 획기적인 전환이 이뤄질 것을 소망하는 구원사적인 전망이 종말론의 특징이다. 이러한 대전환은 일반적으로 하나님의 개입을 통해 사악한 자들에겐 심판을 내리나 경건한 사람들에겐 구원을 베풀어 줌으로써 이뤄진다. 종말론의 경우, 역사가 이와 같이 전개되리라는 것에 대한 지식은 하늘로터 주어진 계시에서 얻은 것이 아니라 주어진 구원사적인 역사 이해로부터 얻고 있다. 이러한 종말론적 역사 이해에 따라 현재의 고난과 박해는 시간적으로 제한된 것이고 미래의 대전환이 언젠가 반드시 도래하리라는 확신을 갖게 된다. 하나님의 개입을 통해 미래의 마지막 날에, 즉 종말에 대전환이 일어나리라는 소망이 종말론의 핵심을 이룬다.

Hellholm, ed., *Apocalypticism in the Mediterranean World and the Near East* (Tübingen, 1983), 498 이하. 슈테게만보다 앞서 필하우어(Ph. Vielhauer)는 아포칼립틱을 "저 세상 내지는 특히 종말의 감추어진 비밀을 드러내 보이는 계시 문서"라고 정의하였다. Ph. Vielhauer, "1. Die Apokalyptik", E. Hennecke and W. Schneemelcher, eds., *Neutestamentliche Apokryphen in deutscher Übersetzung*, vol. 2 (Tübingen, ⁴1971), 408-421, 특히 408.

2. 쿰란에센파는 어떤 성격의 종파였나

가. 묵시론적 공동체인가?

쿰란 동굴에서 발견된 문서 가운데 몇 가지 문서는 확실하게 묵시문학에 속한다는 것을 앞에서 살펴보았다. <희년서>와 <에녹서> 또한 <새 예루살렘>은 묵시문학에 속한다. 그 밖에도 부분적으로 묵시문학적인 성향을 띤 문서도 발견되었다 안식일 제사 노래; 멜기세덱 미드라쉬; 창세기 외경. 그런데 이 문서들은 한결같이 쿰란에센파의 작품으로 간주할 수 없고, 그 이전 시대에서 유래한 전승물이다. 따라서 쿰란에센파가 작성한 묵시문학은 한 편도 발견되지 않은 셈이다. 단지 쿰란 거주지의 도서관에 앞선 시대로부터 전해 내려온 몇몇 묵시문학이 존재한다고 해서, 쿰란에센파를 가리켜 묵시론적인 공동체 apocalyptic community 였다고 추론하는 것은 무리이다.[32]

이들 묵시문학의 사본이 여러 개 발견된 것으로 미루어 쿰란에센파가 이들 작품을 중요하게 여겼다고는 말할 수 있다. 예컨대, 상당수 17개 의 희년서 사본이 쿰란에서 발견된 것으로 보아 쿰란에센파가 이 작품을 중요하게 여겼음을 알 수 있다. 그런데 쿰란에센파가 희년서에 관심을 보인 진정한 이유는, 이 작품이 묵시문학이라는 사실에 있는 것이 아니다. 오히려 1년을 364일로 나누는 태양력을 담은 고대 사제 전통에 충실한 작품이라는 사실과 관련된 것이다. 다시 말하면 쿰란에센파는 당시 고대 유대 종파 중 유일하게 고대로부터 내려온 태양력 전통을 준수하고 있는 종파였기 때문에, 희년서를 귀하게 여겨 필사하고 보존했던 것이다.

---

[32] 왕대일은 비록 쿰란 공동체가 한 편의 묵시문학도 남기지 않았다는 사실을 인정하면서도 이 공동체를 가리켜 '묵시적 공동체' 혹은 '묵시적 세계관이나 묵시 사상(apocalypticism)으로 무장한 공동체'라고 규정한다. 왕대일, 『묵시문학과 종말론』(대한기독교서회, 2004), 417-425. 쿰란 공동체의 삶이 묵시사상에 기초하였으며, 그들이 처한 시대 상황이 묵시가 기록될 만한 종말론적 상황이라는 점을 언급한다(특히, 418).

나. 신비주의적 공동체인가?

쿰란에센파를 신비 종교의 틀로 파악하려는 시각은 이 종파에 대한 오랜 왜곡된 표상과 관련이 있다. 그것은 쿰란 공동체를 이른바 정통 유대교로부터 자신을 분리하여 유대인들의 중심이 되는 삶의 현장을 떠나 쿰란이라는 사해 북서쪽의 황량한 지역으로 숨어 들어가 자신들만의 신비한 종교적 제의를 수행한 소수의 금욕주의적인 섹트로 이해하는 표상이다. 이러한 시각이 쿰란 문서가 발견된 직후에 강하게 일어났으며 부분적으로는 아직도 주장되고 있다. 하지만 이런 시각은 더 이상 유지될 수 없다. 근자에 들어와 쿰란 문서를 전문적으로 연구한 결과에 따르면, 쿰란 공동체는 당시 영향력이 컸던 고대 팔레스타인 유대교를 대표하는 공동체라는 사실이 드러났기 때문이다.[33]

다. 성경에 토대를 둔 종말론적 공동체

쿰란에센파의 지향점은 환상이나 천상의 여행 또는 천사의 중개로 주어진 하늘의 지식에 두지 않았다. 그리하여 그들은 묵시문서를 직접 저술하거나 전해 내려온 묵시문서를 주석하는 일을 하지 않았다. 그와 달리 쿰란에센파의 삶의 방향과 토대는 조상 대대로 전해 내려온 성경, 즉 모세와 선지자들의 말씀에 두었다. 이 점은 쿰란에센파에 속한 사람들이 지켜야 할 규율서의 첫머리에서 **"온 마음과 온 생명을 다해 하나님을 찾고, 그분이 모세와 자기의 모든 종인 예언자들을 통해 명령하신 대로 그분 앞에 선하고 올바른 것을 행할 것"** 1QS 1:1-3을 강조하고 있는 것을 통해 명확하게 드러난다. 쿰란에센파의 설립을 야기한 가장 근본이 되는 요소는, 밀려드는 이방 헬레니즘의 물결에 강력하게 저항하는 가운데 하나님의 말씀인 토라를 지켜야 한다는 강렬한 신앙고백이라고 말할 수 있다.

---

33) 특히 H. Stegemann, *Die Essener, Qumran, Johannes der Täufer und Jesus*, 364. 또한 필자의 졸저 『21세기 신약성서 신학』(예영커뮤니케이션, 2004), 407-432를 참조하라.

그런데 쿰란에센파의 이러한 신앙고백은 이들이 갖고 있던 종말론적인 의식과 긴밀하게 연결되어 있다.

쿰란에센파의 종말론적인 성격은 공동체의 설립자며 정신적 지도자인 의의 교사의 확신 가운데 드러난다. 의의 교사는 자신이 처한 시기를 악이 절정을 향해 치닫고 있는 시기로 확신하였으며, 그리하여 역사의 종말은 다가왔을 뿐만 아니라 이미 시작되었다고 믿었다.[34] 예컨대, 첫 번째 쿰란 동굴에서 발견된 호다욧 Hodayot 가운데 나타나는 찬송시로서 의의 교사의 작품으로 간주되는 1QH 7:6-25에서 시인은 전쟁과 파멸 그리고 하나님의 언약에서 이탈하는 자신의 사악한 시대를 성령강림을 통해 극복할 수 있음에 감사한다 6-8열. 성령 체험에 대한 언급은 종말론적인 시대가 도래 하였다는 사실을 나타낸다.

또한 쿰란 문서 가운데 쿰란에센파 설립자인 의의 교사의 사고가 담겨 있다고 보이는 에센파의 처음 규칙을 담은 1QSa라 불리는 문서가 있다. 이 작품의 모두에 '종말에 있을 전체 이스라엘 공동체를 위한 규정'(1QSa 1:1)이라는 표현이 나타난다. 그래서 혹자는 1QSa를 공동체의 미래 상황을 위한 규칙으로 간주하였다. 그러나 1QSa는 어떤 미래의 공동체를 위해 작성된 것이 아니라, 쿰란에센파 당대 자기 자신을 위한 진술임이 드러났다. 쿰란에센파 사람들은 자신들이 처한 시대를 가리켜 '아하릿 하·야밈' אחרית הימים, 즉 메시아 도래 이전 역사의 종말 시간, 최후의 심판, 그리고 의인의 종말론적 구원의 시간으로 간주하였다.[35] 이처럼 종말의식이 강했던 쿰란에센파는 성서=구약성서에 대한 종말론적 해석을 담은 여러 종류의 주석서 Pesharim를 남겼다. 성서의 예언들이 쿰란에센파가 현존하는 종말의 시기를 위해 기록된 것이라고 믿었기 때문이다.[36] 이렇게 볼 때, 쿰란

---

34) H. Stegemann, "The Qumran Essenes: Local Members of the Main Jewish Union in Late Second Temple Times," 154.
35) Stegemann, "The Qumran Essenes," 109.
36) 쿰란에센파의 종말론적인 성서해석에 관하여는 본서 제5장을 참조하라.

에센파는 성경에 토대를 둔 종말론적인 공동체였다고 말할 수 있다.

IV. 나가면서

비록 쿰란 문서 가운데 묵시문학에 속하는 몇몇 문서들이 발견되었으나, 위에서 살폈듯이 이들 문서 가운데 어느 것도 쿰란에센파의 창작품으로 간주하기 어렵다. 다시 말하면, 쿰란에센파가 작성하여 남긴 묵시문학은 한 편도 존재하지 않는다고 말할 수 있다. 또한 비밀의 계시를 강조하는 부류의 문서도 전혀 발견되지 않았다. 의의 교사는 결코 신비스러운 특별계시나 혹은 다른 유대인들에게는 감춰진 그 어떤 것을 주장하지 않았다. 의의 교사가 주장한 신비가 있다면, 그것은 다음과 같은 사실과 관련되었다: 하나님이 마카비 가문의 세도나 요나단으로부터 자신을 구원해 주실 것이며, 자신이야말로 진정한 대제사장이며 이스라엘을 위한 하나님의 언약을 대표하는 자이며 또한 에센파 연합체 설립을 성공시킨 자로서의 자신의 역할을 예정해 놓았다는 사실이다.

이러한 시각에서 볼 때, 쿰란에센파는 묵시론적인 공동체였다고 말하기 어렵다. 묵시론이 아니라 오히려 종말론이 쿰란에센파와 밀접한 연관이 있다. 그러나 여기에서 주의할 필요가 있다. 종말론 혹은 종말론적인 운동 자체가 쿰란에센파 결성에 **결정적인 요소**로 작용했다고 말하기는 어렵다. 앞서 언급했듯이 쿰란에센파 생성의 가장 근본적인 동인은 밀려드는 이방 세력에 대항하여 하나님의 말씀인 토라 전통을 수호하겠다는 신앙고백에 있었기 때문이다. 그렇다고 하여 종말론을 쿰란에센파 이해와 관련하여 중요하지 않은 부차적인 요소로 간주할 수는 없다. 이들이 강한 종말론적인 의식을 갖고 있었다는 점은 간과할 수 없으며, 종말론적인 사고는 쿰란에센파 역사에 커다란 영향을 끼쳤고 그들의 사고 중심에 자리 잡고 있기 때문이다.

쿰란에센파가 가졌던 종말론은 예언서 이해와 직결된 것이다. 예언서에 대한 종말론적인 해석을 통해 쿰란에센파는 자신들이 처한 시대를 이해하였다. 그들은 최후의 구원 이후에 전개될 미래에 대하여 묵상하지 않았지만, 역사적 종말의 시간이 수십 년 동안, 심지어 수 세기 동안 지속되지는 않을 것이라는 희망을 갖고 있었다. 때때로 그들은 최후의 심판과 구원이 언제 도래할지에 관하여 성찰했으나,[37] 그들의 주된 관심은 현재의 모든 박해와 혼란에도 불구하고 하나님의 말씀인 토라에 엄격히 순종하는 삶에 있었다.

---

37) 예를 들어, 1QpHab 6:12-7:14를 참조하라.

제2부

유대학의 중심 주제

제11장 유대 묵시문학
제12장 요세푸스와 필로
제13장 요세푸스를 통해서 본 바리새파·사두개파·젤롯당
제14장 랍비 유대교 이해
제15장 랍비성서와 유대인들의 성서해석
제16장 유대 신비주의와 카발라

제11장

유대 묵시문학

...

I. 묵시문학에 대한 정의

1. 묵시문학에 대한 일반적인 이해

일반적으로 묵시문학은 기원 전후의 변동기를 전후하여 ^{대략 B.C. 200-A.D. 100} 유대인과 그리스도교인에 의하여 이루어진 다양한 내용의 문서와 사고를 총칭하는 용어로서,[1] 흔히 대혼란 혹은 세상의 종말에 대한 표상을 가리키는 것으로 이해한다. 묵시문학에 대한 이와 같은 일반적인 이해는 신구약 중간 시대에 만들어진 문서들 전부를 포함하는 것처럼 들린다. 중간 시대의 다양한 문서들을 일괄하여 묵시문학으로 부르는 것은,[2] 묵시문학이라는 개념을 이해하는 데 바람직하지 않다. 묵시문학을 특정 생성 시기를 가리키는 시간적인 개념으로 사용하기보다는 내용적인 개념으

---

1) K. Koch, *Ratlos vor der Apokalyptik. Eine Streitschrift über ein verlässigtes Gebiet der Bibelwissenschaft und die schädlichen Auswirkungen auf Theologie und Philosophie* (Gütersloh, 1911) 참조.
2) 이러한 경향은 예컨대 러셀에게 나타난다: D. S. Russell, *Zwischen den Testamenten* (Neukirchen-Vluyn, 1962), 97.

로 이해하는 것이 더욱 적합해 보이기 때문이다.3)

언어적으로 볼 때, '묵시문학'이라는 개념은 '계시'를 뜻하는 그리스어 '아포칼립시스' apokalypsis 라는 명사에서 유래하였다.4) 즉 '감추어진 하나님의 뜻을 드러내 보인다'는 의미이다. 이러한 내용을 담고 있는 문서를 '아포칼립스' Apocalypse/Apokalypse, 즉 '묵시록' 혹은 '계시록'이라 부른다. 이와 달리 일반적으로 '아포칼립틱' Apocalyptic/Apokalyptik=묵시문학 이라는 말은 후기 이스라엘과 원시 그리스도교 문헌의 정신적인 배경뿐만 아니라, 인간과 세상의 미래와 관련한 환상적인 종교 사유를 폭넓게 가리키는 말이다.5)

이와 같은 일반적인 이해와 달리 묵시문학이라는 개념을 학문적으로 정확히 규명하기는 쉽지 않다. 그런 까닭에 이 개념의 정의를 두고 학자들 간에 심한 견해 차이를 보여주고 있다. 묵시문학에 대한 학자들의 입장을 살펴보기에 앞서, 우선 이에 대한 초창기의 연구 분위기를 잠시 돌아보는 것도 흥미로운 일이라고 생각된다.

2. 묵시문학을 둘러싼 초기의 연구 분위기 6)

'아포칼립틱'이란 개념은 성서신학과 관련하여 프리드리히 뤼케 Friedrich

---

3) 신구약 중간기 문서들을 묵시문학의 범주에 넣으려는 경향으로 말미암아 쿰란 공동체를 일종의 묵시문학 운동으로 여기는 오류를 범하고 있다. 이러한 오류는 러셀과 로울리에게도 나타난다: D. S. Russell, *Zwischen den Testamenten*, 40 이하; idem, *Divine Disclosure. An Introduction to Jewish Apocalyptic* (London, 1992), 6; H. H. Rowley, *Apokalytik. Ihre Form und Bedeutung zur biblishen Zeit* (Köln, 1965), 66-73.

4) 계 1:1 참조.

5) K. Koch, *Ratlos vor der Apokalyptik. Eine Streitschrift über ein verlässigtes Gebiet der Bibelwissenschaft und die schädlichen Auswirkungen auf Theologie und Philosophie*, 17; D. S. Russell, *The Method & Message of Jewish Apocalyptic 200 B.C.-A.D. 100* (London, 1964), 105 이하. 이와 관련하여 영어권에서는 체계화된 묵시사상 혹은 묵시문학적인 신학을 가리키는 것으로 Apocalypticism이란 용어도 사용한다. 이에 대하여, P. D. Hanson, "Apocalypticism", *IDBS* (Nashville, 1976), 28-34를 참조하라.

6) 이와 관련하여 K. Koch, *Ratlos vor der Apokalyptik*, 55 이하; idem, *Das Buch Daniel*, EdF 144 (Darmsta, 1980), 159 이하; W. Zager, *Begriff und Wertung der Apokalyptik in der Neutestamentlichen Forschung* (Frankfurt a.M., 1989), 4 이하 참조.

Lücke가 1832년에 처음으로 사용하기 시작하였다. 묵시문학을 본격적인 연구 분야로 수립한7) 그는 이 개념을 예언 정신이 뒤늦게 드러난 형태로 파악하면서 예언과 관련한 기본사상과 표현 형태를 하나님 나라를 열망하는 가운데 더욱 발전시킨 것으로 이해하였으며, 또한 묵시문학가를 하나님 나라의 미래와 관련한 이미 주어진 생각을 구체적으로 더욱 발전시킨 사람으로 보고 있다.8) 뤽케의 묵시문학에 대한 이러한 이해를 힐겐펠트A. Hilgenfeld가 19세기 중엽에 넘겨받는다.9) 묵시문학에 대한 이러한 초기의 관심이 1860년대를 지나면서 가라앉는다.

그러나 1892년에 신약학자 요한네스 바이스Johannes Weiß의 소책자 "하나님 나라에 대한 예수의 설교"10)가 발표되면서부터 상황이 급변하여 예수를 묵시문학과 종말론에 비추어 바라보게 되었고, 다른 한편 19세기 말과 20세기 초에 이른바 "종교사학파" Die religionsgeschichtliche Schule 는 원천자료Quelle 연구를 통해 묵시문학이라는 현상에 폭넓은 관심을 기울이게 되었다. 예를 들면, 파울 폴츠Paul Volz의 저서 "다니엘에서부터 아키바까지 이르는 유대종말론"과 또한 빌헬름 부세트Wilhelm Bousset의 저서 "신약시대의 유대 종교"는 유대 묵시문학을 연구하는 데 여전히 꼭 필요한 역작으로 간주할 수 있다.11) 종교사학파는 고대 이스라엘 종교나 그리스도교를 다른 종교

---

7) W. Zager, *Begriff und Wertung der Apokalyptik in der Neutestamentlichen Forschung*, 4.

8) F. Lücke, *Commentar über die Schriften des Evangelisten des Johannes. Vierter Teil, erster Band: Versuch einer vollständigen Einleitung in die Offenbarung Johannis und in die gesamte apokalyptische Literatur* (Bonn, 1832), 22, 24 이하 참조.

9) A. Hilgenfeld, *Die jüdische Apokalyptik in ihrer geschichtlichen Entwicklung. Ein Beitrag zur Vorgeschichte des Christentums nebst einem Anhange über das gnostische System des Basilides* (Jena, 1857)(=Amsterdam, 1966).

10) J. Weiß, *Die Predigt Jesu vom Reiche Gottes* (Göttingen, 1892).

11) P. Volz, *Jüdische Eschatologie von Daniel bis Akiba* (Tübingen, 1903). 이 책의 제2판은 다른 제목으로 출판되었다. *Die Eschatologie der jüdischen Gemeinde im neutestamentlichen Zeitalter nach den Quellen der rabbinischen, apokalyptischen und apokryphen Literatur* (Tübingen, 1934); W. Bousset, *Die Religion des Judentums im späthellenistischen Zeitalter*, hg. von H. Greßmann (Tübingen, 1926).

들과 마찬가지로 고정된 정체로 보지 않고, 역사 속에서 역동적으로 변화해 온 대상으로 이해하는 전제를 출발점으로 삼았다. 따라서 구약성서 시대의 전승층에서 신약성서 시대의 전승층으로 발전하게 된 길을 역사적으로 조망하면서 바로 유대 묵시문학이 둘 사이를 연결한다고 믿었다.

그러나 1920-1960년 사이에 묵시문학에 대한 학자들의 관심이 식으면서, 오히려 랍비 문학에 대하여 관심이 쏠리게 되었다. 신약성서의 역사적 배경을 이해하는데 묵시문학보다는 랍비 문학이 더욱 중요하다는 인식의 변화가 생겼기 때문으로 보인다.12) 이러한 변화의 다른 이유로는 당시 유행하던 '하나님-말씀-신학' Wort-Gottes-Theologie 을 들 수 있다. 칼 바르트 Karl Barth 를 위시한 변증법적 신학 Dialektische Theologie 이 거센 바람을 불러일으키는 가운데 '케리그마' Kerygma, 복음선포 를 지나치게 강조하게 된 결과, 그리스도교의 역사 이해에는 별로 관심을 두지 않게 되었던 것이다.

그런데 1960년대로 접어들면서 다시금 서서히 묵시문학에 눈을 돌리게 되었다. 아마도 1947년에서 1956년 사이에 있었던, 고대 유대교를 이해하는데 귀중한 자료가 되는 쿰란 문서의 발견이 영향을 준 것으로 보인다.13)

3. 학문적 정의의 시도

우리는 여기에서 묵시문학에 대한 현재의 논의에 비교적 커다란 영향

---

12) 이와 같은 변화가 일어나는데 1926년 이래로 출판되기 시작한 신약성서와 병행되는 구절들을 탈무드와 미드라쉬에서 뽑아 모은 엄청난 양의 자료집 H.L. Strack and P. Billerbeck, eds., *Kommentar zum Neuen Testament aus Talmud und Midrasch*, 4 vols.(–München, ⁵1969)이 적지 않은 영향을 끼쳤다.

13) 묵시문학이란 개념을 포괄적으로 이해하고자 하는 마르티네스는 이를 "역사를 통해 전개되는 선악 간의 지속적인 싸움의 임박한 종말을 하나님이 계시하셨다는 믿음"으로 파악하는 가운데(F. G. Martinez, "Apocalypticism in the Dead Sea Scrolls", B. McGinn, J. J. Collins and St. J. Stein, eds., *The Encyclopedia of Apocalypticism, vol. 1: The Origins of Apocalypticism in Judaism and Christianity* [New York-London, 2000], 162-192, 이곳 162; cf. idem, *Qumran and Apocalyptic. Studies on the Aramaic Texts from Qumran* [Leiden-New York-Köln], 1992), 쿰란 공동체를 묵시문학의 범주로 파악하고자 한다. 그러나 엄밀한 의미에서 볼 때, 쿰란 공동체의 정신적 토대는 묵시문학에서가 아니라 오히려 종말론의 범주에서 찾는 것이 옳다.

을 미친다고 판단되는 중요한 몇몇 학자들의 의견에 국한하고자 한다.

가. 필립 필하우어(Philipp Vielhauer)

신약성서학자인 필하우어는 묵시문학을 문학의 특정 장르로 이해하고 있다. 아포칼립틱이란 "저 세상 내지는 특히 종말의 감추어진 비밀을 드러내 보이는 계시문서"를 가리키고 있으며 또한 이와 같은 문학이 태동하게 되는 사고 세계를 규정하는 개념으로 파악하고 있다.[14] 묵시문학에 대한 정의를 둘러싸고 이후의 논쟁에 커다란 영향을 끼친 필하우어는 아래와 같은 항목들을 묵시문학을 정의하는 기준으로 삼았다.

· 그는 묵시문학의 네 가지 문학적인 성격을 지적하고 있다.
① 묵시문학은 가명 Pseudonymität 으로 되어 있다.
② 묵시문학은 환상보도 Visionsbericht 로 되어 있다. 예언자들이 신의 계시를 주로 음성을 통한 청취 Audition 의 형태로 받는 것과는 달리 대체로 환상의 형태로 받는다.
③ 역사의 개관이 미래 형태로 서술된다. 즉 과거로부터 현대까지의 역사 흐름을 예언의 형태로 기술하고 있다.
④ 하나로 통일된 언어 형태보다는 여러 형태 내지는 형태가 혼합되어 나타난다 예를 들면, 에녹서에 그림 언어, 축도 언어, 지혜 언어 등이 함께 나타나고 있다.

· 이어서 묵시문학이 태동하게 되는 사고 세계의 측면에서 필하우어는 다섯 항목을 들고 있다.
① 묵시문학은 두 에온설 Zwei-Äonen-Lehre 을 담고 있다. 전체 세계사의 흐름을 두 개의 큰 시대 즉, '이 시대'와 '다가올 시대'로 분리하여 이원론적으로 설명하고 있다 단 2장; 7장; 4Esr; syrBar 참조. 이러한 종말론적 두 에온설을

---

14) Ph. Vielhauer, "1. Die Apokalyptik", E. Hennecke and W. Schneemelcher, ed., *Neutestamentliche Apokryphen in deutscher Übersetzung*, vol. 2, (Tübingen, ⁴1971), 408-421. 특히 408 참조.

필하우어는 묵시문학에 대한 가장 본질적인 내용 특성으로 간주하고 있다.15)

② 이와 관련하여 두 번째 특징으로서 염세주의와 저 세상에 대한 희망 Pessimismus und Jenseitshoffnung 을 들고 있다.

③ 묵시문학은 보편주의 Universalismus 와 더불어 개인주의 Individualismus 의 성격도 띠고 있다. 온 세상사를 염두에 둔다는 점에서 보편주의의 성격이 드러나고, 한 개인이 어느 특정 민족에 속했는가 하는 것보다는 하나님 앞에선 존재로서의 개인이 중요하기 때문에 묵시문학은 또한 개인주의의 성격도 지닌다.

④ 예정주의 Determinismus 와 가까운 대망 Naherwartung. 하나님께서 모든 것을 미리 규정지어 놓았다는 것이며, 이러한 이미 규정된 역사는 가까운 시기에 그 종말을 접하게 된다.

⑤ 필하우어는 끝으로 표현의 비통일성 Uneinheitlichkeit 을 묵시문학의 마지막 성격으로 들고 있다. 이 말은 묵시문학의 기본 골격은 위에서 언급하였듯이 어느 정도 통일된 모습으로 나타나고 있으나 구체적인 표현 면에서는 통일된 모습을 갖추고 있지 않다 예를 들면, 구원자에 대한 다양한 이해를 참조.

나. 클라우스 코흐(Klaus Koch)

구약성서학자인 클라우스 코흐는 "Ratlos vor der Apokalyptik" =묵시문학 앞에서 어찌할 바를 모름 라는 일종의 논쟁서를 1970년에 출판한 바 있다. 여기에서 그는 문학적 장르로서의 묵시록을 다루면서 두 가지 전제에서 출발하고 있다.16) 그는 우선 히브리어나 아람어로 기록되었던가 아니면 적어도 히브리 정신이나 아람 정신이 지배적인 문서에서 출발하고자 한다. 여기에 속하는 문서로 그는 다니엘서, 제1에녹서, 제2바룩서, 제4에스라서, 아브

---

15) Ph. Vielhauer, "1. Die Apokalyptik", 413("das wesentlichste inhaltliche Merkmal der Apokalyptik").
16) K. Koch, *Ratlos vor der Apokalyptik*, 19 이하.

라함 묵시록, 끝으로 요한계시록을 언급한다. 코흐의 두 번째 전제는 이 문서들이 어떠한 점에서 묵시문학적인가 하는 것은 이들이 공유하고 있는 가통, 즉 장르의 특징들을 통해서만 가능하다는 것이다. 우리는 여기에서 양식비평학자로서 널리 알려진 코흐의 입장을 엿볼 수 있다.[17] 그에 따르면, 누구나 공감할 수 있는 묵시문학에 대한 개념을 얻기 위한 유일한 길은 양식사적, 문학적, 언어학적인 출발점에서만 가능하다고 여긴다.

이러한 전제에서 코흐는 아래의 특징들을 묵시문학이란 장르를 정의할 때 불가결한 조건들로 보고 있다.

① 묵시문학가와 하늘에 있는 그의 대화 상대자 사이에 전개되는 '긴 대화편' große Redezyklen 이 두드러진다.

② 이때 묵시 관찰자는 예기치 못한 환상과 청취로 인하여 '정신적 공포' seelische Erschütterungen 에 빠지게 된다.

③ 이러한 체험에서 그는 독자를 위한 하나의 결론을 이끌어 낸다. 곧 자신의 공동체나 제자를 위한 '위로의 말' paränetische Reden 을 선언하게 된다.

④ 묵시록들은 과거의 유명한 하나님의 사람들의 이름을 빌어서 기록되었다 가명성, Pseudonymität.

⑤ 묵시록들의 언어는 '상징적이고 신비적인 그림'으로써 감추어져 있다 symbolreiche mythische Bilder.

⑥ 끝으로 모든 묵시록은 오랫동안의 문학적 성장을 거쳤기에 그 작품들에 나타나는 '구성의 특성'을 손쉽게 엿볼 수 있다 Kompositionscharakter.

다. 러셀(D. S. Russell)

신구약 중간 시대에 특별한 관심을 보이는 러셀은 유대 묵시문학의 일반적 특징으로서 다음의 네 가지 사항을 들고 있다.[18]

---

17) Cf. K. Koch, *Was ist Formgeschichte? Methoden der Bibelexegese* (Neukirchen-Vluyn, 1974); (=『성서주석의 제방법: 양식사학이란 무엇인가?』, 허혁 역, 분도출판사, 1997).
18) D. S. Russell, *The Method & Message of Jewish Apocalyptic 200 B.C.-A.D. 100* (London,

① 묵시문학은 비밀스러운 성격을 지니고 있다 esoteric in character. 이러한 비밀스러운 성격은 단지 과거의 몇몇 특정한 개인들에게만 계시된다. 이들은 꿈이나 환상 속에서 이러한 비밀을 전해 받게 된다.

② 신성한 진리를 문학작품의 형태로 제시하고 있다 literary in form. 예언자들이 주로 구두로써 메시지를 선포하는 것과는 달리 묵시문학가는 하나님의 사람들을 위한 메시지를 글로 전하고 있다.[19]

③ 묵시문학의 언어와 문학양식은 상당히 극적으로 표현되어 있다. 일반 산문어로는 도저히 담을 수 없는 장면들을 상상력이 넘치는 시적 언어로써 그리고 있으며, 고대 신화에서 유래하는 상징적 표현들을 담고 있다 symbolic in language.

④ 일반적으로 유대 묵시문학은 고대의 존경받는 사람들의 이름을 사용한 가명으로 되어 있다 pseudonymous in authorship.

라. 슈테게만(Hartmut Stegemann)

신약성서학자며 쿰란 문서 전문가인 슈테게만은 위에서 언급한 방식대로 묵시문학을 이해하는 것에 이의를 제기한다. 위의 관점들이 무엇보다도 방법론적인 문제를 안고 있다고 여긴다. 그는 위에 나열한 각각의 특성들에서 묵시문학의 정의를 찾으려 하지 않는다. 이러한 각각의 특성들은 묵시문학을 정의하기 위한 필요조건일 수는 있어도 필요충분조건으로는 볼 수 없다는 이유에서다. 슈테게만은, 하늘의 비밀을 드러낸다는 사실과 같이 상당히 막연한 개념으로써 묵시문학을 정의하는 것이 바람직하다고 여기지 않는 가운데, 묵시문학을 정의하는 가장 본질적인 요소는 무엇보다도 '책의 형태'를 갖추어야 하며, 동시에 이 책은 특별한 목적을 지녀야 한다고 여긴다. 즉 하늘의 비밀을 의도적으로 특정한 독자층에게

1964), 104-139 참조.
19) 렘 13:12; 사 7:7과 계 1:11; AssMoses 1:16을 서로 비교해 볼 수 있다.

계시하는 것을 목적으로 하는 책을 묵시문학이라고 정의 내리고자 한다.[20] 다시 말하자면, 어떤 문서에 나타나는 특정한 내용이나 사고, 곧 천사 이름표나 인자의 개념 혹은 이중 시대설 등이 나타난다고 해서 이 문서를 묵시록으로 간주해서는 안 되며, 오히려 역으로 한 저자가 계시문서 Offenbarungsschriften에 그와 같은 내용이나 사고를 담았을 때라야 비로소 이를 묵시록이라 부를 수 있다는 것이다.

슈테게만은 이러한 이유에서 묵시문학적인가 아닌가 하는 것은 개개의 내용에서가 아니라 묵시록 =Apokalypsen 의 범주 Rahmen 내에서만 찾으려 한다.[21] 이와 같이 아포칼립틱을 단지 문학적인 현상으로만 파악하려는 슈테게만의 견해에 혹자는 이의를 제기하기도 한다.[22]

마. 존 콜린스(John J. Collins)

묵시문학에 많은 관심을 보인 구약학자 콜린스는 묵시문학을 다음과 같이 요약한다: 묵시문학은 "이야기 틀을 갖춘 계시문학의 장르로서 한 인간 수용자에게 천상적 존재를 통해 초월적인 실재를 드러내는 계시를 중개한다. 그런데 이 실재는 한편으론 종말론적 구원을 목표로 하기에 시간적이지만, 다른 한편으론 초자연적인 다른 세계를 다루기 때문에 공간적이기도 하다."[23] 훗날 콜린스는 묵시문학의 목적을 다음과 같이 확장하여 말한다: 묵시문학의 목적은 "현재 지상적 상황을 천상적 세계와 미

---

20) H. Stegemann, "Die Bedeutung der Qumranfunde für die Erforschung der Apokalyptik", D. Hellholm, ed., *Apocalypticism in the Mediterranean World and the Near East* (Tübingen, 1983), 499.
21) 그는 앞서 언급한 논문 끝의 'Nachwort'에서 보충하여 보다 구체적으로 12개의 기준을 열거하고 있다.
22) 종교학자 루돌프는 묵시문학에서 내용과 형태를 완벽히 구분하기가 쉽지 않음을 제4에스라서(4Esr)를 언급하며 지적한다. K. Rudolph, "'Apokalyptik in der Diskussion'", D. Hellholm, ed., *Apocalypticism in the Mediterranean World and the Near East*, 775.
23) J. Collins, *Apocalypticism in the Dead Sea Scrolls* (London, 1997), 9; 콜린스, 『묵시문학적 상상력: 유대 묵시문학 입문』, 박요한 역 (가톨릭출판사, 2006)을 참조하라.

래의 빛 가운데 해석하는 것이며, 또한 신적 권위의 도움으로 독자의 이해뿐만 아니라 태도를 향해 영향을 끼치는 것"이라 한다.

우리는 위에서 아포칼립틱이란 개념 정의를 둘러싸고 여러 학자의 다양한 입장을 살펴보았다. 묵시문학의 정의가 까다로운 만큼, 또한 그 기원을 두고 학자들 사이에 논란이 많다.

II. 묵시문학의 기원을 둘러싼 논란

1. 전승사적인 관점에서 볼 때

가. 예언(Prophetie) 전통에서 유래

로울리 H. H. Rowley 와 러셀 D. S. Russell 은 유대교와 그리스도교의 묵시문학이 예언자적인 전통에서 유래한 것으로 보는 입장을 지지한다.[24] 이 입장에 따르면 묵시문학가들은 자신들이 구약 예언자들의 뒤를 이은 예언자적 전통에 서 있으며, 그들과 마찬가지로 하나님의 소식을 사람들에게 전하는 것을 자신들의 역할이라고 믿었다. 따라서 아모스, 이사야, 스가랴, 요엘과 같은 예언자들은, 역사는 이스라엘의 신실한 남은 자들에게 속할 새로운 시대의 탄생을 향해서 달음질치고 있다고 보았다. 그러나 예언자적 전통과 달리 묵시문학가는 하나님의 말씀을 단순히 선포하는 것으로 그치지 않고 이를 앞서 예언하는 것을 특별히 강조한다. 이러한 의미에서 묵시문학을 종종 '아직 성취되지 않은 예언'이라 부르기도 한

---

24) H. H. Rowley, *Apokalyptik. Ihre Form und Bedeutung zur biblischen Zeit. Eine Studie über jüdische und chrsitliche Apokalypsen vom Buch Daniel bis zur geheimen Offenbarung* (Einsiedeln-Zürich-Köln, ³1965) 특히 15-46; D. S. Russell, *Zwischen den Testamenten*, 107. 또한 근래에 F. Hahn, *Frühjüdische und Urchristliche Apokalyptik. Eine Einführung* (Neukirchen-Vluyn, 1998), 4 이하.

다.25) 어쨌든 이 예언이라는 요소가 묵시문학과 예언 전통이 내적으로 연결되어 있음을 보여준다는 것이다. 그리하여 묵시문학을 예언 전통의 지속 혹은 그의 발전된 모습으로 파악한다.

그러나 예언 전통이 하나님의 심판과 구원이 이 세상 가운데에서 실현되리라고 믿었던 것과 달리, 묵시문학은 새 하늘과 새 땅의 나타남과 관련하여 저 세상적 구원의 표상을 갖고 있다고 이해한다. 이들 둘 사이의 차이는 또한 언어형식면에서도 드러난다. 곧 예언서가 주로 짤막한 경구들로 되어 있다면 묵시록들은 대체로 산문으로 되어 있다는 점이다.

플뢰거 O. Plöger 와 헨슨 P. D. Hanson 은 묵시문학의 기원을 더 구체적으로 바벨론 포로 이후 시대의 공동체에서 나온 예언자적 종말론에서 유래한 것으로 여긴다.26) 이사야 24-27장, 스가랴 12-14장 또한 요엘 3-4장에서 **예언자적 종말론**이 묵시문학으로 바뀌는 모습을 찾아볼 수 있다고 한다. 많은 학자는 묵시문학을 예언 전통의 관계에서 이해하려는 이러한 입장을 받아들이고 있다.

나. 지혜(Weisheit) 전통에서 유래

위의 이해와는 달리 구약학자 폰 라트 Gerhard von Rad 는 "묵시문학을 예언 전통의 자녀로 이해하는 것은 … 전적으로 불가능하다"고 자신의 유명한 저서인 『구약성서신학』의 제2권에서 밝혔다.27) 그는 특히 엄격한 역사 염세주의를 표방하고 있다는 점에서 묵시문학이 구원사적인 역사 이해를 담고 있는 예언 전통과 합일할 수 없다고 여기며, 또한 묵시문학의 기원

---

25) D. S. Russell, *Zwischen den Testamenten*, 106.
26) O. Plöger, *Theokratie und Eschatologie* (Neukirchen, ²1962), 38; P. D. Hanson, "Jewish Apocalyptic against its Near Eastern Environment", *RB* 78 (1971), 31-58; idem, "Old Testament Apocalyptic Re-examined", *Interpretation* 25 (1971), 454-479 참조.
27) G. v. Rad, *Theologie des Alten Testaments II : Die prophetischen Überlieferungen Israels* (München, ⁵1960), 316-331. 폴츠(P. Volz)도 묵시문학과 예언전통 사이에 놓인 본질적인 차이를 강조하였다(*Eschatologie*, 4 이하).

을 예언 전통이 아니라 지혜 전통에서 찾고 있다. 이러한 입장을 그는 묵시문학에 대한 전승사적인 질문을 통해 입증하고자 한다. 하나님의 예정 Determination 을 가장 중요한 전제로서 이해하는 가운데, 이 예정론의 배후에 감추어진 '인식 의지' Erkenntniswille 를 지혜 전통의 유산으로 규정한다. 묵시문학의 자료뿐만 아니라 문제 제기 및 전개 방식이 모두 지혜 전통에서 나왔다고 여긴다. 이러한 입장에 대한 근거로 폰 라트는 앞서 언급한 예정론 이외에도 다른 요소들을 제시한다. 곧 묵시문학가를 '지혜로운 사람' 단 2:48 혹은 '기록하는 사람' äthHen 12:3 이하; 15:1; 92:1; 4Esr 14:50 으로 명명하고 있다는 사실과, 에녹서 37-71장을 '지혜의 말' äthHen 37:2 로 이해하고 있다는 사실, 그리고 염세주의 등과 같은 사항들이 바로 지혜 전통과 밀접한 관계를 맺고 있다고 한다.

그러나 폰 라트의 이러한 이해에도 불구하고 묵시문학과 지혜 전통의 관계를 일방통로로 받아들이기 어려운 점이 있다. 묵시문학의 경우 미래에 대한 기대가 가장 본질적인 요소에 속하는 반면, 지혜 전통은 오히려 현재적 삶의 성공에 관심을 보이기 때문이다.28)

다. 성전 제의와 관련된 제의 지혜(Kultweisheit)에서 유래

'제의 지혜'29)란 말은 제의 Kult 와 지혜 Weisheit 를 합쳐 만든 슈테게만 H. Stegemann 의 용어이다. 그는 바로 여기에 묵시문학이 태동하는 '삶의 자리' Sitz im Leben 가 놓여 있다고 여긴다. 그는 묵시문학을 구성하는 요소를 다름 아닌 '하나님의 권위'와 '천상 지식' 또한 그것의 '계시'에서 찾고 있다.

---

28) 필하우어는 이미 이 점을 지적하였다(Ph. Vielhauer, "1. Die Apokalyptik", 420). J. M. 쉬미트는 예언 전통과 지혜 전통 사이에서 양자택일을 해야 하는 것을 회의적으로 보고 있다(J. M. Schmidt, "Forschung zur jüdischen Apokalyptik", VF 14/1 (1969), 44-69, 특히 55). W. H. 쉬미트는 이 둘 사이의 경계가 분명하지 않고 유동적이라는 입장이다. W. H. Schmidt, W. Thiel and R. Hanhart, *Altes Testament* (Stuttgart-Berlin-Köln-Mainz, 1989), 68.

29) 슈테게만은 이를 '제의적 지혜'(kultische Weisheit) 혹은 '제의학'(Kultwissenschaft)이라 부른다 ("Die Bedeutung der Qumranfunde für die Erforschung der Apokalyptik", 507).

이러한 요소가 책의 형태로 드러날 때, 이를 묵시문학이라 부른다. 이러한 요소는 대체로 성전 제의 Tempelkult 에서 찾아볼 수 있다고 한다. 이렇게 보면, 묵시문학은 원래 예언 전통이나 종말론 등과는 아무런 상관이 없다는 것이다.

* 최근에는 문제의 복잡성을 고려해서, 유대 묵시문학의 기원을 복합적으로 바라보는 추세이다. 즉 예언자적이며, 지혜적, 제사장적인 사고 모두에 묵시문학의 뿌리가 놓여있다고 추정하거나 Udo Schnelle, 또는 예언과 지혜의 전통이 하나로 합류한 결과로 보기도 한다 F. Frög .30)

2. 문화・사회사적인 관점에서 볼 때

이 관점과 관련하여 학자들은 묵시문학의 전수층이 구체적으로 누구였는가에 대한 질문에 특별한 관심을 보였으나, 이에 대해 단지 추측만을 하고 있을 뿐이다. 간혹 '하시딤' hasidim =경건한 자들 이라든지 다니엘서에 나오는 '마스킬림' maskilim =현자들, 단 11:33, 35, 혹은 쿰란 공동체 또는 자신들의 회당을 갖고 있는 환상에 찬 성서주석가31) 등을 묵시문학의 전수층으로 짐작하고 있다. 슈넬레 U. Schnelle 는 유대 전통의 운반자며 유대 정체성의 수호자로서 "율법 학자" 에스라스 7:6, 11 를 이상적인 서기관으로 여기는 '서기관' Schreiber/Schriftgelehrten 계층을 묵시문학의 전수층으로 보려 한다.

그러나 그 누구도 설득력 있는 근거를 제시하지 못하고 있다. 거의 확실하게 말할 수 있는 한 가지 사실은, 쿰란 공동체를 묵시문학의 정통 전수자로 간주할 수 없다는 것이다.32) 러셀 D. S. Russell 은 막연히 유대교와

---

30) U. Schnelle, *Die ersten 100Jahre des Christentums 30-130 n. Chr.* (Göttingen, 2015), 77; F. Frög, *Die Ursprünge der alttetamentlichen Apokalyptik* (Leipzig, 2013).

31) K. Koch, "Vom profetischen zum apokalytischen Visionsbericht", 430.

32) 이에 대하여 J. Carmignac, "Qu'est-ce l'apocalyptique? Son emploi á Qumran", *RdQ* 10(37) (1979), 22-32; H. Stegemann, Ibid. 참조. 슈테게만에 의하면 단지 에녹전승에 속하는 거인서(The Book of Giants 혹은 Gigantenbuch), 새 예루살렘(The New Jerusalem), 안식일 제사노래(Songs of the Sabbath Sacrifice

헬레니즘 사이의 긴장 관계 가운데에서 묵시문학이 태동하게 되었다고 여겼다. 또한 콜린스John Collins는 묵시문학적 세계관은 일종의 시대정신으로 사회적으로 분리된 무리가 그 배후에 있을 것으로 추정한다.

III. 주요 유대묵시록 개관

위에서 우리는 묵시문학을 둘러싸고 학자들 사이에 의견이 분분한 것을 살펴보았다. 그럼에도 유대 전통에서 나온 몇몇 문서를 두고 이들 문서가 유대 묵시문학에 속하고 있음을 다수의 학자가 받아들인다. 이들 문서에 대해 대략적으로 소개하려 한다.

1. 에티오피아어 에녹서 (1En)

이 작품은 제1에녹서 1En = 1Hen = äthHen 라고도 부르는데, 오직 (고대) 에티오피아어로서만 완벽하게 전승되었기 때문에 흔히 <에티오피아어 에녹서>라 부른다.33) 에티오피아어 성서를 사용하는 콥틱교회가 이 문서를 전수하였는데, 에녹서는 바로 그들의 정경 안에 포함되어 있었다. 이 작품은 인류의 첫 조상 아담 이래 일곱 번째 인류의 조상인 에녹(창 5:18-24)에게 나타난 하나님의 계시를 담고 있다. 에녹은 유대교 문헌 가운데 의인의 전형으로 나온다. 종말의 구원이 계시될 때, 다른 족장들과 더불어 하늘로부터 나타나는 의인의 전형이다. 원본은 본래 히브리어니 아랍어로

혹은 Engelliturgie), 그리고 다니엘서의 전신에 속하는 부분(=Nabonid-Gebet; Pseudo-Daniel)만이 쿰란 공동체에 보관되었을 뿐이다.

33) 이와 다른 작품으로 '슬라브어 에녹서'(slHen=2Enoch=2Hen)가 있다. 이는 에티오피아어 에녹서와 구분되는 독자적인 전승을 이루고 있다. 이 작품에서는 더 이상 묵시문학적인 사고가 아니라 헬레니즘 디아스포라 유대교의 세상에 대한 열린 사고가 지배적이다. 이에 대하여 Chr. Böttrich, *Das slavische Henochbuch*, JSHRZ V/7 (Gütersloh, 1996), 785 이하 참조. 제3에녹서(3Enoch=3Hen=The Hebrew Book of Enoch)도 존재하는데 이는 헤칼롯(Hekhalot) 전통에서 나온 작품으로 히브리어로 기록되었다.

기록되었을 것이나, 원본이 그리스어로 번역되고 또다시 에티오피아어로 번역된 것이다.

에티오피아어 에녹서 전체는 108장으로 되어 있다. 그런데 이 작품은 문학적으로 볼 때 하나로 통일된 모습을 띠지 않고, 여러 상이한 작품들이 연결된 복합물의 성격을 지니고 있다. 다시 말하면 원래 독자적으로 존재했던 5개의 상이한 묵시록들이 훗날 하나의 작품으로 집결된 것이다. 이런 이유로 오토 플뢰거는 이를 '묵시록들의 작은 도서관'이라 칭하기도 했다.34) 이 다섯 묵시록을 보통 아래와 같이 부르고 있다.

1. 제1-36장 : 천사 에녹서 / 파수꾼의 책(The Book of Watchers 혹은 Das angelologische Henoch-Buch)
2. 제37-71장 : 비유 에녹서(The Similitudes or Parables of Enoch 혹은 Das Buch der Bilderreden)
3. 제72-82장 : 천문학 에녹서(The Astronomical Book 혹은 Das astronomische Henoch-Buch")
4. 제83-90장 : 꿈 에녹서(The Book of Dreams 혹은 Das Buch der Traumgesichte)
5. 제91-108장 : 권면 에녹서 / 에녹의 편지(The Epistle of Enoch 혹은 Das paränetische Henoch-Buch)

에티오피아 에녹서는 결국 단번에 완성된 것이 아니라 오랜 성장 기간을 거쳐 오늘날의 모습을 갖춘 작품이다.35) 이 작품의 완성 시기는 대체로 기원전 3세기에서 기원후 1세기 사이로 추정된다.36) 이 에녹서 가운데 가장 오래된 작품인 '천문학 에녹서'의 단편이 쿰란 동굴에서 발견되기도 하였다. 쿰란 문서 전문가인 슈테게만은 이 단편의 생성 연대를 기원전

---

34) O. Plöger, "Henochschriften", *RGG* 3, 222.
35) 아람어로 기록된 에녹서 단편이 쿰란에서 발견되었다.
36) 울리히는 각 문서의 생성 연대를 다음과 같이 추정하고 있다. S. Uhlig, *Das Äthiopische Henochbuch*, JSHRZ V/6 (Gütersloh, 1984), 494). 천사 에녹서: B.C. 3세기 말-B.C. 2세기 중엽; 비유 에녹서: B.C. 1세기 말경-A.D. 1세기; 천문학 에녹서: B.C. 3 내지는 2세기; 꿈 에녹서: B.C. 2세기; 권면 에녹서 : B.C. 1세기.

200년경으로 추정한다.37) 이렇게 보면 천문학 에녹서는 기원전 165/164년에 완성된 구약성서의 유일한 묵시록인 다니엘서보다 앞서 기록된 묵시문학이라는 사실을 알 수 있다. 에티오피아어로 보존된 에녹서는 아마도 알려지지 아니한 편집가에 의하여 오늘날의 모습으로 편집되었다고 짐작할 수 있다. 이 문서의 내용 구조는 아래와 같다.38)

가. 천사 에녹서(제1-36장): 추락한 천사들과, 에녹의 지상 및 스올 여행

- 1En 1:1-5:9: 의인과 죄인의 다가올 운명(=세상심판)에 대한 에녹의 말
- 1En 6:1-16:4: 천사들의 실족
    - 12:1-16:4: 에녹의 환상 (에녹을 통해 천사들의 형벌이 선포됨)
- 1En 17:1-36:4: 지상과 지하세계를 통한 에녹의 환상적 여행
    - 17:1-19:3: 첫 번째 여행
    - 20:1-8: 일곱 우두머리 천사
    - 21:1-36:4: 두 번째 여행
    - 21:1-10: 실족한 천사들에 대한 재판정
    - 22:1-23:4: 지하세계와 서쪽에 있는 화염
    - 24:1-26:6: 일곱 산과 생명나무, 축복받은 장소와 그의 산들과 협곡
    - 27:1-5: 저주받은 사람들의 협곡
    - 28:1-33:4: 동쪽으로의 여행
    - 34:1-3: 북쪽으로의 여행
    - 35: 서쪽으로의 여행
    - 36:1-4: 남쪽으로의 여행

나. 비유 에녹서(제37-71장): 메시아론

- 1En 37:1-5: 지혜의 말의 시작
- 1En 38:1-44장: 첫 번째 환상 (의인들의 거처와 천사들의 활동)
    - 38:1-6: 죄인들에 대한 다가올 심판

---

37) H. Stegemann, *Die Essener, Qumran, Johannes der Täufer und Jesus* (Freiburg-Basel-Wien, ²1993), 133.
38) 이 구조는 대체로 울리히를 따랐다(S. Uhlig, *Das Äthiopische Henochbuch*, 495-497 참조).

39:1-14: 의인들과 선택받은 사람들의 장소
40:1-10: 네 우두머리 천사
41:1-44장: 천문학과 관련된 비밀
- 1En 45:1-57:3: 두 번째 환상 (메시아와 그의 심판)
45:1-6: 그 선택받은 자 그리고 죄인과 의인의 운명
46:1-8: 날들의 머리와 그 인자
47:1-48:10: 의인들의 기도와 그들의 구원
49:1-4: 그 선택받은 자의 지혜와 권세
50:1-51:5: 재판정 안에서의 변화, 부활 그리고 결별
52:1-9: 금속 산들과 그 선택받은 자의 세력
53:1-54:6: 두 재판 계곡
54:7-55:2: 홍수심판
55:3-56:4: 아차첼과 그의 추종자에 대한 형벌
56:5-8: 파르터 사람들과 메더 사람들이 그 선택받은 자의 땅을 빼앗기 위한 싸움
57:1-3: 마차들의 귀환
- 1En 58:1-71:17: 세 번째 환상 (인자의 심판; 에녹의 하늘 여행과 메시아 등극)
58:1-6: 의인들에 대한 축복
59:1-3: 번개와 천둥의 비밀
60:1-25: 하늘의 전율 그리고 베헤못과 레비아탄의 장소
61:1-13: 의인들에 대한 심판
62:1-63:12: 왕들과 세도가들에 대한 심판과 그들의 참회
64:1-2: 실족한 천사들이 인간들에게 다가온다
65:1-67:3: 홍수 심판 시 노아의 구출
67:4-69:25: 비밀을 누설한 천사들에 대한 심판
69:26-29: 권좌에 앉은 인자
70:1-4: 에녹이 낙원으로 옮겨지다
71:1-17: 에녹의 하늘 여행

다. 천문학 에녹서(제72-82장): 하늘을 여행하는 에녹이 천구를 묘사하며 364일 달력의 천문학적 배경을 상세히 다룬다.

- 1En 72:1-37: 해와 달

- 1En 73:1-8: 변하는 달빛
- 1En 74:1-17: 태양력
- 1En 75:1-19: 별들
- 1En 76:1-77:8: 열두 바람, 네 세상, 일곱 산 그리고 물
    - 76:1-14: 열두 바람
    - 77:1-3: 네 하늘 방향
    - 77:4-8: 일곱 산과 일곱 강 그리고 일곱 섬
- 1En 78:1-17: 달의 주기
- 1En 79:1-80:1: 태음력
- 1En 80:2-8: 인간들의 죄로 인한 천체 질서의 변화
- 1En 81:1-82:3: 에녹이 명을 받음
- 1En 82:4-20: 별들의 위계질서

라. 꿈 에녹서(제83-90장): 잠자고 있는 에녹에게 알레고리 형태로 노아 대홍수부터 마카비 봉기 때까지의 이스라엘 역사가 계시된다.

- 1En 83:1-84:6: 첫째 환상. 도래하는 대홍수 심판
- 1En 85:1-90:42: 둘째 환상. 메시아 왕국이 설립될 때까지 계속되는 세계사
    - 85:1-10: 인류 역사의 시작
    - 86:1-88:3: 일곱 우두머리 천사로 인한 천사의 실족과 심판
    - 89:1-9: 대홍수
    - 89:10-27: 노아의 죽음에서 출애굽까지
    - 89:28-40: 사막에서의 방랑, 율법 수여 그리고 땅을 받음
    - 89:41-50: 판관 시대에서부터 성전 건축까지
    - 89:51-67: 왕국의 분열에서 예루살렘멸망까지
    - 89:68-71: 일흔 명의 목자 - 첫째 기간 : 포로와 귀환
    - 89:72-79: 일흔 명의 목자 - 둘째 기간 : 퀴로스부터 알렉산더 대왕까지
    - 90:1-5: 일흔 명의 목자 - 셋째 기간 : 알렉산더부터 셀류키드 지배까지
    - 90:6-12: 일흔 명의 목자 - 넷째 기간 : 셀류키드의 지배와 마카비 가문의 봉기
    - 90:13-19: 이방인들의 최후공격
    - 90:20-27: 별들과 목자들 또한 방황하는 양들에 대한 심판
    - 90:28-38: 메시아 왕국

마. 권면 에녹서(제91-108장):

- 1En 91:1-108:15 이하: 에녹의 후손들에 대한 권면
  - 91:11-17; 92:1-5; 93:1-10: 에녹의 지혜설과 10주간 묵시록
  - 93:11-94:5: 하나님의 지혜와 의인들을 향한 권면
  - 94:6-104:13: 죄인들에 대한 고통선언과 의인들을 향한 경고
  - 105:1-2: 의인들 곁에 있는 하나님과 그의 아들
  - 106:1-107:3: 노아의 탄생 시 기적
  - 108:1-15: 경건한 자들을 향해 끝까지 견디라는 에녹의 권면

에녹서는 고대 유대교 및 그리스도교에 커다란 영향을 끼쳤다. 예컨대 <유다서>는 에녹서를 거룩한 문서로 인용한다(유 1:14). 천사 에녹서와 천문학 에녹서는 기원전 3세기에 예루살렘 성전 기득권 무리를 비판하는 제사장 계층에 의해 생성된 것으로 추정된다. 혹자는 이들을 에센파의 선구자로 여긴다 "Groningen 가설". '에녹의 천상 여행'이라는 아이디어는 창세기 5:21-24에서 찾을 수 있다 "에녹은 예순다섯 살에 므두셀라를 낳았다. 에녹은 므두셀라를 낳은 뒤에, 삼백 년 동안 하나님과 동행하면서 아들딸을 낳았다. 에녹은 모두 삼백육십오 년을 살았다. 에녹은 하나님과 동행하다가 사라졌다. 하나님이 그를 데려가신 것이다." . 여기서 "365년"이란 숫자는 우연이 아니라 태양력에 따른 날짜를 가리킨다. 또한 에녹이 "죽었다"라 하지 않고, 하나님이 데려가셨기 때문에 사라졌다고 한다. 이런 것이 에녹의 천상 여행을 위한 소재가 된다.

* 에티오피아어 에녹서의 영어 번역문 : R. H. Charles, *The Book of Enoch*, Oxford, ²1912(=1966) 혹은 J. H. Charlesworth, ed., *The Old Testament Pseudepigrapha*, Vol. 1: *Apocalyptic Literature and Testaments*, New York, 1983, 5-89(E. Isaac 번역).

* 독일어 번역문: S. Uhlig, *Das Äthiopische Henochbuch*, JSHRZ V/6, Gütersloh, 1984. 혹은 E. Kautzsch, ed., *Die Apokryphen und Pseudepigraphen des Alten Testa-*

ments, Vol. 2: *Die Pseudepigraphen des Alten Testaments*, Tübingen, 1900, 217-310 (G. Beer 번역).

2. 다니엘서(Dan)

구약성서 가운데 유일한 묵시문학인 다니엘서는 그리스도인들의 역사 이해에 커다란 영향을 끼쳐왔다. 여기에 나오는 '네 왕국설' cf. 단 2장과 7장 과 '인자에 대한 대망' 단 7:13 이하 등과 관련한 이유 때문이라고 볼 수 있다.

이 묵시록에 나오는 '다니엘'이라는 유대인은 기원전 605년 여호야김왕 시대의 사람으로 등장하여 다양한 환상을 통하여 다가올 시대에 대하여 예언한다. 그러나 이는 다니엘이라는 가명을 문학적으로 이용한 것이고 이 작품의 실제 생성 연대는 훨씬 뒤에 놓인다.[39] 문학적인 측면에서 이 작품이 비교적 긴 과거사를 거쳐왔음을 이와 관련된 다른 다양한 전승을 통하여 쉽게 알 수 있다.[40]

우리에게 전수되어 온 다니엘서의 최종 모습은 기원전 175-164년 셀류 키드 왕인 안티오커스 4세 에피파네스Epiphanes가 유대교를 심히 박해한 시점에 완성되었다. 이러한 사실은 작품 안에 나오는 상세한 보도를 통해서 알 수 있다. 당시 안티오커스는 기원전 167년에 예루살렘 제의를 없애버리고 단 8:12 이하; 9:27; 11:36; 12:11 참조 유대교를 강제로 헬라화하려고 기도했다. 다니엘서 저자는 유대교의 정체성이 그 뿌리에서부터 흔들리는 참담한 시기에 우리의 묵시록을 기록한 것이다. 학자들은 그 기록 연대를 거의

---

[39] 다니엘서의 전반부 여섯 장에서는 다니엘에 대하여 3인칭을 사용하여 언급하고 있으나, 후반부(=제7-12장)에서는 다니엘 스스로가 저자가 되어 1인칭으로 자신에 대하여 언급하고 있다. 결국 '익명'(Anonymität)에서 시작하여 '가명'(Pseudonymität)으로의 전환이 이 작품 가운데에서 일어나고 있다.

[40] 그리스어로 기록된 칠십인역(LXX)에 나오는 다니엘서에는 히브리어 본문과는 다른 일련의 첨가를 확인할 수 있다('아사리아의 기도'와 '화덕에 있는 세 청년의 노래'가 단 3장에 첨가되어 있고, '벨과 용의 이야기'며 '수잔나 이야기'가 단 12:13을 이어서 나타나고 있다). 또한 '나보닛의 기도'(4Q OrNab 참조)가 단 4장과 문학적으로 관련이 있다.

정확하게 기원전 165년경으로 추정한다.[41] 이 저자는 아마도 경건한 자들 하시딤=Hasidim, 마카베오상 2:42; 7:13 참조 의 모임에 속한 한 '현자' 단 11:33; 12:3 일 가능성이 크다. 위에서 언급했듯이 다니엘서가 상당히 늦은 시기에 완성되었기 때문에 히브리어 성서 가운데 예언서의 범주에 놓이지 않고 가장 뒤늦게 완성된 성문서의 범주에 들게 되었다.[42]

다니엘서의 구조는 크게 세 부분으로 나눌 수 있다.[43] 그 첫째 부분(I.)은 다니엘 1:1-2:4a에 이르는 도입부로서 히브리어로 기록되었다. 다니엘과 그의 세 친구의 삶과 시대에 대하여 언급하고 있다. 둘째 부분(II.)은 다니엘 2:4b-7:28에 이르는 본론부로서 아람어로 기록되었으며, 포로시 바벨론 왕궁에서 일어나는 일을 이야기한다. 마지막 셋째 부분(III.)은 다니엘 8:1-12:13에 해당하는데, 이 부분은 다시 히브리어로 기록되어 있으며, 다니엘이 체험하는 여러 환상이 나온다.

둘째 부분과 셋째 부분의 세부 내용은 다음과 같이 요약할 수 있다.[44]

- 제2장: 세상 왕국의 종말에 대하여. 느부갓네살 왕이 여러 금속성분으로 된 신상이 돌에 맞아 부서지는 꿈을 꾸다.
- 제3장: 신실한 믿음에 대하여. 다니엘의 세 친구가 화덕에서 구출됨.
- 제4장: 세상 지배자를 굴복시킴에 대하여. 잘린 세상처럼 큰 나무에 대한 느부갓네살의 꿈.
- 제5장: 세상 지배자를 벌줌에 대하여. 성전 기물이 더럽혀진 뒤, 다니엘이 '메네

---

41) 이와 같은 연대측정은 한편으로 다니엘서의 저자가 기원전 166년부터 일어난 마카비 가문의 봉기를 단지 '작은 도움'(단 11:34)에 지나지 않을 뿐이라고 평하고 있는 점과, 다른 한편 기원전 164년에 성전제의가 다시금 회복된 사실 내지는 안티오커스 왕이 기원전 163년에 죽은 사실을 전혀 언급하지 않고 있는 점에서 유추한 것이다.

42) 그러나 그리스어를 말하는 알렉산드리아 디아스포라의 정경에 따르면 다니엘서는 에스겔서 뒤, 또한 12소예언서 앞에 나온다. 따라서 이 정경에서는 대예언서의 하나로 간주되면서 상대적으로 더 귀한 정경적 권위를 부여받는다. E. Zenger u.a., 『구약성경개론』, 이종한 역 (분도출판사, 2012), 875.

43) 이 요약은 쉬미트(W. H. Schmidt, *Altes Testament*, 296 이하)를 따랐다.

44) W. H. Schmidt, *Altes Testament*, 296 이하와 비교하라.

데겔'이라는 글자를 해독하다.
- 제6장: 다니엘이 보여준 신실한 믿음에 대하여. 다니엘이 사자 우리에서 구출되다.
- 제7장: 세상 왕국의 멸망과 하나님 나라 설립에 대하여. 네 동물들과 하나님의 심판 또한 인자에 대한 다니엘의 환상.
- 제8장: 세상 왕국의 파괴에 대한 다니엘의 환상에 대하여. 페르시아를 상징하는 숫양과 알렉산더 대왕을 상징하는 숫염소 사이의 싸움.
- 제9장: 예루살렘이 70년 동안 황폐하게 될 것이라고 예레미야가 예언한 것을 다니엘이 해석하다. 이스라엘의 죄를 고백. 천사 가브리엘이 나타나 종말의 기간에 대하여 다니엘에게 알려 주다.
- 제10-12장: 다니엘의 마지막 환상에 대하여. 다니엘과 천사의 대화(제10장). 퀴로스에서 안티오쿠스 4세까지 예언의 형태로 역사 조망(제11장). 종말에 있을 심판과(단 11:40 이하) 구원(단 12:1 이하). 부활과 종말에 대한 확신(제12장).

다니엘서의 저자는 역사에 담긴 하나님의 계획을, 즉 심판과 구원을 통한 그 계획의 완성을 제시하고자 한다. 유다 왕국이 멸망한 후, 세계의 역사 진행은 바벨론/메디아/페르시아/그리스 제국 순으로 일어날 것으로 정해져 있다 2장, 7장. 이 모든 세상 제국을 멸망시킨 다음, 하늘의 하나님은 영원히 망하지 아니할 나라를 세울 것이며, 하나님께 순종한 성도들이 그 나라를 다스릴 것이라 한다 단 2:44; 7:14, 18, 22, 27. 저자는 특히 다니엘서의 후반부에서 세상 세력을 진멸할 하나님의 통치가 목전에 놓여있음을 선포함으로써 현재 심한 곤궁에 빠진 동포를 위로하고 신앙을 지킬 것을 역설한다.

3. 시리아어 바룩서(syrBar)

제2바룩서 2Bar 45) 혹은 바룩묵시록 ApcBar 이라고도 부르는 이 작품의 본

---

45) 이와 별도로 제3바룩서도 존재하는데 이는 슬라브어와 그리스어로 기록되었다.

문은 오직 시리아어로만 전수되었다.46) 제2바룩서란 그리스어 성서인 이른바 칠십인역본 LXX에 나오는 바룩서=제1바룩서와 구별하기 위한 명칭이다. 이 작품은 모두 87장으로 구성되어 있는데 그중 제1-77장만이 원래의 묵시록을 형성하고, 편지 형식을 갖추고 있는 나머지 제78-87장은 앞의 묵시록에 첨부된 것으로 되어 있다.

이 작품의 형성 시기는 대략 기원후 100-130년 사이로 추정된다.47) 종말에 대한 하나님의 계시를 담고 있는 이 작품은 예레미야 43장 6절에 나오는 바룩의 이름을 빌려서 익명의 저자가 기록한 것이다. 이 저자는 기원후 70년에 일어난 예루살렘의 멸망을 체험하면서 이 끔찍한 사건을 과거 기원전 587년에 있었던 예루살렘 파괴의 시기에 투영시켜 기록하였다. 한치의 희망도 남지 않은 이 절망의 시기에 오로지 유대 백성이 살 수 있는 길은 무엇보다도 하나님의 율법을 지키는 데 있다는 점을 묵시록 저자는 강조하고 있다.

시리아어 바룩서는 크게 여섯 부분으로 나눌 수 있다. 각 부분 사이에 바룩이 금식하기 위해 물러서는 보도가 나온다.48)

1. syrBar 1:1-8:5: 천사들이 성전에서 성구들을 제거하고 성벽을 부순 뒤, 예루살렘이 칼대아 사람들에 의하여 머지않아 점령될 것을 예고하고 있다. 이는 적들이 자신들의 업적을 자랑하지 못하게 하려 함이다(9:1-2: 바룩의 칠 일간 금식).
2. syrBar 10:1-12:4: 바룩의 탄식의 노래(12:5: 바룩의 칠 일간 금식).
3. syrBar 13:1-20:5: 바른 일을 행함과 장수함이 이로운 것인지에 대한 질문과

---

46) 이 시리아어로 기록된 사본은 기원후 6-7세기에 만들어졌다고 보고 있다. A. F. J. Klijin, *Die syrische Baruch-Apokalypse*, JSHRZ V/2 (Gütersloh, 1976), 107.
47) 이와 같은 추정은 우선 syrBar 61:7과 Barn 11:9 가운데 같은 내용을 담고 있는 평행구절이 나오는데 아마도 이 바르나바서 저자는 우리의 묵시문학서를 알았다고 볼 수 있다. 또한 이 묵시문학서는 기원후 100년경에 완성된 유사한 내용을 담고 있는 제4에스라서(4Esr)에 문학적으로 예속되었을 것이라는 가정에서 나온 것이다.
48) 이와 같은 구분은 킬리인을 따랐다. A. F. J. Kilijin, *Die syrische Baruch-Apokalypse*, JSHRZ V/2 (Gütersloh, 1976), 118 이하.

대답이 나온다. 또한 지나가 버릴 것에 대하여 깊이 생각하지 말 것을 권면하고 있다(21:1: 바룩의 칠 일간 금식).

4. syrBar 21:2-24:1: 미래에 대한 물음에 대하여 하나님께서는 시작하신 것을 완성하시리라는 대답이 나온다. 이어서 12번의 질고의 시간이 예고되며, 메시아의 도래와 부활 그리고 종말 심판이 언급된다. 바룩이 백성을 향하여 말한다(35:1: 지성소에 있는 바룩).

5. syrBar 35:2-46:7: 숲에 대한 환상과 산들에 에워싸인 평야에 대한 환상이 나온다. 숲이 삼나무로 바뀐다. 포도나무와 샘에 대한 환상이 계속되고, 이 환상들에 대한 해석이 나온다. 이 모든 것을 누가 체험할 것인가에 대한 질문과 그에 대한 대답이 나온다. 바룩이 백성을 향하여 말한다(47:1.2: 바룩의 칠 일간 금식).

6. syrBar 48:1-77:26: 바룩의 기도. 이제서야 그는 하나님께서 이 모든 것을 규정하셨음을 이해하게 된다. 바른 일을 행하는 자의 모습에 대한 질문이 나온다. 구름환상과 이에 대한 해석 그리고 감사의 기도. 바룩이 백성을 향하여 말한다.

· syrBar 78:1-87:1: 9와 2분의 1 지파에 보내는 편지

* 시리아어 바룩서의 영어 번역: J. H. Charlesworth, ed., *The Old Testament Pseudepigrapha*, Vol. 1: *Apocalyptic Literature and Testaments*, New York, 1983, 615-652.

* 독일어 번역: A. F. J. Klijn, *Die syrische Baruch-Apokalypse*, JSHRZ V/2, Gütersloh, 1976. 혹은 E. Kautzsch, ed., *Die Apokryphen und Pseudepigraphen des Alten Testaments*, Vol. 2: *Die Pseudepigraphen des Alten Testaments*, Tübingen, 1900, 404-446.

4. 제4에스라서 (4Esr)

이 묵시록을 '제4에스라서'라 부르는 이유는 라틴어 성서인 불가타 Vulgata에 나오는 에스라서의 순서와 관련되어 있다. 다시 말하면 불가타에 'Esdras I'이 나오는데 이는 구약성서의 에스라서를 가리키고 이어서 'Esdras

II'는 느헤미야서와 동일하며, 'Esdras III'은 위경 에스라서에 해당되는 명칭이다. 이와 구분하여 우리가 다루고자 하는 묵시록을 제4에스라서라 부르게 된 것이다. 불가타에 보면 이 제4에스라서는 제3장에서 시작하여 제14장으로 끝나고 있다. 이는 불가타의 제1-2장은 '제5에스라서' 그리고 불가타의 제15-16장은 '제6에스라서'에 각각 해당하며 이들이 우리의 묵시록을 앞뒤에서 감싸고 있기 때문이다.

4Esr 3장 1절에 의하면 예루살렘이 파괴된 후 30년째 되던 해에 에스라가 환상을 보았다고 기록되어 있다. 이는 기원전 587년 예루살렘 멸망과 관련된 것으로 되어 있으나, 실제 페르시아 시대에 살았던 역사적 인물 에스라가 당시에 살았을 리가 없으므로 이 작품의 생성 연대는 기원후 70년의 예루살렘 멸망으로부터 30년 뒤인 기원후 100년경으로 잡을 수 있다.[49] 이 작품의 저자가 누구인지는 알려져 있지 않다. 그러나 작품을 통해 우리는 저자의 내면을 들여다볼 수 있다. 자기 백성이 당하는 고통으로 인해 저자의 예민한 마음이 심히 괴로워한다. 성전 멸망으로 인해 당시 유대인들을 압박하던 심각한 영적 궁핍을 강렬하게 느끼게 한다. 저자는 이스라엘이 당하는 고난의 문제를 온 인류의 고난의 문제로 확대하고, 보상론과 하나님 신앙 사이의 갈등으로 확장한다. 저자가 이 문제를 다루는 담대함은 욥기를 연상시킨다. 그러나 욥기와 달리, 이 작품은 다가오는 세대를 향한 소망을 전망함으로써 문제의 해결책을 제시한다.

에스라는 바벨론에서 체험한 일곱 번의 환상에 대하여 이야기하고 있다. 이 일곱 환상에 나오는 묵시록 본문의 내용을 요약하면 다음과 같다.[50]

· 제1환상(4Esr 3:1-5:19): 에스라는 여기에서 시온이 어찌하여 황폐해지고 말았는지를 묻고 있다. 이에 대하여 천사 '우리엘'은 인간들은 하나님의 섭리를 이해할 수 없다고 말한 뒤, 머지않아 다가올 새 시대가 오면 그 질문에 대한 답을 얻으리

---

49) J. Schreiner, *Das 4. Buch Esra*, JSHRZ V/4 (Gütersloh, 1981), 301 이하 참조.
50) O. Eissfeldt, *Einleitung in das Alte Testament* (Tübingen, ³1964), 846-849 참조.

라고 대답한다.
- 제2환상(4Esr 5:20-6:34): 비슷한 질문이 여기에서 계속되고 있다. 어찌하여 하나님께서 자신의 유일하며 직접 선택한 백성을 이방 민족에게 넘겨주고 말았는가를 묻고 있다. 역시 이에 대하여 알 수 없다는 대답이 나올 뿐이다.
- 제3환상(4Esr 6:35-9:25): 계속해서 에스라는 이스라엘이 어찌하여 이 땅을 유업으로 받지 못하고 말았는가를 묻고 있다.
- 제4환상(4Esr 9:26-10:59): 에스라는 슬픔에 가득찬 여인의 모습을 하고 있는 시온을 바라보게 된다. 그 때 그 자리에 한 거대한 도시가 단숨에 들어서게 되는 것을 목도한다. 이 거대한 도시는 비록 지금은 박대를 받고 있으나 찬란한 미래를 약속 받고 있는 백성에 대한 상징이다.
- 제5환상(4Esr 10:60-12:49): 에스라는 바다로부터 솟아오르는 한 독수리를 보게 된다. 이 독수리는 숲 속에서 튀어나오는 사자에게 잡혀 먹히게 된다. 여기에 나오는 독수리는 메시아가 나타나기에 앞서 소멸될 네 번째 세상왕국을 상징하고 있다.
- 제6환상(4Esr 12:50-13:56): 에스라는 바다에서 솟아나오는 한 인간을 보게 된다. 자기를 몰아붙이는 무리를 자기의 입에서 나오는 불기운으로 진멸시키고, 다른 평화로운 무리를 자신에게 불러 모은다. 이 인간은 세상의 구원자인 메시아를 상징하며, 그가 하나로 통일된 이방 세력을 파괴하고 이스라엘의 열 지파를 보호하게 된다.
- 제7환상(4Esr 13:57-14:48): 이 마지막 환상에서 에스라는 자신이 곧 천상으로 올리움을 받을 것을 예고한다. 이어서 예루살렘 성전 파괴와 더불어 소멸된 성서를 다시 회복시키게 된다. 이 일을 성령이 충만한 가운데 기록자 다섯 사람의 도움을 받아 모두 94권의 책을 완성하게 된다. 그중 24권은 정경에 속하여 공개되나 나머지 70권은 묵시록으로서 비밀에 부치고 오직 현자에게만 알려지게 된다. 끝으로 에스라는 천상으로 올라간다(4Esr 14:49-50).

* 제4에스라서의 라틴어 본문: *Biblia Sacra iuxta Vulgatam Versionem* ··· recensuit et brevi apparatu instruxit Robertus Weber OSB, editio altera emendata, Tomus II, Württemmbergische Bibelanstalt EsraIV(1-16), Stuttgart, 1975, 1931-1974.

* 영어역: J. H. Charlesworth, ed., *The Old Testament Pseudepigrapha*, Vol. 1: *Apocalyptic Literature and Testaments*, New York, 1983, 517-559(B. M. Metzger

역).

* 독일어역 : J. Schreiner, Das 4. *Buch Esra*, JSHRZ V/4, Gütersloh, 1981.

5. 모세 승천서(Assumptio Mosis)

유대 전승에 따르면, 기원전 5세기에서 4세기로 넘어갈 무렵에 완결된 것으로 추정되는 '토라'는 모세의 저서로 통한다. 초기 그리스도교 교부의 문헌 가운데 모세의 작품으로 전해지는 외경이 적지 아니하게 언급된다. 그 가운데 단지 두 가지만 보존되었다. 하나는 첫 번째 쿰란 동굴에서 발견된 '모세의 말' 1QDM = 1Q22 이고, 다른 하나는 '모세 승천서'이다. 전자는 언약과 율법 문제를 다루고 있다면, 후자는 묵시문학에 속한다.

<모세 승천서>의 앞부분이 전승 과정에 잘려 나가 이 작품의 본래 제목은 알 수 없다. '모세의 승천'이란 제목은 10:12; 11:5에 따라 교부들에게서 유래한 것이다. 현재 보존된 작품은 모세의 죽음을 여호수아에게 알리는 내용으로 시작하고 1장, 여호수아가 모세의 유업을 물려받기를 거절하는 내용과 모세가 그를 격려하는 내용으로 끝난다 11-12장. 이러한 이야기 틀 사이에 모세가 여호수아에게 자기 백성의 다가올 역사를 계시하는 묵시문학이 전개된다. 이 작품의 상실된 마지막 부분은 (에녹창 5:21-24과 엘리야 왕하 2의 경우처럼) 모세가 하늘에 올라간 일에 대하여 언급했을 것이다.

현재까지 전해 내려오는 유일한 필사본은 5세기경에 기록된 것으로 추정되는 '라틴어 필사본'이다. 이것의 본래 본문은 히브리어로 기록되었을 것으로 추정된다. 성전 파괴에 대한 언급이 전혀 없기에 70년 이전에 기록되었을 것이 분명하다. 특히 6장에 기원전 4년에 일어났던 헤롯 왕 ="제사장 신분 출신이 아닌 한 건방진 왕", 6:2 의 죽음과 이른바 '바루스 Varus 전쟁'이 얼마 전에 있었다는 상황이 전제되어 있음이 드러난다. 이 두 상황이 모세가 죽기 직전 상황으로 설정되어 있다. 또한 6:7은 아르켈라오스의 유배 A.D. 6년를

전제하는 상황으로 간주되기에, 이 작품은 기원후 6년 직후 익명의 저자에 의해 기록된 것으로 추정된다.

이 작품에 나오는 모세상은 그에 관한 구약성경의 특징적인 요소를 전제하나 여기에 후대의 모티브가 연결되어 있다. 구약 전승에 따라 모세는 이스라엘 사람들을 이집트에서 이끌어 낸 '언약의 중개자'[1:14]이며 예언자라는 사실을 한층 발전시켜, '하나님의 예언자'이며 '완전한 교사'[11:16] 로서 또는 '경건한 사람들을 위한 중보자'[12:6]로서 미래에 대해 예언하는 모세의 모습을 중심 주제로 다루고 있다.

<모세 승천서>는 크게 세 부분으로 나눌 수 있다[I. 1장; II. 2:1- 10:10; III. 10:11-12:13]. **모세의 예언을 담은 본론** [2:1-10:10]을 중심으로 모세와 여호수아가 나누는 대화 장면이 앞뒤에서 [1장; 11-12장] 감싸고 있다. 양 틀을 이루는 부분을 통해 이 책에서 다루고 있는 예언은 모세가 죽기 직전 자기의 직분을 여호수아에게 넘길 때로 설정되어 있다. 이때 모세의 예언은 세상 종말에 있을 최후의 심판 때까지 보존되어야 할 비밀문서로 소개된다[1:16 이하; 10:11 이하].

본론의 첫 번째 부분 [2:1-6:9]은 출애굽에서 가나안 땅 진입과 바벨론 귀환에서 '한 오만한 왕과 그의 아들들의 등장까지, 또한 '서방의 강력한 왕'의 간섭에 대하여 다룬다[2-6장]. 여기에는 헤롯 대왕과 바루스 전쟁에 관한 상황이 모세가 죽기 직전의 상황에 비추어 묘사되어 있다. 현재 상황과 관련된 본래의 예언을 담은 **본론의 두 번째 부분** [7:1-10:10]은 묵시문학적 도식에 따라 구성되어 있다. 불의가 종말에 극에 달하며[7장], 그리하여 하나님의 진노[심판]가 절정에 달한다[8장]. 최후의 박해 시기는 동시에 하나님과 율법을 향한 순종을 요구하는 시간이다[9장]. 순종한 의인의 고난은 최후의 심판과 하나님의 구원을 가져오는 하나님의 통치가 임함으로써 보상을 받는다[10장].

* 이 작품의 영어 번역: R. H. Charles, *The Assumption of Moses*, London 1897.
* 독일어 번역: *Himmelbahrt Moses*, JSHRZ V/2, Gütersloh 1976, 68-81.

6. 희년서(The Book of Jubilees)

이 작품이 묵시문학에 속하는지를 둘러싸고 약간의 논란이 있다. 작품 스스로 천사가 하나님의 계시를 모세에게 전한 것을 모세가 받아 적는 형태를 취하기에[Jub 1:27] 묵시문학으로 볼 수 있다. 우리가 이미 앞 장에서 이 작품을 다뤘기에 여기에서는 간단히 살펴보려 한다. 이 작품은 제목은, 세상의 운행을 희년에 따라서, 즉 레위기 25장의 희년 시대[49년=7안식년×7]에 따라 구분한 것에서 유래한다. 천지창조[창 1장]부터 시작하여 이스라엘 백성이 시내산에 도달하고, 모세가 하나님의 계시를 영접하러 시내산에 올라가는 시점까지[출 19-20장]의 역사를 새롭게 다시 쓰고 있다. 이러한 형식을 가리켜 유대학자 베르메쉬[Geza Vermes]는 "Rewritten Bible"이라 부른다. 이 작품의 중심 주제 중 하나에 따르면 족장들이 토라 계명을 시내산 계시에 앞서 이미 받는다. 족장들의 역사의 중심 내용이 49년마다 연대기적으로 구분되어 나온다.

이 작품의 생성 시기에 대해 여전히 논란이 있으나, 기원전 3세기에 생성된 것으로 추정할 수 있다[이처럼 H. Stegemann; 그러나 M. Hengel, B.C. 100년 경 Hyrkanos I세 시대]. 이 작품에 관심 있는 사람은 본서 제10장 "쿰란에센파와 묵시문학"을 보라!

*이 작품의 영어 번역: J. H. Charlesworth, ed., *The Old Testament Pseudepigrapha*, Vol. 2, New York, 1983, 35-142.
* 독일어 번역: K. Berger, *Das Buch der Jubiläen*, JSHRZ II, Gütersloh 1973-1999, 273-575.

IV. 묵시문학 연구의 필요성

서구 학자들은 묵시문학에 비교적 관심이 적다는 사실을 앞에서 지적한 바 있다. 그 주된 이유를 케리그마를 지나치게 강조한 나머지 역사 이해에 소홀하였던 이른바 '변증법 신학' Dialektische Theologie 의 영향에서 찾아보았다. 그 결과 카논=정경인 성서 연구에만 관심을 제한하는 경향을 초래하고 말았다. 물론 이러한 제한을 통하여 성서 본문 연구가 다른 고대문서와는 비교도 할 수 없을 정도로 세분화되어 발전한 것을 간과할 수 없다. 이러한 카논에만 국한된 학자들의 연구가 성서를 이해하는 데 크게 도움이 되고 있음을 아무도 부인할 사람이 없을 것이다. 그러나 성서 또는 넓은 의미로 그리스도교를 바로 이해하려 할 때, 이것으로만 만족할 수는 없다고 생각된다. 그 이유는 그리스도교를 일종의 추상적이며 관념적인 대상으로서가 아니라 나사렛 예수에 근거하는 구체적인 역사 내의 사건으로 이해하고자 할 때 당시 역사에 대한 관심을 도외시할 수 없기 때문이다.

유대 묵시문학이란 움직임이 시기적으로 볼 때, 대체로 구약성서 시대와 신약성서 시대의 중간 시대 intertestamental period 에 걸쳐 형성된 종교 움직임으로 어떤 식으로든 예수 내지는 예수 움직임에 관계를 맺고 있음을 대체로 인정하고 있다. 예수 내지는 예수 움직임이 유대 묵시문학과 부정적인 관계를 맺고 있는지 혹은 긍정적인 관계를 맺고 있는지가 단지 문제로 남을 뿐이나.[51] 게다가 근래에 와서는 바울과 묵시문학과의 관계에 대한 논의도 활발하다. 한마디로, 예수와 바울을 유대 묵시문학가로 이해할 수

---

51) 이와 관련하여 유명한 두 편의 논문을 참조하라. E. Käsemann, "Die Anfänge christlicher Theologie", idem, *Exegetische Versuche und Besinnungen II* (Göttingen, ²1965), 82-104(이 논문은 원래 *ZThK* 57[1960], 162-185에 실렸던 것이다). 여기에서 케제만이 "아포칼립틱은 전체 그리스도교 신학의 어머니였다"(p. 100)라는 첨예화된 표현을 사용하였고, 불트만이 아래의 논문에서 이를 반박하고 나섰다. R. Bultmann, "Ist die Apokalyptik die Mutter der christlichen Theologie?", idem, *Exegetica. Aufsätze zur Erforschung des Neuen Testaments* (Tübingen, 1967), 476-482(=APOPHORETA, Festschrift für E. Haenchen, *BZNW* 30 [1964], 64-69).

있는지가 논란이 되고 있다.

   이에 대한 대답은 묵시문학을 어떻게 정의하느냐에 따라 달라질 수 있다. 한 가지 부인할 수 없는 사실은 예수 내지는 예수 운동을 유대 묵시문학과의 관련 하에 살필 때 그에 대한 실상에 가까운 이해를 얻을 수 있다는 것이며, 이러한 관련 하에서 예수 및 초창기 신앙공동체의 독특성을 더욱 명백히 찾아볼 수 있다는 것이다. 분명한 것은 그리스도교의 근간이 되는 나사렛 예수를 그 역사적 문맥에서 이해하고자 할 때 당시 유대인들의 사고 저변에 폭넓게 깔려 있던 묵시문학에 대한 관심이 불가피하다. 또한 두 편의 묵시록인 다니엘서와 요한계시록이 엄연히 그리스도교 성서의 자리를 차지하고 있을 뿐만 아니라 특히 오늘날 우리나라의 교계에 음으로든 양으로든 커다란 영향을 끼쳐온 사실을 두고 볼 때 묵시문학에 대한 올바른 이해가 요청되고 있음을 알 수 있다.

제12장

요세푸스와 필로
...

들어가며

여기서 다루고자 하는 두 명의 유대인, 역사가 요세푸스 1세기 후반와 사상가 필로 1세기 초반는 기원후 1세기에 살았던 헬레니즘화 된 유대인으로서 그리스어로 저술한 방대한 작품을 남겼다. 이들의 작품을 통해 우리는 초기 그리스도교가 탄생하는 시기의 유대적 배경을 이해하는 데 많은 도움을 얻을 수 있을 뿐만 아니라, 헬레니즘의 영향을 받은 당시 유대교의 정신세계에 다가갈 수 있다.

I. 요세푸스(Josephus)

1. 생애

요세푸스 플라비우스 Josephus Flavius 는 마티아스 Matthias 의 아들로서 *Bell* 1,3 칼리굴라 Caligula 황제 통치 원년인 기원후 37/38년에 태어났고 *Ant* 20,267; *Vita* 5, 100

년 이후 어느 시점에 로마에서 죽은 것으로 보인다. 그의 아버지 마티아스는 예루살렘에 있는 명망 높은 제사장 가문 출신이다 Bell 5,419; Vita 2,422. 또한 요세푸스 자신의 보도에 따르면, 그의 어머니는 하스몬 왕가와 친척 사이라고 한다. 실제 그러하다면 그의 가족은 예루살렘에서 가장 유력한 가문에 속한다 Vita 6에서 요세푸스는 자신의 이와 같은 족보를 공문서에서 확인할 수 있다고 말한다. 유대인들이 로마에 항거하는 전쟁에서 그의 부모가 저항가들에 의해 감금되고 Bell 5,533,544, 또 그의 형제인 마티아스는 로마인들의 포로가 되기도 하였다 Vita 8.419. 그는 네 번 결혼하여 Bell 5,419; Vita 414 이하; 427 다섯 명의 아들을 낳았다 Vita 426 이하.

2. 교육

요세푸스는 헬레니즘적 교육을 잘 받았을 뿐만 아니라, 동시에 유대적인 기초교육도 잘 받았다. 요세푸스가 14세 무렵 전통과 율법에 박식하며 총명하다고 소문이 나서, 예루살렘의 제사장 가솔과 귀족들이 그를 찾을 정도였다고 한다 Vita 9. 요세푸스는 아마도 젊은 시절에 16-19세 정신적인 방황을 한 것으로 보인다. 출신 상 사두개파와 가까운 것 같다 Vita 204. 그리하여 당시 유대교의 대표적인 세 종파를 바리새파, 사두개파, 에센파 두루 경험하고, 이어서 바누스 Banus 라는 고행자의 제자로 사막에서 3년간을 보낸다. 훈련을 마친 뒤 예루살렘으로 돌아와, 19세에 바리새파에 안착한다.

그의 일상어는 아람어였으나 Bell 1,3,6, 제사장 교육을 통해 히브리어를 배웠으며, 당시 개방적인 젊은 귀족층처럼 수준 높은 헬라어를 구사했고, 수사학에 관한 여러 안내서도 알았다 Ant 20,263.

3. 활동

요세푸스는 64년, 즉 그의 나이 26세 때 한 중요한 임무를 수행한다.

네로 황제로부터 반로마적인 성향을 띤 자로 낙인찍힌 몇몇 유대 제사장들의 석방을 받아내기 위해 로마로 간다. 그는 이 임무를 성공적으로 수행하고 황제로부터 선물을 받아 *Vita* 13-16 66년에 예루살렘으로 돌아온다.

그러나 돌아오자마자 상황이 좋지 않게 전개된다. 팔레스타인에 있던 유대인들의 소요가 시작되었고, 급기야 전쟁으로 발전하였다. 요세푸스는 갈릴리의 젤롯당 사람들의 운동을 억제하기 위해서 산헤드린의 명령에 따라 갈릴리로 파견된다 *Bell* 2,568 이하; *Vita* 28 이하. 여기에서 요세푸스는 행정가이자 군대 지휘관이 되어 전쟁의 소용돌이에 휘말린다 *Bell* 2,562-568.

훗날 로마 황제 자리에 오르는 베스파시아누스 Titus Flavius Vespasianus 장군이 전장에 모습을 드러내자, 지레 겁을 먹은 요세푸스의 병사들은 뿔뿔이 흩어지고 만다 *Bell* 3,129. 이어서 전투는 공성전 양상을 띠게 되고, 요세푸스 자신도 나사렛에서 북쪽으로 15km 정도 떨어져 있는 산악도시인 요타파타 Jotapata 성으로 피신하여 47일간 버틴다. 요타파타 성이 결국 함락되었으나, 요세푸스는 몇몇 다른 사람들과 함께 동굴로 은신한다. 자기 병사들이 거의 모두 집단자살로 생을 마감했으나, 요세푸스는 로마에 투항하여 살아남는다 이에 대한 상황한 보도가 *Bell* 3,352 이하; 391 이하에 나타난다. 이것이 그에게 오욕으로 남게 되어 변절자라는 낙인이 찍힌다.

요세푸스는 로마군의 포로가 되었으나, 베스파시아누스 장군이 황제가 되리라는 그의 예언이 *Bell* 3,399 이하 적중하자 *Bell* 6,312 그는 요세푸스를 '신의 목소리의 봉사자'라고 생각하여 풀어준다 요세푸스는 예언자였다: *Bell* 3,351 이하; 5,391-393. 이때 요세푸스는 법적으로 한 번도 포로가 된 적이 없다는 확인을 받는다 *Bell* 4,622-629.

이후 요세푸스는 로마군 부대에 머물면서 로마군을 위해서 유대 문제와 관련된 조언자의 역할과 아울러 통역자의 역할도 수행한다. 베스파시아누스 황제의 이집트 원정에 동행한 뒤, 황제의 아들인 티투스를 따라 팔레스타인으로 돌아와, 예루살렘 사람들을 향해 투항하고 그 도시를 넘겨 주라고 설득한다 *Bell* 5,362-374; 375-419. 전쟁이 끝나자, 요세푸스는 티투스를 따라 로마로 이주하는데 이것이 요세푸스에게는 일대 전환기가 된다. 로마에서 시민권을 획득하고 플라비우스 가문의 가신이 되어 연금 혜택을 누리는 가운데 유대 민족의 역사 저술에 전념한다.

4. 작품

가. 유대 전쟁기(De Bello Iudaico)

'유대 전쟁기'는 요세푸스의 첫 번째 작품으로서, 그가 베스파시아누스의 거처에서 그의 의뢰에 따라 저술한 작품이다. 요세푸스 자신은 이 작품을 가리켜 "유대 전쟁에 대하여" περὶ τοῦ Ἰουδαϊκοῦ πολέμου, *Ant* 20,258; *Vita* 1,27; 1,412 라 부르는가 하면, *Bell* 1,10에서는 "도시의 정복" ἅλωσις τῆς πόλεως 이라고도 부른다. 그러나 이 작품을 전하는 사본들은 대체로 "정복에 대하여" περὶ ἁλώσεως 라 불렀다.

<유대 전쟁기>라는 책 제목에서 알 수 있듯이, 저자 요세푸스가 로마의 입장에서 집필했음을 암시한다. 즉, 요세푸스가 베스파시아누스의 자유인이며 동시에 로마 시민으로서 로마인들이 유대인들과 어떻게 전쟁을 수행했는지를 묘사한 것이다. 이 작품의 제목은 카이사르 Caesar, BC 100-44 의 "갈리아 전쟁기" De Bello Gallico 의 영향을 받은 것으로 보인다. 아무튼 "정복"이라는 말은 유대 민족의 중심지인 성도 예루살렘의 멸망을 염두에 둔 표현이다.

이처럼 이 작품에 대한 두 가지 제목은 저자인 요세푸스의 둘로 나뉜 심경을 잘 드러내 보인다. 리치오티 G. Ricciotti 는 한 작품을 두 가지 명칭으로 부르는 것이 1세기 때 있었던 일로 보이며, 요세푸스의 이 작품이 실제로 두 제목을 갖고 있다고 주장하였다. 즉, "정복에 대하여"라는 제목은

본래 아람어로 기록된 것으로 유대인 독자를 위한 것이고, 반면에 "유대 전쟁에 대하여"라는 제목은 황실을 비롯한 헬라인 독자를 염두에 둔 제목이라고 주장하였다.

이 작품은 원래 기원후 73년 직후에 아람어로 집필하였는데, 75/79년에 수정작업을 거쳐서 헬라어로 출판된 것으로 보인다 Bell 1,3. 아람어 판은 동방에 있는 비로마 민족들을 겨냥한 로마의 선전용으로 집필되었으나 보존되지 못하고 분실되었다. 황제의 의도로 저술되었고, 반란 기도자들을 단념시킬 목적으로 기록된 것으로 간주하여 이 작품을 일종의 '선전문학' Propaganda 으로 보기도 한다.

요세푸스는 자신의 체험에 의존할 뿐만 아니라, 베스파시아누스와 티투스의 commentarii 혹은 아그립파 2세의 가르침도 참조한다. 로마에서 일어난 일들을 묘사할 때, 몇몇 동시대 로마 역사가를 참조했던 것 같다. 전쟁 전의 역사와 관련하여서는 다메섹의 니콜라우스 Nikolaus von Damaskos 의 역사서 Ἱστορίαι 를 이용하기도 하였다.

책의 서두에서 Bell 1,1-9.13-16 전쟁의 참가자이며 목격자인 요세푸스는 자신의 기록이 진실이며 객관적임을 강조한다. 책 전체를 7단락으로 나누는 가운데, 안티오커스 4세부터 시작하여 티투스의 이탈리아 귀환과 플라비우스 가문의 승리까지 해당하는 시간을 묘사한다. 즉 유대인의 항거와 그들의 멸망사를 서술한 것이다. 로마 헬라 세계의 대중을 염두에 두고 기록한 책으로서, 하나의 경향성을 띠고 있다. 즉, 유대인 소요의 첫째 원인은 젤롯당 사람들이지, 일반 유대 백성이나 귀족들이 아니라는 점을 부각하였으며, 또한 베스파시아누스와 티투스를 영화롭게 묘사하였다.

• 내용 요약:

* 제1권: 세 왕조사(마카비, 하스몬, 이두메). 안티오커스 에피파네스, 폼페이우스, 헤롯에 의해 예루살렘이 세 차례에 걸쳐 정복당한다.

* 제2권: 헤롯의 죽음으로부터 유대전쟁 발발 때까지. 이 당시의 다양한 유대 종파 간에 벌어지는 극적인 종교 논쟁을 요세푸스는 전혀 이해하지 못했는지 아니면 이해하려고 들지 않았는지, 당시 전쟁으로 발전하는 유대 역사와 아무런 상관이 없이 이들 종파에 대하여 따로따로 묘사했을 뿐이다. 또한 그리스도교인들에 대해서는 언급하지 않고, 젤롯당은 의도적으로 곡해하고 있으며, 바리새파며 사두개파 사람들도 간단히 묘사할 뿐이다. 에센파 사람들은 예외로 상세히 보도하였다. 요세푸스가 제2권을 서술할 때 제1권 때와 달리 접할 수 있는 자료가 부족하였기 때문이라 이해할 수 있다.
* 제3권: 갈릴리 전쟁 묘사. 당시 갈릴리의 군대 지휘자인 요세푸스와 로마 황제의 명령에 따라 유대인 봉기 진압에 나선 베스파시아누스가 접전을 벌인다. 유대군이 퇴각하여 포위된다. 여러 차례의 접전 가운데 베스파시아누스의 포로가 된 요세푸스는 적군편에 가담하여, 베스파시아누스가 로마 황제가 될 것이라고 예언한다.
* 제4권: 전쟁터가 갈릴리에서 유대로 바뀐다. 요세푸스는 더 이상 전쟁의 참여자가 아니고, 단지 참관자로서 전쟁을 목격한다. 황제로 선포된 베스파시아누스는 예언이 성취된 공으로 요세푸스를 석방한 뒤, 예루살렘을 떠나 이집트로 간다. 요세푸스는 티투스가 이끄는 로마 진영에 남는다.
* 제5-6권: 예루살렘이 포위되고 점진적으로 점령된다. 티투스를 도와 요세푸스는 포위된 동족들이 항복할 것을 권유하나, 거절당한다. 이어서 예루살렘 성전이 화염에 휩싸이게 된다.
* 제7권: 일종의 후기로서, 예루살렘의 끔찍한 멸망이 플라비우스 가문의 위대한 승리와 대조된다. 유대인 최후의 봉기자들을 섬멸하며, 레온토폴리스에 있는 유대 마지막 성전도 부서진다.

나. 유대 고대사(Antiquitates Iudaicae)

이 작품은 <유대 전쟁기>보다 대략 십여 년 후 93/94년에 저술된 것으로 보이는데, 요세푸스는 이 작품을 가리켜 "고대사" ἀρχαιολογία 라고 불렀다 Ant 20,259; 267; Vita 430. 그러나 그 이후의 전승에서는 Ἰουδαϊκὴ ἀρχαιολογία라고 불리게 된다. 이때 ἀρχαιολογία라는 표현은 하나의 문학 장르를 가리킨다. 아마도 이 책보다 이미 100년 정도 앞서 나온 디오니시우스 Dionysius of Halicarnassus 의 <로마 고대사> Romaike archaiologia 를 본떠서 지은 것으로 보인다.

두 작품 모두 20권으로 구성되어 있다.

"고대사" ἀρχαιολογία 라는 장르의 목적은 어떤 특정 그룹이 도대체 어떻게 시작되었으며, 어떤 운명을 겪었고, 어떤 국가 형태를 취했으며, 그들의 법과 질서가 어디에서 유래한 것인지 등을 묘사하는 데 있다. 이러한 문제들을 서술하기 위해, 요세푸스는 5,000년간의 긴 역사를 취급하였다. 제1권에서 10권은 세상 창조로부터 시작하여 페르시아 시대 말까지를 다루었으며, 제11권에서 20권은 알렉산더 대왕 시대부터 유대 전쟁이 발발하는 시점까지를 다루었다.

요세푸스는 유대교의 진리를 그리스-로마 세계에 소개하고자 하는 계몽적인 관심을 가지고 이 작품을 썼다. 즉, 이스라엘 유대 역사를 묘사하는 목적을, 그리스 사람들에게 유대교의 본질을 잘 이해시키는 데 두었으며, 특히 하나님의 율법 아래에 놓여 있는 유대인들의 삶이야말로 가장 행복한 실존이라는 점을 입증하고자 하였다. 여기에서 요세푸스는 유대교를 신비종교가 아니라, 일종의 철학으로 이해한다 Ant 1,15.25.

수많은 하가다적인 자료를 이용하였을 뿐만 아니라, 칠십인역본 LXX 에 따른 구약의 역사서 창세기-에스더를 자유롭게 기술하기도 하였으며, 그 밖에도 Polybios, Strabon, Aristeas 편지, Demetrios, Eupolemos, Kleodemos Malchas, Liber antiquitatum biblicarum, Oracula Sibyllina, 제1마카비서, Testament Josephs, Theodotos 등의 자료를 활용한다. 이 작품의 후반부에서는 Nikolaus von Damaskos의 방대한 세계사 Historiai 에 많이 의존한다 Nikolaus von Damaskos: 문학가며, 동시에 헤롯의 조언자, 궁중역사가, 철학가였다. 대략 기원전 64년경에 태어났다. 이미도 유대인이 아닌 것 같다.

다. 자서전(Vita)

이 작품은 본래 <유대 고대사>의 부록에 속했었는데, 전승 과정에서 독립된 것이다. 따라서 <유대 고대사> 생성 시기와 마찬가지로 93/94년경에 생성된 것으로 추정된다. 이 작품은 본래 의미에서 전기 Biography 는 아니고, 전쟁-정치와 관련된 메모 Memoire 와 윤리적이며 도덕적인 차원에서의 변증 Apology 이 혼합된 작품이다. 티베리아스의 유스투스 Justus von Tiberias 가 서술한 유대 전쟁에 반대하여 Vita 40,336-367, 요세푸스는 이 작품에서 유대 전쟁 기간에 취한 자신의 행동을 변호하고 있으며 Vita 28-413, 또한 자기의 유래와 젊은 시절을 다루었고 Vita 1 이하, 로마에서 보낸 만년의 시간도 취급하였다 Vita 414 이하.

라. 아피온 반박문(Contra Apionem)

일반적으로 "프로스 아피오나" Πρὸς Ἀπίωνα 라고 불리는 이 작품은 유대교 변증서로서 <유대 고대사>의 뒤를 이어 94-96년 사이에 기록된 것으로 보인다 Ap. 1,1.54. 교부 오리게네스 185-254년경 는 이 작품을 가리켜 "유대인들의 고대성/기원성에 대하여" περὶ τῆς τῶν Ἰουδαίων ἀρχαιότητος 라고 불렀다. 라틴어 제목 '콘트라 아피오넴' Contra Apionem, "아피온에 반대하여" 이라고 처음으로 부른 사람은 히에로니무스 Hieronymus, 347-419년경 이다.

이 작품은 당시 유대교에 적대적인 진술들에 대항하여 유대교를 변증하고 있으며 Ap. 1,1-2,144, 제의와 율법 또한 하나님 사상 등을 다루는 가운데 참된 유대교가 무엇인지를 서술한다 Ap. 2,145-286. 이 책의 중요성은 고대에서 유대교를 변증하는 마지막 책이며 동시에 많은 반셈적인 진술들을 모아 놓았다는 데 있다 Apion: 아피온은 헬라화의 영향을 많이 입은 이집트 출신으로서 클라우디우스 황제 때 로마에서 문법학자며 수사학자로 살면서 호머 강의로 명성을 얻었다. 기원후 40년에 유대인들에 적대적인 알렉산드리아 당파를 대표하는 사람이었다. Ap. 2,143에 그가 처참하게 죽는 보도가 나온다.

- **아피온 반박문의 내용 요약[1])**

* 서론: 옛날 그리스 역사가들이 유대 백성에 대하여 언급하지 않고 있다는 이유를 근거로, 적대자들은 유대의 고대성을 부인한다(1). 그리스 사람들이 침묵하는

---

1) H. Clementz, *Über das hohe Alter des jüdischen Volkes, gegen Apion* (Köln, 1960), 83-88 참조.

것은 아무 것도 입증하지 못한다. 그리스 역사서술은 동양의 역사서술과 같이 고 귀하거나 문제가 없지 않다(2-5). 특히 히브리인의 역사서술과 같지 않다(6-8). 이어서 요세푸스는 역사가로서의 자신의 신빙성을 강조하고(9-10), 작품의 첫 부분에서 3가지 주된 사항을 서술한다(11).

* 첫째 본론(I,12-II,13):
a) 고대 그리스 역사가들이 정말로 몰라서 유대 백성에 대해 아무런 보도도 하지 않았다 할지라도, 유대 백성의 기원이 짧다고 말할 수는 없다. 팔레스티나는 지역적으로 떨어져 있으며 무역을 행하지 않았다는 점에서 볼 때, 그리스 역사서술 가운데 유대인이 나타나지 않는 것은 이해할 만하다(12). 같은 논리로 그리스 백성의 고대성을 의심할 수 있다. 유대 땅과 이웃한 백성들의 증거가 더 중요하다(13).
b) 그런데 유대 백성이 일찍 존재했음을 증거하는 비유대적인 고대 증거들이 산적해 있다. 즉 비그리스적인 증거로서: 이집트인 가운데 Manetho(14-17); 페니키아인 가운데 공문서, Dios, Menander(17-18); 칼대아인 가운데 역시 공문서, 또한 Berossos, Philostratos, Megasthenes(19-21). 그리스 증거로서: Pythagoras, Herodot, Choirilos, Klearchos, Aristoteles, Hekataios, Agatharchides(22), Theophilos, Theodotos 등. 유대인을 언급할 수 있었던 작가들도 악의로 뺐는데, 예컨대 Hieronymos 같은 사람이다(23).
c) 그런데 이러한 증거들은 유대 백성의 고대성에 대한 뛰어난 증거력을 갖고 있다 하더라도 유대인에 대한 그릇되고 비방적인 내용을 담고 있다. 따라서 그 거짓들을 제거할 필요가 있다. 많은 그리스 작가들이 비방하려고 애쓰는 것이 그렇게만 낯설지 않은 것은, 그들이 종종 자기 백성을 비방하는 데서 기쁨을 누린다는 사실을 고려하면 이해가 간다(24). 유대인에 대한 이집트인의 증오에 찬 보도 뒤에 이스라엘인의 출애굽 이야기에 대해 일일이 반박한다: Manetho, Chairemon, Lysimachos(26-35). 특히 뒤에 언급한 두 사람은 스스로뿐만 아니라 서로 간에 모순된다.

두 번째 책에서 요세푸스는 이집트인 아피온 Apion 을 다루는 가운데, 출애굽 사건을 완전히 엉터리로 묘사한다는 사실을 밝힌다. 또한 알렉산드리아 유대인에 대한 그의 비난, 즉 유대인이 알렉산드리아에 거주할 권리가 없으며, 이들을 폭도들로 묘사하는 것이 터무니없음을 밝힌다(II, 1-6). 이어서 아피온이 유대인에 대해 제기한 엄청난 죄과를 반박한다. 곧 유대인들은 당나귀 머리에 기도하며, 제사의 목적으로 인간을 살해하며, 비유대인 특히 그리스인을 증오할 것을 맹세했으며, 신들이 이들을 견딜 수 없었기 때문에 항시 불행이 뒤따르고 있으며, 위대한 인물을 배출하지도 못했으며, 동물들로 제사 지내며, 돼지고기를 먹지 않으며, 할례를 행한다는 것이다(7-13). 첫째 부분의 결론은 이 비방자들에 대한 요세푸스의 개인적인 말로 끝난다.

* 둘째 본론(II,14-41): 요세푸스가 첫째 부분에서 구체적인 비방 하나하나를 반박하였다면, 둘째 부분에서는 유대인의 종교관에 대한 보편적인 묘사를 한다. 이렇게 함으로써 히브리인의 신정 정치와 유대인의 종교적인 삶에 대한 그릇된 평가들을, 특히 Apollonios Molon에서 시작된 그릇된 평가들을 가장 안전하게 물리칠 수 있다고 생각했기 때문이다. 이러한 설명을 통해, 모세의 율법이 신에 대한 부정이나 인간 증오가 아닌 경건함과 이웃사랑 및 도덕성으로 양육된다(14).
a) 우선 모세를 또다시 가장 오랜 율법 수여자로서 부각하며, 완벽한 도덕성을 지닌 사람이라고 강조한다.
b) 이어서 유대인의 신정 정치를 뒷받침하는 그의 작품에 대해 일반적인 설명을 제시한다. 모세는 신인식을 유대인의 보편적인 가치로 세웠다. 모든 삶은 경건성에 근거해야 하며, 시민의 모든 의무는 신에 대한 의무에서 유래한다. 다른 율법 수여자와 달리 모세는 율법 명령에 들어 있는 신정 정치적인 지침과 구체적인 실천이 병존해야 함을 강조했다(16-17). 그 목적으로 모든 유대인은 율법의 모든 규정을 잘 알고 있다(17-18). 이로써 이루어진 신앙의 통일성에서 유대인 상호간의 결속력과 또한 위대한 인물의 결핍이 설명된다(19-21). 신전 정치 체제처럼 유대인의 전체 삶은 하나의 장엄한 예배이다(21-22).
c) 이어서 모세의 율법이 구체적으로 언급된다: 하나님과 그의 역사(22); 성전, 제사장, 제사, 기도, 정결법(23); 결혼과 성교에 관한 규정(24); 아이 교육(25); 장례법(26); 부모와 노인에 대한 태도; 우정에 대한 법, 법적 선언, 소유(27); 이방인과 타 신앙인에 대한 태도(28); 원수와 동물들(29). 경건한 유대인은 율법준수에 대한 물질적인 보상을 요구하지 않는다. 오히려 자신의 선한 양심이 말하는 증거에 만족한다(30). 본래 율법은 이상적이다. 심지어 플라톤도 자신의 Politeia에서도 도저히 도달할 수 없는 경지였다. 율법은 결코 변하지 않는다(31). 그 백성은 온갖 치욕과 죽음도 두려워 않는 사랑으로써 율법에 매달린다(32).
d) 이미 앞에서 요세푸스는 비유대적인 법에 대한 몇몇 비판적인 말을 하였으나, 이제는 사전 예고도 없이 그리스 신론을 공격한다(33-34). 종교에 국가적 차원의 의미를 부여하지 않고 시인이나 예술가에게 맡기는 법제정자들에 대해 불만을 토로한다(35). 계속해서 Apollonios Molon에 대해 언급한다. 이 사람을 참된 그리스 철학자들과, 특별히 모세 모방자로 간주되는 플라톤과 대조시킨다(36). 이어서 요

세푸스는 이방인과의 교제를 꺼리는 것과 유대인을 향한 비방인 참을성 없음이 유대인의 특징이라기보다는 오히려 그리스 법의 특징이라는 점을 밝힌다(36-37). 또한 유대 율법은 그리스인뿐만 아니라 이방인에게도 인정을 받아 전파됨으로, 율법의 뛰어남이 명백히 드러난다는 점을 밝힌다(39). 끝으로 요세푸스는 이 작품의 주요 항목을 다시 한번 요약하며, 비방자들은 아무런 영향을 못 끼쳤다고 진술하며, Epaphroditos에 대한 헌정으로 마친다.

5. 요세푸스의 전승

요세푸스의 작품들은 초기 및 중세 교회가 관심을 가짐으로써 오늘날까지 전승되어 내려올 수 있었다. 요세푸스는 신약성서와의 대립 관계에서 파악되었다. 중세 교회는 유대 전쟁기에 근거하여, 중세 때 유대인들을 노예 근성을 가진 자로 규정한 "유대인들의 노예성" servitus Iudaeorum 이라는 개념을 만들어 냈다. 그리스도인들이 그의 작품을 전하는 가운데, 그 흔적을 본문에 남겼다. 일반적으로 그리스도인이 삽입한 것으로 간주하는 Ant XVIII,63 이하의 이른바 '요세푸스의 증언' Testimonium Flavianum 이라 불리는 본문이 있다. 여기에서 요세푸스는 그리스도의 죽음과 부활을 언급하고 그의 추종자들에 대하여도 보도한다. 성서 드라마 작가들이 요세푸스에게서 많은 영향을 받았으며, 또한 여러 전설이 그와 관련이 있다. 독일의 문호 프리드리히 쉴러는 자신의 작품에 "Man muß Josephus lesen!" "누구나 요세푸스를 읽어야만 한다!" 이라는 유명한 말을 남기기도 했다. 바이마르 공화국 당시 유명했던 독일 작자 포이히트방어 Lion Feuchtwanger 는 요세푸스에 관한 3부작 대하소설을 집필했다: *Der jüdische Krieg* (1932), *Die Söhne* (1935), *Der Tag wird kommen* (1945).

• 플라비우스의 증언(Testimonium Flavianum)

예수 그리스도에 대해 요세푸스가 증언하는 내용이 『유대 고대사』 XVIII, 63-64 cf. XX,200-3 에 나타난다. 이 본문 내용을 가리켜 이른바 "플라비우스의 증언"이라 부른다.

"한편 바로 이때 예수 Jesus 라는 지혜로운 사람 - 너무나 신기한 일들을 많이 행했기 때문에 인간이라고 볼 수 있는지 모르겠으나 인간으로 보는 것이 합당하다면 - 이 있었다. 그는 사람들로 하여금 기쁜 마음으로 진리를 받아들일 수 있게 만드는 선생이었다. 그는 수많은 유대인뿐 아니라 이방인까지도 그의 곁으로 끌어들였다. 그가 바로 그리스도 the Christ 였다. 빌라도가 유대의 유력 인사들의 청에 의해 그를 십자가에 달려 죽게 했으나 그를 처음부터 사랑하던 자들은 그를 버리지 않았다. 왜냐하면 하나님의 선지자들이 그에 관해 예언한 대로 3일 만에 다시 살아나서 그들에게 나타났기 때문이었다. 하나님의 선지자들은 이뿐 아니라 그에 관해서 수많은 놀라운 일들을 예언하였다. 그의 이름을 본떠 그리스도인이라고 불리는 사람들은 오늘날까지도 남아 있다."[2]

이 증언의 진정성을 두고 학자들 사이에 많은 논란이 있었는데, 크게 세 그룹으로 나눌 수 있다 E. Schürer, *The history of the Jewish people in the age of Jesus Christ* I, 1973, p. 428-30 : 1) 진정성을 믿는 학자 L. von Lanke; A. von Harnack, 2) 진정성이 없다고 생각하는 학자 H. Ewald; B. Niese; E. Schrürer; W. Bauer; E. Norden; E. Meyer; H. Conzelmann; F. Hahn, 3) 첨가설을 지지하는 학자 J. Klausner; R. Eisler; H. St. Thackeray; M. Goguel; C. K. Barrett; P. Winter; T. W. Manson; S. G. F. Brandon; J. P. Meier.

오리게네스 Origenes, 185-254년경 만 하더라도 이 본문에 대하여 몰랐던 것 같다. 기원후 178년경 저술한 그의 작품 <켈수스 반박문> Contra Celsum I,47과 II,13 에서 세례요한과 야고보의 처형을 언급하는데, 오리게네스가 이 본문을 알았더라면, 이때 반드시 언급했을 것이기 때문이다. 이와 달리 유세비우스 339년 사망 는 이 본문을 알고 있었다 Eusebius, *hist. eccl.* I,11,7. 따라서 이 본문의 변조가 대략 3세기 말경에 이루어졌다고 추측할 수 있다. 독일의 고전문헌학자 노르덴 E. Norden 은 이 본문이 문맥에 어울리지 않는다는 이유에서

---

2) Josephus, 『요세푸스 II』, 김지찬 역 (생명의 말씀사, 1987), 506-07에서 인용.

신앙고백을 토대로 했기 때문 요세푸스의 것이 아니라고 보았다.3)

6. 문헌 소개

* Edition: B. Niese, *Flavii Josephi Opera* I-VII(1887-1895).

* Text and Translation: Thackeray/Marcus/Feldman, *Josephus* I-IX [Loeb Classical Library](1926-65).

* Concordance: K. H. Rengstorf, ed., *A Complete Concordance to Flavius Josephus*.

* 독일어역:

Heinrich Clementz, *Des Flavius Josephus Jüdische Altertümer*, Wiesbaden, ^{7}1987.

Idem, *Geschichte des Jüdischen Krieges: Über das hohe Alter des jüdischen Volkes, gegen Apion*, Köln, 1960.

O. Michel/O. Bauernfeind, ed., *Flavius Josephus, De bello Judaico, Der Jüdische Krieg*, Griechisch und Deutsch, 4 Bde., München, ^{2}1962.

* 박찬웅/박정수 역,『유대 전쟁사』2권, 나남출판 2008.

* 김지찬 역,『요세푸스』3권, 생명의말씀사, 2006.

* Flavius Josephus,『Contra Apionem/아피온 반박』, 김창선/서원모 역주, 안양대HK+ 동서교류문헌고중세총서 1, 동문연, 2015.

• 보설 Excursus :『아피온 반박문』과 요세푸스의 유대교 변증론

이제까지 요세푸스에 대한 관심은 대체로 그의 작품들이 예수 시대를 이해하는 데 도움이 되는 자료로서 역할을 한다는 점에 국한되었다. 그러

---

3) 빌라도의 못된 행위 가운데 예수의 처형을 꼽고 있는데, '절대적 속격 구문'(Genitivus Absolutus)을 사용하여 지나가는 투로 언급하는 가운데, 예수의 추종자들이 그에게 순종하였으며, 그가 사흘째 되는 날 다시 나타났다고 보도하기 때문이다. E. Norden, "Josephus und Tacitus über Jesus Christus und eine messianische Prophetie", *Neue Jahrbücher für das klassische Altertum, Geschichte und deutsche Literatur* 14 (Leipzig, 1913), 637-666.

나 점차 요세푸스를 독자적인 저자 혹은 사상가로서 이해하려는 노력이 증진되는 추세이다.[4] 이와 관련하여 그의 작품 『아피온 반박문』 Contra Apionem 을 살펴보는 것이 의미가 있다. 여기에 요세푸스가 갖고 있던 유대교에 대한 입장과 이해가 잘 드러나기 때문이다.

이 작품에서 요세푸스는 단지 '역사가'로서가 아니라, 당시 비방과 시기를 많이 받고 있던 자기 백성인 유대 민족을 위한 '변증가'이자 유대교의 '대변자'로서의 모습을 드러낸다. 제2성전이 파괴되기에 앞서 유대인들을 향한 비난과 비방이 주변 지역뿐만 아니라, 이집트와 북아프리카 또는 그리스나 이탈리아 심지어 스페인과 갈리아 혹은 게르마니아에 이르기까지 광범위하게 퍼져 있었다. 예컨대 당시 번창했던 도시 알렉산드리아에서 유대인들을 비방하는 글들이 많이 나왔다. 아피온은 바로 반유대적 운동을 주창하는 사람들 가운데 속했다.

요세푸스의 이 작품은 전통적으로 전해 내려온 변증론의 양식을 가장 완벽하게 보존했다고 말할 수 있다. 이 작품에 나타난 변증론의 구조를 독일 괴팅엔 대학교 신약학 교수 한스 콘첼만 Hans Conzelmann, 1915-1989 은 자신의 저서에서 상세히 분석하였다. 콘첼만은 다음과 같이 크게 3단원으로 구분한다[5]:

I. **역사적 변증**(I, 1 이하)
1. 연대기 chronology 설정: 이 세상은 (동시에 유대 백성은) 5천년의 나이를 먹었다. 이로써 유대 백성의 유래가 가장 이르다는 사실을 공고히 했으며, 동시에 신비적

---

4) 예컨대, St. Mason, ed., *Understanding Josephus, Seven Perspectives* (Sheffield, 1998). 이미 슐라터(A. Schlatter)는 요세푸스의 '유대교 신학'에 관하여 저술한 바 있다: *Die Theologie des Judentum nach dem Bericht des Josefus* (Gütersloh, 1932)(=Hildesheim, 1979).

5) H. Conzelmann, *Heiden-Juden-Christen. Auseinandersetzungen in der Literatur der hellenistisch-römischen-Zeit*(Beiträge zur historischen Theologie 62) (Tübingen, 1981), 205. 또한 요세푸스의 작품을 독일어로 번역한 고전문헌학자 클레멘츠(H. Clementz, Köln, 1960)가 나눈 다음과 같은 구분도 참조하라: 1. 도입부: I,1-11; 2. 본론 첫째 부분(주로 소극적으로 방어하는 부분): I,12-II,13; 3. 본론 둘째 부분(적극적으로 변호하며 공격하는 부분): II,14-41.

인 시간 개념을 제거하였다.
2. 자신의 역사: 그리스 역사가들이 유대인을 언급하지 않으므로, 유대인의 역사가 짧다는 주장은 사실과 다르다.
3. 땅에 정착하다.
4. 유대인을 괴롭히는 것에 저항하다: 이 괴롭힘은 부분적으로는 거짓에서 비롯되고, 부분적으로는 무지에서 비롯된다(거짓에 대항해서는 논쟁을 벌이고, 무지에 대항해서는 가르침을 준다).
5. 그리스 철학이 동양에 종속되다.
6. 비교: 그리스 역사 서술은 개인적이며 제멋대로이나, 동양의 역사 서술은 공적이며 제도적으로 보장되었다.
7. 율법(순교할 준비가 되었음을 또다시 언급).

II. **윤리적이며 역사적인(=사실적인) 짤막한 변증**(I, 60 이하)
아이들 교육, 율법 준수 및 전해 내려온 경건성이 가장 귀한 삶의 목적임을 밝히며, 유대인들의 독특한 생활양식은 그리스인들과 교통을 통해서 이루어진 것이 아님을 말한다. 또한 유대인들이 노략 혹은 점령을 위한 전쟁을 일으키지 않았음도 강조한다. 이를 많은 사람들이 증거한다고 한다(이집트의 Manetho I, 73; 페니키아인 Dios, Menander von Ephesus I, 106 이하; 그리스 사람 I, 161 이하).

이어서 유대인에 대한 비난을 반박한다(I, 219 이하). 증오의 이유를 다음과 같은 사항에서 찾았다: a) 우리의 선조가 이집트를 지배하다(유대고대사에 나오는 요셉과 모세의 이야기를 참조하라), b) 고향으로 돌아온 뒤 복 받다, c) 이집트 종교와 유대 종교가 차이가 나고, 유대교의 성과를 시기하다.

III. **완벽한 변증**(II, 151 이하)
여기에 개개의 적대자, 특히 아피온과 벌이는 논쟁이 요약되어 나타난다.
1. 최초의 율법 수여가 모세 7의 위상에도 불구하고 독재자가 되지 않고(II, 158) 신정 정치를 확립하다(II, 165).
2. 유일신(제1계명 II, 167)
3. 그리스 철학자들은 모세에게 의존하다(II, 168)
4. 율법: 충분하며, 모든 것을 규율 짓는다(II, 174 이하); 본래의 율법에 충실할 것; 율법은 불변하다; 율법은 단순하다; 따라서 모든 사람에게 알려져 있다. 율법의 내용: 한 분뿐인 하나님, 그림 금지; 성전. 율법은 인간적이다. 따라서 유대인을 증오해서는 아니 된다! 또한 재차 순교에 이르기까지 충실함이 거론되다.

5. 이방인의 종교적이며 윤리적인 부도덕이 그 반대를 이룬다.
6. 율법의 성공, 유대인의 확산.
7. 비유대인이 유대적인 입장을 인정하다.

* 마지막 부분인 II, 287 이하에서 재차 내용 요약:
1) 유대인들이 최근에야 나타난 백성이라는 적대자의 주장에 반대하여 유대 백성 역사의 장구함을 입증하다.
2) 유대인의 조상은 이집트인이라는 비난에 맞서, 유대인은 이집트인이 아님을 밝히다 외부에서 이집트로 들어갔음.
3) 자신들의 힘으로 고향으로 돌아가다.
4) 유대 법제정자의 미덕을 하나님과 시간이 증거한다.
* II, 291 이하: 유대인의 율법 스스로가 증거이다. 유대인들이 율법을 다른 백성들에게 전하다.

II. 필로(Philo of Alexandria)

1. 생애

알렉산드리아에서 활동하였던 유대인 필로의 생애와 관련된 연도 가운데 확실히 말할 수 있는 것은, 기원후 39/40년경 칼리굴라 Gaius Caligula 황제를 만나기 위해 로마로 파송된 알렉산드리아 유대인 사절단의 대표로 활약했다는 사실 뿐이다. 당시 알렉산드리아에 대규모의 유대인 학살이 있었는데, 그때 그는 노년이었다 Legatio ad Gaium I,182. 이후에도 계속하여 저술 활동을 했다는 사실을 고려하면 그의 생애를 대략 기원전 20년/13년에서 기원후 45년 사이로 잡을 수 있다.6)

필로의 형제인 알라바르켄 알렉산더 Alabarchen Alexander 는 아그립바 Agrippa I 왕과 가까운 사이였고, 세금 징수를 감독하는 고위 관리였다. 알렉산더의

---

6) *TRE* 26, 523.

아들 티베리우스 알렉산더 Tiberius Alexander 는 훗날 조상의 종교를 버리고 로마군에 들어가 기원후 70년 예루살렘 함락 때 참여했다는 설도 있다. 또한 전설에 따르면 필로는 아내가 있었으며, 제사장 출신이라고도 전한다.

유대인 사절단의 대표였다는 사실에서 필로는 자기가 속한 유대인 공동체에서 지도자 역할을 했다고 추측할 수 있다. 알렉산드리아의 헬라화된 부유한 유대인 가문에서 자란 필로는 최고의 교사 밑에서 훌륭한 그리스 교육을 받을 수 있었다. 그런 혜택은 당시 극소수의 특권층에게만 허락되었다. 그 덕에 필로는 뛰어난 그리스어 구사력을 지녔으며 헬레니즘 시대의 철학뿐만 아니라 역사와 문학에도 정통하였다. 당시 알렉산드리아에 살았던 많은 유대인처럼 필로 역시 그리스 문화에 동화된 동시에 전통적인 유대적 삶도 살았던 양면성을 띠었다고 말할 수 있다. 그럼에도 그는 당시 지식인의 전형에서 벗어난 인물이다. 운동경기장이나 극장 등을 즐겨 찾았으며 사회 활동에도 참여하기를 좋아했으며, 특히 유대 성서가 제시하는 궁극의 실재에 대해 깊이 성찰하기를 선호한 인물이기 때문이다. 우리는 디아스포라 유대인 사상가 필로를 통해 팔레스타인 유대인과 디아스포라 유대인 사이의 차이점과 유사점에 대한 중요한 정보를 얻을 수 있다.

2. 저서

필로는 헬레니즘 시대의 유대 작가 가운데 학식이 가장 많은 사람이었다고 말할 수 있다. 수많은 저서를 후대에 남긴 디아스포라 유대인인 필로는 아마도 히브리어를 잘 구사할 줄 몰랐던 것 같고, 정상적인 그리스 교육 과정을 밟은 까닭에 오히려 그리스어에 정통했다. 따라서 그가 남긴 작품들은 주로 그리스어로 기록되었고 약간의 아르메니아어 번역이 전해 내려올 뿐이다. 적지 않은 그의 작품들이 소실되었으나, 다행히 교부 및 그리스도인 학자들의 손을 거쳐 상당 부분 보존될 수 있었다. 그의 작품들을 흔히 다음과 같이 세 그룹으로 나눈다[7]:

가. 모세오경에 대한 연속적인 주석서

* De Opificio Mundi (세상 창조에 대하여): 이 작품은 '모세오경이 다른 법조문들보다 우월하다는 점을 입증하기 위해, 창세기 1-2장을 그리스 철학적 관점에서 새롭게 해석한 작품이다. 여기서 필로는 세상과 인간의 창조를 신성한 숫자 7로 설명하고, 가시적인 세계와 비가시적인 세계 또한 영원한 존재와 사멸하는 현상에 대한 자연의 이치를 다룬다. 그러면서 모세오경이 인간과 사회가 실천해야 하는 과학과 법과 도덕의 근거이자 표준임을 강조한다. 플라톤 학파와 스토아학파의 이원론을 수용하는 가운데 감각적인 인식의 세계와 이데아의 세계를 구분한다. 본문의 일부만 소개하고자 한다:

> (1.128) … 숫자 7은 그리스인들과 야만인들 가운데 가장 고상한 사람들에게 존경을 받았는데, 그들은 특별히 수학 지식에 경도된 사람들이었다. 또한 숫자 7은 덕을 좋아한 모세에게도 존경을 받았다. 그러므로 모세는 그것의 아름다움을 가장 신성한 율법 돌판에 새겨넣고, 자신에게 속한 모든 이들의 마음속에 새겨 넣어 그들에게 매주 6일을 마치고 7일째 날을 거룩하게 지키라고 명령했다. 즉, 그날에는 생계 수단을 얻기 위한 모든 행위를 삼가고, 오로지 덕을 함양하고 양심으로 자각한 것을 확인하기 위한 철학 활동에만 전념하라고 명령한 것이다. 그런 것이 혼 속에 심판관처럼 자리하면, 사람들을 책망하는 일에 문제가 없으며, 때로는 격하게 위협하고 때로는 더 부드럽게 꾸짖을 수 있다. 미리 알았으면서도 고의로 불의한 행위를 한 것처럼 보일 때는 위협을 가하고, 미리 알지 못한 채 무심코 한 행위에 대하여는 다시는 그런 일이 발생하지 않도록 꾸짖을 수 있는 것이다.
>
> (1.129) 그는 세계 창조 기사를 회고하면서 다음과 같이 요약한다. "이것은 하늘과 땅의 창조에 관한 책이고, 그것이 창조되던 때에 관한 책으로서, 그날에 하나님은 하늘과 땅을 만드셨고, 땅에는 아직 들의 온갖 식물이 탄생하지 않았으며, 들풀들

---

7) M. Mach, "Philo von Alexandrien", *TRE* 26 (1996), 524 이하.

도 아직 자라나지 않았다."(창 2:4-5) 여기서 모세는 비물질적이고 정신으로만 인식할 수 있는 이데아들을 언급하고 있는 것이 분명하다. 그것들은 사실 감각으로 파악할 수 있는 결과물들을 찍어내어 완성하기 위한 도장들이 아닌가? 왜냐하면 땅이 초록빛을 띠기 전에도 똑같은 초록이 그 본성 안에 내재하고 있으며, 들에서 풀이 나오기 전부터 보이지 않는 풀이 있었다고 그는 기록하기 때문이다.[8])

* De Abrahamo (아브라함에 대하여) : <세상 창조에 대하여>에 이은 후속편이다. 아브라함은 완덕에 이른 사람으로서 가르침을 통해 덕을 추구하는 사람을 표상한다. 아브라함 관련 자료는 두 부분으로 나뉜다: 1. 아브라함의 경건, 즉 하나님에 대한 관계[60-207]; 2. 아브라함이 사람들과 관계할 때 지녔던 4가지 미덕 [정의, 용기, 신중, 절제][208-276].

* De Josepho (요셉에 대하여): 아브라함, 이삭, 야곱이 상징하는 것과 달리 이 책은 정치인 요셉의 생애를 다룬 작품이다. 율법의 알레고리에서 부정적인 인물로 등장하는 요셉을 이 작품에서는 참된 정치가 politicus 에 대한 알레고리로 해석한다. 필로에게 참된 정치가란 군중들로부터 받는 대중성의 위협에서 면제된 사람으로서 자제력을 지닌 사람이다.

* De Decalogo(십계명에 대하여): 이 작품은 <아브라함에 대하여>와 유사한 구조를 지니고 있다. 처음 다섯 계명은 하나님과 인간 사이의 관계인 경건성을 반영하며, 나머지 다섯 계명은 사람과 사람 사이의 기본적인 미덕을 나타낸다. 그런데 기본적인 미덕은 일반적으로 4가지로 통하므로, 부모공경의 명령을 하나님 경외와 인간에 대한 미덕들 사이에 놓인 중간직인 억힐코 간주히서 해서하였다. 본문의 일부를 소개하면 다음과 같다:

De Decalogo 중 시내산 계시(44-49):
자명한 일이지만 그 주위의 모든 것은 기적으로 가득 찼다: 귀로 감지할 수 없을 정도로 큰 천둥소리며, 눈부시게 타오르는 섬광, 보이지 않는 나팔에서 멀리 울려 퍼지는 소리, 착 깔려 움직이고 있는 구름이 마치 바닥에 서 있는 기둥과 같으며

---

8) 문우일 역, 『알렉산드리아의 필론 작품집 I』 (아카넷, 2022), 116-117.

하늘의 공기에까지 다다랐으며, 요동치는 천상의 물이 모든 것이 두터운 연기 속에 둘려 있었다. 하나님의 권세가 다가왔기에, 세상 가운데 어떠한 것도 가만히 있을 수 없고, 그를 섬기기 위해 모든 것이 움직여야만 했다.

그런데 그 백성은 정결함 가운데 있었으니, 아마 사흘 전부터 여자들과의 관계를 피했으며, 게다가 생명 부지에 꼭 필요한 것을 제외하고는 모든 쾌락을 피했으며, 목욕과 물 뿌림으로 몸을 깨끗이 하였으며, 옷을 빨았고 대체로 흰 옷을 입었으며 마치 발가락으로 선 것 같았고, 귀를 쫑긋거렸다. 그때 모세는 백성을 장엄한 모임으로 오라고 하여 그들에게 가르침을 주었다. 왜냐하면 홀로 부름받은 모세는 계시를 받아서, 그러한 모임이 열려야 할 필요성을 깨달았기 때문이다.

그러자 하늘로부터 내려오는 불 한복판에서 한 목소리가 울려 퍼졌고, 모두가 경외심이 가득한 공포 가운데 빠졌다. 그 불꽃은 의미 있는 소리로 바뀌어 듣는 이에게 전달되었다. 이때 들린 소리는 어느 정도로 분명하였는가 하면, 사람들이 그것을 듣고 있다고 믿지 않고 보고 있다고 믿었다.

성서는 나의 주장을 입증하였다. 기록된 바출 20:18 "모든 백성이 그 소리를 보았다"는 정말로 의미가 깊다고 할 수 있다. 왜냐하면 사람의 목소리는 들을 수 있지만, 하나님의 목소리는 실제로는 볼 수 있다. 왜냐고? 왜냐하면 하나님이 말씀하시는 것은, 말이 아니라 행위이기 때문이다. 귀보다는 눈이 더욱 잘 구분할 수 있는 행위이다. 특히 멋지고 정확히 보도한 것은, 그 목소리가 불에서 나왔다는 사실이다. 왜냐하면 하나님의 말씀은 불 속의 금과 같이 깨끗이 정제되었기 때문이다. 한 걸음 더 나아가 상징적으로 다음과 같은 의미도 담고 있다. 불의 임무는 두 가지이다. 즉 비추는 일과 태우는 일이다. 마찬가지로 하나님의 말씀에 순종하고자 하는 자는 마치 그림자 없는 빛 가운데 항시 거닐며, 율법 자체를 빛나는 별로서 가슴에 달고 있는 셈이다. 그러나 하나님께 순종하지 않는 자는 영원히 불에 타, 그들의 마음 가운데 있는 욕망에 의해 먹혀버리고 말 것이다.

* De Specialibus Legibus (**특별한 율법들에 대하여, 1-4권**): 모세의 입을 통해 명령된 세부 규율들을 다룬다. 제1권은 제사 문제를, 제2권은 맹세 및 절기에 대하여 다룬다. 제3권은 결혼의 순결과 성적 탈선 금지 또한 살인 및 과실치사 등에 대해 다룬다.

* De Virtutibus (**미덕에 대하여**): 인간 상호 간 관계를 다루는 주제에 집중한다. 그리하여 "용기에 대하여" 1-50; "인류애에 대하여" 51-174; "회개에 대

하여" 175-186; "고귀함에 대하여" 187-227 다룬다.

* De Praemiis et Poenis (상급과 처벌에 대하여): 여기에는 "아브라함에 대하여"와 "모세에 대하여"에 나타나는 자료가 반복된다. 38년에 있었던 유대인 대학살 이후에 기록된 것으로 추측되는 만년의 작품으로 간주된다.

나. 모세오경에 대한 해석서

여기에 속하는 책들은 다시 아래와 같이 양분할 수 있다.

1) Questiones et Solutiones in Genesin et Exodum (창세기와 출애굽기에 대한 문답): 이 글은 아르메니아어 번역으로 전해 내려왔는데, 질문과 대답의 형식을 이용하여 창세기와 출애굽기를 해석한 것이다. 본래 연속적인 주석서로 집필되었으나, 상당 부분 소실되었다.

2) 장편의 알레고리적인 성서 주석: 창세기 2-41장에 대한 알레고리적인 해석은 본래 하나로 연결되어 존재했으나, 오늘날에는 다음과 같이 구분하여 부른다:

Legum Allegoriae (알레고리 해석): 창 2-3장의 아담과 하와 이야기.

De Cherubim (케루빔에 대하여): 창 3:24와 4:1에 대한 알레고리 해석.

De Sacrificiis Abelis et Caini (아벨과 가인의 제사에 대하여): 창 4:2-4에 대한 알레고리 해석.

Quod Deterius Potiori Insidiari Soleat (나쁜 자가 더 나은 자를 공격함): 가인이 아벨을 살해한 일 창 4:8-16 에 대한 해석.

De Posteritate Caini (가인의 후손에 대하여): 가인의 추방과 그의 제물에 관한 설명.

De Gigantibus(거인들에 대하여): 창 6장의 거인 이야기에 대한 해석.

Quod Deus sit Immutabilis (하나님의 불변성에 대하여)

De Agricultura (농사에 대하여): 사람을 농부라 칭함의 의미 1-123 와 시작함의 의미 124-181 에 대해 다룬다.

De Platatione (씨뿌림에 대하여): 농부 노아의 포도 재배를 해석.

De Ebrietate (술취함에 대하여): 지혜로운 자가 술에 취하는지에 대한 철학자들의 견해를 소개.

De Sobrietate (맑은 정신에 대하여): 홍수 뒤 노아의 행동, 특히 술에서 깨어나 맑은 정신으로 되돌아온 것 등을 해석.

De Confusione Linguarum (언어의 혼란에 대하여): 창 11장 바벨탑 이야기에 나오는 언어의 혼란에 대한 해석.

De Migratione Abrahami (아브라함의 이주에 대하여)

Quis Rerum Divinarum Heres sit (누가 신적인 것들의 상속자인가): 감각에 집중하는 자가 실로 신적인 것들을 상속받을 수 있는지 다룬다.

De Congressu Quaerendae Eruditionis Gratia (예비 학습과의 합치): 김나지움의 일반 교육이 철학의 예비 학습이 된다는 스토아적 관점을 설명.

De Fuga et Inventione (도주와 발견에 대하여): 하갈이 사라에게서 도주한 것[2-118]과 천사가 하갈을 발견한 일[119-176], 천사가 하갈을 우물가에서 발견한 사실[177-213]을 알레고리로 해석한다.

De Mutatione Nominum (이름의 변경에 대하여): 예컨대 아브람이 아브라함으로 바뀐 것을 다룬다.

De Deo (하나님에 대하여): 세 사람이 아브라함을 방문하는 내용인 창 18장에 대한 일부 해석을 다룬다.

De Somniis(꿈들에 대하여): 알레고리 성서 주석의 마지막 부분에 해당한다. 인간의 생각이 전혀 담기지 않은 것으로 하나님에게서 직접 유래한 꿈들과 하나님과 협력하여 미래의 일을 보여주는 꿈들로 구분한다.

다. 철학적이며 시대사적인 작품

1) 철학서

* De Aeternitate Mundi (세상의 영원성에 대하여): 작품의 진정성에 대한

논란이 있었으나, 지금은 필로의 작품으로 간주한다. 이 작품에 담긴 창조와 철학에 관한 부분을 소개하면 다음과 같다:

"창조주는 나흘째 되던 날 하늘을 아름답고 신적인 장식, 즉 빛나는 별들로 꾸몄다. 빛이 존재하는 모든 것 가운데 가장 좋다는 것을 알았기에, 그는 빛을 오감 중에 가장 좋은 감각인 시각 기관으로 만들었다. 이성이 영혼 안에 있는데, 그것은 몸 안의 눈이기 때문이다. 즉, 둘 다 보는데, 이성은 순전히 영적인 것을 보고, 눈은 감지할 수 있는 것을 본다. 이성이 형체가 없는 것을 인식하기 위해서 통찰력을 필요로 하듯이, 눈은 육체를 감지하기 위하여 빛을 필요로 한다. 이 빛은 인간에게 있어 수많은 다른 보화의 근원이다. 특히 가장 지고의 선인 철학의 근원이다. 왜냐하면 이러한 현상들로부터 멀어지게 되면 될수록 영적인 조망을 더욱 더 열망하게 된다. 그러면 영혼은 하고 싶은 대로 계속하여, 이 모든 보이는 것들의 본질이 무엇인가를 연구한다. 이들이 창조된 것은 아닌가 혹은 시작을 가졌으나 혹은 이들의 움직임은 어떤 종류의 것인가? 그리고 그 모든 것을 움직이는 원인은 무엇인가? 이들에 대한 연구에서 철학이 생겨난 것이다. 철학은 인생 가운데 나타난 것 중에서 가장 완전한 선이다."

* De Providentia (섭리에 대하여): 아르메니아어 번역본으로만 보존된 이 작품은 섭리가 세상을 다스리는지에 대한 주제를 중심으로 필로와 그의 조카 알렉산드로스가 벌인 대화로 되어 있다. 신정론 주제가 나타난다.

* De Animalibus (동물들에 대하여): 역시 필로와 조카 알렉산드로스 사이의 논쟁으로 나타난다. 조카는 인간과 동물이 비슷하다고 주장하나, 필로는 동물에게는 이성이 없다고 주장한다.

* Quod Omnis Probus Liber sit (선한 사람은 모두 자유롭다): 이 글에는 모든 덕은 항상 영적이고, 그 반대는 항상 육적이라는 스토아학파의 역설들이 모여 있다. 영적으로 순결한 삶을 사는 사람들을 언급하는 가운데, 팔레스타인과 시리아에서도 그러한 사람을 만날 수 있다고 말한다. 에센파 사람들이 그렇다고 본 필로는 이들을 묘사한다.

2) 역사적이며 시대사적인 작품

* **In Flaccum (플라쿠스 반박)**: 이 작품은 알렉산드리아 총독 플라쿠스의 잘못된 행위를 반박한다. 플라쿠스가 32년에 총독이 된 후, 38년에 알렉산드리아에서 유대인 대학살이 있었다 전반부. 그 후 로마로 소환된 플라쿠스는 사형을 당한다 후반부. 이처럼 유대인에게 해를 입힌 사람은 하나님의 심판을 받게 된다는 일종의 신학적 성격을 담고 있는 작품이다.

* **Legatio ad Gaium (가이우스 알현 사절단)**: 이 작품의 대부분은 칼리굴라의 성격과 인품에 대하여 다룬다. 칼리굴라가 자기를 신처럼 여긴 것을 조롱하였으며, 전체 로마 제국이 칼리굴라의 신격화에 머리를 숙였으나 유일신론적인 신앙을 가진 유대인들은 이를 따르지 않았다고 자랑한다.

* **De Vita Contemplativa (명상적인 삶에 대하여)**: 이 작품은 '테라퓨타이' Therapeutae 라고 불리는 무리에 대하여 언급한다. 이들은 알렉산드리아 근처의 호수가에 정착하여 사는 일원론적인 교리를 가진 교단이다. 필로는 이들에 대해 에센파와 비교하면서 묘사한다 에센파는 실천적인 삶을 영위했으나, 테라퓨타이파는 이론적 삶을 강조하였다고 보았다.

* **Hypothetica (가설)**: 교회사가 유세비우스의 인용문을 통해 단지 단편 2개만 남아있다. 이 단편에 따르면, 필로의 이 작품은 "유대인들을 위한 변증" Apologia pro Iudaeis 혹은 "유대인에 대하여"라는 이름으로 불린 것 같다.

* **De Vita Mosis (모세의 생애에 대하여)**: 필로는 모세오경의 흐름을 따르면서, 그리스 교육을 받은 "가장 위대하고 완벽한 인간" 1:1 모세를 그리스 문화가 내세우는 최고의 이상으로 소개하며 세상에 널리 알리고자 한다. 성경적 진술뿐만 아니라 하가다적인 전승을 사용하여 율법 수여자, 대제사장, 선지자인 모세를 플라톤적 의미의 철학자 임금으로 묘사한다.

3. 사상

필로는 모세의 율법, 즉 토라를 최고의 권위로 인정하였으며, 동시에 헬라 철학적 유산도 잘 물려받은 필로는 토라를 헬라 철학과 조화시키고자 하였다. 다시 말하면, 필로의 기본적인 의도는 철학적 사유의 도움을 얻어 유대교를 합리적으로 설명하고 해석하고자 하는 데 있다. 따라서 필로의 작품에는 철학과 계시종교의 문제가 서로 얽혀 있다.

필로의 작품에 들어 있는 철학적 배경으로서 중기 스토아주의와 중기 플라톤주의가 함께 나타난다. 그리하여 필로는 지상 세계를 천상 세계에, 보이는 것을 보이지 않는 것에, 물질을 이성에, 육체를 영혼에 종속된 것으로 간주하는 세계관을 지니고 있었다. 그에 걸맞게 필로는 감지할 수 있는 감각의 세계와 순수한 정신의 세계를 근본적으로 구분한다. 하나님의 본질은 이 정신세계에 속한다고 본다. 이러한 구분을 철저하게 하기에 필로는 성서에 나타나는 것과 같은 하나님의 현현을 불가능한 일로 여긴다. 필로에게 하나님은 "이름 붙일 수 없는 자", "말할 수 없는 자", "온갖 관념으로도 파악할 수 없는 자"이다 Somn. 1,67. 동시에 하나님은 "존재하는 만물 가운데 가장 오래된 자이며 가장 완벽한 선"이다 Conf. 180.

또한 필로는 "로고스" 개념을 하나님을 중개하는 존재로서 사용한다. 그는 이 로고스를 세상을 통치하는 하나님의 힘으로 이해하며, 또 하나님의 모상이며, 창조의 도구, 관념 세계를 담고 있는 그릇, 피조물들을 결합하는 끈, 영혼을 하나님께 인도하는 안내자, 또한 두 번째 하나님으로 이해한다. 이러한 로고스 이해는 사람들로 하여금 하나님을 관상하는 데로 나아가는 적합한 길을 제시할 수 있었다.

또한 필로는 "인간"을 철저히 이분법적으로, 몸과 영혼으로 구분했다. 몸 혹은 육을 영혼에 대한 장애물로 여겼으나, 악한 것으로는 보지 않았다. 창세기 1:27과 2:7에 나오는 각각의 인간 창조를 알렉산드리아 유대교 전통을 따라 이해했는데, 창 1장에서 창조된 인간은 비물질적 인간으로서 남자와 여자가 아닌 플라톤적인 이상적 인간이자 하나님의 모상대로 창조된 자에 해당한다. 반면 창 2:7에 언급된 인간은 빚어진 사람은 물질적인 인간으로서 창 1:27의 이상적 인간의 모사이다.

성서 가운데 나오는 족장들의 유치한 행위를 글자 그대로 이해하려고 하는 문학가들과 달리, 필로는 알레고리를 중시함으로써 모세오경을 철학서로서 높이 평가할 수 있었다. 모세오경을 헬라어로 번역한 칠십인역본(LXX)을 최고의 철학으로 생각했으며, 헬라의 유명한 철학자들이 다름 아닌 모세로부터 배웠다고 믿었다.

"방대한 문학적 활동을 통해서 필로가 성취하려던 의도는 유대인 공동체의 신성한 책인 모세오경을 헬레니즘 세계의 책으로 변형시키고자 했다. 그는 변증적이며 우의적인 해석을 통하여 오경의 신비적인 의미를 철학적 언어로 바꾸어서 헬라 교육의 궁극적 목표와 연관시킬 수 있었다. 그는 오경의 도덕적이며 법률적 내용을 헬라적인 범주 안에서 고쳐 서술함으로써 유대 지혜 신학이 성취하려고 의도했던 것을 완성시켰다. 천국의 지혜라는 유대교의 개념이 세상과 인간 이성의 창조자인 '로고스'라는 철학적, 종교적 개념과 합하여졌다. 모세의 법률 제정은 우주의 합리적 질서 $\lambda\acute{o}\gamma o\varsigma\ \varphi\acute{u}\sigma\epsilon\omega\varsigma$ 라는 스토아 개념과 동일시되었으며, 그리하여 하나님이 주신 자연법칙이 되었다. 이로써 필로는 우주적인 법규를 구상해 낼 수 있었으며, 또한 내면화된 심리학적인 개념으로 설명될 수 있는 인간의 도덕성에 대한 개념도 이끌어 낼 수 있었다."[9]

- 보설 Excursus : 알레고리적 성서해석이란 무엇인가?

참고문헌: I. Christiansen, *Die Thechnik der allegorischen Auslegungswissenschaft bei Philon von Alexandrien*, Tübingen, 1969; H.-J. Klauck, *Allegorie und Allegorese in synoptischen Gleichnistexten*, Münster, 1978, 32-115; E. Stein, *Die allegorische Exegese Philos aus Alexandria*, Gießen, 1929, 26-41; W. Bousset, *Jüdisch-christlicher Schulbetrieb zu Alexandria und Rom*, Göttingen, 1915, 8-14.

---

9) H. 쾨스터, 『신약성서 배경 연구: 헬레니즘 시대의 역사, 문화, 그리고 종교』, 이억부 역 (은성, 1996), 459-60.

알레고리적인 해석이란, 한 본문이 문자 그대로의 액면적 진술을 넘어 그 안에 숨겨져 있는 어떤 합리적인 다른 뜻을 진술한다는 것을 전제로 한다. 따라서 한 본문이 담고 있는 본래 의미는 오로지 알레고리적인 해석을 통하여 드러나게 된다. 신약성서의 저자들도 종종 알레고리적인 해석을 사용하였다. 예컨대 바울은 <고린도전서 9장 9-10절>에서 다음과 같이 말한다:

"⁹ 모세의 율법에 곡식을 밟아 떠는 소에게 망을 씌우지 말라 기록하였으니 하나님께서 어찌 소들을 위하여 염려하심이냐. ¹⁰ 오로지 우리를 위하여 말씀하심이 아니냐. 과연 우리를 위하여 기록된 것이니 밭 가는 자는 소망을 가지고 갈며 곡식 떠는 자는 함께 얻을 소망을 가지고 떠는 것이라."

여기에서 바울은 신명기 25장 4절을 인용하면서 "곡식 떠는 소에게 망을 씌우지 말지니라", 하나님이 소를 걱정해서 이와 같이 말씀하신 것인지를 묻고 있다. 바울은 이 말씀이 동물이 일을 하고 나면 마땅히 먹이를 먹어야 한다는 말씀이 아니라, 오히려 우리를 위한 말씀이라고 대답한다. 여기에서 바울이 유추해 내는 본래 의미란, 복음을 위해 일하는 사람은 신앙공동체가 그의 생계를 보장해야 한다는 것이다.

바울이 구약성서를 알레고리적으로 해석하는 또 다른 좋은 예는 갈라디아서 4장 21-31절에 나온다. 여기에서 바울은 아브라함의 두 아내에 대해 언급하면서, 하갈과 사라 및 이 두 여인의 아들들에 대한 구약성서 이야기는 알레고리직으로 해석해야 한다고 말한다. 하갈과 그녀가 낳은 아들 이스마엘은 종을 뜻하나, 사라와 그녀의 아들 이삭은 그리스도의 부름에 순종하여 믿는 사람이 얻게 되는 자유라는 것이다.

필로는 '헬라니즘화 된 디아스포라 유대인들의 전형적인 대표자'로 간주되는데,[10] 유대 성서에 대해 쓴 거의 모든 것과 이 성서 가운데 나타나

---

10) E. R. Goodenough, *An Itroduction to Philo Judaeus* (Oxford, 1962).

는 거의 모든 것을 알레고리적으로 해석하였다고 말할 수 있다.[11] 필로가 선호한 알레고리적인 해석 방식은 당시 호머의 작품들을 해석할 때 많이 사용되었는데, 그런 해석 방법을 필로가 성서 해석에 적용하였다. 필로는 예컨대 **창조 이야기**를 다음과 같이 알레고리적인 방식으로 해석한다:

* 아담=이성; 들의 동물과 하늘의 새=감정의 움직임; 하와=욕정; 뱀은 쾌락과 사랑의 상징으로서 두 사람을 맺어준다.
* 아브라함이 사라에게서 후사를 얻기 전에 하가와 더불어 아들을 낳았다는 것은 지혜로 돌아서서 가장 아름다운 열매로서의 덕을 획득하기에 앞서서 개론적인 학문을 다루어야 함을 뜻한다.
* 요셉의 생애는 정치적인 모범을 보여주는데, 현자가 국가 생활을 하는데 취해야 할 태도를 나타낸다.

게다가 **율법의 규정들**도 알레고리적으로 해석함으로써 윤리적인 내용에 대한 통찰력을 얻는다. 예를 들면:

(De Specialibus Legibus I, 260) "짐승을 세심하게 살피는 행위는 윤리적 습관을 더 나은 방향으로 다듬어 가야 할 의무를 상징적으로 보여준다는 사실을 깨닫게 될 것이다. 율법은 비이성적인 동물을 위해 주어진 것이 아니라, 이성과 오성을 가진 존재를 위한 것이기 때문이다. 따라서 희생 제물에 대한 고려는 그 제물이 흠이 없어야 한다는 것을 가리키지 않고, 제물을 드리는 사람이 어떠한 감정을 받더라도 괴로워하지 않아야 한다는 것을 가리킨다."

이처럼 율법은 무엇이 하나님의 질서에 따라 인간의 본질에 적합한지를 가르친다. 또한 "안식일"을 철학적인 자의식을 깨우치기 위한 휴식의 날로 해석한다. 이를 통해 필로에게 알레고리적인 성서해석이 얼마나 중요한지 엿볼 수 있다. 그가 알레고리를 강조하고 있는 것은, 알레고리를 통하여 토라는 더욱 심오한 철학적 의미를 담을 수 있었다고 보았다. 심

---

11) R. Williamson, *Jews in the Hellenistic World: Philo* (Cambridge, 1989), 144.

층적인 철학적 의미를 찾는 일에 필로의 관심이 집중되었다고 말할 수 있다.

알레고리를 강조했음에도 불구하고 필로는 성서를 해석할 때 다른 해석의 가능성, 즉 성서의 '문자적 해석'의 가능성도 여전히 있다고 보았다. <아브라함의 이주> De Migratione Abrahami 에 나오는 그의 진술에서 그 점이 잘 드러난다: "문자로 된 율법을 지성·정신이 인식할 수 있는 것들의 상징으로 여겨 지성에만 지나치게 관심을 두고 율법 자체는 가볍게 여기는 경솔한 사람들이 있다. 나는 문자적 의미를 이렇게 가볍게 다루는 사람들을 비난하는 쪽이다. 두 가지 목표, 곧 보이지 않는 의미를 한층 더 정확하게 연구하는 것과 본문의 가시적 측면을 나무랄 데 없이 잘 보존하는 것 모두에 신경을 써야 하기 때문이다" 솅크, 『필론 입문』, 송혜경 역, 79쪽에서 재인용.

따라서 필로는 성서에 대한 알레고리적인 해석과 문자적인 해석을 동시에 사용하였다고 보아야 한다. 그런데 여기서 말하는 문자적인 해석은 오늘날 우리가 생각하고 있는 개념과 동일시해서는 곤란하다. 고대인이 뜻하는 문자적 성서해석이란 일반적으로 수용되어 전해 내려온 해석을 가리키기 때문이다. 예컨대 창세기 18장 2절에 아브라함 앞에 '사람 셋'이 나타나는 장면이 나온다. 이 세 사람에 대한 문자적인 해석에 따르면, 이들은 천사들을 가리키나, 필로의 알레고리적인 해석에 따르면 신적인 세력을 뜻한다.

그렇다고 필로가 성서에 담겨 있는 글자 자체의 뜻을 소홀히 한 것으로 간주해서는 안 된다. 특별히 성서의 본문 그대로 해석할 때 어려움에 처하면 흔히 알레고리적 해석을 사용하였다고 말할 수 있다. 예컨대, 신화론적인 묘사나 신인동형론적인 묘사 Anthropomorphism 가 나올 때 알레고리적인 해석을 선호하였다. <창세기와 출애굽기에 대한 질문과 응답>의 경우에 필로는 문자적인 해석과 알레고리적인 해석을 동시에 제시하기도 한다. 필로는 <세상 창조에 대하여> 154-157 에서 알레고리적 해석의 필연성을 역설한다.

필로는 유대 회당에 별 영향을 미치지 못하였다. 필로의 활동기 직후부터 이른바 랍비 유대교의 영향력이 디아스포라 유대교에도 미쳤기 때문이다. 반면에 필로는 초기 그리스도교에 커다란 영향을 끼쳤다. 그리스도인들은 필로가 발전시킨 다양한 개념들을 이용했는데, 특히 기독론의 발전에 필로의 로고스 사상을 받아들일 수 있었다.[12] 따라서 부분적이나마 필로는 그리스도교 신학 발전에 선구자적인 역할을 수행했다고 말할 수 있다.

특히 알렉산드리아의 클레멘스 Clemens von Alexandria, 215년 이전에 사망 나 오리게네스 같은 교부는 필로의 영향을 절대적으로 받았다고 말할 수 있다. 최초의 그리스도교 학자로 통하는 클레멘스는 성서뿐만 아니라 자기보다 앞서 이루어진 그리스도교적인 문헌 전반에 걸쳐 해박한 지식을 소유했으며, 동시에 다양한 그리스 철학과 고전 문헌에도 정통한 사람이었다. 그리스도교를 철학적 진리의 최고봉으로 여긴 클레멘스는 계시를 그리스도교 이전의 철학과 연관시켜서 가르쳤으며, 그리스 철학에 담겨 있는 다양한 진리를 그리스도교 신앙의 내용과 조화시키고자 했다. 7권으로 구성된 그의 중심 저작 <양탄자> Stromata 에 그러한 시도를 담았다. 그 밖의 작품으로는 <이교인들에 대한 권고>, <교육자> 등이 있다.

고대 그리스도교에서 가장 많은 저술을 남긴 최초의 교회사가라고 말할 수 있는 오리게네스(185-254년경)도 필로처럼 알레고리적 성서해석을 선호했다. 오리게네스의 대표작은 다음과 같다: Hexapla 6중 대조 성경; Contra Celsum 변증서; De principiis 『원리론』, 아카넷, 2014: 이 책은 그리스도교 신앙의 핵심 문제의 입문서에 해당한다.

---

12) 예컨대, 그리스도를 "하나님의 형상(모상)"(골 1:15)으로 표현하는 것(cf. Leg 3,96; Plant 20; Conf 146f; Somn 1,239), 혹은 그리스도를 "모든 피조물보다 먼저 나신 이"(골 1:15)로 표현하는 것이 로고스를 "하나님의 첫 아들"(Agr 51)로 간주하는 것에 상응한다. 또한 히 4:12-13에 나오는 "하나님의 말씀"은 필로의 로고스(Her 130; Cher 17) 개념과 유사하다.

4. 문헌 소개

* Standard edition: *Philonis opera quae supersunt*, ed. by L. Cohn/P. Wendland/S. Reiter, 6 Vols., Berlin, 1896-1930(=1962).

* Translation

L. Cohn et al., *Die Werke Philos von Alexandria in deutscher Übersetzung I-VII*, 1909-64.

F. H. Colson (and G. H. Whitaker, for I-V), *Philo* I-X(1929-62) [Loeb Classical Library].

문우일 역,『알렉산드리아의 필론 작품집 1』, 아카넷, 2022.

* Concordance: H. Leisegang, ed., *Indices ad Philonis Alexandrini Opera*, vol. 7 of C-W, 1926-30.

케네스 솅크,『필론 입문』, 송혜경 역 (바오로딸, 2008).

사무엘 샌드멜,『알렉산드리아의 필로』, 박영희 역 (엠마오, 1989).

제13장

요세푸스를 통해서 본 바리새파 · 사두개파 · 젤롯당
...

지나간 20세기 종교 · 신학계에 있었던 가장 획기적인 사건은 1947-1956년에 걸쳐 사해 북서쪽 쿰란 동굴에서 엄청난 양의 사본들이 발견된 일이다. 이 문서들은 고대 유대교의 한 종파인 에센파 사람들이 남긴 것으로 밝혀졌다. 이로써 우리는 처음으로 그 당시 유대교의 상황을 직접 알려주는 자료에 접근할 수 있게 되었다. 쿰란 문서 이외에는 당시 유대종파가 남긴 어떠한 일차 자료도 오늘날까지 전해 내려오지 못했다. 쿰란 문서가 발견되기 전에는 대체로 당시 유대교는 바리새파를 이른바 주축 내지는 정통으로 하고 몇몇 사소한 분파들이 존재했을 뿐이라고 생각해 왔다. 이와 같은 오류는 이제 더 이상 지탱될 수 없음이 쿰란 문서의 발견으로 분명해졌다. 당시 유대교 내에는 아직 정통이라 부를만한 종파가 형성되지 않았고 단지 서로 견제할 만한 세력들로서 바리새파 말고도 에센파며 사두개파를 중심으로 하는 다양한 종파들의 양상을 보여주고 있었다. 여기에서 우리는 쿰란에센파를 제외하고[1] 특히 바리새파와 그의 분파라 할 수 있는 젤롯당, 그리고 사두개파에 한정하여 다루려 한다.

앞서 언급하였듯이 에센파와 달리 이들 종파의 저작으로 알려진 한편

---

[1] 쿰란에센파에 대하여는 본서 제2장을 참조하라.

의 작품도 오늘날 우리에게 전달되지 못한 까닭에 이들에 대하여 신빙성 있게 서술하는 것이 쉽지 않다.[2] 우리가 접할 수 있는 유일한 자료란 신약성서에 나오는 약간의 단신과 유대인 역사가 요세푸스 플라비우스 Josephus Flavius 가 고작이다.[3] 신약성서에 나오는 구절들에서는 이들 종파의 역사와 관련한 어떠한 신빙성 있는 자료를 얻기가 거의 불가능한 상태이고, 단지 그들의 신앙세계와 관련된 몇 가지 보도만을 얻을 수 있을 뿐이다. 따라서 우리가 이용할 수 있는 자료란 대체로 요세푸스에 국한되는 셈이다. 그리스어로 기록한 이 자료란 특히 "유대 전쟁기" Bellum Judaicum=Bell. 와 이보다 더 늦게 완성된 "유대 고대사" Antiquitates Judaicarum=Ant. 를 말한다.[4]

I. 유대인의 세 철학파

요세푸스는 "유대 고대사"에서 하스몬 가문의 왕이며 동시에 대제사장인 마카비 사람 요나단 Jonathan Makkabäus, BC 161-143 에 대한 역사를 서술하는 가운데 다음과 같이 기록하고 있다. "그 당시에 유대인 가운데 세 철학파 αἵρεσις 가 있었다. 그들은 인간의 삶과 관련하여 서로 상이한 견해를 지니고 있었다. 그중 하나는 바리새파요, 다른 하나는 사두개파, 그리고 셋째로는 에센파다" Ant XIII, 171. 여기에서 요세푸스가 이들 세 종파를 '하이레시스'라는 그리스어 표현을 사용하여 부르고 있는 점이 독특하다. 그는 당시

---

2) "솔로몬의 시편"(=PsSal)을 바리새파의 작품으로 간주하는 경우가 있는데 그와 같이 볼 수 있는 어떠한 근거도 아직 찾을 수 없다.
3) 요세푸스는 예루살렘에 있던 제사장 가문 출신으로 AD 66-73년 사이에 있었던 로마에 항거하는 전쟁 중에 갈릴리 지역의 전투 책임자로 활약하다가, 베스파시아누스(Vespasian)에게 항복한다 (AD 67년). 베스파시아누스가 로마황제가 된 이후 석방되어 로마군의 지휘관인 티투스(Titus) 밑에서 예루살렘 멸망을 목격하게 되고 훗날 로마 시민으로 전향했다.
4) 유대 전쟁기는 대략 AD 75-79년 사이에 완성되었으며, 유대 고대사는 AD 93/94년에 완성되었다고 보고 있다. 이 두 작품의 그리스어 본문을 보려면 Josephus Flavius, *Opera*, B. Niese, ed., vol. I-V (Berlin, ²1955). 혹은 O. Michel/O. Bauernfeind가 편집하고 독일어로 번역한 *De bello Judaico*, vol. I- II (Darmstadt, 1959/1963).

헬레니즘 세계에 유행하던 철학파들을 염두에 두고 헬라 독자를 고려한 나머지 의도적으로 그와 같은 표현을 사용하였음에 틀림이 없다. 이는 그가 다른 곳에서 바리새파를 스토아학파에 비교하거나$^{Vita\ 12}$ 5) 에센파를 피타고라스학파에 비교한다는 사실을$^{Ant\ XV,371}$ 통해서도 알 수 있다.6)

이와 같은 비교의 적합성 여부를 떠나, 요세푸스가 한 위의 말에서 우리는 그가 이 세 개의 종파를 유대교 내에 있는 서로 견주어 비교할 만한 종파로 파악하고 있음을 엿볼 수 있다. 그런데 이들 종파를 단순히 일종의 종교 운동으로 파악하는 것보다는 확실한 조직과 구성원을 갖추고 있으며 동시에 나름대로 확실한 입장을 고수하고 있는 종파로 이해하는 것이 좋을 것 같다.7) 유대학 전문가 귄터 쉬템베르거 Günter Stemberger 는 자료가 부족하다는 이유로 이러한 주장을 유보하고 있으나,8) 쿰란에센파가 확실한 조직체를 갖춘 종파로 드러난 이상 다른 종파도 그와 유사할 것으로 추정하는 것이 더욱 설득력이 있다.

II. 바리새파

1. 역사와 관련한 요세푸스의 보도

요세푸스는 <유대 고대사>$^{Ant.}$에서 앞서 언급한 마카비 가문의 왕 요나

---

5) *Vita*는 "유대 고대사"에 대한 일종의 부록이라 할 수 있는 요세푸스의 작품이다. 여기에서 요세푸스는 로마와의 전쟁에서 취한 자신의 역할을 정당화시키고 있다.
6) 또한 *Bell* II,166와 비교하시오.
7) 이미 요아킴 예레미야스(J. Jeremias)는 바리새파, 에센파, 사두개파를 '확실한 입회 조건과 규정을 갖춘 완벽한 조직체'로 이해하였다. J. Jeremias, *Jerusalem zur Zeit Jesu* (Göttingen, ³1969), 262. 마찬가지로 H. Stegemann, *Die Essener, Qumran, Johannes der Täufer und Jesus* (Freiburg-Basel-Wien, ⁴1994), 194. 그러나 살다리니(A. J. Saldarini)는 사두개파의 경우에도 이와 같이 보아야 할지 조심스러운 입장이다. A. J. Saldarini, *Pharisees, Scribes and Sadducees. A Sociological Approach* (Edinburgh, 1989), 122.
8) G. Stemberger, *Pharisäer, Sadduzäer, Essener*, SBS 144 (Stuttgart, 1991), 9.

단의 시대 BC 161-143를 다루는 가운데 바리새파란 이름을9) 처음으로 언급하고 있다 Ant XIII,171-173. 또한 Ant XIII,288-292에 나오는 보도를 통해 바리새파는 요한 휘르카노스 Johannes Hyrkanos I, BC 134-104가 정권을 잡은 시기에 이미 영향력이 큰 종파로서 존재하였다는 사실을 알 수 있다. 이에 근거하여 마카비 요나단의 시대를 바리새파의 생성기로 잡을 수 있다.10)

당시 팔레스타인에는 '하시딤' Asidaion=경건한 사람들, 1Makk 2:42; 7:13; 2Makk 14:6 11)이라고 불리는 하나의 큰 조직이 있었다. 이 무리는 기원전 167/166년에 악명 높은 시리아 왕 '안티오코스 4세' Antiochus IV. Epiphanes, BC 175-164가 유대교를 혹독히 박해하는 시기에 등장한다. 하시딤에서 분리되어 나온 바리새파는 독자적인 종파를 형성했다. 당시 바리새파는 요나단 왕에 반대하는 입장에 섰다. 요나단이 전통적으로 지키던 정결법을 어겨가면서 여러 전쟁을 수행하였는데 아마도 이러한 점을 바리새파 사람들은 용납할 수 없었을 것이다. 게다가 대제사장직을 불법으로 겸직한 것도 도저히 받아들일 수 없었다. 또한 바리새파는 유다의 왕 '알렉산더 야나이' Alexander Jannai, BC 103-76와도 대립했다. 야나이가 심지어 외인부대를 동원하여 백성들을 억눌렀기 때문이었다.

바리새파는 시간이 갈수록 점차 그 세력이 커갔다. 우리는 이를 정치 수행 시 바리새파 사람들의 조언과 동의를 얻을 것을 알렉산더 야나이가 임종 직전에 아내 '살로메 알렉산드라' Salome Alexandra, BC 76-67에게 권고한 유

---

9) '바리새파 사람들'이란 용어는 히브리어로 페루쉼(Perushim)에 해당하는데 이는 '분리하다' 혹은 '설명하다'라는 뜻의 동사 파라쉬(parash)에서 유래한 말이다. 바리새파 사람들을 비방하는 적대자들이 처음으로 이 표현을 부정적인 의미로 곧 '분리된 자들'='분리주의자들'이란 뜻으로 사용하기 시작하였다. 그러나 나중에는 본인들이 이를 긍정적인 의미로 받아들였다.
10) 이와 달리 요세푸스는 <유대 전쟁기>(이하 Bell) I,110-112에서 살로메 알렉산드라 여왕의 시대에 처음으로 바리새파를 언급한다.
11) 췌리코버(V. Tcherikover, *Hellenistic Civilization and the Jews* [Philadelphia, 1959], 125)와 헹엘(M. Hengel, *Judentum und Hellenismus* [Tübingen, ²1973], 319)에 따르면 이 하시딤은 기원전 2세기 초에 이미 확고한 모임의 형태를 띠었다고 한다. 이와 달리 쉬템베르거는 1Makk 2:42에 나오는 synagoge Asidaion이라는 그리스어 표현에 관사가 빠졌다는 이유로 위의 견해에 대해 회의적이다 (*Pharisäer, Sadduzäer, Essener*, 93).

언을 통해서 알 수 있다 *Ant* XIII,400 이하. 살로메 알렉산드라는 대제사장직을 겸직할 수 없던 여성이라 바리새파의 입장에서 볼 때 가장 큰 걸림돌이 제거된 셈이었다. 따라서 이 여왕과 처음부터 좋은 관계에 있을 수 있었다. 이를 기회로 바리새파의 세력이 상당한 정도에 이르렀음을 *Ant* XIII, 409[12])에 나오고 있는 보도 "그 여왕은 단지 명목상으로만 정치를 할 뿐이지 실제로는 바리새파 사람들이 권력을 장악하고 있었다"를 통하여 알 수 있다.

그러나 헤롯이 로마의 봉신왕으로 정권을 잡으면서부터 *Bell* I,208-211 바리새파는 더 이상 정치에 관여하지 못하게 되고, 민간 경건운동에 커다란 영향력을 끼치는 순수한 종파로 바뀐다.

2. 바리새파의 가르침

가. 구전 전승에 대한 강조

Ant XIII,297에서 요세푸스는 다음과 같이 기록하고 있다.

> "이제 나=요세푸스는 밝히고 싶은 점이 있다. 바리새파 사람들이 모세의 율법 가운데 기록되지 아니한 조상들의 전승에서 유래한 몇몇 규정들을 백성들에게 전하였다는 것이다. 따라서 그들은 오로지 기록된 규정들만 지킬 것이지 조상들의 전승에서 나온 것은 지킬 필요가 없다고 말하는 사두개파 사람들을 비난하였다. 이런 이유로 그들 사이에 여러 논쟁과 커다란 차이점이 생기게 되었다. 그런데 사두개파 사람들은 단지 부유한 사람들로부터 호응을 받았지 평범한 사람 중에서는 추종자를 얻지 못했다. 이와 달리 바리새파 사람들은 대중의 후원을 받았다."

이러한 요세푸스의 보도에서 우리는 바리새파가 조상들로부터 내려온 구전 전승을 특히 강조하고 있다는 사실을 알 수 있다. 우리는 이와 같은 보도를 바리새파 출신인 바울의 말을 통해서도 접할 수 있다. 갈라디아서

---
12) *Bell* I,110-112와 비교하라.

1장 14절에서 회심하기 전의 자신을 두고 "내 조상들의 전통을 지키는 일에도 훨씬 더 열성"이었던 자로 언급하고 있다.13) 요세푸스와 신약성서가 한결같이 조상들의 '전통'/'전승' paradosis 을 바리새파의 중요한 특징으로 설명하고 있다는 사실을 통해 우리는 이 요소를 바리새파의 중요한 특징 가운데 하나로 간주할 수 있다.

그러나 '조상들의 전통'이란 개념을 오직 바리새파에게만 적용되는 절대적인 개념으로 간주해서는 안 되고 오히려 상대적인 개념으로 보아야 할 것이다. 당시 어느 유대 종파도 조상들의 전통을 완전히 무시한 채 존재할 수 없었기 때문이다. 이런 의미에서 앞서 언급한 요세푸스의 인용문 가운데 요세푸스가 사두개파와 관련하여, "조상들의 전승에서 나온 것은 지킬 필요가 없다"라고 표현하여 일종의 금지령처럼 전하고 있는 것을 액면 그대로 받아들일 것이 아니라 바리새파 출신인 요세푸스가 이 두 파를 의도적으로 서로 대치시키고 있다는 사실을 고려해야 할 것이다.

나. 영혼 불멸과 부활 신앙

요세푸스는 바리새파와 사두개파를 비교하면서 서로 반대되는 입장을 다음과 같이 지적하고 있다. 바리새파 사람들의 믿음에 따르면 "… 모든 영혼은 비록 불멸하나, 오직 의인들의 영혼만이 다른 육신으로 넘어갈 수 있을 뿐이다. 이와 달리 악인들의 영혼은 영원한 벌을 받게 된다" *Bell* II,163. 그러나 사두개파 사람들은 "영혼의 지속과 지옥에 있을 벌과 상을 거부하고 있다" *Bell* II,165.

여기에서 요세푸스는 영혼 불멸과 부활 문제를 두고 바리새파와 사두개파를 대조시키고 있다. 그런데 당시 유대교의 제종파 가운데 논쟁점은 영혼 불멸이 아니라 부활에 놓여 있었다. 이러한 강조점의 변화는 아마도 헬라 독자를 고려한 요세푸스의 의도와 관련되었다고 볼 수 있다. 어쨌든

---

13) 막 7:1-13(특히 3절과 5절)에서도 조상들의 전승이 강조되고 있다.

여기에 나오는 요세푸스의 진술을 따르면, 바리새파 사람들은 영혼불멸을 믿었지만 사두개파 사람들은 이를 거부하였다고 한다.[14] 이와 같은 보도는 사도행전 23장 6-8절에 나오는 바울이 유대 의회를 분열시키고 있는 장면에 부합한다.[15]

> "그런데 바울이 그들의 일부분은 사두개파 사람이요, 일부분은 바리새파 사람인 것을 알고서, 의회에서 큰소리로 말하였다. '형제 여러분, 나는 바리새파 사람이요, 바리새파 사람의 아들입니다. 나는 지금, 죽은 사람들이 부활할 것이라는 소망 때문에 재판을 받고 있습니다.' 바울이 이렇게 말하니, 바리새파 사람과 사두개파 사람 사이에 다툼이 생겨서, 회중이 나뉘었다. 사두개파 사람은 부활도 천사도 영도 없다고 하는데, 바리새파 사람은 그것을 다 인정하기 때문이다."

위에서 언급한 두 인용문에만 국한한 가운데 당시 유대교의 제종파 가운데 유독 바리새파만 부활을 믿었다고 속단하기 어렵다. 왜냐하면 당시 부활에 대한 사고는 하나로 통일된 모습을 갖추지 않았고,[16] 또한 고대 유대교의 뒤를 이은 그리스도교와 랍비 유대교가 한결같이 이를 받아들인 것으로 미루어 보아 부활을 오직 바리새파의 유산으로만 간주하기에는 문제가 없지 않기 때문이다. 이와 관련하여 쉬템베르거는 사두개파 사람들이 내세나 혹은 부활을 전적으로 부인하였다는 것을 랍비문서 속에서 찾을 수 없다는 이유로 이를 문자 그대로 신뢰하기 어렵다고 보고 있다. 아마도 성서에 나오는 전통적인 표상인 스올 =지옥 만을 믿었을 것이라고 추정한다.[17]

---

14) 에센파 사람들도 의인들의 영혼불멸을 믿었다고 요세푸스는 전하고 있다(*Bell* II,154-158; *Ant* XVIII,18). 육신은 불멸하는 영혼의 감옥이며 죽음과 더불어 이 사슬에서 풀려나게 된다. 의인들의 영혼은 대양의 저편에서 영원한 상을 만끽하나, 반면에 악인들의 영혼은 영원히 형벌을 받으리라고 보도하고 있다.

15) 막 12:18에도 "부활이 없다고 주장하는 사두개파 사람들이"라는 표현이 나오고 있다.

16) 이와 관련하여 G. Stemberger, *Der Leib der Auferstehung* (Rom, 1972)를 참조하라.

17) G. Stemberger, *Pharisäer, Sadduzäer, Essener*, 69.

다. 운명과 자유의지

요세푸스는 바리새파와 사두개파의 '운명과 자유의지'와 관련한 입장에 대하여 마찬가지로 서로 대조하며 보도하고 있다.

> "… (바리새파 사람들은) 모든 것을 운명과 하나님께 돌리고 있다. 공의를 행하고 행치 않음은 비록 부분적으로는 사람들에게 달려 있지만, 모든 일에 역시 운명이 도와주고 있다. … 두 번째 모임인 사두개파 사람들은 운명이란 것을 전적으로 부인하고 있으며, 악한 것을 행한다거나 혹은 이를 단지 방관하는 일은 하나님과는 거리가 멀다는 입장을 고수하고 있다. 선과 악은 인간의 선택에 놓여 있으며, 각 개인의 결단에 따라서 둘 가운데 하나를 따라가게 된다고 그들은 말하고 있다." *Bell* II,162-165.

그런데 요세푸스는 이러한 바리새파 사람들의 입장을 그의 책 <유대고대사>에서는 에센파 사람들과 비교하는 가운데 좀 더 세분하여 서술하고 있다.

> "바리새파 사람들의 말에 의하면, 전부는 아니더라도 어떤 것들은 운명의 작용이며, 다른 어떤 것들은 다시금 그것이 일어나거나 일어나지 않는 것은 본인 스스로에 달려 있다고 한다. 반면에 에센파 사람들은 운명은 모든 것의 주인이며 이 주인이 결정 내리지 아니한 어떠한 것도 사람들에게 아무런 영향을 끼치지 못한다라고 주장하고 있다." *Ant* XIII,172.

또한 *Ant* XVIII,13에서는 다음과 같이 기록하고 있다.

> "바리새파 사람들은 비록 모든 것이 운명에 의하여 이루어진다고 믿고 있지만, 그렇다고 그들의 인간적 욕구로 말미암아 원하여 이루어진 것을 부인하지는 않는다. 왜냐하면 하나님의 결정과 이를 선이나 악으로 연결하려는 인간들의 결단 사이에 공동 작업이 놓여 있음이 하나님 보시기에 흡족하시기 때문이다."[18]

---

18) 이어지는 문맥에서 요세푸스는 에센파 사람들에 대하여도 한마디 언급하고 있다. "에센파 사람들의 가르침은 모든 것을 하나님께 맡기기를 선호하고 있다"(*Ant* XVIII,18).

이렇게 볼 때, 요세푸스는 바리새파의 입장을 다른 두 파, 곧 운명을 전적으로 부인하는 사두개파의 입장과 모든 것을 하나님께 돌리는 에센파의 입장 중간에 위치하는 것으로 보고 있는 셈이다. 이러한 중도적인 입장은 미쉬나 '아봇' Avot III,15 에 나오는 "모든 것이 사전에 규정되었지만, 선택의 자유는 허락되었다"라는 유명한 랍비 아키바의 말에서도 찾아볼 수 있다. 흔히들 이 말이 바리새파의 입장을 전해 주고 있다고 여긴다.

III. 사두개파[19]

요세푸스의 <유대고대사> XIII,288 이하 단락에는 요한네스 휘르카노스 Johannes Hyrkanos I, BC 134-104 가 본래 바리새파에 속했었는데, 이 파와 논쟁을 벌인 후 사두개파로 넘어가게 되었다는 보도가 나온다. 이러한 소속 변동의 이유는 휘르카노스가 왕이면서 대제사장직을 겸하고 있음을 바리새파 사람들이 비판하였다는 사실과 관련이 있다. 이 사실에서 우리는 휘르카노스 왕을 용납한 사두개파 사람들이 국수적인 성향을 띠었다고 말할 수 있으며 동시에 반로마적 성향을 띠었음을 보여준다 Bell I,142 이하; Ant XIV,57 이하. 사두개파의 이와 같은 정치와의 연계는 바리새파와 관계 개선을 도모한 살로메 알렉산드라 BC 76-67 여왕이 정권을 넘겨받으면서 점차 약해졌다.

사두개파가 반로마 성향을 띠었기 때문에 바로 로마의 세력을 등에 업은 헤롯대왕이 정권을 잡는 것을 별로 달가워하지 않았다. 그리하여 헤롯의 예루살렘 진입을 바리새파가 허용하여 권면한 것과 달리 사두개파 사람들은 헤롯에 대적하는 입장에 섰다 Ant XIV,168-176.

그런데 로마의 도움으로 하스몬 왕조의 마지막 왕인 안티고노스 Antigonos, BC 40-37 를 제압하고 기원전 37년에 정권을 차지한 헤롯은 주로 사두개파

---

19) 사두개파란 표현은 다윗 시대의 대제사장이었던 사독(삼하 15:24 이하; 17:15; 19:12; 왕상 1:32 참조)이란 사람의 이름에서 유래한다.

성원들로 구성된 산헤드린의 구성원들을 살해한다.[20] 이와 같은 사실은 *Ant* XX,247에 나오는 "헤롯은 하스몬가 출신의 어떠한 사람도 대제사장으로 임명하지 않았고 아리스토불로스만 제외하고는 오히려 이 직분을 단순한 제사장 출신의 평범한 사람들에게 넘겨주었다"라는 기록과도 잘 어울린다. 결국 헤롯은 사두개파의 영향이 압도적이었던 산헤드린을 없애 버렸을 뿐만 아니라, 사두개파의 지지를 받았던 하스몬가 출신의 대제사장들의 세력도 제거하였다.

그러나 헤롯 대왕이 기원전 4년에 죽고, 헤롯 왕국의 핵심 지역 유대, 사마리아, 이두매을 물려받은 그의 아들 아르켈라오스 Archelaos가 로마에 의해 추방되자 AD 6년, 다시 대제사장의 권한이 커지게 되었다. 그에 걸맞게 대제사장을 주축으로 한 산헤드린의 영향력이 로마시대에 급격히 부상한다 *Ant* XX,251 참조. 그럼에도 대제사장은 당시 점령국인 로마의 감시를 받아 결국 독자성을 많이 상실하고 만다.

우리는 바리새파를 바로 앞에서 다룰 때 요세푸스가 보는 사두개파의 입장도 동시에 기술하였기에 여기에서는 이를 생략하고, 단지 한 가지만 덧붙이고자 한다. *Ant* X,278에서 요세푸스는 '에피쿠로스' Epikuros 학파에 대하여 언급하면서 다음과 같이 기록하고 있다.

> "인간의 삶에서 섭리를 제외하였으며, 또한 하나님께서 사건들을 지배하신다는 사실과 축복받으시며 영원한 존재께서 우주의 향방을 설정하시고 … 하는 사실을 믿기 거부하고 있다. 그러즉 이 세상은 인도함이나 혹은 다른 이의 돌보심을 알지 못하면서 자기 스스로 움직이고 있을 뿐이라고 그들은 말하고 있다."

여기에서 우리는 에피쿠로스학파에 대한 이와 같은 묘사가 요세푸스가 보도하고 있는 사두개파의 입장과 상당히 유사한 점을 엿볼 수 있다. 따라서 요세푸스는 아마도 헬레니즘 시대의 독자들을 고려하여 사두개파를

---

20) *Ant* XV,6에 보면 45명의 안티오코스 추종자들이 살해된다는 보도가 나온다.

서술할 때 에피쿠로스 학파를 염두에 두었을 것으로 추정할 수 있다. 이러한 추정의 타당성은 앞서 언급하였듯이 요세푸스가 다른 두 종파 곧, 바리새파를 스토아학파에 비교하고 있으며 *Vita* 12 또한 에센파를 피타고라스 학파에 비교하고 있음을 *Ant* XV,371 통해서 드러난다. 쉬템베르거는 사두개파 사람들이 하나님의 실재를 거부했다고는 보기 어렵고 오히려 하나님의 초월성을 믿는 가운데, 사회 속에 있는 인간의 책임을 특히 강조했을 것으로 추정한다.[21]

IV. 젤롯당

젤롯당[22]에 대한 요세푸스의 시각은 둘로 나뉘어 있다고 볼 수 있다. 앞서 저술한 <유대 전쟁기>와 이 작품을 기술한 뒤 근 20년 후에 완성한 <유대 고대사>에 보면 젤롯당에 대한 평가가 각기 다르게 나온다. 그가 로마의 편으로 넘어가고 얼마 되지 않아서 기록한 <유대 전쟁기>에 로마의 천적인 젤롯당 사람들을 좋게 평하지 않는 반면에 *Bell* II,205; 445; 449; 525; 651 참조, 친로마적 경향을 띠지 않고 유대의 장구한 역사를 그리스-로마 독자들에게 소개한다는 차원에서 저술한 <유대 고대사>에서 요세푸스는 젤롯당을 비교적 긍정적으로 서술한다 *Ant* XII,302; 304; 312; 315; 443 이하; XVIII,4 이하.

요세푸스는 이 종파를 바리새파, 사두개파, 에센파에 뒤이어서 네 번째 철학파로 언급하고 있다 *Ant* XVIII,23. 그는 이들의 무력적인 성향만 제외하고서는 그 가르침이 바리새파의 가르침과 일치한다고 보도하고 있다 *Ant* XVIII,23. 이를 통하여 우리는 젤롯당이 바리새파와 깊이 연관되어 있음을 알 수 있다. 아마도 당시 바리새파가 급격한 헬라화의 위험한 분위기에도 불구하고 과격한 행동주의를 반대한 채 단지 전통 고수에 급급하였다고

---

21) G. Stemberger, *Pharisäer, Sadduzäer, Essener*, 67.
22) 헬라어 '젤롯테스'(ζηλωτής)는 '하나님을 위해 열심을 내는 자'란 뜻이다.

이들을 비판하는 가운데 이들에 불만을 품은 사람들이 바리새파를 이탈하여 새로운 과격당을 형성하였다고 볼 수 있다. 젤롯당은 이미 그 이름에서도 나타나고 있듯이 무력 행위도 불사하는 과격한 행동집단이었던 것이다.23) 귄터 바움바하 Günter Baumbach 는 요세푸스가 기원후 70년 이후의 유대교의 주류가 된 바리새파를 극찬하려는 경향성을 이유로 바리새파와 젤롯당 사이의 긴밀한 관계를 부인하고 싶어 한다.24) 그럼에도 불구하고 요세푸스의 보도는 더욱 신뢰할 만하다. 예를 들면, 요세푸스는 바리새파보다도 에센파를 더욱 칭송하고 있는데,25) 이는 바움바하가 말하는 친바리새적 경향에 모순되기 때문이다.

요세푸스는 젤롯당의 우두머리로 '갈릴리인 유다' Judas der Galiläer 를 기원후 1세기 초에 있었던 세무조사와 관련하여 언급하고 있다. 기원후 6년 이스라엘의 왕 아르켈라오스가 로마에 의하여 강제로 물러난 뒤에 로마가 직접 징수자로 나섰다. 아마도 이 조처에 대하여 바리새파 가운데 한 무리가 분노에 찬 나머지 바리새파를 박차고 나와 유다를 중심으로 과격한 행동당을 결성하게 되었다고 볼 수 있다. 이와 같은 분노의 이유는 성지 이스라엘은 오직 하나님께만 속한 것으로 그 누구도 이 상속권을 빼앗을 수 없다는 기본정신과 관련이 있다고 할 수 있다. 즉 로마의 세금 징수를 용납하는 것은 하나님에 대한 순종을 배반하는 것과 동일한 것으로 보았던 것이다. 젤롯당은 세금 징수를 위한 조사를 다름 아닌 노예상태를 초래하여 온 백성의 자유를 저버린 것으로 파악하였던 것이다 Ant XIII,4. 유다는 바리새파처럼 다가올 메시아 시대만을 그저 미온적으로 기다리지 않

---

23) 신약성서에 보면 '강도'(λῃστής=bandit/Räuber, 막 15:27 par) 혹은 '자객'(σικάριος=terrorist, 행 21:38)으로 불리는 사람들이 나오는데, 아마도 이들은 젤롯당에 속했던 사람들로 볼 수 있다.
24) G. Baumbach, *Jesus von Nazareth im Lichte der jüdischen Gruppenbildung* (Berlin, 1971), 15.
25) 요세푸스는 <유대 전쟁기> 제2권에서 넓은 지면을 할애하여 다른 종파보다도 우선적으로 에센파에 대하여 상세히 언급하면서, 모든 유대인들 가운데 에센파 사람들을 가장 모범적이라고 칭찬하고 있다. 뒤이어서 좁은 지면에 바리새파와 사두개파를 함께 다루고 있다. 에센파에 대하여 *Bell* II, 119-161 또한 *Ant* XIII,171-173.298, 바리새파와 사두개파에 대해서는 *Bell* II,162-166 을 참조하라.

고 이를 능동적으로 스스로 이룩해 나가겠다는 취지에서 많은 사람들을 수중으로 불러 모을 수 있었다.[26] 이렇게 볼 때 이 움직임이 사회혁명적인 성향을 띠었음을 알 수 있다. 젤롯당 사람들은 이 세상을 하나님의 성전으로 이해하였고 오직 하나님만을 이 세상의 주인으로 선포하는 가운데 $^{Bell\ V,458\ 이하}$,[27] 이것을 성취하기 위해 무력까지라도 불사했던 과격한 종파라 할 수 있다.

---

26) 행 5:37에 보면 "그 뒤에 인구조사를 할 때에, 갈릴리 사람 유다가 일어나 백성을 꾀어서, 자기를 뒤따라 반란을 일으키게 한 일이 있소. 그가 죽으니, 그를 따르던 사람들도 다 흩어지고 말았소"라고 기록되어 있다.

27) 또한 *Ant* XVIII, §23-25을 참조하라.

제14장

랍비 유대교 이해

...

랍비 문서 Rabbinic Literature 를 이해하기 위해서는 우선 이 문서들이 탄생한 시기에 대한 역사적 배경을 이해해야 한다. 시기적으로 볼 때 이 문서들은 유대 전쟁의 소용돌이 속에서 예루살렘 성전이 파괴되는 기원후 70년부터 바벨론의 유대 '예쉬바' Yeshva =토라 아카데미 가 몰락하는 1040년까지 대략 천년에 걸쳐 형성되었다. 랍비 문서는 이처럼 장대한 기간 동안 수많은 유대인의 전통과 힘이 결집하여 탄생한 것이다. 당시 유대인의 종교와 삶의 구심점은 크게 두 지역으로 나뉘어 있었다. 하나는 본토 '에레츠 이스라엘' Erets Israel, 곧 팔레스타인이고, 다른 하나는 바벨론 Babylonia 이었다.

I. 랍비 유대교 시대에 대한 역사적 개관

1. 팔레스타인 랍비 유대교의 역사

먼저 당시 팔레스타인을 둘러싼 역사적 상황부터 둘러보자. 헤롯 대왕이 기원전 4년에 사망하고 나서 그의 세 아들 아르켈라오스, 빌립, 헤롯 안티파스 은 로마의 명에 따라 팔레스타인을 분할하여 다스렸다. 헤롯 대왕의 손자 아그립바 1세 AD 37-44년 가 선왕들의 영토를 회복하면서 할아버지 헤롯 대왕이 다스렸던 영토를 다시 통합했으나, 기원후 44년에 사망하면서 팔레스타인은 로마 총독이 직접 통치하는 영토로 바뀐다. 그럼에도 불구하고 로마는 산헤드린 Sanhedrin 을 중심으로 하는 유대인의 자치 체제는 그대로 인정했고, 이를 통해 유대인의 종교적 삶은 지속될 수 있었다.[1] 그 사이에 로마의 통치에 저항하는 유대인들의 반감이 자라난다. 급기야 기원후 66년에 로마 총독 플로루스가 예루살렘의 성전 금고를 약탈하는 사건을 일으키자 로마의 지배에 항거하는 유대인들의 대대적인 해방운동이 터진다. 이른바 **"제1차 유대전쟁"**이 시작된 것이다.

반로마 저항운동의 선봉장인 메나헴을 추종하는 젤롯당원들은 사해 남서쪽 해안 부근에 위치한 군사 요충지 마사다를 점령하고, 또한 예루살렘 성벽 북서쪽에 위치한 헤롯 왕궁뿐만 아니라 성전 지역의 질서를 위해 세운 안토니아 성곽을 수중에 넣는다. 그러나 기원후 70년 이집트의 로마 군단을 통솔하던 베스파시아누스의 아들 티투스가 네 개의 군단을 이끌고 예루살렘으로 진격하여 성도를 철저히 파괴한다. 수많은 유대인이 살해되고 성전도 화염에 휩싸이면서 무너진다. 그것은 이른바 제2성전시대의 종말을 뜻한다. 그로 인해 향후 팔레스타인 유대인들의 삶에 엄청난 변화가 초래된다. 유대전쟁이 끝난 후 팔레스타인 전역은 '유대아' Judaea 라는 라틴어 공식 명칭으로 불리고, 유대교의 구심점을 이루었던 성전의 파괴는 팔레스타인 유대인들의 종교적 삶의 근거가 근본적으로 무너졌음을 뜻한다. 성전 파괴는 제사장 계층의 소멸로 이어졌고, 결국 팔레스타인에 사는 유대인들의 자치 체제가 완전히 붕괴되는 결과를 초래한다.

---

1) 1세기 후반에 활동한 유대 역사가 요세푸스가 산헤드린의 일차적 성격을 대제사장을 정점으로 하는 유대 정치 조직으로 묘사하는 것과 달리, 랍비문서(예컨대 Chag II,2)는 바리새파 수장의 지도하에 있는 종교 조직으로 이해한다.

그러나 시간이 흘러가면서 유대인들의 자치에 필요한 새로운 구심점이 점차 형성되기 시작한다. 탈무드 전설에 따르면 *Abot de Rabbi Natan* IV,6, 당시 최고의 스승으로 통하는 라반=랍비 '요하난 벤 자카이' Yohanan ben Zakkai 가 유대전쟁 때 로마군에 포위된 예루살렘에서 자신을 시신으로 위장시켜 탈출한 다음 자발적으로 로마인들에게 찾아가 앞으로 일어날 일들을 예언한다. 특히 베스파시아누스 장군이 머지않아 로마 황제에 등극할 것을 예언함으로 인해 그의 호감을 샀고, 그 덕에 파괴된 예루살렘에서 60km 정도 떨어진 지중해 연안 지역 '얍네' Yabne 혹은 Yamnia 라는 곳에 유대교를 가르칠 아카데미 설립을 허락받았다고 한다.[2] 그리하여 얍네는 유대전쟁 후 완전히 붕괴된 유대교 전통의 연속성을 지키며 유대적 실존의 거점을 보장하는 장소로 거듭난다. 한마디로 얍네가 당시 유대교 회복 운동의 중심지로 부상한 것이다.

이 운동을 이끈 중심 세력은 바리새파였다. 바리새파 랍비인 요하난 벤 자카이는 흩어졌던 바리새파 사람들과 전쟁에서 살아남은 서기관들을 중심으로 유대인들의 새로운 거점을 얍네에 만든 것이다. 그리하여 향후 모습을 드러내는 유대교를 가리켜 '**바리새파 랍비 유대교**' Pharisaic Rabbinic Judaism, 줄여서 '랍비 유대교'라 부른다. 성전과 국가의 형태가 완전히 소멸된 상태에서 새로 태어난 랍비 유대교를 이끌어 갈 지도자들이 얍네에서 하나둘씩 배출되기 시작한다. 이 새로운 형태의 유대교는 '가르침의 전당'으로 통하는 '예쉬바' Yeshiva 를 중심으로 한 것이다. 예쉬바란 토라를 연구하는 아카데미를 가리킨다. 기원후 1세기 말경 히브리어 성경의 성경 범위가 확정되고, 또한 유대 기도문들이 결정된 것이 바로 얍네에서 일어난 일로 보인다. 한마디로 얍네는 성전 없는 유대교 탄생의 출발지였다고 말할 수 있다. 기원후 80년경 이후 다윗의 가문으로 불리는 힐렐 학파

---

2) J. Neusner, *Development of a Legend* (Leiden, 1970); P. Schäfer, "Die Flucht Jahanan b. Zakkai", *ANRW* II,19/2 (1979), 43-101. 그러나 페터 쉐퍼는 얍네 회합의 역사성에 대한 근거가 확실하지 않다고 말한다.

House of Hillel 가 새로운 유대교의 중심에 오르면서 유대인의 최고 지도자를 가리키는 이른바 '나씨' patriarch 라는 세습 직분이 탄생한다.

제1차 유대전쟁이 끝난 후 팔레스타인 본토는 한동안 잠잠하다가, 로마 황제 하드리아누스의 통치기 117-138년 에 와서 다시 로마에 항거하는 유대인들의 대규모 저항운동이 일어난다. 132-135년 사이에 있었던 이른바 **"제2차 유대전쟁"**이다. 메시아로 간주된 선봉장 '시몬 바르 코크바'의 이름을 따라 **바르 코크바 봉기** Bar Kokhba Revolt 라 부른다. 두 번째 봉기 역시 참담한 실패로 끝난다. 수많은 유대인이 살해되고 뿔뿔이 흩어졌으며, 예루살렘은 그 영예로운 이름을 상실하면서 '콜로니아 엘리아 카피톨리나' Colonia Aelia Capitolina 로 불린다. 옛 성전 터에는 쥬피터 신전이 세워짐으로 예루살렘은 완벽하게 이방 도시로 탈바꿈한다.

기원후 138년 하드리아누스 황제가 사망하고 나서야 비로소 팔레스타인에서 유대교 회복 운동이 다시 일어난다. 이 노력의 중추 역할을 맡은 사람은 당시 유대교 지도자인 '예후다 하-나씨' Jehuda ha-Nassi, 즉 '랍비 유다'였다. 아무 수식어 없이 그냥 "랍비"라고 부르면 다름 아닌 그를 가리킬 정도로 그의 명성이 자자했다. 랍비 유다는 구전 전승을 수집하여 글로 남기는 것이 유대교 회복 운동을 위해 무엇보다 절실한 일로 여겼다. '나씨'로서의 그의 직분은 대략 기원후 170년경부터 시작하여 반세기 동안 지속된다.

기원후 135년 이후 얍네에 위치한 예쉬바가 장소를 이전한다. 얍네를 떠나 갈릴리에 있는 우샤 Usha 라는 지역으로 이전한 다음, 이어서 벳 셰아림 Beth Shearim 과 세포리스 Sepporis 를 거쳐 3세기 중엽에 가서는 마침내 "티베리아스" Tiberias 에 안착한다. 기원후 3세기에 들어와 유대인들은 안정기에 돌입한다. 당시 유대인들의 최고 지도자 '나씨'의 권위가 점차 올라가는 것에 비례하여 그를 중심으로 모인 랍비 조직 rabbinate 의 지위가 동반 상승한다. 그러면서 랍비 유대교는 안정적인 체제를 갖추고, 향후 본격적인 도약을 위한 준비가 마련된다. 이처럼 비교적 안정된 시기에 랍비 유대교의 근간을 이루는 사건이 일어난 것은 결코 우연의 일이 아니었던 셈이다. 대략 기원후 200년경에 일어난 이 사건은 다름 아닌 미쉬나 Mishna 의 완성이다. 그것은 그때까지 입에서 입으로만 전해 내려온 이른바 '구전 토라' Oral Tora 가 문서화된 것을 뜻한다. 앞서 언급한 랍비 유다가 미쉬나의 최종 편집자로 통한다. 3세기 중엽부터는 미쉬나의 정경화가 이루어지고, 훗날 형성되는 방대한 분량의 탈무드는 바로 이 미쉬나에 대한 다양한 주석들을 수집한 것이다.

기원후 313년 로마 황제 콘스탄티누스가 내린 밀라노 칙령 Edict of Milan 에 따라 그리스도교가 전체 로마제국의 국교가 된 것과 더불어 유대인들의 삶에 변화가 뒤따른다. 로마제국의 그리스도교화는 유대교의 발전을 막는 커다란 장애물로 작용한다. 율리아누스 황제 361-363년 가 유대인들의 예루살렘 성전 복귀를 허용한 것은 하나의 예외적인 조치에 지나지 않고 팔레스타인을 포함한 전체 로마제국은 니케아 신조 380년 의 영향 아래에 놓인다. 그로 인해 유대인들의 자치 조직인 랍비 연합체가 기원후 415-429년 사이에 소멸된다. 438년에 공포된 '테오도시아누스 법' Codex Theodosianus 과 그 뒤를 이어서 529/534년에 발표된 '유스티니아누스 법' Codex Justinianus 으로 인해 유대인들의 법적 지위가 불리하게 고정되고 만다. 기원후 614-628년에 페르시아가 서방으로 진격하자 팔레스타인은 그들의 수중으로 넘어간다. 이러한 형세는 기원후 638년 아랍인들의 침공으로 다시 뒤바뀌게 되고, 그 후 예루살렘은 그리스도교 세력권에서 완전히 벗어난 길을 간다.

2. 바벨론 랍비 유대교의 역사

이제 랍비 유대교의 다른 중심지인 바벨론 유대 디아스포라의 역사에 대해 살펴보자. 바벨론에 살던 유대인들은 팔레스타인에 있던 유대인들과는 완전히 다른 길을 걸었다. 기원전 587/586년에 신바벨론의 왕 느부갓네살의 군대가 예루살렘을 점령하고 솔로몬 성전을 파괴하면서 유다 왕국은 바벨론의 속국으로 전락한다. 그와 더불어 수많은 유대인이 포로로 바벨론으로 끌려간다. 그리하여 바벨론 포로 시기 BC 586-538년 동안 많은 유대인들은 바벨론에서 농부나 목자로 일하면서 살게 된다. 페르시아의 왕 고레스 Kyros II 가 신바벨론을 격파한 후 유대인들의 귀향이 허락되나 적지 않은 수의 유대인들은 그대로 바벨론에 정착한다. 그러면서 그곳에 상당한 규모의 디아스포라 공동체가 형성된다. 훗날 2세기 초반에는 앞에서 언급한 바르 코크바 봉기 AD 132-135년 로 인하여 많은 랍비들이 팔레스타인을 떠나 바벨론으로 이주한다. 당시 바벨론은 팔레스타인과는 달리 로마의 지배 아래에 있지 않고 북이란 민족인 파르터인들 Partians 의 수중에 있었다. 그런 까닭에 많은 유대인들이 바벨론으로 피난 갈 수 있었다.

기원후 226년경에 바벨론의 주인이 파르터 왕국의 '아르사크 왕조' Arsacid 에서 조로아스터교를 섬기는 페르시아의 '사산 왕조' Sassanid 로 바뀐다. 사산 왕조는 로마에 반대하여 동맹을 이룬 유대인들을 환대하였기에 이 시대는 전반적으로 유대인들에게 안정기요 동시에 번영기를 의미한다. 이 무렵 정치 지배 세력의 변화를 따라 팔레스타인에 자리 잡고 있던 여러 랍비학파가 바벨론으로 이주한다. 특히 '라브' the Master 로 불리던3) 유대인 탈무드 학자 '아바 아리카' Abba Arika, 175-247년 는 미쉬나를 수라 Sura 라는 지역으로 가져와 수라학파를 형성한다. 당시 유대인 자치 조직에는 두 명의 지도자가 있었다. 정치 최고 지도자인 '레쉬 갈루타' Exilarch 와 종교 최고 지도자인 '가온' Gaon 을 중심으로 바벨론의 유대인들은 잘 조직되어 있었다. 이런 이유로 바벨론 학파가 팔레스타인 학파를 능가하게 된다. 이와 같은 종교적 분위기를 동반한 6세기의 정치적 안정기는 방대한 '바벨론 탈무드'의 집필을 가능하게 하였고, 결국 바벨론이 당시 유대교의 중심지

---

3) 바벨론 유대교 전통에서는 랍비를 "라브"(רב)라 부른다.

로 자리매김하게 된다. 이 바벨론 탈무드는 양적으로나 구성적으로 '팔레스타인 탈무드'를 능가한다. 그리하여 오늘날까지도 유대인들은 바벨론 탈무드를 탈무드의 대명사로 여기면서 무엇보다 중요하게 여긴다.

사산 왕조는 640년에 아랍인의 침공을 받아 종말을 맞이하고, 그와 함께 유대인들의 두 중심 거점인 팔레스타인과 바벨론이 모두 이슬람 세력권 아래에 놓인다. 이로써 유대인들의 두 거점이 역사상 처음으로 하나로 통일된 정치 세력 밑에 처한다. 이 통일 아랍 세계의 수도가 처음에는 우마이야 왕조 684-750년의 지배 아래에서 다메섹 Damascus 에 있다가 661-750년, 750년 이후 압바스 왕조의 지배로 바뀌고 수도를 바그다드 Bagdad 로 옮긴다. 그로 인해 바그다드와 가까웠던 바벨론 유대인들의 중요성이 더욱 커진다. 바벨론 남쪽 유프라테스 강변의 고대 도시인 수라 Sura 와 품베디타 Pumbedita 에 자리 잡은 유대인 '예쉬바'=토라 아카데미 는 황금기를 맞이한다.

그러나 이러한 유대인들의 전성기도 예언자 무함마드의 계승자로 통하며 이슬람 제국의 최고 주권자인 칼리파 khalifah 를 중심으로 한 칼리파 체제 Caliphate 의 붕괴와 더불어 점차 쇠퇴한다. 1040년 바벨론에 있던 유대인 예쉬바가 문을 닫았으며, 1099년에 파티마 왕조 북아프리카와 이집트 지역 가 지배하던 예루살렘을 십자군이 점령함으로써 제1차 십자군 전쟁, 1096-1099년 팔레스타인 유대인 공동체도 종말을 고한다. 그리하여 유대인들의 중심 거점이 바벨론과 예루살렘을 떠나 다른 곳으로 옮겨가기 시작한다. 스페인을 비롯하여 튀니지, 모로코 등 북아프리카 지역이 바벨론 유대교의 전통을 물려받은 새로운 거점으로 부상한다. 이로써 수많은 랍비 문서를 배출한 랍비 유대교의 장구한 역사는 마침내 마감하게 된다.

3. 랍비 유대교 시대의 4단계

오늘날 학자들은 위에 언급한 거의 1000년에 해당되는 랍비 유대교의 시대를 다음과 같이 크게 4단계의 시기로 구분한다.

가. 타나임 시대

랍비 유대교의 제1단계는 **타나임 시대** Period of Tannaim, 곧 미쉬나 학자들의 시대라 부른다. 타나임이란 아람어 '타나' אנת=가르치다에서 유래한 말로서 미쉬나 교사들을 뜻한다. 이들은 대략 기원후 70-200년 사이에 활동했던 학자들로서 미쉬나 편집을 완성한 사람들을 가리킨다.

나. 아모라임 시대

제2단계는 대략 기원후 200-500년 사이의 시기이다. 이 시대를 가리켜 **아모라임 시대** Period of Amoraim, 곧 탈무드 학자들의 시대라 부른다. 아모라임은 히브리어 '아마르' אמר=말하다에서 유래한 말로서 탈무드 교사들을 뜻한다.

다. 사보라임 시대

랍비 유대교의 제3단계는 6-7세기에 해당하는 시대로서 **사보라임 시대** Period of Saboraim 라 부른다. 사보라임은 히브리어 '사바르' סבר=설명하다, 결정하다에서 유래한 말로서 아모라임의 뒤를 이은 유대인 학자들을 가리킨다.

라. 게오님 시대

랍비 유대교의 마지막 제4단계는 사보라임 시대 이후 바벨론의 유대 아카데미가 문을 닫는 1040년까지의 시기에 해당하는데, 이 시기를 가리켜 **게오님 시대** Period of Geonim 라 부른다. 게오님은 히브리어 '가온' גאון의 복수형으로 탈무드 아카데미의 교장을 가리킨다.

II. 이중(二重)의 토라

랍비문서를 이해하기 위해서는 무엇보다도 '이중의 토라'라는 개념을 알 필요가 있다. 즉 유대교에는 두 종류의 토라가 있다는 말이다. 이것은 유대인들이 갖고 있는 일종의 도그마 Dogma 에 해당한다. 두 종류의 토라는 모두 하나님이 시내 산에서 모세에게 내린 계시에 근거한 것이라고 유대인들은 믿고 있다. 다시 말해 모세가 하나님으로부터 '기록된 토라' Written Tora 를 전수받을 때, 동시에 그에 해당하는 해석을 담은 또 하나의 토라, 즉 '구전 토라' Oral Tora 를 구두로 전수받았다는 것이다. 그러한 사실이 미쉬나에 속하는 소책자 '아봇' Avot 1:1 에 전해 내려온다:

> "모세는 토라를 시내산에서 받아 이를 여호수아에게 전하였다. 그리고 여호수아는 장로들에게, 그리고 장로들은 예언자들에게, 그리고 예언자들은 이를 저 큰 모임의 사람들에게 전하였다."

여기에 나오는 '토라'라는 말은 '구전의 가르침'을 의미한다. 이 구두로 전해 받은 해석은 온갖 종류의 실천 사항을 포괄하는 것으로서 하나님의 율법을 올바로 이해하기 위해 반드시 필요하다고 유대인들은 믿고 있다.

1. 기록된 토라 (The Written Tora)

이중의 토라 가운데 하나는 '기록된 토라'를 가리킨다. 이는 히브리어로 '토라 쉐브 크타브' תורה שב כתב 라 부른다. 일반적으로 모세오경을 뜻하는 토라는 기원전 5세기경 페르시아 시대에 완성된 것으로 여긴다. 다른 거룩한 문서는 기원전 2세기에 와서야 완결된다.[4] 이 정경화 작업은 일종의 거르는 작업이라고 할 수 있는데, 예언자에게 그 근원을 두고 있는지가

---

[4] B.C. 190년경에 기록된 시락서에(Sir 38:24-39) 보면 성서의 세 부분을 평생 읽는 것을 학자들의 이상형으로 묘사하고 있다. 여기에 이미 성서의 세 부분이 완결된 것으로 전제되어 있다.

그 기준이었다.

2. 구전 토라(The Oral Tora)

이중의 토라 가운데 다른 하나는 '구전 토라'를 가리킨다. 이는 히브리어로 '토라 쉐브알 페' תורה שבעל פה 라고 부른다. '토라'라는 단어는 원래 가르침 혹은 교훈을 뜻하는데, 이미 여기에 구전의 성격이 담겨 있다고 볼 수 있다.

이 구전 토라와 관련된 핵심 구절이 요세푸스의 <유대 고대사> Ant. XIII, § 297 에 나온다. 여기에서 요세푸스는 바리새파 사람들이 전하여 준 모세의 율법에 기록되지 아니한 규정들에 대하여 언급하면서 이것이 사두개파가 바리새파를 배격하게 된 이유라고 설명한다. 이 구절에서 요세푸스는 구전 토라가 바리새파에서 유래하였다고 보고 있다. 이 구전의 가르침은 글자 그대로 외우는 작업이었다. 바벨론 탈무드에 다음과 같은 이야기가 나온다.

"'라바난'5)이 다음과 같이 가르치고 있다. 어떠한 방식으로 가르침이 전승되었나? 모세는 전능하신 분 =하나님 의 입을 통해서 배웠다. 이어서 아론이 나오는데, 모세는 이 사람에게 그의 =그가 외울 부분을 가르쳤다. 그런 후 아론이 물러나서 모세의 좌편에 앉았다. 이어서 아론의 아들들이 들어왔고 모세가 이들에게 그들의 =그들이 외어야 할 부분을 가르쳤다. 그런 후 그의 아들들이 물러났다. 엘레아잘이 모세의 우편에 앉고 이트마는 아론의 좌편에 앉았다. 아론은 계속해서 모세의 우편에 앉아 있으라고 랍비 예후다가 말하였다. 이어서 장로들이 들어왔고 모세가 그들에게 그들의 부분을 가르쳤다. 이 장로들이 물러나자 온 백성이 들어왔다. 모세는 그들에게 그들의 부분을 가르쳤다. 이리하여 아론은 그 부분을 네 번이나 들었고, 그의 아들들은 세 번, 장로들은 두 번, 그리고 온 백성은 한 번을 들을 수 있었다. 그런

---

5) '라바난'(Rabbanan)은 '라반'(Rabban)의 복수형으로 '우리 선생님들'을 뜻한다. 이와 관련하여 '랍비'(רבי)가 팔레스타인 학자에 대한 칭호라면, '라브'(רב)는 바벨론 학자를 지칭할 때 쓰는 말이다.

다음 모세가 물러났다. 그러자 아론이 그들에게 그들의 부분을 반복하였고, 이어서 아론도 물러났다. 그러자 그의 아들들이 그들에게 그들의 부분을 반복하였고, 이어서 그 아들들도 물러났다. 그러자 장로들이 그들에게 그들의 부분을 반복하였다. 이리하여 모든 사람이 네 번씩 그 부분을 들을 수 있었다" bEruvin 54b.

여기에서 구전의 가르침은 글자 그대로의 반복을 의미한다기보다는 일종의 새로운 창조의 과정으로 이해할 수 있다. 이 구전 토라가 점차 기록되어 문서화 작업이 이루어지게 된다. 다양한 방식으로 이루어지는 이 문서화는 하나의 특정 시대를 대표하는 것이지, 맞고 틀림의 문제를 동반하지 않는다는 점에 유의해야 한다. 문서화되는 과정에 있는 하나의 구전 전승은 아직 공식적인 의미를 지니지 않고 일종의 사적인 성격만 지닌다. 다시 말하면, 유대교의 '가르침의 전당'에서 공식적인 공부자료 등으로 사용되지 않는다. 이런 문서화 과정은 기원후 5-6세기까지 지속되었다. 이 '구전 토라' 토라 쉐브알 페는 언제나 '기록된 토라' 토라 쉐브 크타브 와 구별되었다. 이는 구전 토라가 '읽는다' read 라는 동사와 함께 사용되는 반면에, 기록된 토라는 '배운다' learn 라는 동사와 더불어 사용된다는 점에서도 그 차이를 알 수 있다. 구전의 토라는 다음과 같이 세 가지로 나눌 수 있다.

III. 세 가지 구전 토라

랍비문서를 이해하기 위한 중요한 전제로서 '이중 토라' 개념 외에도 세 가지의 구전 토라 개념이 있다는 사실도 알아야 한다. 성문화된 '기록된 토라' 토라 쉐브 크타브 가 3부분 토라, 크투빔, 느비임 으로 되어 있는 것을 본떠, '세 가지 구전 토라'라는 말을 사용한다. 이는 할라카, 하가다, 그리고 미드라쉬를 가리킨다.

1. 할라카 (הלכה, Halakha)

이는 '걷다'라는 의미의 동사 '할라크'에서 유래한 말로 '이스라엘이 걸어야 할 길'을 표시하는 개념으로 이해할 수 있다. 종교법과 관련된 모든 사항들이 이 할라카 영역에 속한다고 볼 수 있다. 예를 들면, 유대교에 속하는지 혹은 속하지 않는지의 문제는 바로 할라카의 문제이다. 다른 말로 하면 실천 사항에 관련한 모든 것이 이 영역에 속하는 셈이다. 할라카는 변하지 않고 고정된 것을 의미한다기보다는, 항시 변동하며 바뀌는 것이라고 말할 수 있다. 유대교 전통의 독특성이 바로 이 할라카에 들어 있다고 볼 수 있다.[6]

할라카는 세분하여 아래와 같은 의미로 이해하기도 한다: ① 좁은 의미로는 탈무드에 나오는 할라카 모음들 가운데 가장 작은 단위 조항 = Paragraph 를 뜻한다. ② 더 넓은 의미로는 개개의 법조항들을 통칭하는 의미로도 사용된다. ③ 가장 넓은 의미로는 유대교 내의 여러 상이한 법률 구조를 가리키는 말로도 이해할 수 있다 예를 들면, 쿰란 사람들의 할라카. ④ 법률적인 사항과 관련된 것들을 모은 '문학의 장르'로서 이해할 수도 있다.

2. 하가다 (הגדה, Haggada)

'하가다' 역시 앞서 언급한 할라카와 마찬가지로 유대인들의 전통을 이해하는데 아주 중요한 개념이다.[7] 이 말은 '이야기하다', '말하다', '연설하다'라는 뜻을 지닌 동사 lehaggid להגיד 에서 유래한 것이다.[8] 즉 명사 '하가

---

6) Shmuel Safrai는 할라카를 "유대문서의 가장 중요한 요소 가운데 하나"라고 말한다. Sh. Safrai, ed., *The Literature of the Sages*, Part 1 (Philadelphia, 1987), 121.

7) 유월절에 이스라엘 사람들이 이집트의 종살이로부터 탈출한 사건을 이야기하는 '페사흐 하가다'(Pessa-Haggada)와 구별하기 위해, (특히 팔레스타인 텍스트는) '하가다' 대신 '아가다'란 아람어화 된 표현을 종종 사용한다.

8) 이와 같이 G. Stemberger, *Das klassische Judentum. Kultur und Geschichte der rabbinischen Zeit*(70n.Chr. bis 1040n.Chr.) (München, 1979), 161. 그러나 W. Bacher는 הגדה를 הכתב הגדה(= 기록된 것이 말한다)에서 유추했다. W. Bacher, *Die Exegetische Terminologie der jüdischen Tradi-*

다는 일차적으로 전달의 형태를 강조하는 단어로서 '이야기' Erzählung를 가리킨다. <유대교 대사전>Jüdisches Lexikon II, 1987은 "탈무드 문헌과 탈무드 종교의 비율법적인 부분들"이라 요약한다.

그런데 19세기에 하가다 연구의 대가로 명성을 날린 유대인 학자 '빌헬름 바허' Wilhelm Bacher, 1850-1913는 그 개념을 "마기드 하-카투브" =성경이 말한다란 양식에서 유래한 것으로 간주하면서, 하가다를 일차적으로 '성경해석'으로 여겼다. 그러나 오스트리아 유대학자 슈템베르거 G. Stemberger는 바허의 설명에 이의를 제기한다. 하가다는 성경해석을 포함할 뿐만 아니라, "성경이 말한다"는 양식도 특히 할라카적 미드라쉬에 즐겨 쓰는 표현이지, 하가다적 성경해석의 도입부에 나오는 특징에 적합하지 않다는 것이다.

하가다 개념을 긍정적으로 정의하기가 쉽지 않아서 보통 부정적으로 정의한다. 이미 중세 11세기 랍비 '사무엘 하-나기드' Samuel ha-Nagid, 993-1055는 다음과 같이 정의했다: "하가다란 율법이 아닌 온갖 주제에 대하여 탈무드에 나오는 모든 해석이다." 이는 곧 랍비전통에 나타나는 할라카를 제외한 모든 것이 하가다의 영역에 속한다는 뜻이다.

이를 다음과 같이 정리할 수 있다: 율법 문제를 다루고 있는 할라카의 언어사용은 아주 정확하며 잘 정의가 내려진 표현들로 나타나는 반면, 하가다는 어떠한 통일적인 언어사용을 보여주고 있지 않다. 하가다는 특히 성서에 대한 짤막한 주석들로 되어있을 뿐만 아니라, 이야기·삽화·우화·동화 등의 형식을 담기도 한다. 그 밖에도 현자들의 세계관, 삶의 지혜, 다양한 신학 주제, 지방 풍속 또는 자연과학의 영역에 속하는 주제도 포함한다. 이처럼 다양한 종류의 것들을 담을 수 있는 하가다는 많은 부분이 대화나 논쟁의 성격을 띠기도 하는데, 이러한 문학적 표현을 이용하여 가르침의 내용을 전한다. 하가다의 문학적 표현의 자유는 이것이 성서본문에 얽매일 필요가 없을 뿐만 아니라 실제로 구속력이 없는 가르침이었

tionsliteratur, Teil 1 (Darmstadt, 1965)[=Leipzig, 1899], 33 이하.

다는 사실과도 관련이 있다.9)

위의 설명에도 불구하고 할라카와 하가다의 경계선을 확실히 긋기는 쉽지 않다. 단지 한 가지 강조할 점은, 앞에서도 언급했듯이 하가다의 본래 핵심은 성서 주석과 관련되었다는 사실이다. 이는 바벨론 탈무드의 산헤드린 bSanh 8b 에 나오는 랍비 요하난 Johanan 의 다음과 같은 말에서 짐작할 수 있다. "랍비 메이어의 강좌는 세 부분으로 나뉘어 있었다. 3분의 1은 할라카요, 3분의 1은 하가다, 또한 3분의 1은 비유들로 되어 있었다."

일반적인 관점에서 보면, 하가다는 현재의 삶을 종교적으로 극복하는 데에 그 의도가 있었다. 이런 의미에서 하가다는 할라카를 보충하는 역할을 맡았다고 말할 수 있다.

* 다음과 같은 하가다 모음집들이 있다. W. Bacher, *Die Agada der Tannaiten* I-II, ²1913; *Die Agada der palästinischen Amoräer* I-III, 1892-1899; *Die Agada der babylonischen Amoräer*, ²1913(Reproduktion bei Olms, 1967).

3. 미드라쉬 (מדרש, Midrash)

이 말은 '구하다' 혹은 '묻다'라는 뜻을 지닌 동사 '다라쉬' דרש 에서 나온 명사형으로 '연구' 또는 '공부'를 의미한다.10) 이미 성서 안에서 하나님이나 토라를 목적어로 하는 신학적인 의미로 사용되었다.11) 에스라 7장 10절에 보면 동사 '다라쉬'는 '하나님의 토라'와 관련되어 나타난다.

랍비시대의 미드라쉬는 특히 성서 본문 연구나 그 주석을 뜻하고 있다. 동시에 미드라쉬는 이와 같은 연구나 주석에서 나온 그 결과물들의 모음을 가리키기도 한다.12) 또한 성서 주석가나 설교가를 '다르샨' דרשן 이라 부

---

9) 따라서 하가다는 무엇을 증명하기 위한 자료로 사용될 수 없었다.
10) 종종 בקש(=연구하다, 밝혀 내다)라는 동사와 병행하여 사용된다.
11) 이러한 의미로 히브리 성서 안에 50회 이상이나 사용되었다.
12) 미드라쉬란 본래 성서해석과 관련한 구체적인 해석방법을 의미하지 않는다. 그런데 쿰란 문서 가운데에서 특별한 종류의 미드라쉬 주석을 볼 수 있다. 이를 흔히 페셔 방법이라 부른다.

른다.

미드라쉬의 근원은 이미 성서에서 찾을 수 있다. 예를 들면 역대기서를 사무엘서와 열왕기서에 대한 일종의 미드라쉬로 이해할 수 있다. 또한 시락서 44-50장에 나오는 "조상들의 찬미" 부분이나 솔로몬의 지혜서 10-19장도 일종의 미드라쉬로 간주할 수 있다. 그 뿐만 아니라 쿰란 문서 가운데에도 이에 해당되는 것들이 발견되기도 하였다.13)

베르메쉬 G. Vermes 는 랍비 시대의 미드라쉬 주석 방법을 두 종류로 나눈다.14) 첫째는 순수 주석 Pure Exegesis 이라 부른다. 이는 오늘날 보편화된 역사비평학 방법과 유사한 것이다. 둘째는 응용 주석 Applied Exegesis 이라 하는데 이는 주석가가 현재와 관련지어 행하는 주석을 말한다. 랍비시대에는 다양한 종류의 미드라쉬가 있었는데 이들을 보통 할라카적인 미드라쉬 Halakhic Midrashim 와 아가다적인 미드라쉬 Aggadic Midrashim 로 구분하기도 하며 그 형태에 따라서는 주석 미드라쉬 Exegetical Midrashim 와 설교 미드라쉬 Homoletic Midrashim)로 나눌 수 있다.

성서 본문에 아직 모음이 없었을 당시에는 이와 같이 다양한 종류의 미드라쉬가 가능하였으나, 모음이 자음에 함께 붙은 마소라 본문이 생긴 이후로는 더 이상의 미드라쉬 작업이 불가능해지고 말았다. 자음 본문에 모음이 없었을 때는 그 본문의 내용이 모음을 어떻게 붙이느냐에 따라서 다양한 해석의 가능성을 열어 놓았었는데 모음이 확정되면서부터는 본문의 내용이 하나로 고정되어 버렸기 때문이다.

  * 미드라쉬의 영어 역을 보려면: H. Freedman/M. Simon, ed., *The Midrash*, 10 Vols., London-New York: The Soncino Press, ³1983.

---

13) 4Q174 MidrEschat, 4Q177 MidrEschat, 11QMelch. 또한 1QGenAp도 미드라쉬와 유사한 요소를 지니고 있다.

14) G. Vermes, "Bible and Midrash: Early Old Testament Exegesis", *Post Biblical Jewish Studies*, J. Neusner, ed., Studies in Judaism in Late Antiquity 8 (Leiden, 1975), 59-91, 특히 62 참조.

IV. 주요 랍비 문서 개관

유대교는 예나 지금이나 '책의 종교'로 알려져 있다. 이는 경전의 중요성을 강조하는 말이다. 랍비 유대교 역시 수많은 문서를 낳았다. 그중 우리에게 가장 친숙한 것은 '탈무드' Talmud 일 것이다. 탈무드는 우리나라 서점에서 쉽게 접할 수 있는 단행본으로 된 소박한 형태의 책이 아니라, 기원후 4-5세기경부터 편찬되기 시작하여 7-8세기에 가서야 완성되는 방대한 분량의 문서 모음집이다. 그런데 탈무드에 앞서 탈무드의 토대가 되는 중요한 랍비문서가 있다. 그것은 성서 시대 이후 유대교에서 유래한 최초의 율법모음집에 해당하는 것으로 기원후 200년경에 편찬되는 '미쉬나' Mishna 라는 책이다. 또한 미쉬나에 대한 가장 이른 시기의 주석이면서 미쉬나를 보충하는 역할을 하는 '토세프타' Tosefta 라는 책도 있다. 그 밖에도 성서 본문을 해석한 다양한 종류의 '미드라쉬' Midrash 가 존재한다. 이들 문서들은 이른바 랍비 유대교 시대의 산물로서 랍비 유대교를 대표한다.

구전 토라의 전승이 모세로부터 세대를 거듭하면서 후대로 전해 내려왔고, 그러한 토라 해석 전통이 결국 랍비문서로 귀결되었다고 유대인들은 믿는다. 이 말은 랍비문서는 궁극적으로 하나님의 시내산 계시에 근거한 것이기 때문에 '기록된 토라'에 버금가는 권위가 있음을 뜻한다.

랍비문서에 입문하는 첫 번째 관문인 미쉬나가 어떤 종류의 책인가를 먼저 살펴보자. 미쉬나는 훗날 완성되는 두 종류의 탈무드, 즉 팔레스타인 탈무드와 바벨론 탈무드의 토대를 이루고 있기 때문에 탈무드를 다루기에 앞서 우선 거론할 필요가 있다. 미쉬나는 위에서 언급한 랍비 유대교의 3가지 구전 전승 할라카, 하가다, 미드라쉬 을 모두 담고 있다.

1. 미쉬나(Mishinah)란 무엇인가

가. 미쉬나(Mishinah)라는 단어의 뜻

"미쉬나"라는 단어는 "반복하다"라는 뜻을 지닌 '샤나'라는 히브리어 동사에서 유래한 명사형이다. 여기서 "반복하다"라는 뜻은 율법과 관련된 구전전승을 반복하여 배운다는 사실과 관련된다. 이런 의미에서 "미쉬나"란 단어는 "배움"을 뜻하기도 하고 Avot III.7 "구전의 가르침"을 뜻하기도 한다. 게다가 배움과 가르침을 통하여 나타난 결과물, 곧 '가르침이 문서화된 형태'를 뜻하기도 한다. 탈무드 언어사전의 편찬자로 유명한 유대계 이탈리아 학자인 나탄 벤 예히엘 Natan ben Yehiel, 1035-1106년 은 다르게 설명한다. 그에 따르면 미쉬나는 "두 번째 토라" 신 17:18 참조 라는 개념에서 유래했다고 한다. 즉, 무엇보다 중요한 토라에 이어서 두 번째로 중요한 유대교의 가르침으로 파악했다. 성서 시대 이후의 유대교에서 나온 최초의 율법모음집인 미쉬나는 처음에는 구전으로 전해 내려오다가 훗날 기원후 2세기 말경에 이르러 문서로 고정된다. 미쉬나의 언어는 히브리어인데, 일상 언어로 사용된 적이 없는 언어로서 성서 히브리어와는 차이가 있다. 그래서 흔히 랍비식 히브리어라고 부른다. 히브리어 외에도 아람어가 부분적으로 나타날 뿐만 아니라 그리스어와 라틴어에서 빌려온 단어도 많다.

나. 미쉬나의 구조와 내용

기원후 200년경에 편찬된 미쉬나는 어느 한 특성인의 저서가 아니라, 수많은 고대 랍비가 율법 해석과 관련하여 가르치고 연구한 결과의 집적물이다. 그것은 구전 토라로서 권위를 부여받은 개별 전승들이 오랫동안 구전되는 가운데 수많은 전승자와 편집자에 의해 한 권의 책으로 결집되었고, 나름대로 질서 잡힌 율법 해석 체계로 거듭난 결과물이다.

미쉬나는 크게 여섯 부분으로 구성되어 있다. 각 부분을 가리켜서 세다림 Sedarim 이라 한다. 세다림이란 "질서" order 라는 뜻을 가진 세더 Seder 의 복수형이다. 또한 각각의 세더는 7-12개의 마쎄켓 massekhet="소책자"[tractate] 으로 구성되어 있다. 이 개개의 마쎄켓은 다시금 페렉 pereq="후"[chapter] 별로 구분되어 있다.

첫 번째 세더를 히브리어로 **제라임** Zera'im 이라 부른다. "종자" 혹은 "씨앗"을 뜻한다. 특히 이스라엘 땅에서의 농사일과 관련된 온갖 법들이 성서에 나오는 제의적이며 사회적인 계명들과 관련하여 다루어진다. 여기에는 11개의 소책자가 들어 있다:

① 베라콧 (Ber=Berakhot "축도문"): 내용의 중요성 때문에 미쉬나 전체의 맨 앞에 나오는 이 소책자는 실상 여섯 세다림 구조에서 벗어나 있다. 여기에는 쉐마 기도 및 오전·정오·저녁 기도, 쉬모네 에스레 기도 등과 예배에 관한 규례가 나온다.

② 페아 (Pea=Pe'a "모퉁이"): 전답의 모퉁이에서 수확하는 일을 금하는 성서적 규례를 다룬다 레 19:9-10; 23:22; 신 24:19 이하. 특히 가난한 자들과 그들의 권리를 보호하는 내용이 중심 주제를 이룬다.

③ 데마이 (Dem=Demai "의심스러운 것"): 십일조를 바친 농산물인지 아닌지를 모르는 경우 그런 농산물을 처리하는 규례.

④ 킬라임 (Kil=Kil'ayim "다양한 것"): 성서가 금하는 종자 혼합하는 일에 대해 또는 혼합된 물질에서 나온 제품 생산에 대해 레 19:19; 신 22:9-11.

⑤ 쉐비잇 (Shevi=Shevi'it "일곱 번째 해"): 성서가 말하는 안식년에 관한 규례 출 23:1; 레 25:1-7; 신 15장.

⑥ 테루못 (Ter=Terumot "세금"): 제사장과 레위인에게 내는 성서적 세금에 관한 규례 민 18:8 이하; 신 18:4.

⑦ 마아세롯 (Maas=Ma'aserot "십일조"): 마아세르 리숀 Ma'aser Rishon="첫째 십일조" 이라고도 부른다. 제사장을 위한 십일조 규례 민 18:21 이하.

⑧ 마아세르 쉐니 (MSh=Ma'aser Sheni "둘째 십일조"): 예루살렘 성전이나 가난한 자들을 위한 십일조 규례 신 14:22 이하.

⑨ 할라 (Hal=Halla "반죽제물"): 제사장에게 드리는 빵과 가루 반죽에 관한 규례 민 15:8 이하.

⑩ 올라 (Orl='Orla "[나무] 껍질"): 처음 4년 동안 경작한 나무의 열매에 관한 규례 레 19:23.

⑪ 빅쿠림 (Bik=Bikkurim "첫 수확"): 성전에 봉헌되는 첫 열매에 관한 규례 신 26:1 이하; 출 23:19.

두 번째 세더는 히브리어로 **모에드** Moed 라 부르며, 이는 "축제일" 혹은 "절기"를 뜻한다. 이 안에는 12개의 마쎄켓이 들어 있다:

① 샤바트 (Shab=Shabbat "안식일"): 안식일 축제에 관한 규례를 다룬다.
② 에루빈 (Er='Eruvin "혼합"): 안식일에 넘지 말아야 할 경계선에 관한 규례에 관해.
③ 페싸킴 (Pes=Pesahim "유월절 양"): 유월절 축제에 관해.
④ 쉐칼림 (Sheq=Sheqalim 화폐의 단위인 "쉐켈"): 해마다 성전에 드리는 세금에 관해.
⑤ 요마 (Yom=Yoma "그날"): 속죄일 의식에 관한 규례.
⑥ 숙카 (Suk=Sukka "초막"): 초막절 지키는 것에 관한 규례.
⑦ 베사 (Bes=Betsa "일"): 절기마다 허용되는 일과 금지된 일에 관해.
⑧ 로쉬 하-샤나 (RHSh=Rosh HaShana "신년제"): 유대력에 따른 4개의 신년 시작에 관해.
⑨ 타아닛 (Taan=Ta'anit "금식"): 공적 금식에 관한 규례.
⑩ 메길라 (Meg=Megilla "문서 두루마리"): 부림절에 관한 규례.
⑪ 모에드 카탄 (MQ=Mo'ed Qatan "작은 축제일"): 유월절과 초막절 사이

에 있는 절기에 관한 규례.

⑫ 하기가 (Hag=Hagiga "축제"): 유월절, 추수절, 초막절에 드리는 사적 예물에 관한 규례.

세 번째 세더는 히브리어로 **나쉼** Nashim 이라 부르며, 이는 "여자들"을 뜻한다. 이 안에는 7개의 소책자가 들어 있다:

① **예바못** (Yev=Yevamot "사촌 누이/여동생"): 자식이 없이 사망한 형제의 아내와 결혼해야 하는 성서적 의무에 대해 다룬다 신 25:5-10.

② **케투봇** (Ket=Ketubbot "결혼계약문"): 혼인계약서, 이혼 시 아내에게 책정된 생활비, 처녀의 혼인, 상호 간의 결혼의 의무와 권리, 아내의 상속권, 과부의 권리를 다룬다.

③ **네다림** (Ned=Nedarim "서약"): 다양한 종류의 맹세와 그것의 해지에 대해 다룬다 민 30장. 특히 여성들의 맹세가 남성들에 의해 해지되는 가능성에 대해.

④ **나치르** (Naz=Nazir "나실인"): 성서가 말하는 나실인 맹세를 다룬다 민 6장.

⑤ **소타** (Sot=Sota "간통을 의심받는 아내"): 간통을 의심받는 아내가 마셔야만 하는 저주의 물에 대해 민 5:11-31. 이 규정은 요하난 벤 자카이에 의해 제2성전시대 때 폐기되었다.

⑥ **깃틴** (Git=Gittin "이혼서"): 이혼서를 보내고 공증하고 되돌리는 일, 내보낸 아내를 다시 받아들이는 일, 질병 시 이혼, 이혼 사유 등의 이혼 관련 문제에 대해 신 24:1.

⑦ **키두쉰** (Qid=Qiddushin "약혼"): 약혼 및 결혼에 대해.

네 번째 세더는 히브리어로 **네치킨** Neziqin 이라 부르며, 이는 "손해"를

뜻한다. 이 안에는 10개의 소책자가 들어 있다. 민사법과 형사법에 대해 다룬다:

① 바바 캄마 (BQ=Baba Qamma "첫 번째 관문"): 절도, 강도, 폭행으로 인한 손해 및 다른 일들로 인한 손해에 대해 다룬다.

② 바바 메치아 (BM=Baba Metsi'a "중간 관문"): 두 사람이 주장하는 담보물에 대해 또한 담보물에 대해 주장을 할 수 없는 자가 누구인지에 대해. 사물의 보존과 매입, 무허가 이익, 이자, 대체 의무, 노동자와 동물을 빌리는 일, 임금 요구 등에 대해.

③ 바바 바트라 (BB=Baba Batra "마지막 관문"): 공동 소유의 분할, 토지 이용의 한계, 부동산과 동산의 매매, 판매자의 의무 조항, 상속권, 재산 분할, 또는 결혼 시 선물 등의 일에 대해.

④ 산헤드린 (San=Sanhedrin "재판정"): 다양한 형태의 유대 법정에 대해 또한 재판의 진행 절차에 대해 다룬다. 23인의 소 산헤드린, 71인의 대 산헤드린에 대해. 판사의 선임, 증인, 판사와 증인이 될 수 없는 자, 민사재판과 형사재판 사이의 차이, 사형의 종류, 불순종한 아들 신 21:18 이하, 침입자, 재범자, 재판 없는 사형에 대해. 누가 오는 세상에 동참할 수 없는지의 문제, 엉터리 교사와 거짓 예언자에 대해.

⑤ 막콧 (Mak=Makkot "태형"): 태형에 대해 다룬다 신 25:1-3. 거짓 증인에 대한 태형, 의도하지 않은 살인과 도피 도시 신 19:1 이하; 민 35:9 이하 등.

⑥ 쉐부옷 (Shev=Shevu'ot "맹세"): 다양한 종류의 법정 맹세와 서약에 대해.

⑦ 에뒤욧 (Ed='Eduyot "증언"): 초창기 미쉬나 결정문들에 대한 온갖 종류의 증언을 모아 놓았다. 특히 샤마이파와 힐렐파의 상반된 결정들을 수집했다.

⑧ 아보다 자라 (AZ='Avoda Zara "우상숭배"): 우상숭배자들의 축제. 비유

대인들과 나누는 사업적이고 사회적인 교제에 관한 규례. 우상들과 우상숭배자의 포도주. 우상숭배에게서 구입한 물건을 정화하는 방법에 대해.

⑨ **아봇** (Av=Avot "조상들"): 피르케 아봇 Pirqe Avot 이라고도 부른다. 유명한 랍비들이 말한 윤리적이고 도덕적인 잠언들을 수집해 놓았다. 여기서 말하는 "조상"이란 유대교 전통에서 볼 때 '권위 그 자체'와 동일시할 수 있고, 따라서 피르케 아봇을 '권위를 담은 장휙들'이라는 뜻으로 이해할 수 있다. 아봇은 모두 5장으로 구성되어 있는데, 그중 첫 번째 장이 가장 중요하다. 여기에 모세부터 시작하여 한 번도 끊어짐이 없이 완벽하게 이어져 내려온 유대 전승 고리에 대한 진술이 나온다. 랍비 전승의 신뢰성을 강조하는 전승 고리 개념은 유대교를 이해하는 데 매우 중요하다. 이 소책자는 미쉬나 이해를 위한 입문서의 역할도 한다.

⑩ **호라욧** (Hor=Horayot "결정들"): 잘못 내린 종교법적 결정들을 수집했다.

다섯 번째 세더는 히브리어로 **코다쉼** Qodashim 이라 부르며, 이는 "성스러운 것들"을 뜻한다. 여기에 11개의 소책자가 담겨 있다:

① **제바임** (Zev=Zevahim "번제"): 번제에 관한 성서적 규례를 다룬다레 1장 이하.

② **메나홋** (Men=Menahot "곡식제물"/"소제"): 소제에 관한 성서적 규정을 다룬다레 2장; 5:11 이하.

③ **훌린** (Hul=Hullin "세속적인 것"): 제의적 도축에 관한 규례 및 정결한 음식 요리법에 관한 규례.

④ **베코롯** (Bekh=Bekhorot "처음 난 것"): 나귀의 첫 출산, 불결한 동물, 부적합한 처음 난 것을 봉헌하는 일, 사제 업무에 부적합하게 만드는 잘못, 장자의 상속권, 보석금과 관련된 제사장의 권리, 동물의 십일조.

⑤ **아라킨** (Ar='Arakhin "추정"): 서원으로 인해 나이와 성별에 따라 지불

하기로 한 추정 금액을 뜻한다. 성전에 바치는 세금의 추정레 27:2 이하. 판매한 전답과 가옥의 추가 비용 보상 등.

⑥ 테무라 (Tem=Temura "교환"): 처음 고른 희생제물이 부적합할 경우 다른 제물로 교환하는 일에 대해레 27:10, 33.

⑦ 케리톳 (Ker=Keritot "멸절"): 의도적으로 범한 36가지 죄에 대해 다룬다. 그런 죄를 범한 자는 이스라엘에서 끊어진다출 12:15 등.

⑧ 메일라 (Meil=Me'ila "불경건"): 성물에 대한 범죄에 대해 다룬다민 5:6-8; 레 5:15-16.

⑨ 타미드 (Tam=Tamid "매일 번제"): 성전에서 매일 드리는 번제에 대해 다룬다출 29:38 이하; 민 28:3 이하.

⑩ 미돗 (Mid=Middot "규격"): 제2성전에 대한 세밀한 묘사 및 그것의 건축에 대해 또한 성전에서 섬기는 일에 대해 다룬다.

⑪ 킨님 (Qin=Qinnim "새장"): 가난한 사람들이 드리는 비둘기 희생제물 등에 대해 다룬다.

가장 많은 내용을 담은 마지막 여섯 번째 세데르는 히브리어로 **토하롯**Toharot 이라 부르며, 이는 "정결"을 뜻한다. 이 안에는 12개의 소책자가 담겨 있다:

① 켈림 (Kel=Kelim "기물들"): 레 6:20-21; 11:32 이하; 민 19:14 이하; 31:20 이하에서 언급된 정결함이나 부정결함에 대해 다룬다. 도기, 화덕, 덮개 그릇, 금속이나 가죽으로 만든 기물, 침대와 책상 등과 같은 기물늘이 부정결하게 되는 경우를 담고 있다.

② 오할롯 (Ohal=Ohalot "천막들"): 시체로 인해 유발된 부정함에 대해 다룬다. 시체를 건드리거나 혹은 시체가 놓인 장막 안에 함께 있음으로 인한 부정함민 19:14. 어떤 출입이 부정함을 막거나 강화하는지. 시신의 발견.

유골의 매장지. 이방인의 집들 등과 관련해 다룬다.

③ 네가임 (Neg=Nega'im "불평"): 나병으로 인한 부정함과 제사장을 통해 정결함을 선포하는 것에 대해 다룬다^{민 13-14장}.

④ 파라 (Par=Para "붉은 암송아지"): 붉은 암송아지에 관한 성서적 규례에 대해 다룬다^{민 19장}. 그것을 도살하는 방법과 그것을 태운 재를 가지고 부정을 씻는 물을 만드는 법에 대해 다룬다.

⑤ 토하롯 (Toh=Toharot "정결"): 다양한 종류의 부정결함에 대해 다룬다.

⑥ 미크바옷 (Miq=Miqwa'ot "목욕"): 정결례탕의 크기와 형태 및 부정한 자들이 정결함을 입을 때 일어나는 정결례탕의 기능 등에 대해 다룬다.

⑦ 니다 (Nid=Nidda "여성의 부정함"): 월경과 같은 유출로 인한 여성의 부정함에 대해^{레 15:19 이하}, 아이 낳은 여인^{레 12장}과 사마리아 여인, 비유대인 여인에 대해 다룬다.

⑧ 막쉬린 (Makh=Makhshirin "부정하게 만드는 것"): 마쉬킨 Mashkin 이라 부르기도 한다. 부정함을 유발시키는 축축한 것들에 대해 다룬다.

⑨ 자빔 (Zav=Zavim "부정한 유출자"): 부정한 유출을 하는 자에 대해 다룬다^{레 15장}. 유출병과 한밤의 몽정으로 인해 일어난 부정함에 대해 다룬다.

⑩ 테불욤 (TevY=Tevul Yom "같은 날에 목욕한 자"): 그날 저녁 목욕으로 제거되는 가벼운 부정함에 대해 다룬다.

⑪ 야다임 (Yad=Yadaym "양 손"): 손과 관련된 제의적 부정과 정결에 대해 다룬다.

⑫ 욱친 (Uq='Uqtsin "꽃자루"): 열매의 부정함에 대해 다룬다.

이와 같은 구조와 내용으로 되어있는 미쉬나는 뒤늦게 완성되는 토세프타 및 탈무드 구조의 표본이 된다. 그래서 미쉬나가 만들어진 시대를 두고 "랍비전승의 황금기"라고도 부른다. 바리새파 랍비적 전통을 담고 있는 미쉬나는 일순간에 만들어진 것이 아니라 전해 내려오는 수많은 전승을 수집·선택·보충하는 가운데 점차로 하나의 체계를 갖추게 된다. 예루살렘 성전이 파괴된 후 대략 한 세기가 흘러 2세기 말경에 팔레스타인 유대교 지도자인 예후다 하-나씨에 의해서 미쉬나 구성의 첫 번째 편집 작업이 이루어지고, 이후 미쉬나의 최종적 완성에 도달하기까지는 몇 세기가 더 걸린다. 미쉬나의 문서화는 이에 대한 주석을 유발시키는 계기를 마련했고, 결국 탈무드 탄생의 길을 열었다.

  * 미쉬나의 현대어 번역: H. Danby, *The Mishnah* (Oxford, 1933; 재판 1980); J. Neusner, *The Mishnah. A New Translation* (New Haven-London: Yale University Press, 1988); D. Correns, *Die Mischna* (Wiesbaden: marixverlag, 2005); M. Krupp, *Die Mischna*, 6 Vols.(Frankfurt a.M./Leipzig: Verlag der Weltreligionen, 2007-2017).
  * 우리말 번역: 『미쉬나 번역 주해서』, 6권, 권성달 등 역, 한길사, 2024.

다. 미쉬나(Mishna) 본문 맛보기('Avoda Zara를 중심으로)

① '아보다 자라'는 어떤 책인가?

앞에서 우리는 "미쉬나"가 어떤 책이며 전체의 구조와 내용이 어떠한지를 개괄적으로 살펴보았다. 여기서는 유대교 최초의 율법 모음집인 미쉬나 텍스트가 실제로 어떤 모습을 띠고 있는지를 하나의 소책자를 택하여 구체적으로 소개하려 한다. 미쉬나에 담긴 모두 63개의 소책자tractate 가운데 미쉬나 소책자의 전형적인 모습을 보여주는 '아보다 자라'를 택하였다. 오늘날의 현대인이 미쉬나 본문 내용을 올바로 이해하는 일이 생각처럼 간단하지 않다. 본문에 나오는 랍비들의 대화에 담긴 논리를 따라가기 위해서는 당시 히브리어에 대한 이해는 물론이고 당시 사회와 문화에 대한 배경 지식을 필요로 하기 때문이다. 그런 어려움을 염두에 두고 '아보다 자라'의 내용을 살펴보려 한다.

히브리어 '아보다 자라'⁽ᴬᵛᵒᵈᵃ ᶻᵃʳᵃ⁾는 "낯선 섬김", 즉 "우상숭배"를 뜻한다. 이는 유대교 최초의 율법 모음집인 미쉬나를 구성하는 네 번째 세더⁽ˢᵉᵈᵉʳ⁼ᵒʳᵈᵉʳ⁾인 네치킨⁽ᴺᵉᶻⁱᑫⁱⁿ⁾에 들어 있는 여덟 번째 소책자의 이름이다. 이 소책자는 유대인이 비유대인과 맺는 관계를 규정하는 내용을 다룬다. 여기서 말하는 비유대인은 이방인을 가리킨다. 그리스도인은 여기서 거론되지 않는다. 한 사회의 구성원으로 활동하며 또한 일상의 생업을 통해 유대인들은 자연스럽게 혹은 불가피하게 이방인들과 만나게 되고 그들과 관계를 맺게 마련이다. 따라서 이방인들과의 관계가 율법적 질문의 대상이 된다. 이때 거론되는 이방인과의 관계는 기원후 1-2세기에 팔레스타인 땅에 살고 있던 이방인들을 염두에 둔 것이다. 미쉬나가 생성될 무렵 팔레스타인에 거주하는 유대인들은 점점 더 이방인들이 우세해지는 사회 안에서 살게 되었다. 이런 상황 가운데 사회적이며 경제적인 측면에서 이방인들과의 관계를 어떻게 유지해야 그들이 요구하는 우상숭배를 피하면서도 그들과의 관계를 올바로 세워나갈 수 있는가에 관한 문제가 소책자 '아보다 자라'의 주요 관심사이다. 게다가 그리스도교 안티 셈족주의자들이 즐겨 인용하는 유대적 이방인 증오에 관한 진술도 여기서 찾아볼 수 있다. 이를 통해 당시 유대인들과 헬레니즘 문화권에서 살아가던 이방인들 사이에 불거진 갈등의 정도가 어떠했는가를 짐작할 수 있다. 또한 그러한 갈등 속에서 유대교가 자신의 정체성을 보존하기 위해 애쓴 사투의 흔적도 엿볼 수 있다.

② '아보다 자라' 본문 소개:

소책자 아보다 자라는 모두 5장으로 이루어져 있다. 제한된 지면상 여기서는 1장만 완역하였고 나머지 장들은 부분적인 번역으로 소개한다. 마지막 5장은 제외하였다. 번역 중에 나오는 괄호 부분은 이해를 돕기 위한 보충 설명이다.¹⁵⁾ 제1장과 제2장은 이방인과 상거래를 할 때 그 한계를 일반적으로 설정하는 규례를 담고 있다. 여기서 거론되는 이방인들의 축제는 주로 로마의 축제를 가리킨다. 또한 이방인들의 사적인 축제도 함께 다룬다.

<제1장> 1. 이방인들의 축제들에 앞서 삼일 동안 그들과 상거래를 하는 것은 금지된다. 그들에게 (곡물을) 빌려주거나 빌리지 말 것, 그들에게 (돈을) 꾸어주거나 그들로부터 꾸지 말 것, 그들에게 빚을 갚거나 빚을 지지 말 것. 랍비 유다가 말한다: 빚을 질 수 있다. 그것이 그를 너무 괴롭히기 때문이다. 그들이 그에게 말했다: 그것이 그를 지금 괴롭힐지라도 얼마 후에는 기뻐한다.

2 랍비 이스마엘이 말한다: 그날 전 삼일 동안 또한 그날 후 삼일 동안 그것이 금지된다. 그러나 현자들은 말한다: 그들의 축제날들 전에는 금지되었으나, 그들의 축제날들 후에는 허용된다.

3 이방인들의 축제날들은 다음과 같다: (로마) 달력들, 농업의 신 축제일 Saturnalia, 승리의 날, 황제들의 탄생일들, 또한 (개인의?) 생일과 사망일. 이것이 랍비 메이르의 말이다. 그러나 현자들은 말한다: 불에 타서 죽은 자들의 축일은 우상숭배이나, 불에 타서 사망한 경우가 아니라면 우상숭배가 아니다. 자기의 면도하는 날, 자기 머리를 자르는 날, (자기 배가) 바다에서 돌아오는 날, 감옥에서 나오는 날, 자기 아들을 위해 연회를 베푸는 날은 금지되지 않는다. (이 모든 개인 축일들의 경우엔) 단 하루만 그리고 해당 인물에만 국한해서 적용된다.

4. 한 도시에서 우상숭배가 거행된다면, (상행위가) 밖에서는 허용된다. 우상숭배가 밖에서 거행된다면, (그 도시) 안에서는 허용된다. 그러한 도시로 향한 길을 갈 경우에는 어떠한가? 그 길이 단지 그 장소로만 나 있으면 그 길은 금한다. 다른 장소로 가는 길도 있으면 허용된다. 한 도시 안에서 우상숭배가 거행되고 또한 그 안에 화환으로 장식된 가게들과 장식되지 않은 가게들이 있다면 - 이런 일이 언젠가 벳 쉐안에서 일어났다 - 그런 경우 현자들은 말했다: 화환으로 장식된 가게들은 금지되고 화환으로 장식되지 아니한 것들은 허용된다.

5. 다음은 이방인들에게 팔아서는 아니 되는 것들이다: 전나무 솔방울, 꼭지를 지닌 흰 무화과, 유향 그리고 흰 수탉.[16] 랍비 유다가 말했다: 그들에게 흰 수탉을 다른 닭들과 함께 팔 수 있다. 그 닭의 이빨을 잘라내고 팔 경우에 말이다. 왜냐하

---

15) 여기에 나오는 본문과 해석은 주로 *Die Mischna: Schädigungen Seder Naziqin* (Frankfurt am Main-Leipzig, 2008)에 의존했다.

16) 이 모든 것들은 이방신 제의에 봉헌된 것들이기 때문이다.

면 그들은 하자가 있는 것들은 우상숭배에 바치지 않기 때문이다. 다른 모든 것들은 그것들이 (우상숭배에 바치기로) 규정되지 않는 한 허용된다. 규정된다면 금지된다. 랍비 메이르가 말한다: 연한 대추와 딱딱한 대추 그리고 니콜라우스 대추는 금지된다.17)

6. 이방인들에게 작은 가축을 관습적으로 팔던 장소에서는 그것을 팔 수 있다. 하지만 그것이 관습적이지 않은 장소라면 그것을 팔 수 없다. 입장 차이로 인해 그 관습을 변경해서는 안 된다. 어떠한 장소에서도 그들에게 송아지들과 다량의 나귀 같은 큰 가축을 건강하건 건강하지 못하건 간에 팔아서는 안 된다. 랍비 유다는 (그 가축이) 건강하지 못한 경우에는 허용한다. '벤 베테라'는 말의 경우 그것을 허용한다.18)

7. 그들에게 곰이나 사자 혹은 대중에게 손해를 입힐 수 있는 그 어떤 것도 팔아서는 안 된다. 그들과 함께 바실리카, 재판소, 경기장 혹은 법관석을 지어서는 안 된다. 하지만 그들과 함께 대중 건물 또한 목욕탕을 건축할 수 있다. 우상이 놓인 벽 공간에 이르면 더 이상 건축해서는 안 된다.

8. 우상들을 위한 장식물, 즉 목거리나 코 반지나 손가락 반지를 만들어서는 아니 된다. 랍비 엘리에제르는 말한다: 임금을 위해서는 허용된다. 그들에게 토지와 관련된 어떤 것도 팔아서는 안 된다.19) 하지만 그것이 잘려져 나간 경우에는 팔 수 있다. 랍비 유다가 말한다: 그는 그것을 잘라낸다는 조건 아래에서 그에게 팔 수 있다. 그들에게 이스라엘 땅 안에 있는 집들을 세를 주어서는 안 된다. 토지는 말할 필요도 없다. 시리아에서는 집들을 세놓을 수 있다. 하지만 토지는 안 된다. 그것이 랍비 메이르의 말이다. 랍비 요세는 말한다: 이스라엘 땅에서도 그들에게 집들을 세놓을 수 있다. 시리아에서는 집들과 토지를 팔 수 있다. 그리고 외국에서는 둘 다 팔 수 있다.

9. 어떤 이가 판매가 가능하다고 말하는 경우에도 거주 가옥으로서 라고 말한 것은 아니다. 왜냐하면 그는 우상을 거기에 세워 놓았기 때문이다. 기록된 바: 너는 가증한 것을 네 집에 들이지 말라. 너도 그들 =이방인들 처럼 진멸 당할까 하노라. 너는 그것을 멀리하며 심히 미워하라. 그것은 진멸 당할 것이기 때문이니라 신 7:26. 그에게 목욕탕을 세주지 말라. 왜냐하면 그 소유자를 따라 명명하기 때문이다.

<제2장> 1. 이방인의 여관에 가축을 두지 말라. 왜냐하면 그들이 동물들과 음행을

---

17) 이와 같은 세 종류의 대추는 봉헌 때 선호하는 것들이기 때문이다.
18) 말은 노동용 동물이 아니라 승마용 동물이기 때문이다.
19) 이 규정은 팔레스타인 땅에만 해당된다.

벌일지도 모르기 때문이다. 여인을 홀로 그들과 함께 있게 하지 말라. 왜냐하면 그들이 음행을 벌일지도 모르기 때문이다. 남성도 홀로 그들과 함께 있게 하지 말라. 왜냐하면 그들이 하혈을 흘릴지도 모르기 때문이다. 이스라엘 여인은 이방 여인을 위한 산파가 되어서는 아니 된다. 하지만 이방인이 이스라엘 여인을 위한 산파가 될 수 있다. 이스라엘 여인은 이방 여인의 아이에게 젖을 물려서는 안 된다. 하지만 이방 여인이 이스라엘 여인의 아이에게 그녀의 감독 아래에 젖을 물릴 수는 있다.

2. 자신의 소유물 ^{가축}을 그들을 통해 치료 받게 두지 말라. 하지만 자기 자신은 그렇지 않다. 그들에게 어떤 장소에서건 그들에게 털 자르는 일을 맡겨서는 안 된다. 이것은 랍비 메이르의 말이다. 하지만 현자들은 말한다. 공개 장소에서는 그것이 허용되나 사적인 곳에서는 허용되지 않는다.

(이어서 이방인들에게 구입해도 괜찮은 식품들의 목록이 나온다. 또한 상거래가 금지된 물품 목록과 더불어 허용된 목록이 나열된다. 먹는 것은 금지되었으나 상거래는 허용된 물품 가운데 이방인이 만든 치즈가 언급된다. 이를 둘러싼 토론이 스승인 랍비 여호수아와 제자인 랍비 이스마엘 사이에 다음과 같이 전개된다.)

5. 랍비 유다가 말했다. 랍비 이스마엘이 랍비 여호수아에게 물었다. 그들이 길을 가고 오는 중이었다. 왜 이방인의 치즈를 금했는가? 그가 그에게 말했다. 율법에 따라 도축되지 아니한 짐승의 위장을 통해 생산한 것이기 때문이다. 그가 그에게 말했다. 희생제물의 위장에서의 경우가 율법에 따라 도축되지 아니한 짐승의 위장에서보다 더 엄중하지 않은가? 그럼에도 다음과 같이 말했다. 제사장이 그것 ^{=치즈}을 혐오스러워하지 않는다면 생으로 홀짝홀짝 마실 수 있다. 하지만 그들은 그에게 동의하지 않고 말했다. 그것을 즐겨서는 아니 되나, 그로 인해 횡명을 빔해서도 안 된다.

그가 그에게 대답했다. 우상제물 송아지들의 위장으로 그것을 생산할 수 있기 때문이다. 그가 말했다. 사정이 그렇다면, 왜 그것을 거래하는 행위를 금했는가? 그러자 그가 그를 다른 대상으로 이끌었다. 그가 그에게 말했다. 이스마엘, 나의 형제여! 너는 다음을 어떻게 읽느냐?: ki tovim dodekha mi-jain 당신의[男性] 사랑이 포도주보다 달콤하네요 혹은 ki tovim dodaikh mi-jain? 당신의[女性] 사랑이 포도주보다 달콤하네요 그가 답변

했다. Ki tovim dodaikh! 그가 그에게 말했다: 그게 그렇지 않네. 왜냐하면 이어지는 구절 아 1:3a 이 밝혀 주기 때문이네: le-reah shmanekha tovim 당신의 향유 내음이 싱그럽게 때문이죠.

위의 본문은 스승인 랍비 여호수아와 제자인 랍비 이스마엘 사이에 아가 1장 2b절에 나오는 문장 당신의 사랑이 포도주보다 달콤하네요 의 해석을 둘러싸고 벌인 논쟁이다. 여기서 대명접미사 pronominal suffix "당신"을 남성, 즉 "도데카" dodekha 로 읽어야 하는가, 아니면 여성, 즉 "도다이크" dodaikh 로 읽어야 하는가가 논란의 대상이다. 아가 1장 3c절에 나타나는 **"그러기에 젊은 여인들이 당신을 사랑하지요"**라는 구절이 사용된 문맥을 고려하면 2b절의 "당신"을 남성으로 파악하는 것이 옳다. 대명접미사를 둘러싼 이러한 논란은 히브리어 성경 본문에 모음 부호가 없었을 때나 가능한 일이다. 훗날 마소라 Masora 학자들의 노력으로 모음을 동반한 이른바 "마소라 텍스트"가 완성된다. 사실상 위의 미쉬나 본문에서 문제가 되는 것은 아가서의 해당 구절을 어떻게 읽느냐에 놓여 있지 않다. 성경 지식이 해박한 랍비 이스마엘은 그 구절을 어떻게 읽어야 할지 잘 알고 있었을 것이다. 위의 본문은 분명 뭔가 다른 것을 말하고 있다. 이방인의 치즈를 금지하는 규정 가운데 뭔가 새로운 내용이 거론되는 것이다.

랍비 여호수아는 이방인의 치즈와 관련된 랍비 이스마엘의 질문에 답하는 것을 피하려 한다. 랍비 여호수아의 답변이 옳지 않다는 사실을 랍비 이스마엘이 정확히 감지하고 있기 때문이다. 랍비 여호수아는 랍비 이스마엘에게 한 수 가르치고자 한다. 즉 한 새로운 할라카의 근거에 대해 질문을 제기하는 것이 금지되었다는 것이다. 왜냐하면 그 근거를 거부하는 경우 해당 할라카마저 준수할 필요가 없다고 말할 수 있기 때문이다. 결국 아가서에서 유래한 해당 구절에 대한 올바른 이해를 구하는 질문의 경우 문제의 핵심은 토라와 서기관의 가르침 사이에 놓인 관계를 어떻게 올바로 파악하느냐에 달려 있다. 현자들의 가르침이 포도주보다 달콤하기에 더 이상 질문을 제기할 필요가 없다는 뜻이다. 랍비 이스마엘은 그러한 사실을 자신의 답변으로써 인정하고 싶지 않았다. 그래서 그는 위의 아가서 구절 1:3a을 <당신의 사랑이 포도주보다 달콤하네요>에서 "당신"을 여성 단수 2인칭 대명접미사로 읽고 있고, 그것은 곧 여성명사 토라를 가리키는 것으로 이해한다. 서기관들의 가르침은 토라보다 약하기 때문이다. 그런데 위의 문제와 관련하여 토라가 전혀 언급하지 않기 때문에 이 경우 서기관들의 가르침이 우선권을 지닌다.

'아보다 자라'의 제3장과 4장의 전반부는 다양한 종류의 우상들과 이방의 제의 물건에 대해 언급한다. 유대인으로서 이방신을 섬기는 이방인들 가운데 또한 팔레스타인 땅에 산재한 이방 신전들과 성소들 가운데에서 어떻게 처신해야 자신의 몸을 더럽히지 않게 하고 다른 한편 경제적 손실을 최소화할 수 있는가의 문제를 다루고 있다. 그리고 제4장의 후반부와 제5장은 포도주를 마시는 것과 관련된 질문을 다룬다. 이방인이 생산하거나 마시는 포도주에서 얼마간이라도 이방신들에게 바쳐진 것이 있는 경우 그 포도주는 금지된다. 아래에 제3장 앞부분과 제4장에서 나온 번역을 소개한다.

<제3장> 1. 모든 형상들은 금지된다. 그것들이 해마다 경배되고 있기 때문이다. 이는 랍비 메이르의 말이다. 하지만 현자들은 말한다: 지팡이나 새나 공을 손에 지니고 있는 자만이 금지된다.[20] 라반 시므온 벤 감리엘이 말한다: 손안에 뭔가를 지니고 있는 모든 형상.
2. 어떤 이가 형상들의 조각들을 발견할 경우 그것들은 허용된다. 어떤 이가 손의 형상과 발의 형상을 발견한다면 그것들은 금지된다. 그런 것들에게 경배를 올리고 있기 때문이다.
3. 어떤 이가 어떤 물건들을 발견했는데, 거기에 태양이나 달이나 용의 형상이 있

---

20) 이런 형상은 예컨대 알렉산더 대왕의 동전에 나타난다. 여기에서 알렉산더는 손안에 독수리를 지닌 제우스신으로 묘사되어 있다.

는 경우 그것들을 사해바다에 던져버려야 한다. 라반 시므온 벤 감리엘이 말한다: 그것이 값비싼 물건이라면 금지되나 값싼 경우라면 허용된다. 랍비 요세가 말한다: 그는 그것을 갈가리 찢어서 허공으로 날려버리거나 혹은 바다 속으로 내던져 버린다. 그들이 그에게 말한다: 역시 그것도 똥이 된다. 하지만 기록된 바: 너는 이 진멸할 물건을 조금도 네 손에 대지 말라 신 13:17 .

4. 철학자 프로클로스가 악코에 있는 라반 감리엘이 아프로디테의 목욕탕에서 목욕을 하고 있을 때 그에게 물었다. 그가 그에게 말했다: 너희의 토라에 기록된 바: 너는 네 손을 이 진멸할 물건에 조금도 대지 말라 신 13:17 . 어찌하여 당신은 아프로디테의 목욕탕에서 목욕을 하는가? 그가 말했다: 목욕 중에는 대답하지 않는다. 그가 나오자 그가 그에게 말했다: 나는 너희의 영역에 들어가지 않았다. 그들이 나의 영역에 들어온 것이다. 우리가 아프로디테를 위한 목욕탕을 건조하고자 한다고 말하지 말라. 오히려 목욕탕 장식용으로 아프로디테를 만들고자 한다. 다른 이유로는: 어떤 이가 당신에게 거액을 준다면, 당신은 벌거벗은 채 이방 신전에 들어서서 한밤의 사정을 한 후에 그 앞에 오줌을 누겠는가? 이것이 =아프로디테 배수구 끝에 서 있고, 온 백성이 그 앞에 오줌을 눈다. 하지만 기록된 바: "그들의 신들" 신 7:16 . 마치 신처럼 취급하는 것은 무엇이나 금지된다. 하지만 신처럼 취급하지 않는 것은 무엇이나 허락된다.

<제4장> 7. 로마에 있는 장로들에게 물었다: 만일 그분이 우상숭배에 어떤 기쁨도 느끼지 않는다면, 왜 그분은 그것을 파멸시키지 않는가? 그들이 그들에게 말했다: 만일 그들이 이 세상이 필요로 하지 않는 뭔가를 경배한다면, 그분이 그것을 파멸시킬 것이다. 하지만 이 사람들은 태양과 달과 별들을 경배한다. 그분이 어리석은 자들 때문에 그의 세계를 파멸시켜야만 하는가? 그러자 그들이 그들에게 말했다: 사정이 그렇다면, 그분은 이 세상이 필요로 하지 않는 것을 파멸시킬 것이며, 이 세상이 필요로 하는 것은 보존할 것이다. 그러자 그들이 그들에게 말했다: 그리하면 우리가 우상숭배자들의 손을 강하게 만들 것이다. 그들이 말할 것이다: 너희는 이것들이 신이라는 사실을 아는가. 왜냐하면 이것들이 파멸되지 않기 때문이다.

2. 탈무드란 무엇인가

유대인들이 말하는 '타나크' TaNaK, 즉 히브리어 성경을 제외하면 탈무드는 유대교 전체를 통틀어 가장 중요한 문서이다. 종교적인 관점에서뿐만 아니라 문화적인 관점에서도 그러하다. 하나님이 모세에게 주신 시내산 계시=구전 계시의 한 부분으로 간주되는 탈무드는 히브리어 성경에 대한 가장 권위 있는 해석이면서 그 자체가 독자적으로 계시된 법으로 통하기 때문이며, 다른 한편 탈무드는 유대인들의 문화 창출에 있어서 다른 무엇과도 비길 수 없는 엄청난 영향을 끼쳐온 문서이기 때문이다. 한마디로 유대인들에게 탈무드는 여러 세기에 걸쳐 집적된 랍비 유대교 집단 지성의 산물로서 인간을 선한 삶으로 인도하는 길을 묘사하는 경전이라고 말할 수 있다.

가. 미쉬나 시대를 이은 탈무드 전승 시대

수많은 구전 전승을 모아 하나의 체계를 갖춘 문서로서 기원후 200년경에 탄생한 미쉬나의 완성은 예루살렘 성전이 무너지는 기원후 70년 이후 팔레스타인 유대교가 종교적으로 또한 제도적으로 새로운 도약을 알리는 일대 사건이었다. 그와 더불어 랍비 유대교의 역사는 첫 번째 시대를 마감하고 다음 단계로 진입한다. 이어지는 이 새로운 단계는 탈무드 전승의 시대이다. 미쉬나가 완성되었다는 사실은 구전으로 전해 내려온 다양한 전승이 더 이상 유동적이지 아니하고 문서로 고정되었음을 의미하며, 그것은 동시에 랍비 가르침의 통일성을 둘러싼 열띤 논쟁이 일단락되었음을 뜻한다. 그렇다고 하여 랍비들의 가르침이 정지된 것은 결코 아니다. 전해 내려온 이전 시대의 가르침은 시대마다 저마다의 삶의 자리에서 항상 새롭게 해석될 필요가 있기 때문이다. 따라서 구전의 가르침은 미쉬나의 완성으로 멈추지 않고 지속되었다. 미쉬나가 완성된 후 랍비 유대교 역사의 두 번째 시대에 돌입하자 이제는 앞선 시대의 전승물인 **미쉬나 자체가 연구의 대상**이 된다.

미쉬나의 완성과 더불어 새로운 시대가 시작되었다는 사실은 언어사용의 변화에서도 나타난다. 이제 학자들의 언어가 더 이상 히브리어가 아니라 **아람어**로 바뀐다. 세대를 거듭하면서 점차 성경 히브리어를 닮아간 미쉬나 히브리어는 더 이상 사용하지 않는 죽은 언어가 된 것이다. 미쉬나를 토대로 하여 생겨난 탈무드는 전반적으로 아람어로 기록되고, 히브리어는 탈무드에 나오는 미쉬나 현자들의 시대에서 비롯된 여러 인용문에만 나타날 뿐이다. 학자들의 명칭도 바뀐다. 미쉬나 시대의 학자들을 가리켜 '타나임' Tannaim 이라 불렀다면, 이제 탈무드 시대의 학자들을 가리켜서는 '아모라임' Amoraim 이라 부른다. 그에 따라 미쉬나 시대를 가리켜 **타나임 시대** 70-200년 라 부르고, 이어지는 탈무드 시대를 가리켜서는 **아모라임 시대** 대략 200-600년 라고도 부른다.

당시 랍비 유대교의 두 중심지인 팔레스타인과 바벨론에서는 독자적으로 미쉬나에 대한 주석이 일어났다. 그것이 훗날 두 종류의 탈무드로 집대성된다. 즉 탈무드는 미쉬나에 대한 수많은 랍비의 주석들이 오랜 시간에 걸쳐 수집되고 정리되면서 이루어진 탈무드 전승의 결과물인 셈이다. 랍비 유대교의 두 중심지인 팔레스타인과 바벨론 양자 사이에 관련성이 전혀 없다고 말할 수는 없으나, 저마다 전승의 독립성을 보존했다. 그것은 팔레스타인 유대교의 역사와 바벨론 유대교 역사가 독자적으로 발전한 것과 맞물려 있다. 팔레스타인의 경우 상당 부분 토지와 관련된 농부들과 수공업자들이 유대인의 다수를 형성한 것과 달리, 바벨론의 유대인들은 토지와 크게 상관이 없는 도시민들이 압도적으로 많았다. 이에 상응하듯이 팔레스타인 유대교의 사고방식은 농부들의 삶이 그러하듯이 단순하면서도 직선적인 데 반해 복잡한 도시 생활에 익숙한 바벨론 유대교의 사고방식은 점점 복잡해지는 양상을 띠었다.

이런 측면에서 바벨론에서 생성된 탈무드는 '후추' 혹은 '날카로운 분석'이라는 뜻을 지닌 **필풀** פלפול 이라 부르는 탈무드 연구 방법을 발전시켰다. '필풀'이란 논리적 분석과 온갖 측면의 다양한 생각을 통해 또한 찬반의 다양한 관점을 통해 탈무드가 다루는 한 구절이나 주제에 관해 생각해 낼 수 있는 모든 해석을 밝혀 내려고 애쓰는 방법을 말한다. 그와 달리 팔레스타인에서 생성된 탈무드는 주석의 최종 목표에 훨씬 빨리 그리고 보다 직접적으로 도달한다. 이런 이유로 양적인 면에서 볼 때 바벨론 탈무드는 팔레스타인 탈무드를 훨씬 능가한다. 양자 사이의 이러한 차이는 다른 차원과도 관련이 있다. 팔레스타인 유대교가 이른바 '미드라쉬'라 부르는 수많은 성경 주석서를 양산해 낸 것과 달리, 기원후 200-500년 사이의 바벨론 유대교가 생산해 낸 문학작품으론 바벨론 탈무드가 유일하다.

나. 탈무드란 어떤 책인가?

'탈무드' Talmud 라는 용어는 '라마드' lamad=배우다 혹은 '림마드' limmad=가르치다 라는 동사에서 파생된 명사형으로 '연구', '가르침', '교훈'과 같은 뜻을 지닌다. 그것은 '전승된 모든 가르침', 특히 아모라임 시대에 미쉬나 주석을 통하여 얻은 가르침을 가리키며, 동시에 그러한 가르침을 담고 있는 책을 뜻한다. 유대인 철학자이자 주석가로 유명한 바벨론 아카데미의 수장인 '라브 =랍비 셰리라 가온' Rav Sherira Gaon, 906-1006년 은 "탈무드는 미쉬나의 근간을 주석한 이전에 있던 교사들의 지혜"라고 정의했다. 좁은 의미에서 말하면 탈무드는 **미쉬나에 대한 주석**을 가리킨다.

그런데 탈무드를 어떤 한 편집자나 혹은 한 학파의 작품으로 간주하는 것은 잘못이다. 이는 탈무드가 문학적으로 볼 때 하나로 통일된 성격을 보여주기보다는 수많은 차이점과 모순을 비롯하여 많은 반복되는 내용을 담고 있다는 데에서 분명하다. 결국 탈무드는 어느 한 시점에 일괄적으로 생겨난 것이 아니라 다양한 시기에 여러 세대를 거치면서 수많은 자료를 다루는 가운데 여러 학파의 입장을 모아 놓은 다양한 문서의 모음집으로 이해하는 것이 옳다.

탈무드는 두 부분으로 구성되어 있다. 즉 미쉬나 본문과 그에 대한 주석으로 구분된다. 이 주석을 두고 아람어로 **게마라** Gemara 라 부른다. 이 말은 '배우다' 혹은 '완성하다'란 뜻을 지닌 동사 '게마르'גמר에서 유래한 것으로 '전통을 배움' 혹은 '전통에 따른 가르침'이란 뜻으로 이해할 수 있다. 또한 게마라는 '문서화된 토라의 완성' 혹은 '연구의 완성'이란 의미도 담고 있다. 두 종류의 탈무드가 존재한다.

다. 두 종류의 탈무드

① 팔레스타인 탈무드(예루살렘 탈무드) - 미완성의 탈무드

팔레스타인에서 생성된 탈무드를 가리켜 고대에는 '탈무드 에레츠 이스라엘' Talmud Eretz Israel, 즉 '이스라엘 땅의 탈무드'라 부르거나 '서방의 탈무드'를 뜻하는 '탈무드 드-마아르바' Talmud de Ma'arba 라 불렀다. 오늘날에는 일반적으로 **탈무드 예루샬미** Talmud Yerushalmi, 즉 **예루살렘 탈무드**라 부른다. 그렇다고 해서 이 탈무드가 예루살렘에서 생성되었다는 말은 아니다. 예루살렘 탈무드라는 말은 오해의 소지가 있다. '바 코크바 봉기' 132-135년 이후 또한 탈무드가 생성되는 전체 기간에 유대인들은 예루살렘에 발을 들이는 것이 금지되었기 때문이다. 그래서 그리스도교 학자들은 보통 '팔레스타인 탈무드'라 부른다. 팔레스타인 탈무드의 최초 작업은 랍비 시대 유대인들의 최고 자치 기구인 산헤드린 Sanhedrin 이 있는 벳 셰아림에서 시작한 다음, 티베리아스와 세포리스 또한 가이샤라를 거치면서 상당 부분이 수집된다. 이 가운데서도 티베리아스가 팔레스타인 탈무드의 가장 큰 부분이 수집된 지역이다.

팔레스타인 탈무드의 **언어**는 미쉬나 히브리어와 갈릴리 아람어 중간 정도에 속하는 언어라고 말할 수 있다. 훗날 만들어진 필사본들의 경우 바벨론 탈무드의 아람어 영향을 받는다. 다양한 언어층에 나타나는 수많은 그리스어 외래어 및 차용어의 사용된 것을 볼 때, 팔레스타인 탈무드가 팔레스타인 랍비 전통에 끼친 헬레니즘의 영향을 적지 않게 받았다는 사실을 알 수 있다. 게다가 페르시아어와 라틴어에서 빌려온 개념들도 약간 나타난다. 팔레스타인 탈무드는 4세기 말까지의 팔레스타인에 존재했던 위대한 랍비 학파들의 가르침을 담고 있다. 여기에 언급된 가장 후대의 랍비들은 5세대 아모라임들이다. 예컨대 세포리스에서 활동했던 만나 '바르 요나'Mana II. bar Yona 혹은 4세기 후반에 명성을 날렸던 '요세 바르 아빈'Yose bar Abin이 거기에 속한다. 5세기에 들어서면서 팔레스타인 탈무드의 상당 부분과 관련된 수집과 편집 작업이 중단된 것으로 보인다. 따라서 현재 보존된 팔레스타인 탈무드의 생성 연대를 이 무렵으로 잡는다.

팔레스타인 탈무드를 가리켜 팔레스타인 **아모라임의 미쉬나 주석**이라 정의할 수 있으나, 이런 정의는 일부만 타당하다. 팔레스타인 탈무드는 미쉬나에 엄격하게 묶여 있지 않고 그와 별로 상관이 없는 자료들도 상당 부분 담고 있기 때문이다. 그렇다고 팔레스타인 탈무드를 다양한 학파에서 나온 여러 자료가 성급하게 집적된 무질서한 수집물로 간주해서는 안 된다. 팔레스타인 탈무드는 미쉬나 주석으로부터 시작하여 여러 스승의 다양한 가르침을 **미쉬나 구조에 따라서 수집**하였으며, 아마도 티베리아스에서 이 수집물에 대한 편집 작업을 했을 것으로 짐작되기 때문이다. 전통적인 랍비 유대교는 팔레스타인 탈무드보다는 바벨론 탈무드를 더욱 중요하게 여기고 있으나, 그럼에도 불구하고 팔레스타인 탈무드를 경시할 수 없는 이유가 있다. 우선 문학 전통적으로 볼 때 팔레스타인 탈무드는 타나임 시대 AD 70-200년의 문서들과 밀접히 연관되어 있기 때문에 이들 문서 이해에 도움을 줄 수 있다. 뿐만 아니라 팔레스타인 역사 이해에 도움이 되는 원천자료를 제공하기도 하며 유대교 예배 의식의 발전을 이해하는 데 중요한 자료가 된다.

팔레스타인 탈무드가 **최종적인 편집 과정**을 거쳤는지를 둘러싸고 논란이 있다. 여러 정황을 고려하면 팔레스타인 탈무드는 미완성된 것으로 보인다. 총 63개의 미쉬나 소책자 맛쎄켓 가운데 단지 39개의 소책자에 대해서만 주석을 하였으며, 또한 적지 않은 경우에 같은 내용이 반복되어 나오며, 심지어 한 소책자 안에서도 서로 모순되는 내용이 많이 나타난다. 이런 관찰에서 볼 때, 팔레스타인 탈무드의 모든 부분을 아우르는 짜임새 있는 최종 편집 작업이 이루어지지 않았음이 분명하다. 이런 현상은 팔레스타인 유대교가 처한 당시 역사적인 시대 상황과 관련된 것으로 보인다. 비잔틴 그리스도교 세계로 인해 압박을 받게 된 유대인들은 점차 팔레스타인을 등지고 비잔틴 그리스도교의 영향권에서 벗어나 있던 바벨론으로 이주했는데 이러한 이주 행렬로 인해 팔레스타인에는 유대인 학자들의 수효가 급감했고, 그 결과 팔레스타인 탈무드는 완성되지 못하고 중도에 편집 작업이 중단되어 결국 미완성으로 남았다.

유대교의 무게 중심이 예루살렘이 아니라 점차 바벨론으로 기울면서 8세기 이후부터 자연스럽게 바벨론 탈무드가 팔레스타인 탈무드를 대신해 더욱 중요하게 간주되었다. 팔레스타인 내부에서는 경시되고 동시에 외부로부터는 탈무드 사본에 대한 박해가 몰려오면서 팔레스타인 탈무드가 점차 사라지게 된 것이다. 오늘날에는 전체 팔레스타인 탈무드를 거의 온전한 형태로 보존한 사본은 단지 하나만 존재한다. 그것은 1289년에 완성된 것으로 현재 네덜란드 라이덴 대학교 도서관에 보관된 필사본 Ms. Scaliger 3 이다. 이 필사본을 토대로 그리스도교 출판업자인 다니엘 봄베르크 Daniel Bomberg, 1549년 사망 가 베니스에서 최초로 탈무드를 출판한다. 그것이 이른바 '봄베르기 사본'이다.

팔레스타인 탈무드는 본래 미쉬나 부분을 담고 있지 않았는데, 훗날 미쉬나 텍스트를 다른 자료에서 가져와 매 장의 전면에 위치시켜 놓았다. 이로 인해 첨가된 미쉬나 본문이 주석 내용과 일치하지 않는 경우가 종종 발생하게 된다. 팔레스타인 미쉬나는 필사자가 외부에서 가져온 미쉬나 본문과 일치하지 않는 경우도 있었기 때문이다. 팔레스타인 탈무드가 아래에서 다룰 탈무드의 대명사로 통하는 바벨론 탈무드에 비해 경시되면서 **유대교의 의붓자식** Schalom Ben Chorin이라는 불명예를 안고 있었으나, 현대에 와서는 새로운 관심을 받고 있다. 바벨론 탈무드가 다루지 않는 오로지 팔레스타인 지역과 관련된 성경의 농사 규정들이 그동안 관심 밖의 주제였는데, 현대에 와서 팔레스타인으로의 이주가 활성화되면서 다시 그 중요성을 인정받고 있다.

* 팔레스타인 탈무드의 현대어 번역을 보려면 다음 문헌을 참조하라:
J. Neusner, *The Talmud of the Land of Israel. A Preliminary Translation and Explanation*, 35 Vols. (Chicago-London: The University of Chicago Press, 1982); M. Hengel, ed., *Übersetzung des Talmud Yerushalmi* (Tübingen: Mohr, 1975ff).

② 바벨론 탈무드 - 고대 유대교의 국립도서관

유대교에서 아무런 구별도 없이 단순히 '탈무드'라 하면, 이는 바벨론 탈무드를 가리키는 말이다. 히브리어로는 **탈무드 바블리** Talmud Bavli라 부른다. 여기에는 미쉬나 탄생 이후 6세기까지 지속된 바벨론 소재 탈무드 학파들의 가르침이 담겨 있다. 바벨론은 예부터 유대인 학자들이 거하는 중심지였다. 랍비 샴마이 Shammai 와 더불어 팔레스타인 유대 성서해석의 설립자로 통하는 랍비 힐렐 Hillel 역시 바벨론 출신의 학자이다. 팔레스타인 학자들이 자신들의 가르침의 전통을 세우고 미쉬나 형성을 위해 애쓰고 있는 동안, 바벨론 학자들도 역시 유대교 전통을 세우는 일에 진력하였다. 팔레스타인에서 권위를 인정받은 미쉬나는 곧장 바벨론으로 전해졌고 그곳 유대인들에 의해 온전히 수용된다. 그리하여 팔레스타인 유대공동체와 바벨론 유대공동체가 한결같이 미쉬나의 권위를 인정하게 된다. 이러한 사실은 향후 전개될 유대교 역사에서 결정적인 영향을 끼친다. 온 세상에 흩어져 살던 유대인들을 하나로 결집시키는 토대가 마련되었다는 점에서 그러하다. 바벨론 탈무드의 **언어**는 히브리어와 더불어 바벨론 아람어이다. 게다가 그리스어와 페르시아어에서 유래한 수많은 차용어도 나타난다.

바벨론 탈무드는 시간이 지나면서 유대교에서 팔레스타인 탈무드를 점차 몰아내고 **카논의 자리**를 차지한다. 양적인 면에서도 팔레스타인 탈무드를 훨씬 능가하는 풍부한 내용을 자랑한다.

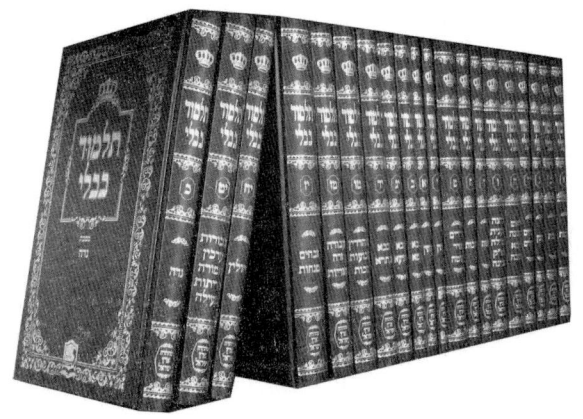

그림 8 ▮ 바벨론 탈무드의 현대본, 20권

팔레스타인 유대교 전통을 포함하여 랍비 전통 가운데에서 보존할 만한 가치가 있다고 생각되는 모든 전승이 이 안에 집적되었기 때문이다. 이런 의미에서 바벨론 탈무드는 일종의 백과사전적 성격을 띤 문서이다. 바벨론의 랍비들은 바벨론 지역에서 점차 늘어나는 할라카 규정들 및 법적 전통들을 미쉬나와 일치시키려고 노력했을 뿐만 아니라 특히 성경 본문의 의미와 조화시키려고 애를 썼다.

바벨론 탈무드는 그 엄청난 분량에 걸맞게 오랜 기간에 걸쳐 완성된다. 유대교 전통에 따르면 바벨론 수라 Sura 아카데미에서 수십 년 동안 탈무드 교사로 일했던 '라브 아쉬' Rav Ashi, 424년경 사망 와 '라브 아비나' Rav Abina, 500년경 사망 가 바벨론 탈무드를 완성했고, 6세기의 '사보라임' Saboraim, 즉 바벨론 랍비들이 전체 작품을 단지 매끄럽게 손질했을 뿐이라고 말한다. 그러나 소책자 앞부분에 나오는 상당한 분량, 특히 연속된 토론의 논리적 근거와 질문제기의 토대, 개별 입장들을 특정 권위자에게 배치하는 일 등이 논의되는 내용은 사보라임과 8세기까지 이어지는 그 후계자들의 작품으로 돌려야 마땅하다. 8세기 중엽에 이르러서야 바벨론 탈무드의 전체적인 형태가 거의 완성되었다고 말할 수 있다. 그 무렵 바그다드로 새롭게 이주한 바벨론 학파들이 그것을 토대로 랍비 전통을 연구하게 된다. 이때부터 바벨론 탈무드는 유대인의 세계에서 독보적인 자리를 차지하게 되고, 11세기에 이르면서 더 오래된 탈무드인 팔레스타인 탈무드를 완전히 몰아낸다. 이러한 추세는 북아프리카와 스페인에 있는 유대인 디아스포라에서도 지속되었고, 스페인 톨레도 출신의 16세기의 저명한 탈무드 주석가인 '요셉 카로' Josef Karo, 1488-1575년 의 작품으로서 유대교 법체계를 담은 책 '슐칸 아루크' Shulchan Aruch 에 와서 정점에 도달한다. 이 책은 오늘날의 정통 유대교도 여전히 중요하게 여기는 작품이다. 바벨론 탈무드에 관한 가장 중요한 주석서를 남긴 사람은 '라쉬' Rashi, 1040-1105년 였고, 그의 제자들이 스승의 주석을 더욱 보완하는 작업을 했다. 1100년경에 최초의 탈무드 사전이 로마에서 '나탄 벤 예힐' Natan ben Jehiel, 1020-1106년 에 의해 편찬된다.

팔레스타인 유대교의 경우 성서해석을 담은 수많은 미드라쉬가 독립된 문서들로 발전한 것과 달리, 바벨론 탈무드에는 방대한 분량의 미드라쉬가 탈무드 체계 안에 편입되었다. 바벨론 탈무드에는 탈무드의 주된 관심사인 율법 관련 내용 외에도 점성학이나 천문학, 마법이나 의학, 역사서술과 같은 다양한 분야에 관한 내용이 담겨 있다. 그 밖에도 예루살렘 성전 멸망에 관한 이야기나 자연 기적이나 꿈에 대한 이야기, 전설이나 랍비들에 대한 우화 등, 흔히 '하가다' Hggada 라고 부르는 이야기체의 내용도 상당 부분 나타난다. 그리하여 팔레스타인 탈무드의 6분의 1 정도만이 하가다에 해당하는 반면, 바벨론 탈무드의 3분의 1에 해당하는 엄청난 분량이 하가다에 속한다. 이처럼 바벨론 탈무드는 온갖 분야를 망라하는 내용을 담고 있기 때문에 **바벨론 유대교의 국립도서관**이라고 부르기도 한다. 팔레스타인 탈무드와 유사하게 바벨론 탈무드의 게마라는 총 63개의 미쉬나 소책자 가운데 단지 36과 1/2개의 소책자와 관련된다. 특히 바벨론 디아스포라 상황과 무관한 미쉬나 소책자들에 대한 주석들이 빠져 있다.

바벨론 탈무드가 하나로 **통일된 편집 작업**을 거쳤는지를 둘러싸고 학자들 사이에 논란이 있다. 예컨대 엡스타인 J. N. Epstein 은 여러 차이점과 모순 및 반복되는 내용들로 미루어 바벨론 탈무드가 단번에 완성된 작품이 결코 아니고, 수많은 자료가 이용되는 가운데 수 세기에 걸쳐 다양한 저자들과 편집자들과 학파들로부터 비롯된 층들이 결집된 작품으로 여긴다. 그에 걸맞게 "개개의 소책자는 그 자체로 하나의 책이다"라고 말한다 *Introduction to Amoraic Literature*, 1962. 그러나 뉴스너 J. Neusner 는 통일된 편집 작업을 통해 바벨로 탈무드는 잘 정리된 구성을 갖추고 있을 뿐만 아니라 일관된 계획과 프로그램을 담고 있다고 말한다 *The Rules of Composition of the Talmud of Babylonia*, 1991. 일반적으로 바벨론 탈무드는 최종 편집 작업을 거치지 못한 팔레스타인 탈무드와 달리 오랜 기간에 걸친 다층적 편집 과정을 통해 상대적으로 잘 정리된 작품으로 간주한다. 바벨론 탈무드의 편집에 결정적으로 중요한 단계는 이른바 **사보라임** Saboraim 의 작업에 놓여 있다. 이들은 대략 200-500년 사이에 활동한 탈무드 학자들인 '아모라임' Amoraim 의 뒤를 이어 6-7세기에 활동했던 바벨론 지역의 학자들을 가리킨다. 이들이 행한 수정과 보충 작업을 통해 바벨론 탈무드가 상당 부분 통일성을 갖추게 된다. 사보라임의 뒤를 이어 8세기에 활동한 탈무드 아카데미의 수장인 '가온'들의 보충 작업을 통해 바벨론 탈무드의 완성도가 더욱 높아진다. 심지어 11세기의 저명한 성경 해석가인 '라쉬'의 주석에 근거해 바벨론 탈무드의 게마라가 보완되었다.

바벨론 탈무드의 거의 전체 내용을 담고 있는 필사본은 오직 하나만 남아 있다. 1342년 파리에서 기록된 이른바 '뮌헨 필사본' Ms. München 95 이다.

그 외에도 수많은 필사본이 전해 내려오나, 모두 단편이거나 애초부터 개별 소책자 형태로만 된 것들이다. 현존하는 바벨론 탈무드 전체를 최초로 인쇄한 사람은 팔레스타인 탈무드도 인쇄했던 다니엘 봄베르크였다. 그는 베니스에서 1520-1523년에 바벨론 탈무드를 출간한다. 봄베르크판은 향후 출간되는 다양한 판본들의 모범이 된다.

* 바벨론 탈무드의 현대어 번역을 보려면 다음 문헌을 참조하라: I. Epstein, ed., *The Babylonian Talmud. Translated into English with notes, glossary and indices*, 35 Vols. (London: The Soncino Press, 1935-1952); J. Neusner, *The Talmud of Babylonia. An American Translation*, 36 Vols. (Chico-Atlanta, 1984); L. Goldschmidt, *Der Babylonische Talmud*, 12 Vols. (Berlin: Biblion, 1929-1936).

③ 유대인들이 사용하는 바벨론 탈무드의 모습

다음 쪽에 있는 사진은 탈무드의 모범본으로 널리 사용되고 있는 것으로 동유럽 도시 빌나 Wilna 에서 1880년대에 출간된 바벨론 탈무드, 이른바 **빌나 탈무드** Wilnaer Ausgabe 에 담긴 한 소책자의 본문 제1면을 찍은 것이다. 사진 맨 위에 굵은 글씨로 나오는 **표제** 원편 단어는 탈무드 소책자 이름 '베라콧' Berachot 을 나타낸다. 이는 기도와 예배에 관한 규정을 다룬 탈무드의 첫 번째 소책자이다. 가운데 표제 '페렉 리숀' Perek Rischon 은 '제1장' chapter 을 뜻하고, 오른쪽 표제 '메이마타이' Meimatai 는 해당 장 =제1장의 이름을 나타낸다. 표제가 나오는 줄 맨 왼쪽에 히브리어 철자 '베트' bet 는 '두 번째 종이장' Blatt 을 뜻한다. 아래 사진은 두 번째 종이징 앞면으로서, 인용할 때는 통상 2a로 표시하고, 그 뒷면은 2b로 표시한다.

탈무드의 문서 배열은 오늘날의 문서처럼 오른쪽에서 왼쪽으로 향하지 않고, 중심에서 외부로 향하는 방향성을 취한다. 따라서 가장 중요한 본문인 미쉬나 본문이 중앙에 위치하고, 상하좌우로 다양한 주석들이 미쉬나 본문을 감싸고 있다.

그림 9 ▎빌나 탈무드에 수록된 한 소책자의 본문 제1면

중앙 칸에 굵은 글씨체로 보이는 부분이 **미쉬나 본문**이다. 그곳 14번째 줄부터는 미쉬나 본문에 대한 해석을 담은 **게마라** גמרא 가 시작된다. 이를 나타내기 위해 조금 큰 글씨체 형태로 גמ' 이 표시되어 있다. 사진 오른쪽

칸에 있는 본문은 이른바 **라쉬** Rashi **의 미쉬나 주석이다.** 라쉬는 '랍비 솔로몬 벤 이삭 Rabbi Salomo ben Isaak, 1040-1105 이란 명칭에 나오는 각 단어의 첫 번째 철자들을 모아 만든 별명이다. 이런 방식으로 만든 이름을 가리켜 '아크로님' Acronym 이라 부른다. 라쉬는 11세기 후반 중세 유럽에서 살았던 랍비로서 성경과 탈무드에 대한 해석으로 정평이 자자했던 사람이다. 그의 미쉬나 주석은 중세 유대교에서 가장 대중적인 인기를 얻었다. 그런 이유로 탈무드 안에서 특별한 위치를 차지하게 되었다. 글씨체도 독특하여 이른바 '라쉬 서체'라는 특별한 서체로 기록되었다. 사진 왼쪽 칸에 나오는 본문은 더 후대에 만들어진 주석들로서 이른바 'Subcommen- tary' 혹은 'Supercommentary', 즉 **주석에 대한 주석**을 모아 놓은 것이다. 이것은 라쉬의 제자들이 스승의 주석을 다시 주석한 것들이다. 이들이 행한 보완 작업을 가리켜 '토사포트' Tosafot=첨가, 보충 라 부르고, 이들을 가리켜서는 '토사피스트' Tosafist 라 부른다.

라. 탈무드 맛보기

① 탈무드에 나오는 메시아 이야기들

유대인의 경전인 탈무드는 수 세기에 걸쳐 수많은 랍비가 전해 준 다양한 전승들의 복합물이기 때문에, 탈무드 안에서 하나로 통일된 랍비적 신앙 체계에 관해 말하기 어렵다는 사실을 먼저 이해할 필요가 있다. 그에 걸맞게 탈무드에 나오는 메시아에 대한 랍비들의 표상들도 제각각이다. 랍비적 메시아 표상들 사이에 차이가 나타난다는 것은 그 표상들이 유래한 삶의 자리가 상이하다는 사실과 관련이 있다. 그런 차이가 나타나는 것은 어찌 보면 당연하다고 말할 수 있다. 메시아 표상 관련 주제는 종교법과 직결된 할라카 Halakha 의 영역에 속한다기보다 다양한 이야기들을 담고 있는 하가다 Hggada 의 영역에 속하는 주제라고 말할 수 있기 때문이다.

유대인들의 메시아 운동은 특히 팔레스타인이 로마 제국의 통치를 받고 있던 기원후 1-2세기 사이에 강하게 일어났다. 특히 로마의 지배에 항거하는 기원후 66-70/74년 사이에 일어났던 유대 전쟁과 132-135년 사이에 재차 일어난 이른바 '바르 코크바 봉기'가 연이어 실패로 돌아가면서 유대인들의 메시아 대망은 산산이 무너졌다. 당시 한동안 메시아 운동으로 간주되었던 바르 코크바 봉기와 관련하여 먼저 **바벨론 탈무드**에 속하는 소책자 '산헤드린'에 나오는 이야기부터 소개한다:

> 바르 코제바는 일 년 반 동안 다스렸고, 라바난 =랍비들에게 말했다: 나는 메시아이다. 그들이 그에게 말했다: 메시아에 대해 이렇게 기록되어 있다: 그는 냄새를 맡고 심판할 것이다 cf. 사 11:4. 그리고 우리는, 네가 냄새를 맡고 심판할 수 있을지 볼 것이다. 그가 냄새를 맡고 심판할 수 없는 것을 보았을 때, 그들은 그를 죽였다
> bSanh 93b

기원후 132년에 일어난 바르 코크바 봉기는 로마에 대한 항전 첫 해에 여러 성읍들을 탈환하는 놀라운 성과를 올렸다. 그런 추세에 힘입어 바르 코크바는 자신을 왕으로 선포했고, 이를 기념하는 주화도 제작했다.

그림 10 ▌ 바르 코크바 동전에는 "이스라엘 해방의 두 번째 해"라는 글이 새겨져 있다. 성전 전면 위에 있는 별은 왕권을 상징한다.

당시 유력한 랍비인 아키바는 민수기 24:17 "한 별[kokhab]이 야곱에게서 나오며 한 규가 이스라엘에게서 일어나서 모압을 이쪽에서 저쪽까지 쳐서 무찌르고 또 셋의 자식들을 다 멸하리로다" 의 예언을 봉기의 주동자 '시몬 벤 코시바' Simon ben Kosiba 에게 적용해서 그를 메시아적 칭호 '바르 코크바' בר כוכבא, Bar Kokhba, 즉 '별의 아들'로 불렀다. 그러나 그 봉기는 로마의 하드리아누스 황제가 보낸 율리우스 세베루스 장군에 의해 진압되고 만다. 가이사랴 남쪽 해안가에 위치한 베타르 Bethar 성곽을 둘러싼 전투에서 격렬하게 로마 군과 대결했으나, 결국 봉기는 135년에 실패로 끝났다. 그리하여 바르 코크바는 사람들 사이에서 더 이상 "별의 아들"이 아니라, 언어유희를 사용하여 '바르 코제바' בר כוזבא, Bar Kozeba, 즉 '거짓의 아들'로 불리게 된다. 위의 이야기처럼 그가 랍비들에 의해 죽임을 당한 것으로는 보기 어렵고 십중팔구 로마와의 전투에서 사망했을 것이다. 아무튼 위의 탈무드 이야기를 통해 거짓 메시아는 죽음을 면하지 못하리라는 이미지가 만들어졌다는 사실을 알 수 있다.

예루살렘 탈무드에도 바르 코크바에 대한 이야기가 전해 내려온다. 소책자 <타아닛>에는 그가 일으킨 메시아 운동이 실패로 돌아가자 랍비들이 그를 살해했다는 내용은 나타나지 않는다. 그 대신 그의 메시아성을 인정하지 않는 가운데 진정한 메시아가 나타나기를 기다리는 내용이 실려 있다:

> 랍비 시므온 벤 요카이가 가르쳤다. 나의 스승이신 아키바가 '한 별이 야곱에게서 나올 것이다' 민 24:17 를 다음과 같이 해석했다. 코지바가 야곱에게서 나온 것이다! 즉, 랍비 아키바는, 그가 바르 코크바를 보았을 때 이 사람이 왕 되신 메시아이다! 라고 말했다. 그때 랍비 요하난 벤 토르타가 그에게 말했다. 아키바, 풀이 너의 턱뼈(/무덤)에서 자라 나온다. 그런데도 다윗의 아들은 아직도 여전히 나타나지 않네 yTaan 4,8,68d.

바르 코크바 봉기가 실패로 돌아간 이후 유대인들 사이에 메시아 운동은 한동안 수면 아래로 가라앉는다. 왜곡된 메시아 운동이 초래한 폐해를 절실히 체험한 당시 랍비들은 열광적인 메시아 운동에 대한 위험을 경고했으나, 메시아 대망은 유대 신앙의 핵심 주제에 속하기 때문에 결코 사라질 수 없었다.

랍비 유대교 시대가 본격적으로 열리자 다시 메시아 대망이 조심스럽게 머리를 들기 시작했다. 아모라임 시대 AD 200-600년경, 즉 탈무드 시대의 후기에 들어서자 메시아 관련 진술이 광범위하게 나타난다. 무엇보다 메시아 시대가 마치 에덴동산의 시대가 다시 열린 것처럼 묘사된다. 그리하여 과실수들이 풍성히 열매를 맺고 온갖 고통이 사라지고 평화와 공의가 다스리는 시대로 메시아 시대를 그린다 BerR 12:6; bKet 111a-112b. 그러한 메시아 시대에 동참하기 위해 사망한 이스라엘의 의인들이 부활하는 장면이 나타나는가 하면 yKil 9:4, 모든 적대 세력으로부터 해방된 이스라엘이 거룩한 땅에 다시 세워진 성전 주위로 모여들 뿐만 아니라 이방 민족들도 예루살렘을 순례하리라는 표상도 있다. 사탄의 세력을 상징하는 태곳적 짐승들인 '베헤못'과 '레비아단'의 살코기를 가지고 요리한 종말론적 식탁이 의인들을 위해 차려진다는 표상도 전해진다 bBB 75a-b.

그런데 유대인들이 대망하는 메시아는 그리스도인들이 하나님의 아들이자 재림주로 고백하는 예수 그리스도와 본질적인 면에서 차이가 있다. 유대인이 대망하는 메시아는 결코 어떤 초월적 신적 존재자로서의 메시아가 아니라, 우리와 같은 인간의 모습으로 구체적인 역사 안에서 등장하는 인물과 관련되었기 때문이다. 일반적으로 랍비 유대교 시대에는 메시아의 도래에 앞서 고난의 시간이 선행해야만 한다는 표상이 널리 퍼져 있었다. 그에 따라 유대인에게 고난의 시대가 닥치게 되는 경우 메시아 대망이 유대인들 사이에 새롭게 불타오르곤 했다.[21]

---

21) 예컨대, 17세기 중엽 오스만 제국이 다스리던 동유럽의 유대인 디아스포라에서도 강력한 메시아 운동이 있었다. "샤바타이 츠비"(Shabbatai Zvi, 1626-1676년)가 중심이 된 메시아 운동 ("Sabbatian movement")이다. 1665년 5월 31일, 샤바타이가 가자(Gaza)에 체류하는 동안, 그곳 카

세상이 창조된 이후 4천 년이 지나야 메시아의 시대가 열리리라는 입장이 있는가 하면, 다른 한편으론 예루살렘 멸망 이후 400년이 지나야 메시아가 도래한다는 입장도 있다 bSanh 97a-b. 그 외에도 인간의 행위가 메시아의 도래에 영향을 끼친다는 언급들도 있다. 예컨대 이스라엘이 한 번이나 혹은 두 번만이라도 할라카 전통에 따라 온전히 안식일을 지켜야만 메시아가 도래한다는 입장이 있는가 하면, 또는 이스라엘이 회개하거나 이스라엘의 고난이 차게 되면 비로소 메시아가 오리라는 입장도 있다 yTaan 1,1, 63d; bSanh 97b-98a; bShab 118b 등. 이처럼 탈무드에는 여러 가지 메시아 표상들이 나타나, 여기서는 예루살렘 탈무드 =팔레스타인 탈무드와 바벨론 탈무드에 나오는 서로 무관한 두 가지 짤막한 이야기에 국한해서 소개하려 한다. 본문만 번역해 놓으면 이해하기가 쉽지 않기 때문에 해설을 달았다.

② 메시아 관련 본문 번역 및 해설

• 베들레헴에 있는 메시아

<텍스트>
어느 날 한 유대인이 자기 밭을 갈고 있을 때, 자기 황소가 자기 앞에서 크게 울부짖었다. 지나가던 한 아랍인이 그 울부짖음을 듣고는 그에게 말했다: 유대인이여, 유대인이여! 당신 황소의 멍에를 풀고 보습 일을 멈추시오! 왜냐하면 성전이 파괴되었기 때문이오. 그때 그는 다시 한번 크게 외쳤다. 그는 그 사람에게 말했다: 유대인이여, 유대인이여! 당신의 황소에게 멍에를 채우고 보습 일을 시작하시오! 왜냐하면 메시아 왕이 태어났기 때문이오. 그가 그에게 말했다: 그의 이름이 무엇

발리스트인 '나단 아쉬케나즈'의 예언에 고무되어 자신을 메시아로 내세우고 1666년을 구원의 해로 선포한다. 가자 지역 공동체에 속한 12명을 이스라엘 12지파의 대표자로 임명하면서 메시아 운동이 불붙기 시작했고, 전체 유대인 디아스포라를 덮친다. 메시아가 드디어 나타났다는 기쁜 소식이 가자와 헤브론, 터키와 이집트, 북아프리카와 예멘 등에 급속도로 전해졌다. 그러나 1665년 9월 15일 그는 체포되어 이슬람 법정에서 죽음이냐 아니면 이슬람을 영접할 것이냐의 선택의 기로에 선다. 다음날 그는 아내 및 추종자들과 함께 이슬람으로 개종함으로써 살아남는다. 1672년에 샤바타이 츠비는 이슬람 변절죄로 체포되었으나 사형에 처해지지는 않고 알바니아로 추방되었다가 1676년에 사망한다. 이와 관련하여 G. Scholem, *Sabbatai Sevi: The Mystical Messiah* (Princeton, 1973)을 참조하라.

이오? 메나헴! 그가 그에게 말했다: 그의 아버지 이름이 무엇이오? 그가 그에게 말했다: 히스키아! 그가 그에게 말했다: 그는 어디 출신이오? 그가 말했다: 유다에 있는 왕의 도시 베들레헴!

그러자 그가 떠나가서는 자기 황소와 농기구를 팔아버리고 갓난아이용 기저귀를 구입했다. 그가 이 도시 저 도시로 전전하다가 마침내 한 도시에 당도했다. 그런데 모든 여인들이 (기저귀) 사재기를 하고 있었다. 하지만 메나헴의 어머니는 사지 않았다. 그는 여인들이 외치는 소리를 들었다: 메나헴의 어머님, 메나헴의 어머님! 어여 와서 당신 아들을 위해 구입하세요! 그녀가 말했다: 나는 이스라엘의 모든 원수들을 목 졸라 죽이고 싶소. 왜냐하면 그가 태어난 바로 그 날에 성전이 파괴되었기 때문이오. 그가 그녀에게 말했다: 그가 어찌할 수 있겠소! 어서 와서 그를 위해 구입하세요! 당신이 오늘 한 푼도 없으면, 내가 며칠 뒤에 와서 그것을 돌려 받지요. 며칠 후에 그가 그 도시에 왔고, 다음과 같이 그녀에게 말했다: 그 갓난아이는 어찌 되었소? 그녀가 그에게 말했다: 당신이 나를 바라본 그 시각부터 강풍과 폭풍이 밀려왔고, 그를 내 양 손에서 앗아가고 말았소.

랍비 분 R. Bun 이 말했다: 우리가 이 아랍인에게서 무엇을 배울 수 있겠소! 성경에 다음과 같이 분명하게 기록되어 있지 않던가요: "레바논이 그의 권능자에게 베임을 당하리라" 사 10:34. 그 다음에는 무엇이라 기록되어 있소: "이새의 줄기에서 한 싹이 나오리라" 사 11:1.

<해설>

이 이야기는 예루살렘 탈무드에 담긴 소책자 <베라콧>에 나온다 yBerakhot 2:4[5a]. 한 유대인이 이스라엘에서 땅을 경작하는 장면으로 시작한다. 예루살렘 성전이 무너진 이후에 땅을 경작하는 것이 당시 유대인들이 할 수 있는 일상의 주요한 일이었다. 거룩한 성전이 멸망한 참담한 시점에 도대체 그런 일이 무슨 의미가 있을까 하는 의문이 일어날 수 있다. 위의 이야기는 이에 답하고자 한다. 아무리 하찮아 보이는 일상의 일도 의미가 있다고 말이다. 성전 멸망도 다른 자연 재난과 다르지 않다는 사실을 땅을 갈고 있는 황소가 이해했고, 그것을 주인에게 알리려고 울부짖는다. 그런데 주인은 황소가 내는 자연의 소리를 이해하지 못한다. 마침 자연의 소리를 해석할 수 있는 아랍인이 지나가다가 통역을 해준다.

황소의 첫 번째 울음은 성전이 무너진 참담한 사실을 전한다. 이를 통해 이야기의 화자는 사람들에게 땅을 경작하거나 아이를 양육하는 일과 같은 세상일이 무의해졌음을 말하려 한다. 그러나 황소의 두 번째 울음이 곧장 이어진다. 메시아가 탄생한 것이다. 이제 일상의 삶이 다시 의미를 찾은 것이다. 성전 멸망이라는 참담한 사건이 일어났어도 인생은 충분히 살 가치가 있다는 점을 가르친다. 바로 이 점이 이 이야기가 전하고자 하는 메시지이다. 이야기에 등장하는 유대인은 메시아가 태어났다는 아랍인의 말에 만족하지 않고, 해명을 요구한다. 유대인은 아랍인의 답변은 자신이 알던 메시아 관련 성경 지식과 일치한다는 사실을 깨닫는다. 그래서 그는 자기 농기구를 팔아 치우고 기저귀를 구입한다. 메시아를 발견하고자 하는 마음에 안달이 났고, 이 도시 저 도시로 메시아를 찾아 나선다.

두 번째 장면에서 주인공 유대인은 성전이 파괴된 바로 그날 태어난 자기 아이가 메시아임을 깨닫지 못하고 있는 메나헴의 어머니를 만난다. 그런데 그녀는 성전이 멸망하거나 메시아의 탄생이 일어나거나 전혀 관심이 없는 일반 여인들과 달리 성전 멸망으로 인해 너무도 괴로워했고, 심지어 아이 양육마저 포기하려 한다. 메시아 탄생의 비밀을 깨달은 우리 유대인은 그녀의 고통을 잘 이해했다. 그래서 그녀에게 다가가 메시아 탄생의 비밀에 대해 말하지는 못하나 세상의 희망인 그 아이를 잘 키우라고 격려한다. 마지막 장면에서 그 아이는 바람과 폭풍에 쌓여 엘리야처럼 하늘로 사라진다. 이제 메시아는 엘리야와 함께 있다가 언제든 다시 세상으로 올 준비를 하고 있다. 위의 이야기는 언제 메시아가 오는지에 관한 질문에는 답하지 않는다.

- **로마에 있는 메시아**

<텍스트>
랍비 여호수아 벤 레위가 엘리야와 랍비 시몬 바르 요카이가 에덴동산의 정문 앞

에 서 있는 것을 발견했다. 그가 그에게 말했다: 내가 오고 있는 세상에 들어갈 수 있을까요? 그가 말했다: 이 주인님 ᵃᵈᵒⁿ 의 마음에 든다면. 랍비 여호수아 벤 레위가 말했다: 나는 두 사람을 보았고, 세 사람의 음성을 들었소. 그가 그에게 말했다: 언제 메시아가 오실까요? 그가 그에게 말했다: 가서, 그분 자신에게 물어보시오! 그런데 그분은 어디 계시나요? 로마의 대문 앞에 계시지요. 그런데 그분의 표징들은 어떤 것인가요? 그분은 질병으로 고생하는 가난한 사람들 가운데 앉아 계시죠. 그들은 붕대들을 전부 벗겨 내고는 바로 같은 시간에 그것을 다시 감고 있네요. 하지만 그분은 각각의 붕대를 하나씩 풀고 다시 감고 있지요. 그가 말했다: 혹시 사람들이 나를 필요로 할 때, 지체하지 않을 겁니다.

그가 그에게 다가가서는 다음과 같이 그에게 말했다: 랍비여, 평화가 당신과 함께 하길! 그가 그에게 말했다: 레위의 아들이여, 평화가 당신과 함께 하길! 그가 그에게 말했다: 언제 주님 ᵐᵃʳ 이 오시나요? 그가 말했다: 오늘! 그가 엘리아에게 가서는 그에게 말했다: 그가 나를 속였네요. 그가 내게 오늘! 이라고 말할 때 말이죠. 그가 그에게 말했다: "오늘, 너희가 내 음성을 듣는다면!" 시편 95:7 . 그가 그에게 말했다: 그가 당신에게 또 무엇을 말했나요? 레위의 아들이여, 평화가 당신과 함께 하길! 그가 그에게 말했다: 그분이 당신과 당신의 아버지에게 오고 있는 세계를 약속했군요.

<해설>

이 이야기는 바벨론 탈무드에 담긴 소책자 <산헤드린>에 나온다 ᵇSanhedrin 98a. 이야기는 에덴동산 입구에서 시작한다. 여기에 불마차를 타고 하늘로 올라간 하나님의 사자 엘리야가 서 있다. 그의 역할은 이스라엘과 하나님을 중개하는 일이다. 그는 특히 경건한 사람들에게 나타나는데, 이야기에 등장하는 '여호수아 벤 레위' =레위의 아들 여호수아 가 그런 사람이다. 그가 에덴동산 입구에서 천국 문을 지키는 이적 행위자 '시몬 바르 요카이'를 만나고 있다. 여호수아 벤 레위가 천국 문을 통과할 수 있느냐의 질문에 답변이 주어지지 않는다. 대신 그는 거기에 있으나 보이지 않는 한 주인님 ᵃᵈᵒⁿ⁼ 메시아 칭호 에게 보내진다. 혹시 이 사람이 메시아인가? 그분이 이미 와 있는데도 여호수아 벤 레위가 모르고 있던 것인가? 유대 전통에 따르면 메시아는 쉐키나, 즉 이 땅에 있는 하나님의 영광의 보좌에 있다. 로마의 대문

앞으로 끌려가 하나님의 백성이 치욕과 수모를 당하고 있다. 메시아 역시 가난한 자들과 병자들 사이에 앉아 계신다. 그런데 다른 이들과 달리 메시아는 상처용 붕대를 하나씩 감고 풀고 있다. 사람들이 그를 찾을 때를 항시 대비해야 하기 때문이다.

아무튼 여호수아 벤 레위는 천국 문에서 출발해서 긴 여행 끝에 사악한 세상의 관문인 로마에 도착한다. 거기서 메시아를 금방 발견한다. 메시아가 그를 알아보고는 평화의 인사를 건넨다. 드디어 메시아를 만났으나 여호수아 벤 레위는 자기가 천국에 들어갈 수 있느냐 하는 개인적 관심사를 뒤로 하고, "언제 주님이 오시나요?" 하는 올바른 질문을 제기한다. "오늘" 온다는 말에 길을 나선다. 하루가 지나도록 메시아가 나타나지 않자, 그는 화가 났고 오랜 여정 후에 다시 천국 문 앞 엘리야에게 갔다. 그에게 메시아가 거짓말을 했다고 말했다.

엘리야는 여호수아 벤 레위에게 설명을 해준다. 메시아가 말한 "오늘"은 시편 95:7에서 나온 것이다: **"너희가 오늘 그의 음성을 듣거든."** 여호수아 벤 레위는 메시아가 자기 이름을 부른 것의 의미를 깨닫지 못했다. 즉 메시아가 레위의 아들 이름을 알고 있다는 것에서 그가 오는 세상에 들어가게 될 경건한 사람들의 무리에 속한다는 사실을 이해하지 못했던 것이다. 그가 구원에 관한 사적인 관심을 뒤로 하고 메시아에 대한 믿음을 가졌을 뿐만 아니라 메시아가 오지 않음으로써 낙담에 빠졌기 때문에, 이야기의 마지막 장면에서 메시아는 여호수아가 처음에 가졌던 개인적 구원에 관한 질문에 답함으로써 입증이 삶을 주고 있다. 그러면서 이야기는 다시 처음으로 돌아간다. 개인적 구원에 관한 질문이 처음에는 거부되었으나, 마지막에는 그것에 답하고 있다. 개인의 역사 속으로 메시아 이야기가 끼어든 셈이다.

이 이야기는 말하려는 핵심은 다음과 같다. 메시아의 존재는 인간이 생각하는 것과 달리 훨씬 구체적인 모습을 띠고 있고, 하나님은 인간에게 구원을 베푸실 만반의 준비를 갖추고 계신다는 것이다. 또한 이스라엘이 하나님의 음성에 귀 기울이며 구원을 진정으로 열망할 때, 그때야 비로소 구원이 도래하리라는 사실을 강조한다.

3. 토세프타와 미드라쉬란 무엇인가

앞선 글에서 랍비 유대교를 이해하기 위해 그 역사적 배경과 랍비 유대교의 토대를 이루며 랍비 유대교에서 가장 중요한 문서인 미쉬나와 탈무드에 대해 다루었다. 여기서는 이 두 문서보다는 덜 중요하나 두 문서와 더불어 랍비 유대교를 특징짓는 대표적인 문서에 속하는 또 다른 두 문서, 토세프타와 미드라쉬에 대해 살펴보려 한다.

가. 토세프타란 무엇인가?

① 미쉬나의 자매 문서

토세프타 Tosefta 란 미쉬나와 밀접한 관계에 있는 랍비 문서 가운데 하나로서 흔히 미쉬나의 자매 문서로 통한다. 여기에는 미쉬나의 경우와 마찬가지로 타나임 시대의 학자들이 전해 준 가르침과 전승이 수집되어 있다. 타나임 시대란 예루살렘 성전이 기원후 70년에 멸망하고 나서 200년경 미쉬나가 생성된 시기까지를 가리키고, 타나임 Tannaim 이란 랍비 유대교의 토대를 이루는 미쉬나가 만들어지기 직전 단계에 활동했던 랍비학자들을 뜻한다. 타나임 시대의 학자들이 전해 준 가르침과 전승에 근거하여 미쉬나란 책이 완성되었으나, 미쉬나에 포함되지 못한 수많은 전승이 여전히 남아 있었다. 당시 랍비 유대교는 이들 문서도 후대를 위해 충분히 보전할 가치가 있다고 여겼고, 그리하여 토세프타라는 랍비 문서가 만들어졌다. 하지만 토세프타는 미쉬나가 누리는 정경으로서의 공적인 지위는 결코 얻지 못했다.

'토세프타' אתפסות 는 아람어로서 '보충' supplement 혹은 '첨가' addition 를 의미한다. 히브리어 '토세페트' Tosefet; 복수형 Tosafot 에 해당한다. 랍비문서에서 토세프타라는 말은 통용되고 있는 할라카를 보충하는 가르침을 의미한다. 다시 말해 미쉬나를 보충하고 첨가하는 할라카적 가르침을 뜻한다. 토세프타라는 용어가 타나임 시대 학자들의 가르침과 전통을 모아 놓은 하나의 특정 수집물을 뜻하는 개념으로 발전한 것은 부차적이다. 그런데 토세프타는 단지 미쉬나를 보완하는 내용만을 담은 것이 아니다. 토세프타는 미쉬나보다 훨씬 방대한 내용을 담고 있다. 미쉬나에는 어떤 주제 토론과 관련하여 주로 그 마지막 결과만이 수집된 것과 달리, 토세프타는 주제를 다룰 때 더욱 완벽을 추구했으며 주제 토론도 훨씬 더 상세하게 전개하였다. 그리하여 토세프타의 분량은 미쉬나의 약 서너 배에 달한다.

수 세기 동안의 생성과정을 거치면서 토세프타는 독자적인 문서로 자란다. 미쉬나를 작업한 랍비들은 동시에 토세프타를 만드는 작업에도 관여했는데, 이들은 미쉬나에 들어갈 전승을 수집하면서 그와 동시에 거기서 제외된 전승 자료를 한 군데에 따로 모았고, 그것이 훗날 토세프타가 된 것이다. 미쉬나와 동시대에 토세프타를 만드는 작업이 이루어졌으나 토세프타를 위한 작업은 미쉬나가 완성된 이후에도 계속 이어졌고, 그 과정에 적지 않은 변화를 겪었다.

② 생성 시기

토세프타의 생성 시기를 둘러싸고 학자들 사이에 논란이 많다. 유대 전통적인 이해에 따르면, 토세프타는 미쉬나의 내용과 평행하는 내용을 담고 있고, 미쉬나가 편집된 직후에 완성되었으며, 미쉬나에 포함되지 못한 랍비 전통을 따로 보존할 목적으로 생겨난 것이라 한다. 10세기 바벨론 아카데미의 수장이었던 쉐리라 가온 Scherira Gaon 은 3세기 초에 살았던 랍비 '히야 바르 아바' Hiya bar Abba 가 토세프타를 편찬한 것으로 여겼다. 또한 12

세기의 유명한 유대 사상가 '아브라함 이븐 다웃' Abraham ibn Daud 은 자신의 저서 <세퍼 하-카발라> Sefer ha-Kabbala 에서 '바르 캅파라' Bar Kappara, 3세기 초를 토세프타의 편집자로 간주했다.

현대에 와서 토세프타의 생성과 목적을 둘러싸고 다양한 입장이 있으나, 20세기 이스라엘의 대표적인 탈무드 학자에 속하는 아브라함 골드버그 Abraham Goldberg, 1913-2013 의 입장만 소개하면 다음과 같다. 즉, 토세프타는 한 사람의 편집자가 지나간 세대들이 전해준 가르침들을 공적으로 편집한 것이다. 그 편집 작업은 미쉬나의 편집 작업보다 한 세대 늦게 시작되었고, 랍비 히야 Hiya 의 작업에서 정점에 도달했으며, 그런 다음 히야와 그의 동시대인들의 가르침을 랍비 '호샤야' Hoshaya 가 편집했으며, 마지막 남은 작업은 라브 Rav 가 이어받아 토세프타를 출간한 것으로 보인다. 그리하여 골드버그는 토세프타의 생성 연대를 기원후 220-230년 사이로 추정한다. 아무튼 생성 시기와 관련하여 분명한 사실은, 토세프타는 미쉬나를 인용하고 있으며, 다른 한편 예루살렘 탈무드와 바벨론 탈무드에 인용되었다는 것이다. 따라서 토세프타 생성 시기의 출발점을 미쉬나가 편집된 기원후 200년경 이후로 잡을 수 있고, 그 완성 시점은 팔레스타인 탈무드의 편집이 중단되는 5세기 초 이전으로 추정할 수 있다.

③ 언어 및 구조와 내용

토세프타의 언어는 미쉬나 히브리어와 동일하다. 하지만 미쉬나보다 덜 형식적이라고 말할 수 있으며, 토라와 관련된 대목이 미쉬나에서보다 훨씬 더 많이 나온다. 또한 미쉬나의 경우처럼 토세프타 안에는 산발적으로 아람어 문장들이 나오며 그리스어나 라틴어에서 유래한 수많은 차용 단어도 담겨 있다. 토세프타가 미쉬나의 자매 문서라는 말에 암시되었듯이, 토세프타의 구조는 미쉬나의 구조와 일치한다. 그리하여 미쉬나처럼 6개의 대단락 Sedarim=orders 으로 이루어져 있다. 단지 미쉬나에 나오는 소책자들의 이름과 순서에 약간 차이가 있을 뿐이다. 미쉬나에 나오는 소책자들 중 타미드 Tamid, 미돗 Middot, 키님 Kinim 그리고 아봇 Avot 만이 토세프타에 빠져 있다. 각 소책자 안에서 전개되는 내용과 순서 역시 대체로 미쉬나의 것과 동일하나, 간혹 미쉬나에서 완전히 벗어나는 경우도 있다. 이 경우 일반적으로 토세프타의 본문이 더 오래된 전승으로 간주된다. 토세프타에는 미쉬나가 언급하지 않는 역사적 사건들에 대한 정보도 더 풍성하다. 게다가 토세프타에 나오는 내용 중 일부는 미쉬나가 완성되기 전에 형성된 것이다. 이런 의미에서 초창기 랍비 유대교를 이해하려면 미쉬나에 국한할 것이 아니라 토세프타도 함께 살펴볼 필요가 있다.

④ 토세프타의 중요성

후대로 오면서 유대인들 사이에서 토세프타의 중요성은 점차 상실되었다. 예루살렘 탈무드가 탈무드의 대명사로 통하는 바벨론 탈무드로 인해 그 중요성이 점차 감소되었듯이, 토세프타 역시 비슷한 운명을 겪었다. 그리하여 토세프타의 본문 전체를 온전한 형태로 담고 있는 필사본은 오늘날 단지 하나밖에 남아 있지 않다. 13세기에 스페인에서 생성된 **빈 필사본** Wien Handschrift 이 그것이다. 다행히 이 필사본은 토세프타의 수많은 특징을 잘 보존한 매우 훌륭한 필사본이다. 토세프타는 다른 대표적인 랍비문서처럼 독립된 형태로 인쇄되지 못하고, 탈무드 각 소책자를 위한 일종의 부록 형태로 존재하다가, 19세기에 와서야 비로소 독립된 형태로 출간된다. 랍비 추기민델 Moses Samuel Zuckermandel 이 1880년에 최초로 토세프타 비평본을 출간한다.

* 토세프타의 현대어 번역을 보려면 다음을 참조하라: J. Neusner, ed., *The Tosefta Transl. from the Hebrew*, 6 Vols. (Atlanta, Ga. 1979-1990); G. Kittel, ed., *Rabbinische Texte*, Reihe 1: *Die Tosefta* (Stuttgart u.a. 1960ff).

나. 미드라쉬란 무엇인가?

① 유대적 삶과 문화 창달에 기여

20세기 초반에 살았던 저명한 유대인 종교철학자 이삭 하이네만$^{Isaak\ Heinemann,\ 1876-1957}$은 미드라쉬를 창조적인 언어학의 표현이자 창조적인 역사서술로 이해했다. 미드라쉬는 단순히 지식에 대한 목마름이나 지적 호기심에서 비롯된 것이 아니고, 할라카와 하가다적인 방식으로 성경 말씀을 삶에 적용하는 가운데 유대 공동체의 역사 및 개인의 삶과 영성에 크게 기여했기 때문에 그와 같이 불렀던 것이다. 실로 미드라쉬는 유대인의 삶과 문화 창달에 지대하게 공헌했다. 미드라쉬적 성경해석에 힘입어 유대인들은 일상의 삶에서 접하게 되는 수많은 문제를 극복했을 뿐만 아니라 그것을 통해 미래를 향한 삶의 방향도 세울 수 있었다.

성경을 해석한 미드라쉬는 오늘날 유행하는 역사비평적 성경해석에서 강조되는 이른바 '객관적인' 해석과는 거리가 있다. 그렇다고 해서 역사비평학에서 강조하는 성경해석의 여러 요소를 완전히 무시하지는 않는다. 미드라쉬에도 언어학적 질문이나 본문 비평적 관심도 나타나며, 문맥을 중시하는 해석의 원칙도 있다. 그런데 미드라쉬는 성경 각 책에 담긴 특정한 문맥에 관심을 보이기보다는 오히려 성경 전체의 문맥을 중시한다. 성경 전체를 하나로 통일된 신적 계시물로 보기 때문이다. 미드라쉬에 사용된 성경해석 방법은 당시 유행했던 호머^{Homeros}의 주석 및 변증적 신화 해석에 사용된 방법에서 유래한 측면이 있고, 훗날 '미돗'^{Middot}이라 부르는 성경해석 방법에 관한 하나의 체계를 이룬다.

② 개념 이해

'미드라쉬'מדרש는 '구하다'/'묻다'라는 뜻을 지닌 동사 '다라쉬'דרש에서 나온 명사형으로 '연구' 또는 '공부'를 의미한다. 이미 성서 안에서 하나님이나 토라를 목적어로 하는 신학적인 의미로 50회 이상 사용되었다. 예컨대 에스라 7장 10절에 보면 **"여호와의 율법을 연구하다"**라는 표현이 있고, 이사야 34장 16절에는 **"여호와의 책에서 찾아 읽어보라"**라는 진술이 나온다. 여기에 사용된 동사가 '다라쉬'이다. 랍비 유대교 시대에 들어와 미드라쉬라는 개념은 특히 성서 본문에 대한 연구나 그 주석을 뜻하며, 동시에 그와 같은 연구나 주석에서 나온 그 결과물들의 수집물을 가리키기도 한다. 그에 걸맞게 '베트 하-미드라쉬' Bet ha-Midrasch 는 특히 성경 연구를 과업으로 하는 가르침의 전당을 의미하며 cf. Schab XVI,1; Pes IV,4 , '다르샨' Darschan 은 성경 주석가나 설교자를 뜻한다.

③ 미드라쉬 주석의 시작

미드라쉬적인 주석은 장구한 역사를 갖고 있다. 그것은 이미 성경 안에서 찾아볼 수 있다. 예컨대 역대기서는 사무엘서와 열왕기서에 대한 일종의 미드라쉬라고 말할 수 있다. 성경 밖 문헌 중에는 시락서 =집회서 에 나오는 이른바 "조상들의 찬미"를 담은 시락서 44-50장과 이스라엘 역사 안에 드러나는 지혜의 활동에 대해 말하는 솔로몬의 지혜서 10-19장을 예로 들 수 있다. 또한 사해사본을 우리에게 남겨준 고대 유대교의 종파로서 기원전 2세기 중엽부터 기원후 70년까지 존재했던 에센파가 남긴 성경 해석물 가운데서도 미드라쉬에 해당하는 문서들이 발견되었다.22) 특히 '페셔 방법'에 따라 구약의 예언서들을 에센파 자신들의 시대에 맞춰 해석한 여러 종류의 '페샤림'도 넓은 의미에서 보면 미드라쉬적 성경해석에 속한다. 또한 칠십인경 LXX 이나 기원후 1세기에 활동했던 알렉산드리아의 필로 Philo 와 유대 역사가 요세푸스 Josephus 의 작품 안에서도 미드라쉬적인 부분이 나온다. 또한 신약성경에서도 미드라쉬적인 부분이 나타난다.

---

22) 4Q174 MidrEschat, 4Q177 MidrEschat, 11QMelch. 또한 1QGenAp도 미드라쉬와 유사한 요소를 지닌다.

예컨대 고린도후서 3장 7-18절은 율법 조문의 직분과 영의 직분에 대한 바울의 진술은 출애굽기 34장 29-35절에 대한 그리스도교적 미드라쉬로 볼 수 있다. 이렇게 보면, 랍비 유대교 시대가 열리기에 앞서 미드라쉬적 성경해석이 이미 오랫동안 이스라엘과 유대교 안에 널리 퍼져 있었다는 사실을 알 수 있다.

④ 미드라쉬의 종류

학자들마다 미드라쉬의 형태와 기능에 따라 다양한 방식으로 구분한다. 예컨대, 베르메쉬 Geza Vermes 는 랍비시대의 미드라쉬를 두 종류로 나눈다.23) 하나는 "순수 주석" Pure Exegesis 으로서 오늘날 보편화된 "역사비평학 방법"과 유사하다. 다른 하나는 "응용 주석" Applied Exegesis 으로서 주석가가 현재와 관련지어 행하는 주석을 말한다. 튀빙엔 대학교에서 "고대유대교 및 헬레니즘 종교사 연구소"를 운영하는 미하엘 틸리 Michael Tilly 는 3가지로 구분한다: "주석적 미드라쉬", "설교적 미드라쉬", "서사적 미드라쉬"로 구분한다. 또한 오스트리아 유대학자 귄터 쉬템베르거 Günter Stemberger 도 세 가지로 구분하나 약간 다르다: "할라카적이며 하가다적인 미드라쉬", "주석 미드라쉬", "설교 미드라쉬". 이 글에서는 탈무드와 미드라쉬에 관한 모범적인 개론서를 집필한 쉬템베르거의 방식에 따라 간략히 설명하려 한다.24)

• 할라카적이며 하가다적인 미드라쉬

양자는 서로 명확히 구분하기 어렵다. 할라카적 미드라쉬도 하가다적 요소를 담을 수 있고, 그 역도 마찬가지이기 때문이다. 하지만 두 요소

---

23) G. Vermes, "Bible and Midrash : Early Old Testament Exegesis", J. Neusner, ed., *Post Biblical Jewish Studies* (Leiden, 1975), 59-91.
24) G. Stemberger, *Einleitung in Talmud und Midrasch* (München, 1992). 이 책의 영어 번역도 있다: *Introduction to the Talmud and Midrash* (Minneapolis, 1992).

가운데 부각되는 요소에 따라 어느 정도 구분할 수 있다. 출애굽기서부터 신명기에 관해 주석한 미드라쉬들이 할라카적 미드라쉬에 해당한다. 이미 할라카라는 이름에 나타나듯이, 할라카적 미드라쉬는 율법적 해석의 성격이 강하다. 그러한 해석을 통해 할라카의 원천 자료가 성경임을 입증하려 한다. 출애굽기부터 신명기에 이르는 성경은 이야기 단락으로 나타나기 때문에 이들 본문에 대한 할라카적 미드라쉬에는 자연스럽게 하가다적인 요소도 동반된다. 호프만 David Hoffmann 은 할라카적 미드라쉬를 두 파로, 즉 '아키바 학파'와 그의 동시대 사람인 '이스마엘 학파'로 구분했다 Zur Einteilung in die halachischen Midraschim, 1887. 전자가 평행 단어를 활용하는 주석, 이른바 "게제라 샤바" gezera schawa 를 선호했다면, 후자는 성경 단어의 의미 자체를 밝히는 데 주력했다. 그러나 오늘날에는 그와 같은 두 종류에 나오는 주석 상의 차이를 서로 구분하기 어려울 뿐만 아니라 과연 아키바와 이스마엘이 저마다 성경해석 학파를 세웠는지도 밝히기 어렵다고 말한다. 할라카적 미드라쉬에는 다음과 같은 문서가 있다.

먼저 **메킬타 드 랍비 이스마엘** Mekhilta de Rabbi Ismael 은 출애굽기 12:1-23:19; 31:12-17; 35:1-3에 대한 주석을 담고 있다. **메킬타 드 랍비 시몬 벤 요하이** Mekhilta de Rabbi Simeon ben Jochai 는 출애굽기 3:1f, 7f; 6:2; 12:1-24:10; 30:20-31:15; 34:12, 14, 18-26; 35:2에 대한 단편적인 주석을 담고 있다. 또한 **시프라** Sifra 라 불리는 레위기에 대한 주석 미드라쉬가 있다. 시프라는 아람어로 "책"을 뜻하는데, 옛 유대교 학습 체계에서 수업 시 제일 처음 배우는 책이 레위기였기 때문에 그와 같이 불린 것이다. **시프레 누메리** Sifre Numeri 는 민수기에 대한 주석 미드라쉬인데, 율법 부분이 나오는 민수기 5:1에서 시작되나, 이야기 부분이 나오는 민수기 13-14장과 16-17장은 빠져 있다. **시프레 주타** Sifre Zutta 라 불리는 미드라쉬도 있다. 이 명칭은 "작은 시프레"를 뜻한다. 앞선 언급한 "시프레 누메리"와 구분하기 위해 그런 이름으로 불린 것이다. **시프레 듀테로노미움** Sifre Deuteronomium 은 신명기 1:1-30; 3:23-29;

6:4-9; 11: 10-26:15 ; 31:14; 32-34에 대한 할라카적 미드라쉬이다. 그리고 **미드라쉬 탄나임** Midrasch Tannaim 은 신명기 전체를 주석했을 것으로 보이는 할라카적 미드라쉬이다.

- 주석 미드라쉬

성경을 주석한 다양한 종류의 미드라쉬가 있다. 창세기를 주석한 미드라쉬로 **게네시스 랍바** Genesis Rabba 가 있고, 예레미야 애가를 주석한 **애가 미드라쉬** Klagelieder Rabba 가 있다. 이 두 미드라쉬는 가장 오래된 주석 미드라쉬로 통한다. 후자는 "미드라쉬 트레니" Midrasch Treni 혹은 히브리어 첫 단어를 따라 "엑카 랍바티" Ekha Rabbati 라고도 부른다. 그 밖에도 **요나서 미드라쉬**, **미드라쉬 테힐림** Midrasch Tehillim 이라고도 부르는 "시편 미드라쉬", 잠언을 주석한 **미드라쉬 미쉴레** Midrasch Mischle, 또한 **욥기 미드라쉬**가 있다.

- 설교 미드라쉬(강론 미드라쉬)

레위기에 관한 설교를 담은 미드라쉬 **레비티쿠스 랍바** Levitikus Rabba= LevR ; 유대 명절이나 안식일 축제 때 읽는 성경 말씀에 대한 설교 미드라쉬 **페시크타 드 라브 카하나** Pesiqta de Rab Kahana ; 유대 명절과 안식일 관련 설교를 수집한 미드라쉬 **페시크타 랍바티** Pesiqta Rabbati ; 모세오경에 대한 설교를 수집한 미드라쉬 **탄후마 혹은 "옐람데누"** Tanchuma; Jelamdenu ; 신명기에 대한 27편의 설교를 수집한 미드라쉬 **듀테로노미움 랍바** Deuteronomium Rabba ; 출애굽기에 관한 설교를 수집한 미드라쉬 **엑소더스 랍바** Exodus Rabba ; 민수기에 관한 설교를 수집한 미드라쉬 **누메리 랍바** Numeri Rabba 가 설교 미드라쉬 동아리에 속한다.

위에 열거한 미드라쉬 외에도 **메길롯** Megillot, 즉 구약 "케투빔"에 속하는 다섯 문서 룻기, 아가, 전도서[코헬렛], 애가, 에스더 에 대한 미드라쉬도 있고, 다른 한편 미드라쉬에서 이야기 문서로 넘어가는 과도기적 성향을 지닌 여러 하가다 작품들도 존재한다. 예컨대, **세더 올람** Seder Olam 이라는 문서가 있는데, 이는 아담 시대부터 페르시아 시대까지를 포함하는 연대기에 관심을 나타내는 미드라쉬이다.

* 미드라쉬 전반에 대해 좀 더 자세히 알고자 하는 사람은 이수만 박사가 우리말로 번역한 귄터 슈템베르거의 저서『미드라쉬 입문』(한님성서연구소, 2008); G. Langer, *Midrasch*, Jüdische Studien 1, Tübingen: Mohr Siebeck, 2016을 참조하라. 또한 미드라쉬의 현대어 번역을 보려면 다음을 참조하라: A. Wünsche, *Bibliotheca Rabbinica*, 5Vols. (Leipzig 1880-1885; 복사 Hildesheim 1967); H. Freedman/M. Simon, ed., *The Midrash*, 10 Vols. (London/New York: The Soncino Press, ³1983).

제15장

랍비성서와 유대인들의 성서해석

...

유대인들은 장구한 역사 동안 여러 가지로 성서해석을 해왔다. 그러나 성서에 대한 직접적인 주석이 유대 전통 가운데 중심을 차지하게 된 것은 중세 한복판에 이르러서였다. 그 무렵에야 비로소 일종의 랍비성서의 원칙이라 할 수 있는 것이 형성되었다. 그것은 성서 본문은 오직 성서해석 전통과 관련해서만 연구할 수 있고 동시에 그 전통 안에서만 바르게 이해할 수 있다는 것이다. 이러한 원칙 아래에 '미크라옷 그돌롯'이 형성되었다. 이는 히브리어 성서 본문을 중심으로 타르굼[1]을 비롯하여 중세의 저명한 랍비들의 여러 성서 주석을 함께 담은 문서이다. 여기에서 우리는 중세 유대인들이 언어·역사학적인 방법론에 근거하여 간략하면서도 정확하게 성서를 주석하고 있음을 엿볼 수 있다. 당시 유대인들은 이 주석들을 중요하게 여겼으며, 따라서 성서 본문과 더불어 일종의 정경의 성격도 지니게 되었다. 이와 같은 랍비성서는 중세 이후 오늘날까지 전통적인 혹은 고전적인 유대인의 성서 이해를 우리에게 보여주고 있다. 우리는

---

1) 이는 히브리어 성서를 아람어로 번역한 것이다.

이 글에서 우선 '랍비성서'라고도 부르는 미크라옷 그돌롯에 대한 기본적인 이해를 다룬 뒤, 중세 유대 성서해석이 나타나게 된 시대적 배경을 살피고, 이어서 당시 대표적인 몇몇 유대 주석가들의 성서 주석 방법을 간략히 소개하려 한다.

I. 랍비성서(미크라옷 그돌롯, מקראות גדולות)란 무엇인가?

'미크라옷 그돌롯'(מקראות גדולות, Mikra'ot Gedolot)이라는 말은 '읽혀야만 하는 것'이란 뜻을 지닌 명사 '미크라' מקרא 의 복수형에 형용사 '가달' גדל, 커다란, 위대한 이 합쳐진 것으로 '위대한, 읽혀야만 하는 문서', 간단히 '위대한 문서'라는 뜻을 담고 있다. 이 용어가 언제부터 사용되었는지는 확실하지 않으나 중세 후반기에 나타난다. 일명 '랍비성서' Biblia Rabbinica= Rabbinic Bible 라고 부르는 미크라옷 그돌롯의 형태는 하나로 고정되어 있지 않고 지역 전통에 따라 상이한 모습으로 구성되어 있다.

그리스도인 출판업자 '다니엘 봄베르크' Daniel Bomberg, 1549년 사망 가 랍비성서의 최초 인쇄본을 1516/17년에 베니스에서 출판하였다. 이 최초의 랍비성서는 '펠릭스 프라텐시스' Felix Pratensis, 1539년 사망 라 불리는 유대교에서 그리스도교로 개종한 사람이 시편을 편집한 것이었다. 그는 여러 성서 사본을 본문비평학적으로 참조하였다. 오늘날의 본문비평 Textkritik 에서 고려하는 여러 사항, 예를 들면 마소라 작업 Masora marginalis, Masora finalis 뿐만 아니라 대문자 Majuskel 및 소문자 Minuskel 등을 고려하기도 하였다.

그런데 랍비성서의 창시자를 펠릭스 프라텐시스가 아니라, 랍비 '야콥 벤 하임 이븐 아도니야' R. Jakob b. Hayyim ibn Adonijah, 1470경-1538 로 간주하고 있는데, 이는 그가 후대의 귀감이 되는 랍비성서의 최초 모형을 제시하였기 때문이다. 이 랍비성서를 1524/25년에 역시 다니엘 봄베르크가 출판하였다.2) 야콥 벤 하임은 <타르굼 옹켈로스>나 라쉬 혹은 이븐 에스라의 주석서들을 접할 수 있어 펠릭스보다 더욱 많은 사본들을 고려하였다.

전형적인 랍비성서는 모두 8권으로 이루어져 있는데, 그 가운데 5권은 토라를 담고 있고, 한 권은 '전기 선지자', 다른 한 권은 '후기 선지자', 끝으로 남은 한 권은 '성문서'=크투빔를 담고 있다. 완성된 경우 모두 50개의 주석을 이루게 된다. 랍비 성서는 성서 본문을 중심으로 주로 그 왼편과 아래편 방향으로 여러 시대 빼어난 주석가들의 다양한 주석들이 배열되어 있다. 판마다 어느 정도의 차이가 있으나 각 쪽은 대체로 다음 표와 같은 모습을 띠고 있다.3)

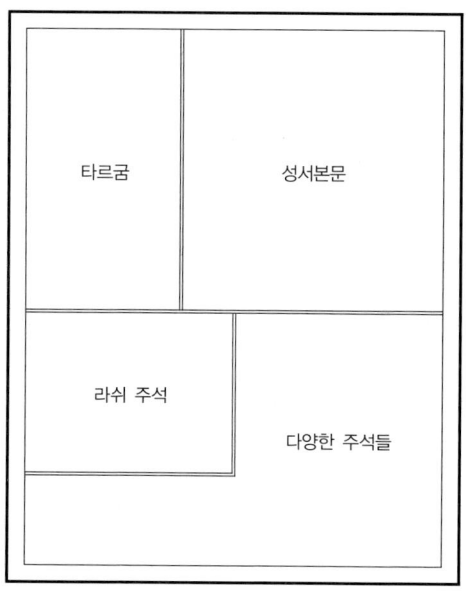

---

2) 요즈음 널리 사용되는 쉬투트가르트 성서공회 출판 히브리어 성서(Biblia Hebraica Stuttgartensia= BHS)는 이 랍비성서를 약자 'B'(=Bombergiana)로 표시한다.

3) 아쉬케나즈(Ashkenaz) 전통이 라쉬 주석을 특별히 중요하게 여기고 있는 것과는 달리 예멘에 살던 유대인들의 전통에서는 싸아디아 가온의 주석이 카논의 성격을 띨 정도다. 이 둘과 구별되는 스파라드(Sepharad) 전통(= 스페인에 살던 유대인들의 전통)을 따르는 랍비성서도 있다.

제15장_ 랍비성서와 유대인들의 성서해석 383

야콥 벤 하임의 본문은 우선적으로 랍비성서의 '텍스투스 레켑투스' textus receptus=공인본로 간주되었다.4) 그러나 실상 야콥 벤 하임의 본문은 종종 그의 주관적인 판단이 섞인 가공 작품으로서 원래의 사본들이 불분명함에도 이를 의도적으로 명확하게 만들었다.

두 개의 서로 상이한 랍비성서의 텍스투스 레켑투스가 존재하고 있다. 그 하나는 아쉬케나즈=주로 프랑스와 독일에 살았던 유대인들의 전통을 따른 랍비성서를 말한다. 대략 중세 한복판에 형성되었을 것으로 여기고 있다. 그러나 그 최종 모습은 16세기에 와서야 확정된다. 이 랍비성서의 자음은 티베리아스 학파의 전통을 따른 모음 부호와 악센트를 갖추고 있다.

다른 하나는 예멘에 살던 유대인들의 전통을 따른 인정된 랍비성서가 있다. 이것은 바벨론 전통에 기초한 것으로 벤 아쉬 가문 Mosche, Aaron에 이르기까지 전승 보존된 본문이다. 이들은 자신들의 생각으로 볼 때, 전통에 따라서 가장 적합하게 읽을 수 있도록 모음과 악센트를 담은 코덱스Codex를 기원후 895년

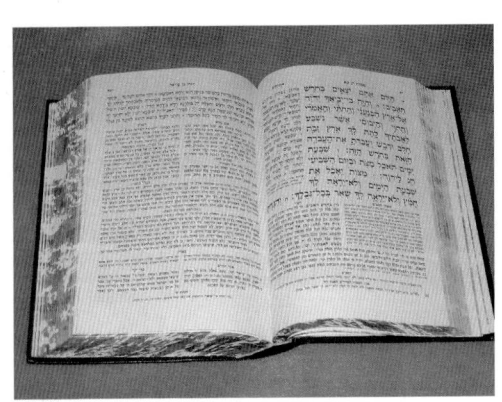

그림 11 ▮ 현대판 랍비성서의 한 페이지(출 13:4-8)

에 완성하였다. 이 코덱스에 남긴 성서 본문이 수백 년이 지나면서 권위를 얻게 되고 다른 성서 본문들을 몰아내게 되었다. 이 본문이 권위를 얻게 되는 데는 당시 가장 위대한 유대 철학가로 알려진 마이모니데스 Maimonides, 1135-1204년가 이 본문을 두고 '믿을 만한 책'5)이라고 부른 것에서

---

4) '텍스투스 레켑투스'란 어떤 근거도 제시하지 않고도 주어진 사실로서 의심의 여지 없이 수용된 본문을 말한다. 키텔(Kittel)의 히브리어 성경(Biblia Hebraica)의 제1판과 제2판에서 야콥 벤 하임의 본문을 사용했었다. 제3판부터 이를 포기하였다.

많은 영향을 받았다고 볼 수 있다.

결국 랍비성서의 '텍스투스 레켑투스'=공인본는 어느 날 갑자기 생겨난 것이 아니라 오랜 전통 과정을 거쳐 이루어진 결과인 것이다. 즉 원래는 자음으로만 되어 있는 본문이 이를 읽을 수 있도록 모음과 악센트가 첨가되어 후대에 계속 전승되었다.

우리는 앞서, 랍비성서는 성서 본문뿐만 아니라 규범이 되며 경우에 따라서는 정경의 성격도 띠게 되는 여러 성서 주석을 동시에 담고 있다고 언급하였다. 이 주석들은 훗날 고전적 classical 주석으로 각광을 받게 되는데, 우리는 이 주석들의 태동을 당시 시대 상황을 고려할 때 이해할 수 있다.

II. 고전적 유대 성서 주석이 태동하게 된 시대사적 배경

중세 시대 유대인들의 전통에 따른 성서해석이 특히 주목할 만한 현상으로 나타나게 된 것은 당시 시대 상황과 밀접하게 관련이 있다. 곧 이 상황에 대처하기 위한 방안으로 성서해석을 강조하게 되었다. 이 시대 상황은 다름 아닌 다음의 세 가지 도전과 관련되었다.

1. 이슬람의 도전

중세 시대에 고전적 유대 성서 해석이 태동하게 된 첫 번째 요소는 이슬람 세력의 확장으로 유발된 이슬람의 도전이다. 기원후 3세기 초엽까지 팔레스타인을 둘러싼 세계 정세는 큰 틀에서 그리스도교를 대표하는 로마 제국과 이슬람을 대표하는 파르터 왕국 Parther=이란 왕국으로 나눌 수 있다. 이에 따라 유대인들도 두 지역으로 양분된 상태에 있었다. 그런데 기원후 226년에 내전을 통해 아르사크 Arsakid 왕조의 파르터 제국을 멸망시

---

5) 마이모니데스가 가리킨 책은 다름 아닌 알레포 코덱스(Aleppo-Codex)였다.

키고 새로운 통치자로 군림한 사산 왕조 Sassanid=신페르시아 왕국는 확장 정책을 통해 7세기에 이르기까지 팔레스타인을 포함하여 이란과 이집트까지 점령하면서 광활한 지역을 다스리게 된다.6) 그와 더불어 바벨론 지역의 유대인들은 이슬람 세력에 귀속된다. 이와 같은 정세 변동은 유대인들의 삶에 커다란 영향을 미친다. 아랍 세력의 팔레스타인 장악은 곧 팔레스타인을 중심으로 하는 유대인들과 바벨론을 대표로 하는 디아스포라 유대인들이 하나로 통일된 정치 세력 밑에 놓이게 되었다는 사실을 뜻한다. 이는 동시에 유대인들이 이제부터 전적으로 이슬람의 영향권 아래에 있음을 의미한다.

이슬람교인들은 그들의 경전인 꾸란을 가장 근원적인 성서로 이해하였다. 꾸란은 본래 아랍 방언으로 기록되었는데, 얼마 지나지 않아서 이 언어는 아무도 흉내 낼 수 없는 성스러운 언어라고 칭송을 받게 되었다. 이슬람교인들은 아랍어를 신의 계시를 전하는 매개체로서 이해할 뿐만 아니라 계시 자체의 한 부분으로 여긴다. 따라서 아랍어를 연구하는 것은 곧 종교인들의 의무였다. 이슬람의 세력 확장과 더불어 아랍어가 구어로 널리 통용되는 가운데, 8세기에 이르자 히브리어가 더 이상 유대인들의 일상어로 사용되지 않고 아랍어가 그 자리를 대신 차지하게 되었다. 이러한 상황에서 유대인들이 아랍어로부터 수많은 어휘를 차용하게 된 것은 지극히 당연한 일이다. 언어학뿐만 아니라 각 방면에 아랍어를 사용하는 이슬람문화가 유대 사회에 깊이 스며들게 되었다. 결국 그 유래를 더 이상 찾아볼 수 없는 유대교와 이슬람교간의 문화 공존 현상을 초래하였다. 이슬람 최초의 꾸란 주석가들은 대체로 유대교에서 이슬람교로 전향한 사람들이었다. 이들은 유대교의 약점을 잘 알고 있었기에 그 누구보다도 예리하게 유대교에 반대하는 논쟁을 펼칠 수 있었다. 이것은 전통에 서

---

6) AD 632년부터 팔레스타인에 대한 비잔틴 제국(=동로마)의 지배가 가시화된다. 그리고 638년에 팔레스타인과 시리아가, 639년에는 이란이, 또한 644년에는 이집트가 각각 아랍 세력에 점령된다.

있는 유대인들을 향한 커다란 도전을 의미했다.

2. 카라임의 도전(8세기 말-11세기)

고전적 유대 성서주석이 태동하게 된 두 번째 요소는 '카라이트 유대교' Karaite Judaism 의 출현에서 비롯된 도전이다. 한마디로 이것은 당시 정통 유대교에 반대하는 운동이었다.[7] 다시 말하면, 전해 내려온 유대 할라카와 탈무드·랍비적 율법을 포함한 이른바 '정통 유대교 전통'에 저항하는 운동이었다. 카라임은 무엇보다도 오직 성서만을 유일하게 계시된 신앙의 토대로 인정했다. 모든 신앙인은 성서를 오직 원어로 연구할 의무를 진다고 주장했다. 카라임 운동의 추종자들은 오직 성서의 권위만을 인정하였으므로 자신들의 움직임을 옛 랍비 전통에서 나온 개념인 '공인된 성서낭독자'를 가리키는 '카라임' קראים, Karaites 혹은 '브네 하-미크라' בני המקרא 를 가리키는 말로 표현하였다.

이 저항운동의 창시자는 '아난 벤 다윗' Anan ben David, 대략 8세기 후반에 바그다드에서 활동으로 알려져 있다. 그의 주저인 '세페르 하-미츠봇' Sefer ha-Mizwot 은 상실되었다. 그는 무엇보다도 유대교의 원천 자료, 곧 성서로 돌아갈 것을 역설하였다. 랍비적 율법해석을 비성서적이라고 보았기 때문이다. 카라임은 랍비적 할라카보다 종종 더 엄격한 고유의 할라카를 발전시켰다. 게다가 카라임 고유의 예전과 달력도 개발했다. 카라임 운동은 향후 성경 본문과 주석에 많은 관심을 불러일으켰다.

카라임 운동은 '오직 성서로' sola scriptura 를 기치로 9세기에 들어서면서 '벤야민 벤 모세 나하벤디' Benjamin ben Moshe Nahawendi 와 '다니엘 벤 모세 알-꾸미시' Daniel ben Moshe al-Qumisi 를 중심으로 어느 정도 통일된 모습을 갖추게 된다. 결국 이들은 주석학적이며 신학적인 차원에서 '랍비주의'와 구별되는

---

7) 이에 대해서는 Nathan Schur, *History of the Karaites* (Frankfurt a. M., 1996); Maurice Szyszman, *Das Karäertum* (Wien, 1983)를 참조하라.

또 하나의 가능성을 제시하였다. 10-11세기에 이르러 이 운동은 폭넓은 호응을 받았다. '야쿱 알-키르키싸니' Jaqub al-Qirqisani 는 카라임의 가르침을 담은 5권으로 된 종합서 Summa 를 남겼다.8)

카라임은 그 무엇보다도 성서해석에 관심이 많았다. 이들의 이러한 관심은 랍비 전통의 추종자들인 '라바님' Rabbanim 을 자극하는 결과를 초래하여 이들도 성서해석에 관심을 쏟게 되었다. 이들 라바님보다 카라임이 성서해석을 더욱 세밀하게 하였으리라는 사실을 쉽게 짐작할 수 있다.9)

3. 성서 비판의 시작

고전적 유대 성서주석이 나타나게 된 세 번째 요소는 당시 서서히 고개를 들기 시작한 성서 비판으로부터 오는 도전이다. 기원후 3세기에 살았던 그리스도교 비판자이며 신플라톤주의 철학자로 유명한 '포르퓌리오스' Porphyrios 의 모세오경에 대한 비판이 이 무렵에 다시 거론되었다.10) 또한 당시 유명한 성서비판가로 '키비 알-발키' Chiwi al-Balkhi, 10세기 를 들 수 있는데, 그는 "성서에 대한 200개의 반론"이라는 제목으로 성서 속에 들어 있는 모순점들을 수집한 가운데 성경의 신적 기원을 거부하는 책을 집필했다. 이 작품은 많은 랍비들과 카라임의 분노를 자아내었고, 결국 그는 유대교에서 추방되고 말았다. 이 작품은 랍비 전통을 옹호하는 싸아디아 가온의 강력한 반발을 초래하였다. 싸아디아는 처음으로 언어학적이며 철학적으로 '키비 알-발키'에 대항하는 조직적인 논쟁을 벌였고, 그리하여 랍비 전통에 따른 유대 성서해석의 창시자로 불린다.

---

8) "빛들과 감시탑들의 책"(Kitab al-anwar w-al-maraqib)으로 불리는 이 작품은 Leon Nemoy에 의해 출간되었다(New York, 1939-1943). 이것은 카라임 역사 연구를 위한 가장 오래된 자료이다. 키르키사니는 당시 다른 카라임들과 마찬가지로 아랍어로 집필했다.
9) 카라임은 당시 학문적인 보충서들도 집필했다. 예컨대 '다윗 이븐 아브라함 알-파시'(David ibn Abraham al-Fasi, 11세기)는 처음으로 아랍-히브리어로 된 광범위한 성서사전을 편찬했다.
10) 포르퓌리오스는 '모세오경'이 모세의 작품이 아니라 에스라의 작품이라고 주장했으며, 그리스도인들을 반박하는 문서 "Kata Christianon"도 썼다.

III. 대표적인 유대 성서 주석가

1. 싸아디아 가온 (Sa'adia Gaon, 882-942) – 언어학적 성서 주석의 창시자

랍비 '싸아디야 벤 요셉 알-파유미' R. Sa'adia ben Joseph Al- Fayyumi 를 흔히들 줄여서 '라싸그' RaSaG 11)라고 부른다. 유대인 랍비며 사상가이자 성서 주석가인 싸아디아는 이집트의 카이로 시로부터 북서쪽에 위치하고 있는 '파윰'이라는 곳에서 882년에 태어났다. 일찍이 메소포타미아로 이주하여, 9-10세기에 걸쳐 유대 학문의 구심점을 이루고 있는 수라 Sura 에서 유대인 아카데미의 교장에 해당하는 '가온' Gaon 이 된다.

싸아디아는 성서를 종래와 같이 탈무드의 시각을 통하여 보지 않고 오히려 전통을 성서로 환원시키고자 노력하였다. 이와 같은 성서해석의 방법을 면밀한 언어학적 연구를 통하여 수행하였다. 이러한 이유로 그를 두고 '언어학적 성서 주석의 창시자'라고 일컫는다.12) 언어학적인 연구에 집중한 그는 최초의 성서 어휘사전을 만들기도 하였으며13), 또한 성서에서 단 한 번만 사용된 단어들 Hapaxlegomena 14)을 추려놓은 사전도 집필하였다.15) 그가 언어학을 특히 강조한 것은 성서에 기록된 글귀 자체의 의미를 밝히려는 의도였다. 언어학적인 근거 제시가 그가 세운 규범이었다.16)

싸아디아의 주저는 '타프씨르 알-미크라' Tafsir al-Mikra 인데, 이것은 주석을 담은 아랍어 성서번역으로서 최초로 아랍어로 성서를 완역한 것이다. 아

---

11) 이는 랍비 싸아디아 가온을 구성하는 각 단어의 첫 번째 발음기호를 따서 부른 것이다. 이와 같은 방법으로 만든 이름을 아크로님(Akronym)이라고 부른다.
12) 카스퍼는 싸아디아를 "the founder of the philological school of commentary"라고 부른다. Bernard M. Casper, *An Introduction to Jewish Bible Commentary* (New York-London, 1960, 46.
13) 이 사전을 ספר האגרון(=모음서)이라 부른다.
14) 이 말은 한 문서 가운데 오로지 단 한 번만 사용된 단어를 가리킨다.
15) 이 사전을 "70 단어 사전"이라 부른다. Nehemia Aloni(ed.)
16) 싸아디아의 성서해석에 관해서는 W. Bacher, *Die Bibelexegese der jüdischen Religionsphilosophen des Mittelalters vor Maimuni* (Budapest, 1892) 그 가운데 제1장을 참조하라.

랍어 성서번역은 비유대인들에게 유대인의 성서를 소개하려는 의도뿐만 아니라 당시 아랍어를 일상어로 사용하던 유대인들도 염두에 두었기 때문이라고 볼 수 있다. 그는 이 번역에서 당시 이슬람의 꾸란 해석에서 사용되는 어휘들을 차용했다. '타프씨르' Tafsir=Exegese 란 말은 꾸란 해석 시 '본문을 고려한 해석'으로 성서 본문과 주석이 따로 분리되어 있지 않고 하나로 얽혀 있는 해석을 가리킨다.17) 싸아디아의 이 아랍어 성서번역은 훗날 유대·아랍어 발전에 지대한 영향을 미치게 된다. 이 번역은 "야훼" 하나님을 표시하는 신성사문자 Tetragramm 로 인해 신학 논쟁을 불러일으키기도 하였다. 싸아디아는 신성사문자를 이슬람의 신을 가리키는 '알라'로 번역했는데, 이로써 성서의 하나님을 꾸란의 하나님과 동일시했다.18)

싸아디아는 이슬람에서 유래한 두 가지 이해 방법, 곧 '외적 의미' zahir=페샤트[פשט] 와 '내적 의미' batin=레메즈[רמז] 를 적용하고 있다. '외적 의미'란 글자 자체의 의미와 관련된 것으로 인간의 이성으로써 파악할 수 있다고 보고 있다. 반면에 '내적 의미'란 이성적인 접근으로는 이해가 불가능할 때 허용되는 것으로 비유를 통한 해석이다. 비유를 통한 해석은 다음의 네 가지 경우에 허용되었다. 즉 본문 글자 자체의 의미가 1) 인간의 경험에 위배될 때, 2) 인간의 이성에 위배될 때, 3) 두 문장이 서로 모순될 때, 4) 전통적인 해석이 성서 본문과 일치하지 않는 경우에 허용되었다.

비유를 통한 해석의 예를 들어 보자. 신명기 4장 24절 전반부 "주 너희의 하나님은 삼키는 불이시며, …" 를 싸아디아는 다음과 같이 해석했다: "이 의미는 주님이 마치 '삼키는 불과 같다'라는 뜻이다. 언어란 카프 ɔ=like 라는 철자를 사용하지 않은 채 비유를 가능하게 하는 것임을 나는 알고 있다. 예를 들면, '주께서 너희를 용광로에서 건져 내셨다' 신 4:20 . 이 의미는 '용광로에서처럼'의 뜻이다. 결국 '삼키는 불'은 주께서 '삼키는 불과 같다'라는 것을 뜻한

---

17) 이와 구별하여 '타으윌'(ta'wil)이란 개념이 있는데, 이는 해석적이며 비유적인 주석을 뜻한다. 즉 본문에 담긴 내적인 의미를 가리킨다.
18) 꾸란의 수레(Sure) 32에서 알라가 유대인의 신과 동일함을 유추할 수 있다.

다. 이것은 심판을 가리키는 말이다."19)

또한 싸아디아는 하나님을 인간에 비유한, 이른바 신인동형론적인 표현들을 제거하거나 아니면 언어학적으로 설명하였다. 게다가 그는 하나님의 율법 선포를 두 종류로 구분하기도 하였다. 곧 이성의 요구에 부응하는 하나님의 율법 예컨대 정의, 진리과 단지 하나님께서 선포한 계시이기 때문에 지켜야 하는 율법 예컨대 정결법, 축제일을 나누었다.

싸아디아의 성서해석에 담긴 특징은, 인간의 이성과 지혜를 경시하지 않고 성서해석의 중요한 도구로 여겼다는 사실이다. 결국, 그는 이성을 하나님의 말씀을 담은 토라와 서로 적대적인 관계로 보지 않았으며, 전통이 이성의 타당성은 보증하고 있다고 보았다. 그의 입장에 따르면 성서본문은 전통에서 나온 소산물이며, 결국 전통과 동일한 것으로 여겼다.

2. 라쉬(Rabbi Shelomo ben Jitzchak, 1040-1105) – 가장 유명한 유대주석가

'랍비 쉘로모 벤 이츠악'은 흔히 간단히 '라쉬' Rashi 라고 불린다. 그는 아쉬케나즈 유대인 가운데서는 말할 것도 없고 성서 및 탈무드 주석가 전체 중에서도 대중적으로 가장 많은 인기를 누린 사람이다. 프랑스 트로와예 Troyes 에서 1040년에 태어났고, 마인츠에 새로운 탈무드 아카데미를 설립한 '랍비 게르숌' Rabbi Gershom ben Jehuda 의 지도를 받는다. 그 후에 다시 고향 트로와예로 돌아와 1105년에 죽을 때까지 농사일과 더불어 제자들을 지도한다. 트로와예에서 수십 년 동안 성서와 탈무드를 가르치는 가운데 성서를 거의 다 주석하였을 뿐만 아니라 또한 많은 탈무드 주석도 남겼다.

라쉬는 자신의 주석 의도를 독자들이 성서를 명확히 이해할 수 있도록 도와주는 것에 두었지, 변증을 목표로 하지도 않았고 또한 자신의 신학과

---

19) 앞서 언급한 카스퍼의 저서 48쪽에서 간접 인용.

사상을 전개하는 것을 일차 목표로 삼지도 않았다. 그의 주석의 특징은 문자적 해석 =Peshat, פשט 과 미드라쉬 적인 설명 방법을 혼용하는 데 있다.20) 미드라쉬적인 주석이 당시 프랑스에 살던 유대인 주석가들의 일반적인 풍토였는데, 라쉬는 여기에 문자적 해석을 첨가하였다고 말할 수 있다.

성서 본문에 나오는 단어 하나하나를 연속적으로 주석하기를 좋아한 라쉬는 만연체를 회피하여 특히 간결하면서도 명확한 문체를 사용했다. 그리하여 지식이 적은 사람들이나 아이들도 그의 주석을 이해할 수 있을 정도였다. 이런 이유로 후대의 사람들이 그를 아무런 수식어도 없이 '파르샨다타' Parshandata 21) 즉 "율법 해석가"라고 불렀다. 또한 그의 작품은 그저 단순하게 '주석'을 뜻하는 말인 '콘트로쓰' Kontross 혹은 Kuntress =Commentarius 라고 불릴 정도로 널리 알려져 있었다. 다시 말하면, 누구의 주석이라고 구체적으로 이름을 밝히지 않고서 단순히 '주석'이라고 하면, 이는 곧 '라쉬의 주석'을 가리켰을 정도로 유명했다.

엄청난 분량의 탈무드 주석을 완성한 라쉬는 탈무드의 가르침을 자신의 성서 주석에 많이 사용하였으나, 종종 이와 다른 자기 고유의 입장을 제시하기도 하였다. 주석을 할 때 어려운 문제에 접할 경우, "이것이 무엇을 뜻하는지 모르겠노라"고 솔직하게 고백하는 것도 인상적이다.22) 또한

---

20) 라쉬는 창 3:8을 주석하는 가운데 다음과 같이 설명한다: "나는 오로지 성서에 나오는 글자 그대로의 의미와 동시에 성서 본문을 적절히 설명해 주고 있는 아가돗에만 관심이 있을 뿐이다."
21) 이것은 파로쉬(פרש)와 다트(דת)가 합성된 말이다.

주석할 때 특히 문법에 주의를 많이 기울이는 편이었다. 한 가지 흥미로운 것은, 주석 시 어려운 단어가 나오면 이를 당시 프랑스어 방언으로 번역했다는 사실이다.23) 그가 수집한 3,000개가 넘는 이 방언은 오늘날 옛 프랑스어를 구축하는 데 중요한 자료로 사용된다.

라쉬의 주석은 당시 그리스도교계에도 영향을 미쳤다고 볼 수 있다. 뤼라 출신의 수도승인 니콜라오스 Nikolaos 가 이를 많이 인용하였고, 이 인용을 마르틴 루터도 이용했다. 이렇게 보면, 루터의 성서번역에도 라쉬의 주석이 간접적이나마 영향을 주었다고 말할 수 있다. 라쉬가 후대에 얼마나 많은 영향을 미쳤는지는 그의 주석을 재차 주석한 이른바 '수퍼 코멘타' Superkommentar 가 200여 개가 넘는다는 사실에서 잘 드러난다. 그의 모세오경 주석은 히브리어로 된 문서 가운데 최초로 인쇄되기도 하였으며(1475년), 오늘날까지도 학생들 교과서로 즐겨 사용되고 있다.

3. 이븐 에스라(Ibn Esra, 1092-1167) – 중세 성서해석의 왕관

'아브라함 벤 메이르 이븐 에스라' Abraham ben Meir ibn Esra 은 흔히 줄여서 "이븐 에스라" Ibn Esra 라 혹은 '라바' Raba 라고도 부른다. 스페인 주석학파의 대표적인 인물로 간주된다. 톨레도 Toledo 에서 1092년에 태어나 가난과 사회적 소요에 밀려 유럽의 여러 지역을 전전하며 사는 동안 다양한 언어와 문화를 체득한 박학다식한 학자요 작가였다. 1140년 스페인을 떠난 인생 후반기에 그는 수많은 작품을 남겼다. 자기의 작품 전체를 당시 일상어인 아랍어가 아니라 히브리어로 기록했는데, 이로써 그가 유대인을 대상으로 집필했음을 알 수 있다.

이븐 에스라는 '중세 성서해석의 왕관'이라 부를 정도로 특히 성서 해

---

22) 예를 들면, 출 22:28; 사 13:21과 관련하여 그와 같이 고백하고 있다.
23) 이것을 로아즈(loaz=Lashon Am Zar)라 불렀다. 이는 '이방인의 언어'라는 뜻을 가리키는 약자다.

설가로서 유명했다. 오늘날 그를 가리켜 중세 성서해석 전통의 정점으로 여긴다. 그는 에스라서와 느헤미야서 그리고 역대기서를 제외한 전체 성서를 주석했는데, 그 가운데 모세오경 주석서가 가장 많은 인기를 끌었다. 그의 주석들은 처음부터 '랍비 성서' 미크라옷 그돌롯 에 포함될 정도로 인기가 대단했다.

이븐 에스라는 앞서 언급한 싸아디아와 마찬가지로 성서를 해석할 때 언어학의 중요성을 매우 강조하였다. 그는 전통적으로 내려온 다음과 같은 4가지 성서해석 방법을 거부하였다. 첫째, 성서 본문과 직결되지 않는 수많은 세상 지식을 이용하여 주석을 하는 방법을 배척하였다. 이는 싸아디아를 염두에 두고 한 말로 볼 수 있다. 둘째, 현자들의 전통적인 해석을 거부하며 오직 성서 본문에만 매달리는 카라임을 비판했다. 과거로부터 전해 내려온 현자들의 전승이 없이 적지 않은 성서 구절들은 제대로 파악하기 어렵다고 여겼다. 셋째, 이븐 에스라는 비유를 통하여 성서를 해석하는 것을 반대하였다. 마지막 넷째, 성서 본문을 자의적으로 해석하는 것을 반대하였다. 구절과 문법 또한 글자 자체의 의미에 따라서 설명해 나가는 것을 자기의 고유한 성서 해석 방법으로 삼았다.

그의 주석 목표를 한마디로 요약하자면, 비유를 통한 성서해석을 거부하여 철두철미하게 '페샤트' Peshat, 즉 '글자 자체의 해석'에만 머무르면서 단순하면서도 자연스럽고 동시에 합리적으로 성서해석을 하는 것이었다. 글자 자체의 의미를 밝히기 위하여 우선 정확한 언어분석을 한 다음, 이어서 내용분석에 들어가는 방식을 택했다. 특히 형태와 내용 사이의 관계를 중시하였다.

이븐 에스라는 '현대적인 성서 비판의 선구자'로도 알려져 있다. 모세오경의 모세 저작설을 비판하는 가운데, 모세의 죽음이 언급되는 신명기 34장을 여호수아가 기록하였다고 주장하였다. 다른 한편 이사야서에 대한 비판도 하였다. 곧 이사야서의 뒷부분은 아마도 바벨론 포로시대 말기에 살았던 한 다른 저자가 기록하였을 것이라고 짐작하였을 뿐만 아니라 동시에 '고난받는 종의 노래'가 나오는 부분을 따로 분류하기도 하였다.[24)]

이븐 에스라는 주석을 할 때, 독자들을 자극하려는 의도로 암시나 수수께끼 같은 말을 종종 사용하였는데, 이 때문에 그 뜻이 훗날 사람들 보기에 애매하다고 생각되어 어떤 이들은 이를 더욱 확실하게 하려는 의도에서 이븐 에스라의 주석을 또다시 주석한 '수퍼 코멘타' Superkommentar 를 쓰기도 하였다. 성서 주석 외에도 수많은 다른 작품도 남겼다. 종교철학적인 글들을 집필했으며 또 종교시들을 지었다. 그 밖에도 천문학과 수학 관련 글도 남겼다.

---

24) 이븐 에스라의 이사야 주석서는 1145년에 완성되었다.

제16장

유대 신비주의와 카발라

...

I. 카발라에 대한 정의

'카발라' Kabbala 는 히브리어 '캅발라' קבלה 에서 유래한 개념으로 통상 '유대 신비주의' 혹은 유대교의 비의적 전승 esoterische Traditionen 을 가리킨다. 이 분야의 대표적인 연구가로 널리 알려진 게르숌 숄렘 Gershom Scholem 은 카발라를 다음과 같이 정의한다. "카발라란 유대 전통에 따른 밀교와 신비주의를 나타내는 명칭으로 특히 중세 1,200년경 이래로 형성된 것을 말한다. 넓은 의미로는 이 개념은 두 번째 성전 시대의 말기로부터 역사적으로 끊임없이 발전해 온 유대교 내의 에소테릭한 움직임 전체를 포괄한다"[1]. 그런데 원래 카발라란 단어가 가리키는 글자 그대로의 뜻은 '전승' Tradition 을 나타낸다. 따라서 카발라를 간단히 '신적인 것들에 대한 전승'[2]이라고 말할 수 있다.

탈무드에 나타나는 'kabbala'란 단어는 어떤 신비적인 의미를 내포하지

---

[1] G. Scholem, "Kabbala", *Encyclopaedia Judaica. Das Judentum in Geschichte und Gegenwart*, vol. 9 (Berlin, 1932), 630. cf. J. Maier, *Die Kabbalah. Einführung -Klassische Texte-Erläuterung* (München, 1995).

[2] Idem, *Zur Kabbala und ihrer Symbolik* (Frankfurt a. M., 1973), 7.

않은 "전통"을 뜻한다. 다시 말해 탈무드 시대에 이 용어는 몇몇 특정인만을 위한 그 어떤 신비적인 것을 지칭하지 않고 누구나 접할 수 있는 전승을 가리켰다. 그리하여 모세오경을 제외한 성서의 나머지 부분을 가리키기도 했으며, 특히 법률적 내용을 담고 있는 구전 전승을 지칭하는 말로도 사용되었다. 중세 12세기에 들어와서 '눈먼 이 이삭' Isaak der Blinde, 1160-1235 이 처음으로 카발라를 유대 신비주의를 지칭하는 전문용어로 사용한 것으로 보인다.3) 14세기가 지나서야 비로소 이 개념이 일반적으로 사용되기 시작했다. 카발라는 두 가지로 구분할 수 있다. 유대 신비주의와 동일시되는 카발라를 가리켜 '이론적 카발라' theoretical Kabbala 라 부르는 반면, 마법과 민속의학 전체를 지칭하는 카발라를 가리켜 '실용적 카발라' practical Kabbala 라 부른다.

최초의 카발라 문서로 흔히 '세페르 하-바히르' Sefer ha-Bahir, 광채의 책, cf. 욥 37:21 라는 책을 거론하는데4), 이 책은 12세기 후반에 프랑스 남부에서 생성된 것이다. 이것이 우리에게 알려진 카발라 관련 최초의 증거이다. 이 책의 본문은 미드라쉬의 외형을 갖추고 있는데, 미쉬나와 탈무드 시대의 옛 랍비들에게서 유래한 개별 성서 구절들에 대한 간략한 강좌나 언술을 담고 있다. 바히르의 전체 주석은 외형상 상징적인 성격을 띤다. 성서의 각 단어나 문장, 혹은 랍비들의 진술이 상징으로 되어 있고, 그리하여 천상적 실재나 더 높은 단계의 실재를 가리키는 데 사용된다.

중세가 끝나갈 무렵 스페인에서 추방당한 1492년 유대인들이 여러 디아스포라로 흩어지면서 대중 회개 운동의 성격을 띤 카발라가 전파된다. 중부 및 동부 유럽에서 아쉬케나즈 하시딤의 전통 위에서 세력을 키우게 된 카발라는 16세기에 이르러 매우 강력한 유대 정신 운동을 이루게 된다.

---

3) Idem, "Kabbala", 632.
4) 숄렘(G. Scholem)이 번역한 독일어 역이 있다. *Das Buch Bahir* (Leipzig, 1923).

II. 유대 신비주의의 기원

유대 신비주의는 오랜 기간을 거쳐 발전해 내려온 것으로서 그 기원을 성서 자체에서 찾을 수 있다. 그 기원은 창세기 1장 또한 에스겔 1장과 관련되어 있다. 곧 하나님의 세상 창조 Ma'asse Bereshith 를 담고 있는 창세기 1장과 더불어 예언자 에스겔이 하나님의 보좌 마차 Merkaba 를 바라보는 환상이 기록된 에스겔 1장이 유대 신비주의를 이루는 기본이 되는 자료라고 할 수 있다. 유대 신비가는 이 두 개의 성서 내용에 근거하여 하나님의 창조를 스스로 이해하려고 애쓸 뿐만 아니라 일곱 하늘을 향한 신비에 찬 상승을 통하여 에스겔이 언급한 하나님 보좌를 바라보려고 노력하고 있다. 그런데 이와 같은 노력에는 엄청난 위험이 도사리고 있음을 초창기 유대 신비주의자들은 잘 알고 있었다. 이 위험을 경고하는 내용이 미쉬나 문서 가운데 하나인 '하기가'에 다음과 같이 기록되어 있다.

> "근친상간법은 세 사람 앞에서 가르치지 말 것이며, 창조 작업은 두 사람 앞에서 가르치지 말 것이며, 보좌 마차 작업은 단 한 사람 앞에서도 가르치지 말라. 만일 스스로의 힘으로 깨달은 학자라면 상황이 다르다. 네 가지 것, 곧 위에 있는 것, 아래에 있는 것, 앞에 있는 것, 뒤에 있는 것들을 골몰히 생각하는 이는 차라리 이 세상에 태어나지 않았더라면 더욱 좋았을 뻔했다" Hagiga II,1.

여기에서 언급하는 '창조 작업'이란 창세기 1장에 대한 주석을 말하며, '보좌 마차 작업'이란 바로 에스겔 1장에 나오는 에스겔의 환상을 주석하는 작업을 뜻한다. 이들 성서 본문을 갖고 씨름한다는 것이 얼마나 위험한지 적격자가 아닐진대 차라리 태어나지 말았으면 하고 바라고 있다.[5]

가장 오래된 유대 신비주의는 특히 하나님 보좌와 관련한 신비주의로

---

5) 히에로니무스(Hieronymus)는 그의 한 서한에서 서른 살이 되기 전에는 에스겔서의 처음 부분과 끝 부분을 연구하는 것을 금하고 있는 한 유대전통에 대하여 언급하고 있다. G. Scholem, *Die jüdische Mystik in ihren Hauptströmungen* (Frankfurt a. M. 1980), 45.

볼 수 있다.[6] 이는 세상 창조 전에 존재한 하나님 보좌가 신비에 가득 찬 '하늘로 들리움' Entrückung 과 또한 신비로운 환상의 목표가 됨과 동시에 그 대상이 되기 때문이다.[7] 바로 이 '보좌 신비주의' Thronmystik 는 신비적 환상의 본래 핵심을 형성하고 있으며, 여기에서부터 온갖 종류의 신비주의가 파생되어 나왔다고 말할 수 있다.

III. 메르카바 신비주의와 헤칼로트 문서

위에서 언급한 보좌 신비주의가 탈무드 시대 말기로부터 10세기까지 이르는 기간에 완벽한 형태를 갖추게 되니, 이를 흔히 메르카바 신비주의 Merkaba-Mystik 라고 부른다. 메르카바 신비주의는 하나님의 충만함으로 가득 찬 이 세상에 대한 다양한 사변을 전개한다. 심오한 esoteric 사변과 신비로운 실천을 통하여 하나님의 카봇 =영광 과 하늘 보좌 마차를 바라보는 것을 목표로 한다. 이러한 내용을 담은 문서들을 가리켜 헤칼로트 문서 Hekaloth Literature 라고 한다.[8] 이 문서들은 히브리어와 아람어로 기록되었다.[9] 여기에 보좌 신비주의가 천지창조설과 상당한 정도로 혼합되어 나타난다.

IV. 조하르(Zohar)

히브리어로 '세페르 하-조하르' Sefer ha-Zohar, "영광의 책", cf. 겔 1:28; 8:2; 단 12:3 라고

---

6) 하나님 보좌에 대한 서술을 담고 있는 가장 오래된 유대문서는 에녹서이다(äthHen 14).
7) G, Scholem, *Die jüdische Mystik in ihren Hauptströmungen* (Frankfurt a. M., 1980), 47 참조.
8) 헤칼로트라는 말은 '(하늘)궁전들'을 뜻한다. 마지막이 되는 일곱 번째 하늘궁전에 하나님의 영광의 보좌가 자리잡고 있다.
9) 튀빙엔의 모어 출판사(Tübingen: J.C.B. Mohr)에서 나오고 있는 독일어 역이 있다. P. Schäfer ed., *Übersetzung der Hekhalot-Literatur*, vol. 1 (1995); vol. 2 (1987); vol. 3 (1989); vol. 4 (1991). 이 문서 연구에 긴요한 콩코단스도 있다. P. Schäfer ed., *Konkordanz zur Hekhalot-Literatur*, 2 vols. (Tübingen, 1986-1988).

부르는 이 문서는 카발라 문서 가운데 가장 영향력이 큰 문서로 13세기에 들어와 성서 및 탈무드와 나란히 정경 =카논의 영예를 누리기도 하였다. 여기에는 어떤 황홀한 성격보다는 설교적 성격이 주석이란 매개체를 통하여 지배적으로 나타난다. 이 문서는 하나님과 관련한 근원 세력들 Urpotenzen의 내적 세계뿐만 아니라 동시에 인간의 운명과 기능을 가장 중요한 주제로 다루고 있다.10) 이 두 가지가 이 문서의 두 축을 형성하는 셈이다. 숄렘은 이 문서의 핵심을 한마디로 '유대적 테오소피' jüdische Theosopie 라 부르면서, 이를 활동하시는 하나님의 감추어진 삶을 어렴풋이나마 묘사하고자 하는 신비적인 가르침과 사고를 가리키는 의미로 이해한다.11)

* 이 문서의 영어 번역: *The Wisdom of the Zohar. An Anthology of Texts*, 3 Vols., Oxford: Oxford University Press, 1949/1991(D. Goldstein 번역).

· *The Zohar*, translated by Harry Sperling and Maurice Simon, 5 Vols., London-Bournemouth: The Soncino Press, 1949.

독일어 역: E. Mülle, ed., *Der Sohar. Das Heilige Buch der Kabbala*, Köln, ³1986 (Diederichs Gelbe Reihe).

V. 카발라의 가르침

카발라의 다양한 가르침이 있으나12) 핵심이 되는 가르침을 다음과 같이 요약할 수 있다.

---

10) *Encyclopaedia Judaica*, vol. 9, 654.
11) G, Scholem, *Die jüdische Mystik in ihren Hauptströmungen* (Frankfurt a. M., 1980), 225.
12) 숄렘(*Encyclopaedia Judaica*, vol. 9, 668 이하)은 카발라의 가르침을 다음의 11개 특징으로 설명하고 있다. 1) 하나님과 창조, 2) 세피롯(Sefirot=하나님께서 스스로를 드러냄), 3) 근원 세계, 지하 세계, 4) 악의 문제, 5) 루리아에 따른 창조설, 6) 신론과 범신론, 7) 인간론, 8) 영혼유랑, 9) 토라, 10) 신비한 길(황홀경, 구도, 기도), 11) 실천 카발라

1. 신론

카발라는 하나님께서 다양한 모습으로 혹은 다양한 이름으로 자신을 계시하고 있다고 믿고 있으며, 이러한 다양한 계시를 대상화하고 있다. 창조 시 이 세상에 내려온 신적인 유출들이 10가지 형태로 나타나고 있다고 보는데, 이를 10가지 '세피롯' Sefirot, ספירות 13)이라 부른다. 그렇다고 카발라가 유일신론을 포기하는 것을 뜻하지는 않는다. 다양한 신적 계시의 근원에는 인간이 상상조차 할 수 없는 절대적이고 본연의 모습의 초월자 하나님께서 존재하고 있음을 믿고 있기 때문이다.

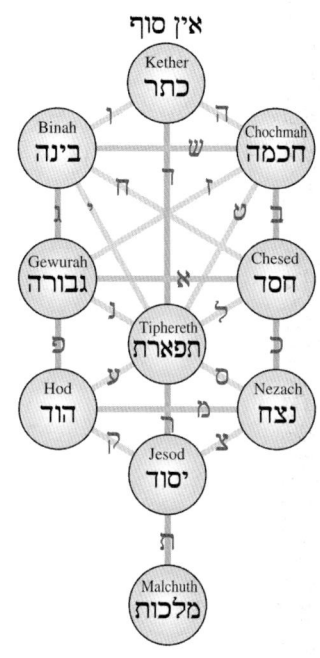

그림 11 ▌ 열 가지 '세피롯'(Sefirot)

이렇게 볼 때 카발라주의자들은 하나님에 대한 두 가지 관찰을 전제하고 있음을 알 수 있다. '눈먼 이 이삭을 따른 자들은 인간의 상상 밖에 놓여 있는 본원적인 하나님의 존재를 '사고를 통해 파악할 수 없는 것' ='das vom Denken Unerfaßbare' 이라고 표현하였으며, 다른 이들은 '사고를 아니함'='die Nichtigkeit des Denkens' 혹은 '사고가 불가능한 것' ='das, was wo der Gedanke versagt' 으로 설명하였다.14) 결국 부정적으로 설명할 수밖에 없었다. 이와 같은 부정적인 표현 가운데 하나인 '엔 소프' En Sof, אין סוף 곧, '무한한 것' ='das Unendliche' 이란 표현이 기원후 1300년 이후로 널리 사용되었

---

13) 10가지 세피롯은 다음과 같다: 1. Keter(최고의 왕관), 2. Hokhma(지혜), 3. Bina(이성), 4. Gedula(위대성) 혹은 Hessed(은혜), 5. Gebura(힘) 혹은 Din(심판), 6. Tiferet(아름다움) 혹은 Rahamim(자비), 7. Nezakh(영속), 8. Hod(영광), 9. Zadik(의인) 혹은 Yessod Olam(세상 기반), 10. Malkhut(하나님 나라) 혹은 Atara(면류관).
14) G. Scholem, *Encyclopaedia Judaica*, vol. 9, 668.

다. 이는 어떠한 자기분열도 하지 않는 절대적인 완전성을 의미한다. 이는 자기 계시를 하지 않기 때문에 사람들은 이에 접근할 수 없을 뿐만 아니라 어떠한 방식을 통해서도 파악할 수 없다.

2. 창조론

카발라를 신봉하는 사람들은 저 유명한 표현인 '무無로부터의 창조' 가운데 나오는 '무'רא란 개념을 하나님과 무관한 것으로 이해하지 않고, 하나님 자신에 대한 설명으로서 파악하였다. 곧, 하나님의 첫 번째 활동인 이것은 피조물의 차원에서 볼 때 '무'지, 하나님의 차원에서는 사유된 모든 것의 충만함을 가리키고 있다고 보았다. 따라서 만물이 이 하나님의 무에서 파생하였다고 이해하고 있다.

3. 악의 문제

이 문제에 대한 답은 하나로 정리되어 있지 않다. 어떤 이들은 악을 객관적인 실재로 보지 않고, 하나님의 세력권에서 분리된 정도와 관련된 부족성으로 이해하였다. 또 다른 이들은 악의 근원을 은혜로부터 독립하여 심판과 벌을 내리는 세력이 확장된 데서 찾기도 하였다. 한편, 악을 세상 유기체에서 떨어져 나온 불순한 액체로 이해하는 견해도 있었다.

4. 인간론

카발라에서 보는 인간은 가장 완벽하면서도 다른 모든 것을 담고 있는 최상의 우주적인 형상으로, 모든 것과 연결되어 있으며 동시에 모든 것에 영향을 끼칠 수 있다. 첫째 인간인 아담은 본래 원초적 인간의 순연한 모습으로 창조되었다. 창조의 면류관인 인간은 소우주를 이루고 있고, 인간과 세상의 모든 사건 사이는 긴밀히 연관되어 있다고 믿고 있다. 인간만이 자유의지를 소유하고 있기 때문에 저 광대한 세상 유기체를 조절할 수 있으며, 또한 자신의 행위로 하늘과 땅의 온갖 사건에 영향을 미칠 수도 있다. 결국 카발라는 인간의 본질을 전적으로 내적이며 영적인 차원에서 파악하였으니, 육은 단지 껍질이며 내적인 것의 현상에 지나지 않는 것으로 보았다 Zohar I,20.

VI. 하시딤 운동

흔히들 유대 신비주의 마지막 단계를 18-19세기 동유럽의 폴란드를 중심으로 형성된 하시딤 운동 Hasidic Judaism 에서 찾고 있다.15) 18세기 중엽 직전에 당시 신비가로 유명했던 이스라엘 바알-쉠 Israel Baal-schem, 1760년 사망 이란 사람이 이 운동을 주창했다고 보고 있다.16) 경건 운동이자 사회 운동이었던 하시딤 운동이 폴란드를 중심으로 일어난 것은 우연이 아니었다. 당시 이 지역은 이미 한 극단적인 종교 움직임을 체험했는데, 이는 다름 아닌 '사바티아니즘' Sabbatianism 이었다. 이 움직임은 이스라엘의 회복을 메시아 시대의 완성으로 기대하는 열광적인 종교 움직임이었다.17) 이 움직임은 현존하는 기성 체계를 무시하는 가운데 점차 극단적인 허무주의로 빠지고 말았다. 하시딤 운동은 이 사바티아니즘의 실패와 관련이 있다. 사바티아니즘이 강조했던 극단적인 메시아 대망을 포기하는 동시에, 신비적 요소와 묵시적 요소를 잘 조합하여 대중의 호응을 살 수 있었다. 이 운동의

---

15) 이 하시딤 운동은 12/13세기 독일과 프랑스에서 있었던 아쉬케나즈 하시딤 운동과 구별된다.
16) G. Scholem, *Die jüdische Mystik in ihren Hauptströmungen*, 356.
17) 사바티아니즘은 자신을 메시아로 내세운 샤바타이 츠비(Shabbatai Zwi, AD 1626-1676)를 중심으로 일어났다. 그는 1666년 6월 18일을 구원의 날로 선포하였다. 이 운동은 주창자가 터키군에 체포되고 강압에 못 이겨 이슬람으로 전향하는 것과 더불어 실패로 돌아가고, 당시 유대인들에게 엄청난 정신적 침체를 초래하였다.

신비적 이론은 카발라에서 빌려왔지만, 이 안에서 보편적인 개념이 아니라 개인윤리의 가치를 찾았던 것이다. 이로써 카발라의 가르침을 대중에게 퍼뜨리는 데에 커다란 공헌을 했다. 형식화된 제도나 고정된 글 안에서가 아니라 마음 가운데 넘치는 삶의 기쁨을 강조하여 선택받은 자로서의 삶의 새로운 이상형을 이 하시딤 운동이 제시할 수 있었다. 이런 의미에서 하시딤 운동을 일종의 유대적 '심령 부흥운동'으로 볼 수도 있다.

부록 I

마이모니데스의 13개 신조

"13개 신조" Schloschah-'Asar 'Ikarim 는 스페인 코르도바 출신의 가장 유명한 중세 유대 철학자로 통하는 마이모니데스 Moses Maimonides, 1138-1204 가 1200년경에 작성한 유대교 신앙 고백문이다. 이것은 본래 아랍어로 집필된 그의 미쉬나 주석서 <Mishneh Torah> Kitāb al-Sirāj 에 나오는 산헤드린 X,1 도입부에 담겨 있었다. 유대교 역시 타종교의 경우처럼 보편적으로 인정된 신앙고백이 필요하다는 생각에서 비롯된 것이다. 레오 히르쉬 Leo Hirsch 는 자신의 저서 『실천적 유대교 이해』 Praktische Judentumskunde, 1935 에서 "유대인은 누구나 성서의 십계명을, 또한 위대한 마이모니데스가 유대 신앙의 정수를 요약한 13개 신앙 강령을 읽는 것은 의무는 아니지만 좋은 습관이다"라고 말했다. 이 신앙 강령은 유대인의 기도서 Siddur 에 포함되면서 중요한 유대 신앙고백으로 통하나 불변하는 도그마와 같은 성격을 띠는 것은 아니다.

<1-5조: 하나님에 관한 가르침>

1. "나는 창조주께서 만물을 지으셨고 인도하신다는 것과 또한 오직 그분만이 모든 일을 완성하셨으며 완성하시며 완성하실 것을 온전한 믿음으로 믿습니다."(유일신주의)

→ 창조주 하나님의 현재적 활동을 강조한다.

2. "나는 창조주는 유일하신 분이시며 어느 것도 그분과 비교할 수 없으며 오직 그분만이 과거와 현재와 미래에도 우리의 하나님이시라는 것을 온전한 믿음으로 믿습니다." (하나님의 유일성)

→ cf. 신 6:4 "이스라엘아, 들으라. 우리 하나님 여호와는 오직 유일한 여호와이시니." 예컨대 가나안 바알 신앙과 다신교에 대한 거부. 유대교의 특징을 무엇보다 잘 나타낸다. 한 탈무드 진술에 따르면, 하나님의 유일성을 고백하는 자는 유대인이다.

3. "나는 창조주는 육신이 아니시며 그분에게는 육신적인 것이 없다는 것과 또한 그분과 유사한 것이 존재하지 않는다는 것을 온전한 믿음으로 믿습니다." (하나님의 무육체성)

→ 그리스도교의 성육신 Inkarnation 을 거부한다.

4. "나는 창조주는 처음이시며 마지막이심을 온전히 믿습니다." (하나님의 영원성)
5. "나는 창조주만이 경배받기에 합당하시고 그분 외에 그 누구도 경배받을 수 없다는 것을 온전한 믿음으로 믿습니다." (오직 창조주 하나님)

→ 창조주만이 경배의 대상임을 강조한다. 유대교는 구원의 중개자를 갖고 있는 그리스도교 신앙을 거부한다. 유대교에서 메시아는 육과 피를 가진 인간일 뿐 결코 경배의 대상이 아니다. 물론 유대교는 하나님과 이스라엘 사이에 중개자로서 예언자를 갖고 있고, 랍비들도 일면 중개자라고 말할 수 있다. 그러나 하나님과 인간 사이에 영원한 중개자 개념은 갖고 있지 않다.

<6-9조: 하나님 말씀에 관한 가르침>

6. "나는 예언자들의 모든 말씀이 신실하다는 것을 온전한 믿음으로 믿습니다." (말씀과 진리)
7. "나는 우리의 스승인 모세의 예언은 진실하며 그가 자기보다 앞서 있었으며 자기보다 뒤에 나온 모든 예언자의 수장이라는 것을 온전한 믿음으로 믿습니다." (수장 모세)
8. "나는 우리가 지금 갖고 있는 토라는 우리의 스승인 모세에게 주어진 것임을 온전한 믿음으로 믿습니다." (모세의 토라)

9. "나는 이 토라는 결코 뒤바뀌지 않았다는 것과 다른 어떤 것이 창조주에게서 나오지 않으리라는 것을 온전한 믿음으로 믿습니다." (다른 토라는 없다)

<10-11조: 인간에 관한 가르침>

10. "나는 창조주는 인간들의 모든 행위와 생각을 아신다는 것을 온전한 믿음으로 믿습니다. '그들의 마음 전체를 만드신 그분은 그들의 행위도 아신다'고 기록되어 있기 때문입니다." (알려진 인간)
11. "나는 창조주는 그의 계명을 지키는 자들에게는 선을 베푸시며 그의 계명을 범하는 자들에게는 벌을 내리신다는 것을 온전한 믿음으로 믿습니다."(상과 벌)

<12-13조: 마지막 일들에 관한 가르침>

12. "나는 메시아가 오리라는 것을 온전한 믿음으로 믿습니다. 그가 아직 오지 않고 있을지라도 나는 날마다 그의 도래를 열망합니다." (메시아)
13. "나는 죽은 자들이 창조주께서 - 그분의 이름은 찬양 받으며, 그를 경외함이 영원무궁토록 칭송 받을지어다! - 정하신 시간에 부활하리라는 것을 온전한 믿음으로 믿습니다." (부활)

마이모니데스는 구원의 사실과 신앙의 진리를 창조주 하나님의 활동에서 시작한다. 다시 말해 이스라엘 백성을 이집트에서 인도해 내신 '인도자 하나님'으로 시작하지 않고, 순수한 하나님 신앙에서 출발한다. 역사적 민족적 연결고리에서 벗어나 하나님을 순수 인식의 영역에서 다룬다. 이런 측면에서 보면 마이모니데스의 신앙고백은 전통적인 히브리어 '에무나' 신앙=하나님에 대한 인간의 온전한 신뢰에서 그리스어 '피스티스' 신앙=조건 지어진 지적 태도로서의 신앙의 형태로 바뀌었음을 알 수 있다.

부록 IX

쿰란 및 유대교 연구에 필요한 문헌 소개

유대학 연구에 필요한 일차 자료(Quelle)는 부분적이나마 본서의 해당 부분에서 언급하였으므로 여기에서는 이차 자료(secondary literature) 소개에 중점을 두고자 한다. 상당히 많은 연구 문헌이 있으나, 그 가운데 단지 중요하다고 판단되거나 기본이 되는 문헌들만 선별하여 소개하고자 한다. 쿰란 분야는 말할 나위 없이 고대 유대교 영역에 속하나 그 중요성을 고려하여 따로 분류하였다. 더욱 자세한 문헌을 원하는 사람은 여기에 소개하는 문헌들 속에서 찾아볼 수 있다. 아래에 소개하는 문헌 가운데 필자가 특별히 추천하는 책에는 *를 표시하였다.

I. 유대교 일반 / 랍비 유대교

F. Avemarie, *Tora und Leben. Untersuchungen zur Heilsbedeutung der Tora in der frühen rabbinischen Literatur*, Texte und Studien zum antiken Judentum 55, Tübingen: Mohr, 1996.

* L. Baeck, *Das Wesen des Judentums*, Gütersloh: Fourier, ⁶1995.

L. Beack, ed., *Entwicklungsstufen der jüdischen Religion. Vorträge des Institutum Judaicum an der Universität Berlin*, Gießen: Töpelmann, 1927.

L. Baeck, et al. eds., *Die Lehren des Judentums nach den Quellen*, herausgegeben vom Verband der Deutschen Juden, 5 Vols., 1920ff.

S. W. Baron, *A Social and Religious History of the Jews*, Vol. I-XVIII, New York, 1952-1983.

A. H. Baumann, ed., *Was jeder vom Judentum wissen muß*, Gütersloh, ⁶1991.

Sch. Ben-Chorin, *Betendes Judentum*, Tübingen: Mohr, 1980.

Sch. Ben-Chorin, *Jüdische Ethik anhand der Patristischen Perikopen*, Tübingen: Mohr, 1983.

Sch. Ben-Chorin, *Jüdischer Glaube*, Tübingen: Mohr, ²1979.

Sch. Ben-Chorin, *Die Tafeln des Bundes. Das Zehnwort vom Sinai*, Tübingen: Mohr, ²1987.

D. St. Ben Ezra, *Qumran*, Jüdische Studien 3, Tübingen: Mohr Siebeck, 2016.

* H. H. Ben-Sasson, ed., *A History of the Jewish People*, London, 1976.

F. Böhm/W. Dirks, *Judentum. Schicksal, Wesen und Gegenwart*, 2 Vols., Wiesbaden: Franz Steiner, 1965.

Encyclopaedia Judaica (Corrected Edition), 12 Vols., Jerusalem.

I. Epstein, *The Faith of Judaism. An Interpretation for Our Times*, London: The Soncino Press, 1954.

H.-J. Farby/U. Dahmen, eds., *Theologisches Wörterbuch zu den Qumrantexten*, Stuttgart: Kohlhammer, 2011 (Vol.1); 2013 (Vol.2).

L. Finkelstein, *The Jews. Their History, Culture, and Religion*, 2 Vols., New York: Harper & Brothers, ²1955.

A. Goldberg, *Mystik und Theologie des rabbinischen Judentums*, Gesammelte Studien I, Tübingen: Mohr, 1997.

L. Hirsch, *Jüdische Glaubenswelt*, Gütersloh: Bertelsmann, 1962.

* B. W. Holtz, ed., *Back to the Sources. Reading the Classic Jewish Texts*, New York, 1984.

M. Krupp, *Der Talmud. Eine Einführung in die Grundschrift des Judentums mit ausgewählten Texten*, GTB 772, Gütersloh, 1995.

H. Küng, *Das Judentum*, München: Piper, 1991.

G. Langer, *Midrasch*, Jüdische Studien 1, Tübingen: Mohr Siebeck, 2016.

* P. N. Levinson, *Einblicke in das Judentum*, Paderborn: Bonifatius, 1991.

P. N. Levinson, *Einführung in die rabbinische Theologie*, Darmstadt: Wissenschaftliche Buchgesellschaft, ³1993.

H. J. Loth, *Judentum*, Göttingen: Vandenhoeck & Ruprecht, 1989.

J. Maier, *Die Kabbalah: Einführung, klassische Texte, Erläuterungen*, München: C. H. Beck, 1995.

* J. Maier, *Geschichte der jüdischen Religion. Von der Zeit Alexanders des Großen bis zur Aufklärung mit einem Ausblick auf das, 19./20. Jahrhundert*, Freiburg-Basel-Wien: Herder, ²1992.

G. Mayer, ed., *Das Judentum*, Die Religionen der Menschheit 27, Stuttgart-Berlin-Köln: Kohlhammer, 1994.

J. Maier, *Das Judentum. Von der Biblischen Zeit bis zur Moderne*, Bindlach, 1988. (=München, 1973)

J. Neusner, *A Short History of Judaism. Three Meals, Three Epochs*, Minneapolis: Fortress, 1992.

* J. Neusner, *Introduction to Rabbinic Literature*, New York London: Doubleday, 1994.

J. Neusner, "Das Judentum", in: A. Sharma, ed., *Innenansichten der großen Religionen*, Frankfurt a.M.: Fischer, 1997. (원래 영어판: *Our Religions*, Harper Collins Publishers, 1993)

J. Neusner, *Das pharisäische und talmudische Judentum*, Tübingen: Mohr, 1984.

J. Neusner, *Rabbinic Judaism. Structure and System*, Minneapolis: Fortress, 1995.

L. Prijs, *Die Welt des Judentums. Religion, Geschichte, Lebensweise*, München: C. H. Beck, ²1984.

L. Prijs, *Worte zum Sabbat. Über die jüdische Religion*, München: C. H. Beck, 1990.

* S. Safrai, ed., *Compendia Rerum Iudaicarum ad Novum Testamentum*, Vol. II/3: *The Literature of the Sages. First Part: Oral Tora, Halakha, Midrash, Tosefta, Talmud, External Tractates*, Assen-Philadelphia, 1987.

H. J. Schoeps, *Das Judenchristentum*, Bern-München, Francke, 1964.

H. J. Schoeps, *Jüdische Geisteswelt. Zeugnisse aus zwei Jahrhunderten*, Hanau: Werner Dausien, 1986.

G. Scholem, *Die jüdische Mystik in ihren Hauptströmungen*, Frankfurt a.M.: Suhrkamp, 1980.

G. Scholem, *Zur Kabbala und ihrer Symbolik*, Frankfurt a.M.: Suhrkamp, 1973. (=Zürich 1960)

P. Sigal, *Judentum*, Stuttgart: Kohlhammer, 1986.

* N. Solomon, *Judaism*, Oxford, 1996.

* G. Stemberger, *Das klassische Judentum. Kultur und Geschichte der rabbinischen Zeit*, München: C. H. Beck, 1979.

G. Stemberger, ed., *Die Juden. Ein historisches Lesebuch*, München: C. H. Beck, 1990.

* G. Stemberger, *Einleitung in Talmud und Mirdasch*, München: C. H. Beck, ⁸1992. (제7판에서 번역한 영어역: H. L. Strack/G. Stemberger, *Introduction to the Talmud and Midrash*, Minneapolis: Fortress, 1992)

G. Stemberger, *Epochen der jüdischen Literatur*, München: C. H. Beck, 1982.

G. Stemberger, *Juden und Christen im Heiligen Land. Palästina unter Konstantin und Theodosius*, München: C. H. Beck, 1987.

G. Stemberger, *Jüdische Religion*, München: C. H. Beck, 1995.

G. Stemberger, *Midrasch. Einführung-Texte-Erläuterungen*, München: C. H. Beck, 1989.

G. Stemberger, *Der Talmud. Einführung-Texte-Erläuterungen*, München: C. H. Beck, ²1987.
* E. E. Urbach, *The Sages. Their Concepts and Beliefs*, Cambridge: London, 1987.

권터 스템베르거,『미드라쉬 입문』, 이수민 역, 바오로딸, 2008.
노먼 솔로몬,『유대교란 무엇인가』, 최창모 역, 동문선, 1999.
M. I. 다이몬트,『역사로 본 유대민족』, 김영수 역, 도서출판 한글, 1994.
마르틴 부버,『하시디즘과 현대인 : 유대교 경건주의』, 남정길 역, 현대사상, 1994.
맥스 디몬트,『유대민족사』, 김재신 역, 크리스챤 다이제스트, 1994.
배철현(역주),『유다인의 토라: 타르굼 옹켈로스 창세기』, 한님성서연구소, 2001.
브리이언 랭커스터,『유대교 입문』, 문정희 역, 김영사, 1999.
빅터 M. 솔로몬,『유대인의 생활방식』, 김명자 역, 종로서적, 1980.
피에르 그럴로,『타르굼』, 이기락 역, 가톨릭출판사, 1998.

II. 고대 유대교

E. Bickermann, *Der Gott der Makkabäer*, Berlin: Schocken-Jüdischer Buchverlag, 1937.
* W. Bousset/H. Greßmann, *Die Religion des Judentums im späthellenistischen Zeitalter*, Tübingen, ⁴1966.
K. Bringmann, *Hellenistische Reform und Religionsverfolgung in Judäa. Eine Untersuchung zur jüdisch-hellenistischen Geschichte (175-163 v. Chr.)*, Göttingen: Vandenhoeck & Ruprecht, 1983.
G. Dalman, *Arbeit und Sitte in Palästina*, 7 Vols., Gütersloh, 1928ff. (=Hildesheim, ²1987)
E. R. Goodenough, *An Itroduction to Philo Judaeus*, Oxford: Blackwell, 1962.
L. L. Grabbe, ed., *A History of the Jews and Judaism in the Second Temple Period*, Vol. 4, London: T&T clark, 2021.
* E. Haag, *Das hellenistische Zeitalter*, Stuttgart: Kohlhammer, 2003.
D. Hellholm, ed., *Apocalypticism in the Mediterranean World and the Near East*, Tübingen: Mohr, ²1989.
M. Hengel, *Judentum und Hellenismun. Studien zu ihrer Begegnung unter besonderer Berücksichtigung Palästinas bis zur Mitte des 2. Jhs. v. Chr.*, Tübingen: Mohr, ³1988.
M. Hengel, *Die Zeloten*, Köln-Leiden: Brill, ²1976.
* J. Jeremias, *Jerusalem zur Zeit Jesu. Eine kulturgeschichtliche Untersuchung zur neutestamentlichen*

Zeitgeschichte, Göttingen: Vandenhoeck & Ruprecht, ³1969. (『예수시대의 예루살렘』, 한국신학연구소, 1988)

K. Koch/J. M. Schmidt, ed., *Apokalyptik*, WdF 365, Darmstadt: Wissenschaftliche Buchgesellschaft, 1982.

M. McNamara, *Intertestamental Literaturem*, 1983. (『신구약 중간 시대의 문헌 이해』, 채은하 역, 이화여대출판부, 1995)

G. Maier, *Mensch und freier Wille. Nach den jüdischen Religionsparteien zwischen Ben Sira und Paulus*, WUNT 12, Tübingen: Mohr, 1971.

* J. Maier, *Geschichte des Judentums im Altertum*. Grundzüge, Darmstadt: Wissenschaftliche Buchgesellschaft, ²1989.

J. Maier, *Zwischen den Testamenten. Geschichte und Religion in der Zeit des Zweiten Tempels*, Würzburg: Echter, 1990.

R. Meyer, *Zur Geschichte und Theologie des Judentums in hellenistisch-römischer Zeit*, Neukirchen-Vluyn: Neukirchener, 1990.

G. F. Moor, *Judaism in the First Centuries of the Christian Era. The Age of the Tannaim*, Vol. I-III, Cambridge, ¹⁰1966.

J. Neusner, *Judaism in the Beginning of Christianity*, Philadelphia: Fortress, 1984. (독일어역: *Judentum in frühchristlicher Zeit*, Stuttgart: Calwer, 1988)

J. Neusner, ed., *Judaism in Late Antiquity*, Part 2: *Historical Syntheses*, Leiden-New York-Köln: Brill, 1995.

J. Neusner, ed., *The Rabbinic Traditions about the Pharisees before 70*, 3 Vols., Leiden, 1971.

J. Neusner/W.S. Green/E. Frerichs, eds., *Judaism and their Messiahs at the Turn of the Christian Era*, Cambridge: Cambridge University Press, 1987.

G. W. E. Nickelsburg, *Resurrection, Immortality and Eternal Life in Intertestamental Judaism*, Cambridge, Mass., 1972.

A. Nissen, *Gott und der Nächste im antiken Judentum. Untersuchungen zum Doppelgebot der Liebe*, WUNT 15, Tübingen: Mohr, 1974.

D. Sänger, *Antikes Judentum und die Mysterien. Religionsgeschichtliche Untersuchungen zu Joseph und Aseneth*, Tübingen, 1980.

Sh. Safrai, *Das jüdische Volk im Zeitalter des Zweiten Tempels*, Neukirchen-Vluyn: Neukirchener, ²1980.

* Sh. Safrai/M. Stern, eds., *Compendia Rerum Iudaicarum ad Novum Testamentum*, Vol. I/1.2: *The Jewish People in the First Century*, Assen-Amsterdam, 1974-76.
* E. P. Sanders, *Judaism. Practice and Belief 63 B.C.E-66 C.E*, London-Philadelphia, 1992.

S. Sandmel, *Philo of Alexandria: An Introduction*, Oxford, 1979. (『유대의 종교철학자 알렉산드리아의 필로』, 박영희 역, 엠마오, 1989)

P. Schäfer, *Der Bar Kokhba-Aufstand. Studien zum zweiten jüdischen Krieg gegen Rom*, Tübingen: Mohr, 1981.

*P. Schäfer, *Geschichte der Juden in der Antike. Die Juden Palästinas von Alexander dem Großen bis zur arabischen Eroberung*, Stuttgart, 1983.

A. Schalit, *König Herodes. Der Mann und sein Werk*, Berlin: de Gruyter, 1969.

K. Schenck, *A Brief Guide to Philo*, Kentucky: John Knox, 2005. (『필론 입문』, 송혜경 역, 바오로딸, 2008)

L. Schiffman, *The Halakhah at Qumran*, Leiden: Brill, 1975.

A. Schlatter, *Geschichte Israels von Alexander dem Großen bis Hadrian*, Stuttgart: Calwer, 1977. (=^{3}1925)

J. Schreiner, ed., *Literatur und Religion des Frühjudentums*, Würzburg, 1973.

* E. Schürer, *The History of Jewish People in the Age of Jesus Christ (175 B.C.-AD 135)*, Vol. I-Vol. III,2, Edinburgh, 1973-1987. (독일어판을 상당 부분 보충하여 펴낸 영어 번역판)
* G. Stemberger, *Pharisäer, Sadduzäer, Essener*, Stuttgart: Katholisches Bibelwerk, 1991. (영어역: Minneapolis, 1995)

M. E. Stone, ed., *Compendia Rerum Iudaicarum ad Novum Testamentum*, Vol. II/2: *Jewish Writings of the Second Temple Period: Apocrypha, Pseudepigrapha, Qumran Sectarian Writings, Philo, Josephus*, Assen-Philadelphia, 1984.

V. Tcherikover, *Hellenistic Civilization and the Jews*, Philadelphia-Jerusalem, ^{2}1961.

M. Tilly, *Das Judentum*, Wiesbaden: Marix verlag, 2013.

M. Tilly, *Einfuhrung in die Septuaginta*, Darmstadt: Buchgesellschaft, 2005.

* P. Volz, *Die Eschatologie der jüdischen Gemeinde im neutestamentlichen Zeitalter*, Hildesheim, 1966. (=Tübingen, 1934)

Y. Yadin, *Masada. Herod's Fortress and the Zealots' Last Stand*, New York: Random, 1966.

클론 L. 로저스, 『요세푸스』, 김정우 역, 엠마오, 2000.

스티브 메이슨, 『요세푸스와 신약성서』, 유태엽 역, 대한기독교서회, 2002.
사무엘 샌드멜, 『유대의 종교철학자 알렉산드리아의 필로』, 박성희 역, 엠마오, 1989.
마르셀 시몬, 『예수 시대의 유대교 종파들』, 박주익 역, 현대신서 149, 대한기독교서회, 1990.
캐런 좁스/모세 실바, 『70인역 성경으로의 초대』, 김구원 역, 기독교문서선교회, 2007.
한스 큉, 『유대교: 현시대의 종교적 상황』, 이신건, 이응봉, 박영식 역, 시와진실, 2015.
김정훈, 『칠십인역 입문』, 바오로딸, 2009.
김창선, 『유대교와 헬레니즘』, 한국성서학연구소, 2011.

III. 쿰란

1. 원어 쿰란 본문

N. Avigad/T. Yadin, *A Genesis Apocryphon: A Scroll from the Wilderness of Judaea*, Jerusalem, 1956.
* K. Beyer, *Die aramäischen Texte vom Toten Meer, samt den Inschriften aus Palästina, dem Testament Levis aus der Kairoer Genisa, der Fastenrolle und den alten talmudischen Zitaten: Aramäische Einleitung, Text, Übersetzung, Deutung, Grammatik, Wörterbuch, Deutsch-aramäische Wortliste, Register*, Göttingen, 1984; Ergänzungsband Göttingen, 1994.

M. Burrows, et al. eds., *The Dead Sea Scrolls of the St. Mark's Monastery*, Vol. 1-2, New Haven, 1950-1951. (=1QJes^a; 1QS; 1QpHab)

* J. H. Charlesworth, ed., *The Dead Sea Scrolls: Hebrew, Aramaic, and Greek Texts with English Translation*, Vol. 1ff., Tübingen/Louisville 1994ff. (The Princeton Theological Seminary Dead Sea Scrolls Project는 전체 10권으로 기획되었는데, 현재 일부만 출판되었다: Vol. 1: *The Rule of the Community, and Related Documents*, 1994; Vol. 2: *Damascus Document, War Scroll, and Related Documents*, 1995; Vol. 3: *Damascus Document II, Some Works of the Torah, and Related Documents*, 2005; Vol. 4a: *Pseudepigraphic and Non-Masoretic Psalms and Prayers*, 1997; Vol. 4b: *Angelic liturgy, Songs of the Sabbath Sacrifice*, 1999; Vol. 6b: *Pesharim, and Related Documents*, 2002; Vol. 7: *Temple Scroll and Related Documents*, 2011)

* *Discoveries in the Judaean Desert*, Oxford, 1955-2010. (사해문서를 공식적으로 편집, 출판

한 시리즈. 총 40권. 약자 DJD로 표기)

R. Eisenman/M. O. Wise, *The Dead Sea Scrolls Uncovered: The First Complete Translation and Interpretation of 50 Key Documents Withheld for Over 35 Years*, Shaftesbury-Rockport-Brisbane, 1992.

* E. Lohse, ed., *Die Texte aus Qumran, Hebräisch und Deutsch*, Darmstadt, ³1981.

* F. G. Martínez/E. J. C. Tigchelaar, eds., *The Dead Sea Scrolls Study Edition*, 2 Vols., Leiden-New York- Köln: Brill, 1997-98.

C. A. Newsom, *Songs of the Sabbath Sacrifice, A Critical Edition*, Harvard Semitic Studies 27, Atlanta, 1985.

E. Qimron, *The Text of CDC*, in M. Broshi, ed., *The Damascus Document Reconsidered*, Jerusalem, 1992, 9-49.

E. M. Schuller, *Non Canonical Psalms from Qumran. A Pseudepigraphical Collection*, Harvard Semitic Studies 28, Atlanta, 1986.

A. Steudel, *Der Midrasch zur Eschatologie aus der Qumrangemeinde (4QMidr Eschat a.b): Materielle Rekonstruktion, Textbestand, Gattung und traditions geschichtliche Einordnung des durch 4Q174 ("Florilegium") und 4Q177 ("Catena A") repräsentierten Werkes aus den Qumranfunden*, StTDJ 13, Leiden-New York-Köln, 1994.

E. L. Sukenik, ed., *The Dead Sea Scrolls of the Hebrew University*, Jerusalem, 1955.

B. Z. Wacholder/M. G. Abegg, *A Preliminary Edition of the Unpublished Dead Sea Scrolls, The Hebrew and Aramaic Texts from Cave Four, Fasc. 1-2*, Washington, 1991-1992.

Corrections to A Preliminary Edition of the Unpublished Dead Sea Scrolls, Fasc. 1, Qumran Chronicle 3, 1993, 169-172.

Y. Yadin, *Megillat ha-Miqdash. The Temple Scroll*, Vol. 1-3, Jerusalem, 1977. (영어역: *The Temple Scroll*, Jerusalem, 1983)

2. 콩코단스

R. E. Brown, et al. eds., *A Preliminary Concordance to the Hebrew and Aramaic Fragments from Qumran Cave II-X Including Especially the Unpublished Material from Cave IV*, Vol. 1-5 (ed. by H.-P. Richter/H. Stegemann/J. Strugnell), Göttingen, 1988.

J. H. Charlesworth, ed., *Graphic Concordance to the Dead Sea Scrolls*, Tübingen-Louisville, 1991.

K. G. Kuhn, et al. eds., *Konkordanz zu den Qumrantexten*, Göttingen, 1960.

K. G. Kuhn, et al. eds., *Nachträge zur "Konkordanz zu den Qumrantexten"*, in RdQ 4, 1963/64, 163-234.

3. 쿰란 어휘 사전

H.-J. Fabry/U. Dahmen, eds., *Theologisches Wörterbuch zu den Qumrantexten*, Kohlhammer, Stuttgart, Vol. 1: 2011; Vol. 2: 2013; Vol. 3, 2016.

R. G. Kratz/A. Steudel/I. Kottsieper, eds., *Hebräisches und aramäisches Wörterbuch zu den Texten vom Toten Meer einschließlich der Manuskripte aus der Kairoer Geniza*, Berlin-Boston: De Gruyter, Vol. 1: Aleph-Beth, 2017; Vol. 2: Gimmel-Zajin, 2018.

4. 쿰란 문헌 목록

R. Clements/N. Sharon, eds., *The Orion Center Bibliography of the Dead Sea Scrolls and Associated Literature (2001-2006)*, Studies on the Texts of the Desert of Judah. Band 71, Brill, Leiden, 2007.

B. Jongeling, *A Classified Bibliography of the Finds in the Desert of Judah, 1958-1969*, Studies on the Texts of the Desert of Judah. Band 7, Brill, Leiden, 1971.

W. S. LaSor, *Bibliography of the Dead Sea Scrolls 1948-1957*, Fuller Library Bulletin 31, Pasadena, 1958.

F. G. Martínez/D. W. Parry, eds., *A bibliography of the finds in the desert of Judah, 1970-1995*, Studies on the Texts of the Desert of Judah. Band 19, Brill, Leiden, 1996.

A. Pinnick, *The Orion Center Bibliography of the Dead Sea Scrolls (1995-2000)*, Studies on the Texts of the Desert of Judah. Band 41, Brill, Leiden, 2001.

5. 현대어 번역

가. 영어 번역

F. G. Martínez, *The Dead Sea Scrolls Translated: The Qumrantexts in English*, Leiden-New York-Cologne, 1994. (1992년 스페인 Madrid에서 출판된 "Textos de Qumran"의 영어역)

* F. G. Martínez/E. J. C. Tigchelaar, eds., *The Dead Sea Scrolls Study Edition*, 2 Vols., Leiden-

New York-Köln: Brill, 1997-98. (영어역과 히브리어/아람어 본문을 함께 수록)
G. Vermes, *Complete Dead Sea Scrolls in English*, New York: Penguin Press, 1997.
M. Wise/M. Abegg, Jr./E. Cook, *The Dead Sea Scrolls: A New Translation*, 1996.

나. 독일어 번역

* K. Beyer, *Die aramäischen Texte vom Toten Meer, samt den Inschriften aus Palästina, dem Testament Levis aus der Kairoer Genisa, der Fastenrolle und den alten talmudischen Zitaten: Aramäische Einleitung, Text, Übersetzung, Deutung, Grammatik, Wörterbuch, Deutsch-aramäische Wortliste, Register*, Göttingen, 1984; Ergänzungsband Göttingen, 1994 (아람어로 기록된 쿰란 텍스트에 독일어 번역 및 해설 수록)
* E. Lohse, *Die Texte aus Qumran*, Vol. 1, ⁴1986. (제1동굴과 제2동굴에서 나온 주요 쿰란 문서들의 독일어 번역)
* J. Maier, *Die Qumran-Essener: Die Texte vom Toten Meer*, 3 Vols., UTB 1862/1863, München, 1995. (1-2권은 본문 번역, 제3권은 개론적 설명, 색인, 쿰란 문헌 정보 수록)
* A. Steudel, *Die Texte aus Qumran*, Vol. 2, 2001. (성전두루마리 및 기타 문서들의 독일어 번역)

다. 우리말 번역

F. 마르티네즈/E. 티그셀라아르,『사해 문헌』4권, 강성열 역, 나남출판, 2008.
안성림/조철수 역주,『사해 문헌』(1), 한국문화사, 1996.
송창현 역,『공동체 규칙서, 회중 규칙서, 축복 규칙서』, 한님성서연구소, 2022.

6. 사진판 편집

J. H. Charlesworth, ed., *The Dead Sea Scrolls: Rule of the Community. Photographic Multi-Language Edition*, Philadelphia, 1996.
F. M. Cross/D. N. Freedman/J. A. Sanders, eds., *Scrolls from Qumran Cave I: The Great Isaiah Scroll, the Order of the Community, the Pesher Habakkuk*, Jerusalem, 1972.
R. Eisenman/J. M. Robinson, *A Facsimile Edition of the Dead Sea Scrolls, Prepared with an Introduction and Index*, Vol. 1-2, Washington, 1991.
E. Tov, ed., *The Dead Sea Scrolls on Microfiche: A Comprehensive Facsimile Edition of the Texts*

from the Judean Desert, Leiden-New York-Köln, 1993.

7. CD-Rom

Accordance Bible Software 11 (쿰란 성경 텍스트와 고대 유대교 및 그리스도교 문헌을 위한 데이터 은행): http://www.accordancebible.com/
Bible-Works 11: http://www.bibleworks.com/
Logos: www.logos.com
The Dead Sea Scrolls: Electronic Reference Library, 2. Including The Dead Sea Scrolls Detabase (Non-Biblical Texts) edited by Emanuel Tov. Prepared by the Foundation for Ancient Research and Mormon Studies and its Center for the Preservation of Ancient Religious Texts at Brigham Young University, Provo, Utah. Brill, 1999.
The Dead Sea Scrolls (Electronic Reference Library), Vol. 1-3, edited by Timothy H. Lim in consultation with Philip S. Alexander, Oxford University Press & Brill, 1997.
E. Tov, ed., The Dead Sea Scrolls Electronic Library, Leiden, 2006.

8. 쿰란 고고학

R. de Vaux, *Archaeology and the Dead Sea Scrolls: The Schweich Lectures of the British Academy 1959.* (보충된 영어번역판: Oxford, 1973)
R. de Vaux, *Die Ausgrabungen von Qumran und En Feschcha IA: Die Grabungstagebücher, Deutscheüber-setzung und Informationsaufbereitung durch F. Rohrhirsch und B. Hofmeier,* Freiburg (Schweiz)-Göttingen, 1996.
"Qumran, Khirbet and 'Ein Feshka", in E. Stern/A. Lewinson-Gilboa/J. Aviram, eds., *The New Encyclopedia of Archaeological Excavations in the Holy Land*, Jerusalem et al., 1993, 1235-1241.

9. 쿰란 문서 연구와 관련된 기타 문헌 목록

* *Revue de Qumran* [=RdQ]
  (1957년부터 파리에서 출판되고 있는 최초의 쿰란전문학술지)
* *Dead Sea Discoveries* [=DSD](1994년부터 출판되고 있는 학술지)
  Journal of Jewish Studies [=JJS]

The Qumran Chronicle [=QChr]

Zeitschrift für Althebräistik [=ZAH]

Studies on the Texts of the Desert of Judah [=STDJ]

M. Abegg/F. Flint/E. Uhlrich. eds., *The Dead Sea Scrolls Bible: The Oldest Known Translated for the First Time into English*, 2004.

A. Adam, *Antike Berichte über die Essener*, Berlin, ²1972.

J. Allegro, *The Dead Sea Scrolls. A Reappraisal*, London: The Penguin Group, 1956.

J. T. Barrera/L. V. Montaner, eds., *The Madrid Qumran Congress. Proceedings of the International Congress on the Dead Sea Scrolls Madrid 18-21 March, 1991*, 2 Vols., Leiden-New York-Köln: E. J. Brill, 1992.

J. M. Baumgarten, *Studies in Qumran Law*, Studies in Judaism in Late Antiquity 24, Leiden: Brill, 1977.

J. Becker, *Das Heil Gottes. Heils- und Sündenbegriffe in den Qumrantexten und im Neuen Testament*, StUNT 3, Göttingen: Vandenhoeck & Ruprecht, 1964.

D. St. Ben Ezra, *Qumran*, Jüdische Studien Bd. 3, Tübingen: Mohr, 2016.

K. Berger, *Qumran und Jesus: Wahrheit unter Verschluß?*, Stuttgart, 1993.

K. Berger, *Qumran. Funde-Texte-Geschichte*, Stuttgart, 1998.

O. Betz, *Offenbarung und Schriftforschung in der Qumransekte*, Tübingen: Mohr, 1960.

O. Betz/R. Riesner, *Jesus, Qumran und der Vatikan: Klarstellungen*, Gießen-Freiburg-Basel-Wien, 1993.

St. Beyerle/J. Frey, eds., *Qumran aktuell*, Neukirchen-Vluyn: Neukirchener, 2011.

G. J. Brooke, ed., *Temple Scroll Studies: Papers presented at the International Symposium on the Temple Scroll*, JSPE.S 7, Manchester, December 1987.

G. J. Brooke/F. G. Martínez, eds., *New Qumran Texts and Studies: Proceedings of the First Meeting of the International Organization for Qumran Studies, Paris, 1992*, StTDJ 15, Leiden-New York- Köln-Madrid, 1994.

G. J. Brooke, *Exegesis at Qumran. 4Q Florilegium in its Jewish Context*, Sheffield: JSOT, 1985.

F. F. Bruce, *Second Thoughts on the Dead Sea Scrolls*, Exeter: The Paternoster Press, ²1972. (『사해사본』, 신성종 역, 총신대학출판부, 1982)

Ph. R. Callaway, *The History of the Qumran Community. An Investigation*, JSPE.S 3, Sheffield:

JSOT Press, 1988.

J. Carmignac, *Christ and the Teacher of Righteousness. The Evidence of the Dead Sea Scrolls*, Baltimore-Dublin: Helicon, 1962.

J. H. Charlesworth, ed., *The Bible and the Dead Sea Scrolls. The Princeton Symposium on the Dead Sea Scrolls*, Vol. 1-3, Waco, Texas: Baylor University Press, 2006.

J. H. Charlesworth, ed., *Jesus and the Dead Sea Scrolls*, New York: Doubleday, 1992.

J. H. Charlesworth, ed., *John and the Dead Sea Scrolls*, New York: Crossroad, 1990.

J. H. Charlesworth, ed., *Qumran. Questions*, Sheffield Academic Press, 1995.

J. H. Charlesworth/H. Lichtenberger/G. S. Oegema, eds., *Qumran-Messianism, Studies on the Messianic Expectations in the Dead Sea Scrolls*, Tübingen, 1998.

J. H. Charlesworth/W. P. Weaver, eds., *The Dead Sea scrolls and Christian faith: in celebration of the jubilee year of the discovery of Qumran cave 1*, Harrisburg, Pa.: Trinity Press International, 1998.

J. J. Collins/R. A. Kugler, eds., *Religion in the Dead Sea Scrolls*, Grand Rapids, Michigan: Eerdmans, 2000.

* F. M. Cross, *The Ancient Library of Qumran and Modern Biblical Studies*, Minneapolis: Fortress Press, ³1995 (초판의 독일어 역: *Die antike Bibliothek von Qumran*, Neukirchen-Vluyn, 1967)

F. M. Cross/Sh. Talmon, eds., *Qumran and the History of the Biblical Text*, Cambridge: London, 1975.

Ph. R. Davies, *Behind the Essenes. History and Ideology in the Dead Sea Scrolls*, Atlanta, Brown Judaic Studies 94, Georgia: Scholars, 1987.

Ph. R. Davies, *Qumran*, Guildford: Lutterworth, 1982.

Ph. R. Davies/G. J. Brooke/Ph. R. Callaway, *Qumran. Die Schriftrollen vom Toten Meer*, Stuttgart: Theiss, 2002.

M. Delcor, ed., *Qumran. Sa piété sa théologie et son milieu*, Louvain: Louvain University Press, 1978.

R. de Vaux, *The Archaeology of the Dead Sea Scrolls*, London, 1973.

D. Dimant/U. Rappaport, eds., *The Dead Sea Scrolls: Forty Years Research*, StTDJ 10, Leiden-New York-Köln: E. J. Brill, 1992.

K. Elliger, *Studien zum Habakkuk-Kommentar vom Toten Meer*, Tübingen: Mohr, 1953.

C. A. Evans/P. W. Flint, eds., *Eschatology, Messianism, and the Dead Sea Scrolls*, Grand Rapids, Michigan- Cambridge, 1997.

H.-J. Fabry/A. Lange/H. Lichtenberger, eds., *Qumranstudien*, Göttingen, 1995.

H. Feltes, *Die Gattung des Habakukkommentars von Qumran (1 QpHab). Eine Studie zum frühen jüdischen Midrasch*, Forschung zur Bibel 58, Würzburg: Echter, 1986.

* J. A. Fitzmyer, *Responses to 101 Questions on the Dead Sea Scrolls*, New York-Mahwah: Paulist Press, 1992. (독일어 역: *Qumran: Die Antwort: 101 Fragen zu den Schriftrollen vom Toten Meer*, Stuttgart, 1993)

* J. A. Fitzmyer, *The Dead Sea Scrolls: Major Publications and Tools for Study*. Revised Edition, Atlanta, Georgia: Schloars, 1990.

P. N. Flint, ed., *The Bible at Qumran. Text, Shape and Interpretation*, Grand Rapids, Michigan: Wm. B. Eerdmans, 2001.

B. Gärtner, *The Temple and the Community in Qumran and the New Testament*, Cambridge: Cambridge University Press, 1965.

K. E. Grözinger/N. Ilg/H. Lichtenberger/G.-W. Nebe/H. Pabst, eds., *Qumran*, WdF 410, Darmstadt: Wissenschaftliche Buchgesellschaft, 1981.

E. M. Herron, ed., *The Dead Sea Scrolls*, Grand Rapids, Michigan: Eerdmans, 2003.

S. Holm-Nielsen, *Hodayot. Psalms from Qumran*, Aarhus: Universitets-forlagert, 1961.

M. Horgan, *Pesharim. Qumran Interpretation of Biblical Books*, Washington: Catholic Biblical Association of America, 1979.

* G. Jeremias, *Der Lehrer der Gerechtigkeit*, StUNT 2, Göttingen: Vandenhoeck & Ruprecht, 1963.

Chang-Sun Kim, *Die Aussagen über den Geist Gottes in den "Lobliedern" von Qumran (1QH)*, Mag.-Schrift, Tübingen, 1990.

G. Klinzing, *Die Umdeutung des Kultus in der Qumrangemeinde und im Neuen Testament*, StUNT 7, Göttingen: Vandenhoeck & Ruprecht, 1971.

M. A. Knibb, *The Qumran Community*, Cambridge: Cambridge University Press, 1987.

P. J. Kobelski, *Melchizedek and Melchiresa*, CBQ.MS 10, Washington, 1981.

R. G. Kratz, *Qumran. Die Schriftrollen vom Toten Meer und die Entstehung des biblischen Judentums*, München: C. H. Beck, 2022.

M. Krupp, *Qumran-Texte zum Streit um Jesus und das Urchristentum*, Gütersloh, 1993.

H.-W. Kuhn, *Enterwartung und gegenwärtiges Heil. Untersuchungen zu den Gemeindeliedern von

Qumran mit einem Anhang über Eschatologie und Gegenwart in der Verkündigung Jesu, StUNT 4, Göttingen: Vandenhoeck & Ruprecht, 1966.

R. A. Kugler/E. M. Schuller, eds., *The Dead Sea Scrolls at Fifty*, Atlanta, Georgia: Scholars Press, 1999.

A. Lange, *Qumran*, in: *Religion in Geschichte und Gegenwart*, RGG 4, Auflage. Band 6, Tübingen: Mohr-Siebeck, 2003, Sp. 1873-1896.

E.-M. Laperrousaz, *Qumran: L'Etablissement essénien des bords de la Mer Morte. Histoire et archéologie*, Paris: Picard, 1976.

W. S. LaSor, *The Dead Sea Scrolls and the New Testament*, Grand Rapids: Eerdmans Publishing Company, 1972.

A. R. C. Leaney, *The Rule of Qumran and its Meaning. Introduction, Translation and Commentary*, London: SCM Press, 1966.

H. Lichtenberger, *Studien zum Menschenbild in Texten der Qumrangemeinde*, StUNT 15, Göttingen: Vandenhoeck & Ruprecht, 1980.

T. H. Lim/J. J. Collins, eds., *The Oxford Handbook of the Dead Sea Scrolls*, Oxford University Press, 2010.

N. Lohfink, *Lobgesänge der Armen. Studien zum Magnifikat, den Hodajot von Qumran und einigen späten Psalmen*, SBS 143, Stuttgart, 1990.

H. Maaß, *Qumran: Texte kontra Phantasien*, Stuttgart-Karlsruhe, 1994.

J. Maier, *Die Tempelrolle vom Toten Meer*, UTB 829, München-Basel, ²1992.

F. G. Martínez, *Qumran and Apocalyptic. Stidies on the Aramaic Texts from Qumran*, Leiden-New York-Köln: Brill, 1992.

F. G. Martínez/J. T. Barrera, *The People of the Dead Sea Scrolls. Their Writings, Beliefs and Practices*, Leiden-New York-Cologne: Brill, 1995.

G. Molin, *Das Geheimnis von Qumran: Wiederentdeckte Lieder und Gebete*, Freiburg-Basel-Wien, 1994.

G. Morawe, *Aufbau und Abgrenzung der Loblieder von Qumran. Studien zur gattungsgeschichtlichen Einordnung der Hodajoth*, Berlin: Evangelische Verlagsanstalt, 1960.

B. Nitzan, *Qumran Prayer and Religious Poetry*, Leiden-New York-Köln: Brill, 1994.

J. M. O'Conner/J. H. Charlesworth, eds., *Paul and the Dead Sea Scrolls*, New York: Crossroad, 1990.

D. W. Parry/S. D. Ricks, eds., *Current Research and Technological Developments on the Dead Sea Scrolls. Conference on the Texts from the Judean Desert*, StTDJ 20, Jerusalem, 30 April 1995, Leiden-New York-Köln: Brill, 1996.

D. W. Parry/E. Ulrich, eds., *The Provo International Conference on the Dead Sea Scrolls*, Leiden-Boston-Köln: Brill, 1999.

S. E. Porter/C. A. Evans, eds., *The Scrolls and the Scriptures. Qumran Fifty Years After*, Sheffield: Academic Press, 1997.

H. Ringgren, *The Faith of Qumran. Theology of the Dead Sea Scrolls*, expanded edition, New York: Crossroad, 1995.

K. H. Schelkle, *Die Gemeinde von Qumran und die Kirche des Neuen Testaments*, Düsseldorf: Patmos, ²1965.

L. H. Schiffman/J. C. VanderKam, *Encyclopedia of the Dead Sea Scrolls*, Oxford: Oxford University Press, Vol. 1: A-M, 2000; Vol. 2: N-Z, 2000.

L. H. Schiffman, *Archaeology and History in the Dead Sea Scrolls: The New York Conference in Memory of Yigal Yadin*, JSPE.S 8, Sheffield, 1990.

L. H. Schiffman, *The Eschatological Community of the Dead Sea Scrolls. A Study of the Rule of the Congregation*, Atlanta: Scholars Press, 1989.

H. Shanks, ed., *Understanding the Dead Sea Scrolls. A Reader from the Biblical Archaeology Review*, New York : Random House, 1992.

K. Stendahl, ed., *The Scrolls and the New Testament*, New York: Harper & Brothers, 1957.

H. Stegemann, *Die Essener, Qumran, Johannes der Täufer und Jesus*, Freiburg-Basel-Wien: Herder, ⁴1994.

H. Stegemann, *Die Entstehung der Qumrangemeinde*, Diss. theol., Bonn, 1971.

A. Steudel, *Der Midrasch zur Eschatologie aus der Qumrangemeinde (4Q-MidrEschata.b)*, Leiden-New York-Köln: Brill, 1994.

D. D. Swanson, *The Temple Scroll and the Bible. The Methodolgy of 11QT*, Leiden-New York-Köln: Brill, 1995.

E. Ulrich, *The Dead Sea Scrolls and the Origins of the Bible*, Grand Rapids, Michigan-Cambridge: Eerdmans, 1999.

E. Ulrich/J. VanderKam, eds., *The Community of the Renewed Covenant. The Notre Dame Symposium on the Dead Sea Scrolls*, Notre Dame-Indiana: University of Notre Dame Press,

1994.
* J. C. VanderKam, *The Dead Sea Scrolls Today*, Grand Rapids, 1994. (독일어 역: *Einführung in die Qumranforschung. Geschichte und Bedeutung der Schriften vom Toten Meer*, Göttingen: Vandenhoeck & Ruprecht, 1998)

A. S. van der Woude, *Die messianischen Vorstellungen der Gemeinde von Qumran*, Assen: Van Gorcum, 1957.

G. Vermes, *An Introduction to the Complete Dead Sea Scrolls*, Minneapolis: Fortress, 1999.

G. Vermes, *The Dead Sea Scrolls: Qumran in Perspective*, Philadelphia: Fortress, ²1981.

P. von der Osten-Sacken, *Gott und Belial. Traditionsgeschichtliche Unter- suchungen zum Dualismus in den Texten aus Qumran*, StUNT 6, Göttingen: Vandenhoeck & Ruprecht, 1969.

M. O. Wise/N. Golb/J. J. Collins/D. G. Pardee, eds., *Method of Investigation of the Dead Sea Scrolls and the Khirbet Qumran Site. Present Realities and Future Prospects*, New York: The New York Academy of Sciences, 1994.

G. G. Xeravits/P. Porzig, *Einführung in die Qunranliteratur, Die Handschriften vom Toten Meer*, Berlin- Boston: de Gruyter, 2015.

Y. Yadin, *The Temple Scroll. The Hidden Law of the Dead Sea Sect*, London, 1985. (독일어 역: *Die Tempelrolle. Die verborgene Thora vom Toten Meer*, München: Hamburg, 1985)

D. 플러쎄, 『에세네 종파사』, 류재영 역, 예본출판사, 1994.

김경래, 『사본들을 통해 보는 성경』, 전주대학교출판부, 1997.

김판임, 『초기그리스도교』, 비블리카아카데미아, 2008.

김창선, 『21세기 신약성서신학』, 예영커뮤니케이션, 2004. (제16장 "신약학을 위한 쿰란연구의 중요성"; 제17장 "쿰란 공동체와 예수")

김창선, "4Q246과 4Q521을 둘러싼 메시아 논쟁", 「장신논단」 43 (2011), 60-79.

송창현, "쿰란 사본과 정경의 문제", 「Canon & Culture」 제1권 1호 (2007), 72-101.

천사무엘, 『사해사본과 쿰란 공동체』, 대한기독교서회, 2004.